中央高校基本科研业务费专项资金资助

海洋船舶腐蚀与防护仿真分析

刘斌　刘英伟　武兴伟　著

北京
冶金工业出版社
2019

内 容 提 要

本书共分 8 章，第 1~5 章介绍了仿真计算所涉及的基本理论，包括电化学基本理论、有限元基本理论、流体力学、计算流体力学以及多相流等，第 6~8章重点介绍了船舶腐蚀仿真计算的一些应用实例。

本书可供船舶与腐蚀工程技术应用领域的研究和工程技术人员阅读，也可供大专院校相关专业师生参考。

图书在版编目(CIP)数据

海洋船舶腐蚀与防护仿真分析/刘斌，刘英伟，武兴伟著．—北京：冶金工业出版社，2019.7

ISBN 978-7-5024-8129-2

Ⅰ.①海…　Ⅱ.①刘…　②刘…　③武…　Ⅲ.①海船—腐蚀—仿真模型　②海船—防护—仿真模型　Ⅳ.①U674

中国版本图书馆 CIP 数据核字(2019)第 125818 号

出 版 人　谭学余

地　　址　北京市东城区嵩祝院北巷 39 号　邮编　100009　电话　(010)64027926

网　　址　www.cnmip.com.cn　电子信箱　yjcbs@cnmip.com.cn

责任编辑　李培禄　常国平　美术编辑　彭子赫　版式设计　孙跃红

责任校对　郑　娟　责任印制　牛晓波

ISBN 978-7-5024-8129-2

冶金工业出版社出版发行；各地新华书店经销；三河市双峰印刷装订有限公司印刷

2019 年 7 月第 1 版，2019 年 7 月第 1 次印刷

169mm×239mm；18.5 印张；362 千字；286 页

75.00 元

冶金工业出版社　投稿电话　(010)64027932　投稿信箱　tougao@cnmip.com.cn

冶金工业出版社营销中心　电话　(010)64044283　传真　(010)64027893

冶金工业出版社天猫旗舰店　yjgycbs.tmall.com

（本书如有印装质量问题，本社营销中心负责退换）

前　言

船舶的腐蚀与防护一直是防腐领域的研究重点。为确保船舶在海洋环境下安全航行，人们在对其腐蚀机理进行深入研究的基础上，采取了很多卓有成效的防腐措施，如涂装防腐涂层、选用耐蚀材料以及采用阴极保护等。这些措施都取得了较好的效果，使船舶的使用寿命大大延长。

然而就目前而言，船舶的防腐还没有达到完善的地步。这一方面是因为材料的腐蚀涉及材料科学、流体力学、电化学等多个学科，交叉性、综合性很强，对研究者的综合能力要求很高；另一方面，材料的腐蚀过程涉及因素众多，材料本身的组织结构及表面状态、环境温度、溶液中气体的含量和各种盐的浓度、流体冲刷力、流速等均能影响材料的腐蚀过程，使得研究起来复杂性高、难度大。

由于海洋环境下船舶的腐蚀是诸多因素耦合作用的结果，而目前由于研究手段的限制，研究往往只能针对单一因素进行，因而所得结果与实际的情况存在着一定的偏差。另外，由于材料本身缺陷分布的随机性和不确定性、环境因素随时间的波动性等也为实验室腐蚀研究带来了困难。

随着计算机的出现，计算机仿真技术为传统的研究模式带来了一场革命，使研究由“炒菜式”探索研究转变为性能需求“顶层设计式”研究。将计算机仿真技术引入材料的腐蚀研究领域，尤其是船舶的腐蚀防护领域，既是一种挑战（因其影响因素错综复杂），也是对传统研究方法的突破，它能够解决实验室研究使用的小样品与实际工程中大部件腐蚀的相关性问题。仿真的核心内容是将腐蚀过程中各因素的影响抽象为数学模型，并建立船舶相关部件的几何模型，利用大型仿真计算软件将各种场因素耦合，求解出最终结果，为防腐方案的确定和优化提供准确的数据支持，使制定的方案更加科学、合理。它的优势是显而易见的：能大大缩短设计周期、查找设计中的漏洞、节约成本，因此它代表了船舶腐蚀防护技术研究未来的发展方向。

有限元方法是上述计算技术中的一种，它作为一种高效的数值计算方法，已被广泛地应用于各类学科专业和工程技术领域，为科学研究、产品制造、性能预测等提供了强有力的支撑和指导。近年来作者针对海洋船舶防腐防漏的需求，在制造设计之初利用有限元方法对船舶的阴极保护系统和海水管路系统的腐蚀防护开展了仿真计算优化设计工作，取得了较好的效果，现将一些研究成果编撰出来，希望能对读者有所启示。

本书第 1、3~5 章由刘斌和刘英伟撰写，第 2、6~8 章由刘斌和武兴伟撰写，全书由刘斌统稿。

本书由中央高校基本科研业务费专项资金资助出版。

鉴于作者水平有限，书中难免有不足之处，恳请各位读者批评指正。

作　者

2019 年 3 月

目　　录

1 绪　　论

1.1 海洋船舶腐蚀概况

海水中含有许多盐类，它们以离子的形式存在，使海水具很强的导电性[1]，另外，海水中还溶解有氧[2]，它具有很强的得电子能力，当金属材料浸没于海水中时，电化学反应条件得到满足，材料将不可避免地遭受氧的腐蚀[3]。除此之外，海水中的氯离子等对金属构件表面的钝化膜起溶解作用[4]，使得腐蚀加剧。

以金属材料建造的船只在海洋中航行时，每时每刻都在受到海水和海洋大气的腐蚀。遭到腐蚀的船只，随着时间的推移，船体会慢慢破损、管路会慢慢老化、各零部件会渐渐失效，以至于轻者造成经济损失，重者导致事故发生。据统计，全球每年因腐蚀而造成的金属损失高达全年产量的20%~40%[5]；世界各国每年因腐蚀而造成的经济损失占国民生产总值的2%~4%，而海水腐蚀就占其中的1/3[6]；英国每年由于腐蚀而造成损失约为1300亿英镑，占国民经济总量的3.5%[7]；美国每年因腐蚀造成的损失约为2760亿美元，占GDP的3.1%[8]；在我国，每年由于腐蚀而造成的损失约占GDP的5%[9]，其中海水腐蚀占据相当大的比例，随着我国对外贸易在国民经济中所占比重越来越大，对海洋运输的依赖程度也越来越高，这种损失也会越来越大，因此对船只实施腐蚀防护就显得尤为重要和迫切。

海洋中行驶的船只，不同部位所面临的海洋环境是不同的，因此腐蚀情况也各有不同，可据此将腐蚀分为船体内部腐蚀和外部腐蚀[10]。内部主要包括海水压载舱、淡水舱、锚链舱、机底舱、油舱、机械舱等部位；外部则包括直平底、水线区、干舷、上层建筑、露天甲板、舱口围板、舱口盖、舷墙内侧等。从外部来讲，船体水上结构（干舷、甲板、上层建筑等）长期暴露于含盐的潮湿大气中，被称为大气区。海洋大气中含有大量氯化物、海水飞沫等物质，当它们和船体大气区接触后，会在表面形成含有氯离子的水膜，氯离子对金属表面保护膜有溶解作用，因此氧特别容易到达金属表面而产生腐蚀，其腐蚀速度往往比在海水中的腐蚀速度还要快；另外，使用海水冲洗甲板时，残留下来的盐分、凝结水和甲板局部高温的共同作用也加剧了这部分区域的腐蚀[11]。

船体水下部分常年浸没在海水中，称为全浸区[12]，包括船体艏部、艉部、船舷和船底。总体来说，由于海水含有氧这种强去极化剂，再加上海水的导电性，同时船和海水之间有相对速度，因此尽管该区有防腐涂层，但由于涂层破损或含有孔隙等原因，船体水下部分也会产生电化学腐蚀；此外，表层海水较深层海水富含氧，因而容易形成浓差腐蚀。

以上是水下部分腐蚀的总体情况。从局部来讲，由于水下各部位所处环境不同，各部位的腐蚀还有各自的特点[13]：船舶航行时，海水对艏部壳体产生较大的流体冲击力，产生翻滚的泡沫，泡沫破裂后，里面的气体高速喷出，会破坏船体防腐涂层，此外，船艏经常受到锚链和漂浮物的撞击，也会对涂层造成损坏，这都加速了船体的腐蚀；螺旋桨安装在船体艉部，工作时产生强烈水流，壳体和舵叶将受到局部流体的冲刷作用，使腐蚀速度加快；船侧舷虽远离艏艉，但在靠岸时经常和码头擦碰，涂层容易破损，导致腐蚀；船底部位，容易附着微生物，引起坑蚀；船底异种金属材料发生对接，容易产生电偶腐蚀等。

船体水上和水下衔接部位称为水线区，该区涂层由于海浪升降和船体的颠簸，常处于干湿交替的状态，故也称为潮差区[14]，该区有海生物附着，且常受到各种漂浮物的撞击和磨蹭，涂层容易被破坏，因而腐蚀比较严重。

船体水线以上区域，由于海水周期性飞溅湿润，被称为浪溅区[15]。该区钢表面也经常处于干湿交替的状态，氧供应充分，腐蚀严重。

对于船体内部，不同舱室和部位因使用或工作条件不同，腐蚀情况也各有不同，工作舱和居住舱腐蚀程度较轻；而卫生舱尤其是浴室、厕所、盥洗室腐蚀较为严重；货舱由于经常装卸货物，因而涂层易遭破坏；锚链舱经常因锚链夹带泥土和海水进入舱内而产生腐蚀；压载舱等液舱，由于海水中含有氧而产生电化学腐蚀；另外，还存在一些由于船体供电接线不合理而产生的杂散电流引起的电腐蚀等。

1.2 船舶腐蚀防护方法

针对船体出现的各种腐蚀情况，需要采取一定的措施，防止腐蚀的发生，通常采取的保护措施有以下几种。

1.2.1 选用耐腐蚀的船用钢材

采用耐腐蚀钢材建造船体，是防止腐蚀的根本，世界各国都大力发展各类造船用耐腐蚀钢材，并形成各自的系列。

由于船只不同部位所用材料有所不同，因此船用钢材种类十分繁杂，大体分为船体结构用合金材料、冷却系统用合金材料和管路、泵、阀用合金材料。在船体结构用合金钢方面，目前美国广泛使用的是 HY-80 和 HY-100 钢。随着超纯净冶炼、超低碳、微合金化和控轧控冷技术的发展，美国又研制了新一代 HSLA-80 和 HSLA-100 低合金钢[16]；英国也是较早开发船用钢的国家，它们参考了美国的HY系列，仿制成功自己的Q1(N)、Q2(N) 系列[17,18]；日本船用钢主要采用本土的碳素钢、高强度钢和高屈服强度钢，如NS90、NS110等[16]；俄罗斯船用钢主要沿用前苏联的碳素钢、高强度钢和高屈服强度钢，且均为调制钢[19]。

我国当前舰艇用钢主要是合金结构钢，例如901、902、903、904、921、922、923、402、929等。其中901、902、903、904、921、922、923属于低合金高强度钢；402、929属于中合金钢；921、922、923为高镍、铬高强度钢；402、929为高镍合金钢。901、902、903主要用于水面舰艇，其他则用于潜艇的建造[20~22]。

船体上的管路、泵、阀等零部件直接与海水接触，且大多布置在舱底，工作环境潮湿，是受到腐蚀比较严重的部分。目前常用通海管路材料有钢、镀锌钢、紫铜、铝黄铜、铜镍合金、钛及钛合金等，且已形成标准系列，例如海水管路有20号无缝钢管、TP2Y紫铜管、B10镍铜管、B30镍铜管、HDR双相不锈钢管、TA2钛管和TA5钛管等[16]。

近年来，随着防腐要求的不断提高，又提出了防腐新概念，即耐蚀钢。用这种钢建造船体后，船体表面不需再涂覆防腐涂层，可大大减少涂装量[23]。在这一领域，日本走在了前列，例如新日铁公司研制的NSGP™-1、NSGP™-2耐蚀钢[24,25]；住友公司开发的SMICORE耐蚀钢[26,27]；JFE公司开发的NAC5耐蚀钢等[28]。与传统钢相比，不涂装的NAC5用于甲板，可减少10%的腐蚀量。

我国工信部在2012年启动了“基于IMO标准的船用耐蚀钢应用技术研究”的重大科技创新项目，到目前已经取得阶段性成果[29]。例如鞍钢集团2010~2011年已经开展了两轮1000t以上耐蚀钢的工业试制，目前已经提交船级社认证；2010年首钢开始对耐蚀钢进行前期研究，并联合开展腐蚀机理的研究，研发的油船腐蚀环境耐蚀钢，各项性能均满足国际海事组织耐蚀钢标准；2012年武钢、宝钢、南钢以及湘钢等相继开发成功油船舱用耐蚀钢。

采用耐腐蚀钢材是防止腐蚀的根本，同时还要辅助合理的工艺手段才能将防腐效能发挥最大。例如，船体大部分结构是采用焊接方法连接起来的，不同种类材料的腐蚀电位是不一样的，因此容易形成电偶腐蚀，故当船体采用不同种类钢材进行焊接（连接）时，应选用强度合适、焊接性能优良、腐蚀电位接近的材料，以减少电偶腐蚀。

对于船体管路，除了选材以外，还要控制管中流体的流速[30]。例如：钢管流速要小于1m/s，镀锌钢管流速小于3m/s，纯钢小于1.2m/s，铝黄铜小于2m/s，锡黄铜小于3m/s，加铁95-5铜镍合金小于1.5m/s，加铁90-10铜镍合金小于3m/s，加铁70-30铜镍合金小于4m/s；如果管内流体流速达到7m/s以上，则需在白铜管中采用铁-铜阳极联合保护技术；在流速更高或含有泥沙冲刷的情况下，应选用钛管或双相不锈钢管等。

1.2.2 涂层保护

尽管造船时采用耐腐蚀钢材，但仅靠这一点还不足以杜绝腐蚀，还必须结合防腐涂层保护技术。所谓涂层保护就是采用合适的船舶涂料，以正确的工艺技术使其覆盖在船舶各个部位，形成一层完整、致密的涂层，使船只各部位的钢铁表面与外面的腐蚀环境相隔离，以防止船舶遭受腐蚀的措施。也就是说，涂层主要起屏蔽腐蚀介质、缓蚀和阴极保护的作用，它是世界公认最有效、最经济、最普遍的方法[31]。

防腐涂料按不同的分类方法可分很多种。按材质可分为金属涂料和油漆涂料；按干燥过程中是否发生化学反应分为硬质涂料和软质涂料；按照使用的空间范围又分为水线涂料、甲板涂料、船壳涂料、油舱涂料、饮水舱涂料、压载舱涂料和防污涂料等[32]。

鉴于船体不同部位腐蚀情况不同，因此对各部位涂层有不同的要求。船底处于水下，除遭受电化学腐蚀外，海底生物也会附着在船底，降低航速、增加燃耗，因此要求船底涂料具有优异的耐海水腐蚀性和防污性[33]，代表性的涂料是以有机锡作为防污剂的防腐涂料。不过这种涂料对海水有污染，因此国际海事组织要求自 2003 年 1 月 1 日起，禁止有机锡的使用，于是一些环境友好型涂料替代进来，例如以氧化亚铜为防污剂的新型无锡防污涂料等。水线、外舷、甲板由于干湿交替引起腐蚀，以及波浪冲击引起损坏和紫外线照射引起老化等，故这些部位的防腐漆应该具有良好的耐海水腐蚀性、优异的物理机械性、耐磨性、耐冲击性和耐候性，这类防腐漆代表性的有：用于水线部位的高氯化聚乙烯、热塑性丙烯酸树脂；用于船壳的改性环氧漆、丙烯酸漆、高性能丙烯酸聚氨酯漆等。船舶内部的压载舱处于高温、高湿和海水环境下，涂层短时间内易裂纹、脱落、失效，因此要求压载舱涂料具有长效的可靠使用寿命，像这类漆有环氧沥青涂料、聚氨酯沥青涂料以及厚膜环氧型涂料等。

在具体的涂刷工艺上，涂层一般采用三涂层体系：底漆+中间漆+面漆。用作底漆的有：环氧富锌底漆、无机富锌底漆、水性无机富锌底漆、环氧磷化底漆和磷化底漆；中间漆有：环氧富锌云铁防腐涂料、改性环氧涂料；面漆则有：有机硅改性醇酸、氯化橡胶、单组分丙烯酸、可复涂丙烯酸聚酯和氟碳涂料。使用三涂层时，可根据防腐年限，制定具体的涂料配套体系。

1.2.3 阴极保护

采用上述两种防腐措施，仍不能满足船舶的防腐要求。究其原因，涂层在船舶服役期间很容易遭受各种形式的破坏，而失去保护作用，即使没有被破坏，涂料在刷涂过程中不可避免地存在微小孔隙，随着时间推移，海水会慢慢渗透到船体表面而产生腐蚀。而对于船舶上的管路系统，因管路内壁很难涂漆，因而更难以得到保护。

另外，船舶不同零部件常因完成不同的功能而采用不同的材料，例如：艏艉柱为铸钢，螺旋桨为铜，其他机械部位为各种合金钢。这些部位是通过焊接、铆接或海水连接在一起的，由于各自的电极电位不同，因而在海水这种导电性溶液中，很容易产生均匀腐蚀和电偶腐蚀。即使都采用同一种类的钢材，但由于材料本身化学成分的不均匀、水中氧浓度的不均匀仍会形成局部腐蚀。由此可见，只采用前面提到的两种防腐措施还不足以彻底杜绝腐蚀，必须配合以其他手段综合治理。在船体材料不变的前提下，除了船体涂防腐涂层外，阴极保护是另外一种重要的防腐手段。实际上，大多数情况下，防腐涂层是和阴极保护联合使用的[34~36]，这样可获得协同效果，即：阴极保护可弥补涂层缺陷，而涂层又会降低阴极保护所需电流，降低耗电量。

阴极保护分为牺牲阳极和外加电流两种[37]，这两种方法的本质是一样的，只是供电来源不同。下面简单介绍这两种方法的原理。

1.2.3.1 牺牲阳极阴极保护

如图1-1a所示，当把一块金属（譬如铁，以下简称Fe）浸入电解质溶液（如海水）中时，由于溶液中存在氧这种去极化剂，因此，在Fe表面将发生如下电化学反应：

$$Fe \longrightarrow Fe^{2+} + 2e \tag{1-1}$$

$$O_2 + 2H_2O + 4e \longrightarrow 4OH^- \tag{1-2}$$

Fe不断失去电子变为离子，海水中的氧不断夺取Fe上的电子而生成OH^-。铁离子很容易溶解到海水中，导致铁片的腐蚀破坏。

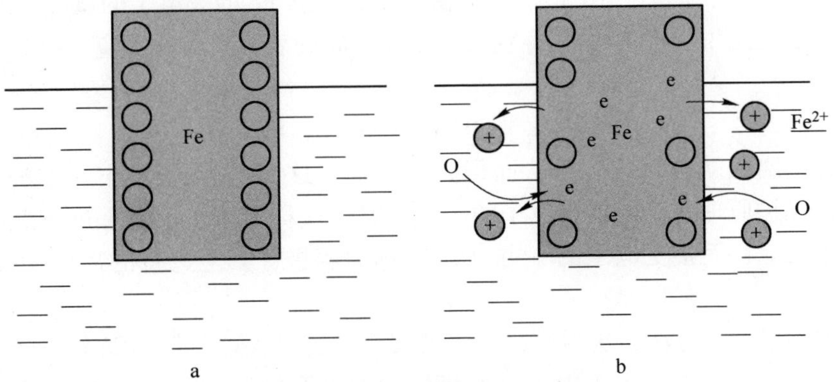

图1-1 金属在电解质中的腐蚀

a—插入电解质溶液中的铁片；b—铁片表面发生的电化学反应

如图 1-2 所示，现在向溶液中插入另一块更为活泼（即平衡电位更低）的金属（以下简称 M）。假设 M 的离子也是 2 价的，那么将式 1-1 中的 Fe 换成 M，则 M 表面也会发生类似式 1-1、式 1-2 的电化学反应：

$$M \longrightarrow M^{2+} + 2e \tag{1-3}$$

$$O_2 + 2H_2O + 4e \longrightarrow 4OH^- \tag{1-4}$$

注意，此时 M 和 Fe 尚未相连，二者的电化学反应是独立存在的。

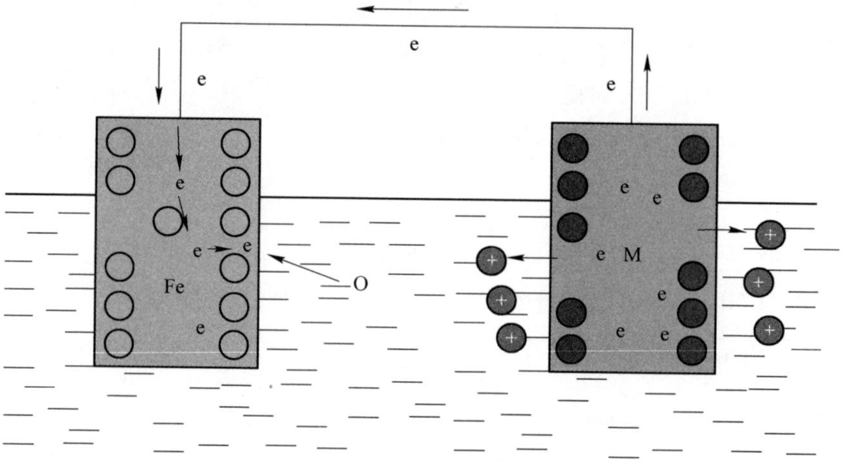

图 1-2　牺牲阳极阴极保护原理

现在，将图 1-2 的 M 和 Fe 用金属线连接起来，那么二者的电化学反应不再单独存在，而是要耦合起来，由于金属 M 更活泼、平衡电位更低，因此 M 内的电子将沿着导线向电位较高的 Fe 方向流动，如图示的箭头方向。由于电子都流向 Fe，因此溶液中的氧也“涌向” Fe 表面以捕获电子，这使得 M 表面的氧化反应 1-4 基本停止；同时，由于有 M 提供电子，因此 Fe 的失电子的反应 1-1 也基本停止，也就是说，Fe 表面只存在反应 1-2，M 的表面只存在反应 1-3，因此总反应是：

$$2M + O_2 + 2H_2O \longrightarrow 2M(OH)_2 \tag{1-5}$$

这样铁片的腐蚀就被阻止了，从而得到了保护。这种“李代桃僵”的方法就是牺牲阳极保护原理。其中提供电子的一方（M）被称为阳极，其上进行反应 1-3 称为阳极反应；而接受电子的一方（Fe）称为阴极，其上进行的反应 1-2 称为阴极反应。

牺牲阳极保护方法，选材容易、方便安全、容易管理，但不能实现自动化控制，且寿命短，故更适用于中、小型船只和无电源的地方[38]；而当保护面积较大、需要阳极数量较多时，会增加船体重量，增加船舶航行阻力。据报道，1954 年加拿大海军军舰上的牺牲阳极为达到 4 年的使用寿命，重量竟超过 10t[39]。

1.2.3.2 外加电流极阴极保护

外加电流阴极保护，与牺牲阳极原理类似，只是用一个外加电源代替牺牲阳极为阴极（被保护构件）提供电子，如图 1-3 所示。电源为 Fe 提供电子，使之阴极极化，而电极 M 是辅助的惰性电极，不再溶解。这种方法的电压、电流可调性好，可随外界条件变化实现自动控制，使用周期长，但设备复杂。

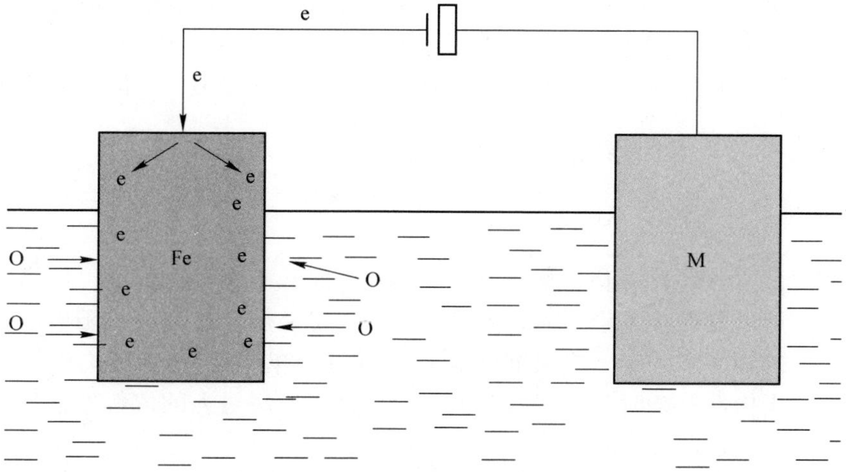

图 1-3 外加电流阴极保护原理

从实际应用来看，由于涂层自身的缺陷和施工中存在的问题，再加上牺牲阳极本身的缺陷，采用牺牲阳极和涂层保护相结合的方法，防腐效果并不理想。因此，国外 20 世纪 50 年代就开始试验使用外加电流阴极保护方法，从应用来看，外加电流阴极保护和牺牲阳极相比具有很多优点[40]：

（1）牺牲阳极使用焊接或螺钉固定在船壳上，会增加船只航行阻力，对于潜艇，外壳上的阳极还会产生声响，易暴露；而外加电流方法，阳极安装数量少，而且采用嵌入式安装，阻力可忽略。

（2）牺牲阳极电流输出调节能力差，而外加电流可实现自动调节，智能恒电位仪能随着外界（电势、盐度、风浪等）的变化给出参比电极信号，自动调节保护电流，使舰船始终处于被保护状态。

（3）外加电流使用寿命长，几乎和船只使用寿命相当，而牺牲阳极寿命只有 1~2 年，消耗完必须更换，成本较高。

因此，外加电流阴极保护方法逐渐成为主流。采用外加电流阴极保护方法的船只，防蚀效果显著，水下部分无明显锈层，钢板未发现凹坑，焊缝完好，壳板光滑，即使油漆脱落也无黄斑，保护效果非常理想。如今，经过几十年的发展，外加电流系统中的各部件，如辅助阳极、参比电极以及控制系统等都已比较成熟。

1.2.4 其他防腐措施

除了上述提到的防腐措施外，在其他方面还需注意的事项有：

（1）正确规范的焊接操作。不正确的单线焊接和双线焊接、电焊焊接的违规操作等会导致焊接电流从水下船体外表面流向海水，使钢板发生腐蚀。

（2）减少异种金属部件的直连。船舶上不同金属直接接触而未加以绝缘时，浸入海水介质后会产生电偶腐蚀，故连接异种材料部件应采取绝缘措施。

（3）缓蚀剂。采用含有缓蚀剂的淡水对海洋环境中所使用的设备进行冲洗，对腐蚀具有很好的抑制作用，可以同阴极保护技术一并使用，环保、经济性高。

1.3 仿真计算对船舶腐蚀与防护的意义

1.3.1 传统设计方法的不足

上述两种方法都有一套完整的设计标准和程序，本书不再赘述，但纵观整个设计过程，可以发现：无论是牺牲阳极方法，还是外加电流方法，阳极位置主要是根据以往的经验来确定，或根据经验公式进行简单估算[41]，当构件简单时此法尚可，但当构件复杂时此法误差很大，而且这种方法对人的依赖性强，具有主观随意性、不确定性。

目前，在防腐工程中，设计的重点越来越倾向于阳极大小、位置和数量的最优化研究，以保证阴极表面电位分布尽可能合理，即要使电位尽可能分布均匀，保证阴极表面都处于保护电位范围内，而上述传统方法很难做到这一点。

在设计理念或原理上，传统方法存在先天缺陷。对于牺牲阳极方法来说，传统的设计方法是基于设计寿命周期内，计算防腐涂层破损率，以确定阴极保护电流和保护电位，最终确定所需阳极数量和位置[42]。这种方法引入的是平均电流的概念[43~45]，没有考虑保护电流分布的不均匀性，这样制定的保护方案很可能不合理，使船体有些部位得不到有效的保护，而有些部位则过保护。

外加电流阴极保护技术的设计也存在类似问题，依然采用根据经验估算和简单的暴露试验为主的传统计算方法，只能定性而不能定量分析，带有极大的不确定性。随着大型船舶排水量的增加，船体浸水面积变大，所需保护电流成倍增加，如何使保护电流电位分布均匀，或者说如何优化辅助阳极和参比电极数量及位置，成为方案成败的关键，而确定这些，单靠经验和实验是无法圆满解决的。以上种种现象表明，传统设计方法需要改进。

1.3.2 计算机仿真技术在腐蚀防护方面的应用

随着计算机技术的发展，国内外早已把数值模拟技术应用于阴极保护领域，并取得了大量的研究成果。

20 世纪 60 年代，Klingent、Lynn 和 Tobias 首次用有限差分法（FDM）研究了电解池的几何形状和过电位参数的变化对电流分布的影响[46]；70 年代末，Doig 和 Flewitt[47]用同一种方法计算了电解液中二维电偶的电位分布；后来 Strommen 和 Rodland 也分别用 FDM 方法分析了海上结构物阴极保护系统的行为[48,49]。

虽然 FDM 方法在许多情况下能给出较准确的结果，但它也有很大缺陷，就是难以适应复杂边界，再有就是有限差分法要用代数式代替微分方程的导数，因此其收敛性和稳定性难以保证。

60 年代末，有限元方法（FEM）被应用到阴极保护领域[50,51]。Helle 等[52]应用 FEM 法计算了多电极体系的电位分布；Munn[53]应用 FEM 方法第一次对二维电极-电解液区域的腐蚀问题进行了包括真实极化曲线的影响在内的广泛研究；Kasper 和 April[54]用 FEM 方法，分析了海水中钢棒的三维腐蚀问题，研究了阴极和阳极大小、形状、涂层电阻以及涂层缺陷对电位分布的影响。

我国学者陈世一等[55]，应用有限元法求解，得到了相邻两个阴极保护站间的管道电位分布；王再峰[56]建立了阴极保护电化学场的二维有限元模型；王巍[57]应用有限元法模拟了 35 钢电位分布，提供了过保护和欠保护电位信息；杜艳霞等[58,59]利用有限元模拟了储罐地板外侧保护电位分布规律。

有限元方法较容易形成通用计算机软件，使用方便，而且具有求解多个不连续介质有限域的优点。但该方法也有缺点，就是计算量大。因为有限元法是用区域内的值来确定边界（阴极界面和阳极界面）的电流密度和电位大小、分布，这些数据对腐蚀防护设计是有用的，而区域内的数据则没什么参考价值了，并且区域内的计算量又很大，因此该方法设计、计算费用高，得到的信息量不大，这就限制了它的使用。

针对这些问题，1987 年 Brebbia 发表了求解拉普拉斯方程的新方法——边界元法[60]。该方法最大的优点是仅需对边界进行离散，建模简单，计算速度快、准确度高，这些正符合防腐工程的设计计算要求。首先将边界元法应用于腐蚀领域的是 Fu 和 Chow[61]，他们计算了受阴极保护箱体的电位分布，并把计算结果与实验结果相比较，证明了该方法的正确性；在 Fu 和 Chow 的基础上，Dason 和 Warne 首次研制了边界元用于二维和三维无限域腐蚀工程问题的计算机程序[62]；Adey 和 Niku[63]将边界元理论应用于外加电流阴极保护系统，建立了理论模型并进行了初步分析；王秀通[64]应用二维边界元方法对埋地管线阴极保护电位进行了数值模拟；胡舸等[65]建构了海水管线钢的阴极保护数学模型，应用边界元法求解了均匀电解质中管线表面电位分布。

以上三种仿真方法中，尽管有限元法存在一些缺点，但它仍以能处理复杂几何边界而得到广泛使用，随着计算机硬件水平的提高，它先天带来的计算量大等问题 也得到了解决。本书所论述的仿真方法就是基于有限元的。

参考文献

[1] 傅晓蕾．海水环境中船体钢的腐蚀行为及其防护［D］．青岛：青岛理工大学，2010.

[2] 傅晓蕾，马力，闫永贵，孙好芬．溶解氧浓度对船体钢在海水中的腐蚀行为的影响［J］．腐蚀与防护，2010，31（12）：942~945.

[3] 魏宝明．金属腐蚀理论及应用［M］．北京：化学工业出版社，2005.

[4] 谷旭东．船体的腐蚀与保养［J］．中国修船，2003（5）：40~41.

[5] 朱相荣，王相润，等．金属材料的海洋腐蚀与防护［M］．北京：国防工业出版社，1999.

[6] 中国工业与自然环境腐蚀调查项目组．中国工业与自然环境腐蚀问题调查与对策［R］2002：6~7.

[7] 许立坤，王朝臣．我国海洋腐蚀与防护领域发展展望［J］．海洋科学，2007（2）：13~16.

[8] 陈瓒立．台湾腐蚀研究及防蚀技术发展概况：第三届海峡两岸材料腐蚀与防护研讨会-腐蚀与控制［C］．北京：化学工业出版社，2002：18~20.

[9] Ke Wei（柯伟）. Survey of Corrosion in China（中国腐蚀调查报告）［M］. Beijing：Chemical Industry Press，2003.

[10] 李碧英，周美．海洋钢结构物腐蚀与防护研究［J］．中国海洋平台，2001，16（5~6）：45~48.

[11] 尹建平，左昭武，袁起立．舰船腐蚀环境与防护［J］．舰船，2009，23（9）：44~46.

[12] 韩恩厚，陈建敏，宿彦京．海洋工程结构和船舶的腐蚀保护—现状与趋势［J］．中国材料进展，2014，33（2）：65~74.

[13] 郑金东．浅议船体腐蚀与维护保养措施［J］．中国水运，2013，13（1）：1~2.

[14] 曹攀，周婷婷，白秀琴，等．深海环境中的材料腐蚀与防护研究进展［J］．中国腐蚀与防护学报，2015，25（1）：12~19.

[15] 张广智，龚高平，裘达夫．海洋环境下船舶钢结构的腐蚀和综合治理［J］．中国修船，2001（5）：32~34.

[16] 尹士科，李亚琳．美国和日本的潜艇用钢及其焊接材料［J］．材料开发与应用，2008，23（1）：58.

[17] Murray R C. Current welding practices for high-yield steels marine application［J］. Canadian Welding Association J，2006（Summer）：45.

[18] Gordon Murray. Build submarine components from duplex stainless steel［J］. Welding J，2006，85（11）：32.

[19] 王文杰．高性能先进船用合金材料的应用现状与展望［J］．材料导报 A. 综述篇，2013，27（4）：98~105.

[20] 程新安．国外舰船使用钢材的回顾与展望［J］．材料开发与应用，1997，12（2）：46.

[21] 胡伯航．舰艇用钢的研制与开发［J］．舰船科学技术，2001（2）：16.

[22] 张炯，刘家驹．水面舰艇主船体选材、用材及其相关问题［J］．舰船科学技术，2001，4（12）：2~7.

[23] 苏春海．船舶涂料的发展现状及新标准对行业的要求［J］．上海涂料，2010，48（1）：46~50.

[24] Inohara Y，Komoni T，Kyono K. Development of new corrosion resistant steelfor the bottom plate of COT［C］. Proceedings of International Symposium on Shipbuilding Technology（ISST 2007）. Tokyo：The Japan Socity of Naval Architects and Ocean Enginerrs，2007：33~35.

[25] Imai S，Katoh K，Funatsu Y. Onboard evaluation results of newly developed anti-corrosion steel for cots of VLCC and proposal for maximum utilization method［C］. Proceedings of International Symposium on Shipbuilding Technology（ISST 2007）. Tokyo：The Japan Socity of Naval Architects and Ocean Enginerrs，2007：22~26.

[26] Shiomi H，Kaneko M，Kashima K. Development of anti-corrosion steel for cargo oil tanks［C］. Proceedings of Tanker Structure Cooperative Forum 2007 Shipbuilders Meeting. Busan：Tanker Structure Cooperative Forum，2007：1~8.

[27] SMICORE. A newly proven high corrosion-resistant steel plate for crude oil tankers［J］. Stainless Steel World，2009，21（4）：65~66.

[28] Satoshi I，Yasuto I，Tatsushi H. High performance steel plates for shipbuilding life cycle cost reduction technology of JFE steel［J］. JFE Technical Report，2005（5）：16~23.

[29] 张国宏，成林，李钰，等．海洋耐蚀钢的国内外进展［J］．中国材料进展，2014，33（7）：426~433.

[30] 曾晓燕，陈全权．船舶海水管系的腐蚀与防护［J］．交通部上海船舶运输科学研究所学报，1997，20（1）：47~52.

[31] Tinh N，Nguyen，et al. A mathematical model for the cathodic blistring of organic coatings on steel immersed in electrolytes［J］. Coatings Tech.，1991，63（794）：49.

[32] 李红良，刘谦．海洋防腐涂料的研究进展［J］．宁波化工，2011（2）：27~30.

[33] 苏春海．船舶涂料的发展现状及新标准对行业的要求［J］．上海涂料，2010，48（1）：46~50.

[34] 陈秀新．钢制海船的腐蚀与阴极保护［J］．广西大学学报，2007，29（5）：250~251.

[35] 许立坤，王廷勇，高玉柱．船舶外加电流阴极保护用辅助电极组件［J］．材料开发与应用，2001，16（2）：35~38.

[36] 刘鸿波，李秀华，李井会．浅谈钢质船体腐蚀与涂层保护［J］．船舶工业技术信息，2002，209（9）：26~30.

[37] 孙及．船体腐蚀及阴极保护［J］．武汉造船，1996（4）：49~51.

[38] 李应波．海船牺牲阳极阴极保护设计计算探讨［J］．船舶标准化工程师，2015，5：56~58.

[39] 孙建红，郑炜，王晓鹏．水面舰艇船体防腐和阴极保护的优化设计方法［J］．中国舰船研究，2007，2（4）：60~66.

[40] 郭宇．船舶与海洋结构阴极保护电位数值仿真与优化设计［D］．哈尔滨：哈尔滨工程大学，2013.

[41] 王巍．几种金属在海水中阴极保护数值计算及瞬态激励影响研究［D］．青岛：中国科学院海洋研究所，2011.

[42] 刘存，赵增元，马永青，等．海洋结构物牺牲阳极阴极保护设计方法探讨［J］．全面腐蚀控制，2011，25（9）：7~10.

[43] 李明昕．船舶牺牲阳极的阴极保护设计研究［J］．装备制造技术，2007（8）：31~34.

[44] 潘峻，熊建波，丁建军．淡海水环境下钢结构阴极保护的设计与实现［J］．施工技术，2013，42（5）：261~263.

[45] 郝宏娜，李自力．阴极保护数值模拟计算边界条件的确定［J］．装备与环境，2011（7）：504~507.

[46] Klingent J A，Lynn S，Tobias C W. Evaluation of current distribution in electrode systems by high - speed digital computers［J］. Electrochimica Acta，1964，9：297~311.

[47] Doig，Flewitt. A finite difference numerical analysis of galvanic corrosion［J］. Journal of Electrochem. Soc.，1979，126（12）：2057~2063.

[48] Strommen Roe，Arild Rodland. Computerized techniques applied in design of offshore cathodic protection systems［J］. Materials Performance，1981（4）：15~20.

[49] Strommen R D. Computer modeling of cathodic protection systems utlised in CP montitoring［J］. OTC 4357，Houston.

[50] Fleck R N. Numerical determination of potential ditributions and current densities in multi-electrode systems［J］. Corrosion NACE，1981，37（9）：522~530.

[51] Sale J P. The evaluation of anode configuration for the internal cathodic protection of pipes［C］. Conference on Corrosion and Protection of Pipes and Pipeline.

[52] Helle，Beek G H M，Ligtelijn J T H. Numerical determination of potential distributions and current densities in multi - electrode systems［J］. Corrosion NACE，1981，37（9）：522~530.

[53] Raymond S，Munn. A mathematical model for a galvanic anode cathodic protection system［J］. Materials Performance，1982：29~36.

[54] Kasper R G，April M G. Electrogalvanic finite element analysis of partially protected marine structure［J］. Corrosion，1983，39（5）：181~188.

[55] 陈世一，吴先策，江国业．管道强制电流阴极保护电流和电位计算的数值方法［J］．石油化工高等学校学报，2008，21（3）：75~78.

[56] 王再峰，孙虎元，孙立娟．海水中 A3 钢样阴极保护电化学场的二维有限元计算［J］．海洋科学，2006，30（7）：37~42.

[57] 王巍，孙虎元，孙立娟，等．海水中阴极保护 35 钢有限元模拟［J］．腐蚀与防护，2009，30（7）：462~465.

[58] 杜艳霞，张国忠．储罐底板外侧阴极保护电位分布数值模拟［J］．腐蚀与防护学报，2006，26（6）：346~250.

[59] 杜艳霞，张国忠．阴极保护的电位分布数值计算［J］．腐蚀与防护学报，2008，28（1）：54~56.

[60] Adey R A，Brebbia C A，Niku S M. Application of boundary elements in corrosion engineering［J］. Topics in Boundary Elements Researched C A Brebbia，1990：34.

[61] Fu J W，Chow J S. Cathodic prorection designs using an integral equation numerical method

[J]. Corrosion, 1982: 163~169.

[62] Dason D J, Warne M A. Current density/voltage calculations using boundary elements techniques [C]. NAFC Conference, Los Angles, USA, 1983.

[63] Adey R A, Niku S M. Computer modeling of corrosion using the boundary element method [J]. Computer Modeling in Corrosion, STP-1154, Philadephia, PA: American Society for Testing and Mateirals, 1992: 248~264.

[64] 王秀通. 海水和海泥中阴极保护系统的边界元计算 [D]. 青岛: 中国科学院海洋研究所, 2005.

[65] 胡舸, 向斌, 张胜涛. MATLAB 在海底管线阴极保护电场计算中的应用 [J]. Marine Sciences, 2007, 31 (12): 34~37.

2 腐蚀电化学基本理论

2.1 平衡电位与电极电位

2.1.1 电极反应

一般金属（譬如铁）原子最外层电子受到的束缚很弱[1]，由于能量涨落、碰撞等原因，有些电子会脱离原子核的束缚而成为自由电子，这样一来，位于晶格位置的铁原子就成为了离子，虽然整个铁片仍呈电中性，但铁片内部已经有正负电荷的差别与分布。如图 2-1 所示，如果将这样一块铁片插入水中，由于水分子是极性很强的分子，它可以对晶格位置的铁离子产生吸引作用，有些键力不强的铁离子甚至会被水分子“拉”到水中，从而产生如下反应：

$$Fe_M \longrightarrow Fe_{Sol}^{2+} + 2e_M \tag{2-1}$$

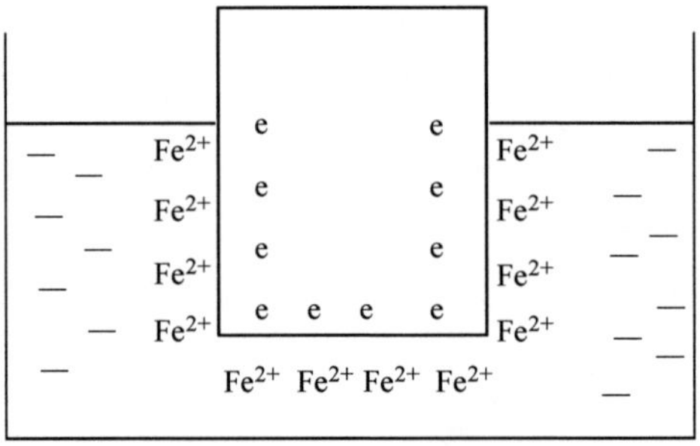

图 2-1　界面反应

式 2-1 中下标 M 和 Sol 分别表示物质所在的相，Fe_M 表示处在金属固体相中的铁原子，Fe_{Sol}^{2+}表示溶液相中的铁离子，e 表示电子。

经过一定的时间后，溶液中的铁离子会越来越多，这些离子在金属片表面附近的溶液中聚集，当积累到一定程度时就会有一部分铁离子又回到金属表面，夺取电子被还原为铁原子，其反应如下：

$$Fe_{Sol}^{2+} + 2e_M \longrightarrow Fe_M \tag{2-2}$$

上述两个反应，在某一时刻会达成动态平衡，即由铁片进入溶液的铁离子和由溶液回到铁片的铁离子单位时间单位面积上数目相等，此时反应变为如下的可逆反应：

$$Fe_M \rightleftharpoons Fe_{Sol}^{2+} + 2e_M \tag{2-3}$$

此时从宏观上看，溶液中铁离子浓度不再变化，但微观上不断有铁离子由铁片进入溶液中；同时亦有铁离子不断回到铁片表面。铁离子的定向流动形成了电流，这种导电属于离子导电，因此溶液（Sol）称为离子导体相。

反应2-3中，从左向右，铁原子失去电子被氧化，因此属于氧化反应，失去电子后的铁原子（Fe_{Sol}^{2+}）称为氧化体，用O表示；而从右向左的反应中，铁离子得到电子被还原，因此属于还原反应，被还原的物质（Fe_M）称为还原体，用R表示。这样上述反应可以用一个通式表示：

$$R \rightleftharpoons O + ne \tag{2-4}$$

上述反应导致溶液中金属表面附近存在一定数量的铁离子，致使该处溶液呈正电性；而金属因失去一部分铁离子，存在多余的电子而呈负电性，当反应平衡时，溶液净电量和金属净电量绝对值相等。

可以看出，反应2-3与普通的化学反应不同，普通化学反应一般是反应物与生成物混成均相进行，而这一反应由两个相参与，其中一相是电子导体相（铁片），而另一相是离子导体相（溶液）；化学反应则是在二者界面上进行的，反应时有电荷通过界面从一个相进入另一个相，随着电荷的转移，两相界面上还存在着物质的变化（铁离子的还原），这种由电子导体相和离子导体相构成的系统被称为电极系统，所伴随的化学反应称为电极反应或电化学反应。

可见一个电极反应由正反两个反应组成，当反应进行的方向是从还原体系向氧化体系转化时，即反应由左向右进行时，称为阳极反应；而当反应由氧化体与电子结合而生成还原体时，即从右向左进行时，称为阴极反应。

2.1.2 电极电位

2.1.2.1 化学位

由热力学可知[2]，恒温恒压下，一个体系从一种状态能否变为另一状态，取决于两个状态的吉布斯自由能（记为G）之差，当体系后一个状态的自由能低于前一个状态的自由能，即$G_2<G_1$时，变化可以自发进行；反之，当$G_2>G_1$时，变化不能自发进行；而二者相等，即$\Delta G=0$时，则两种状态共存。

恒温恒压下，化学反应也遵循这一规律：当一个体系自发地从反应物转变为生成物时，那么这个体系总的吉布斯自由能是降低的。衡量体系吉布斯自由能的升高与降低，可以用参与反应的各物种的化学位来表征。参与化学反应的某物种的化学位，是这种物质对体系吉布斯自由能的贡献。打个比方，往一个具有一定压力的密闭气缸里（体系）添加某种微量气体（物种），必须施加一定压力以克服内部气体的反抗，才能把微量气体加进去，这样一来，里面气体压力变高了，体系内能增大了，吉布斯自由能也增加了（注意：体系内能和吉布斯自由能不一样，吉布斯自由能是可以对外做功的那一部分内能）。因此，被加进去的微量物种对体系吉布斯自由能的升高作出了贡献，该物种单位物质的量对体系吉布斯自由能的贡献就是它的化学位。若以 M 表示被添加的物种，P 表示该物种要添加进去的相，则该物种的化学位定义为：

$$\mu_{M_p} = \left(\frac{\partial G}{\partial m_M}\right)_{m_j,\ T,\ p} \tag{2-5}$$

即：恒温恒压下，每向 P 相中添加 1mol M 物质，引起 P 相吉布斯自由能的变化，就称为该物质的化学位。式中的 T、p 表示 P 相的热力学温度和压力，m_j 表示 P 相中除物质 M 外体系中其他物种的物质的量。

因此，根据上述定义，对于下面这个化学反应：

$$(-\nu_A)A + (-\nu_B)B \rightleftharpoons \nu_C C + \nu_D D \tag{2-6}$$

当反应物对于整个体系吉布斯自由能 G 的贡献高于反应式右边生成物对于整个体系吉布斯自由能贡献，即

$$\Delta G = \nu_C\mu_C + \nu_D\mu_D - (-\nu_A\mu_A - \nu_B\mu_B) = \sum_j \nu_j\mu_j < 0$$

时，反应能自发地由左向右进行。

式中 μ_j——j 种物的化学位；

ν_j——j 种物的化学计量数，规定反应物的 ν_j 取负数，生成物的 ν_j 取正数。

与此类似，若 $\Delta G=\nu_C\mu_C+\nu_D\mu_D-(-\nu_A\mu_A-\nu_B\mu_B)=\sum_j\nu_j\mu_j>0$ 时，反应由右向左进行；当 $\Delta G=\nu_C\mu_C+\nu_D\mu_D-(-\nu_A\mu_A-\nu_B\mu_B)=\sum_j\nu_j\mu_j=0$ 时，反应达成平衡，正、逆反应速度相等。

2.1.2.2 电化学位

上面是普通的化学反应反应方向与自由能的关系。由 2.1.1 节可知，电化学反应与普通化学反应不同，电化学反应除了引起物质的变化外，还存在电荷在两相间的移动，因此判断反应方向，除了考虑化学位外，还需考虑荷电粒子的电能。在图 2-1 中，铁片表面和溶液带有不同的电荷，因此就存在电位差，电位差会在溶液和金属表面间产生电场，当铁离子由金属进入溶液时，就会受到这个电场的作用，这一作用势必影响电极反应，因此在电极反应中不能用化学位判断反应进行的方向，而是采用一个新概念——电化学位判断反应方向。

如图 2-2 所示，设某一 P 相物质带有电荷（假设带正电荷⊕）且分布于表面，距离 P 相无限远处有一单位正电荷（以下简称电荷）。当电荷和 P 相距无穷远时，二者没有静电作用；而当将电荷向 P 移动时，会逐渐受到 P 相电场的排斥作用，因此需要外力做功推进，距离 P 相越近，所需外力功越多，最终将电荷移动到 P 相外表面，这些外力功转变为电荷在 P 相电场中的势能，该势能除以电荷

的电量（单位点电荷，电量为 1）所得的结果就是 P 相的外电位，记为 φ。

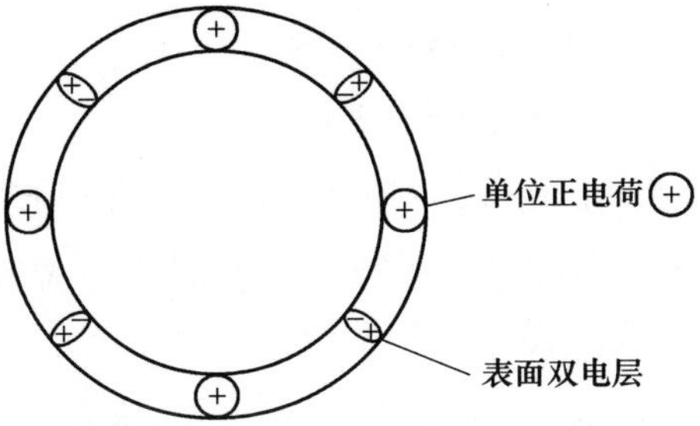

图 2-2 单位正电荷加入到 P 相中

此时，如果接着想将电荷移入 P 相，还需要继续做功，以克服 P 相表面双电层的阻碍。这是因为，P 相表面分子和体内分子所处状态不同，体内分子周围都是同类分子，而表面分子一侧是同类分子，另一侧是周围空气（或者真空），因此表面分子电中性被破坏，产生极化而产生双电层（⊖），如图 2-2 所示。故电荷要想进入 P 相，还需增加外力功以克服表面双电层的阻挡，这部分外力功除以电荷电量就是 P 相的表面电位，记为 χ，表面电位 χ 和外电位 φ 加起来就称为 P 相的内电位[3]：$\phi=\varphi+\chi$。

如果将单位正电荷换成一个电量为 q 的电荷，移动到 P 中，则需要克服的电功为 $q\phi$，也可以说，将电荷移入 P 相后，导致 P 相的电势能升高了 $q\phi$，如果该物质有 m 摩尔，则 P 相电势能升高 $mq\phi$。

在上述过程中没有考虑电荷的物质性，如果将物质性考虑进去的话，那么电荷进入 P 相，除了要克服电功外，还需克服电荷与 P 相物质之间的化学力（排斥力），这实际上就是 2.1.2.1 节中讨论的化学位，因此不再赘述。根据上面的阐述，将 m 摩尔 M^{n+} 移入 P 相后，M^{n+} 使体系的化学能和电能均上升，因此体系吉布斯自由能对 M^{n+} 的变化率为：

$$\left(\frac{\partial G}{\partial m_{M^{n+}}}\right)_{m_j,\ T,\ p}=\mu_{M_P^{n+}}+nF\phi_P \tag{2-7}$$

式中 $\mu_{M_P^{n+}}$——M^{n+} 在 P 相中的化学位；

ϕ_P——P 相的内电位；

F——法拉第常数。

定义

$$\bar{\mu}_{M_P^{n+}}=\mu_{M_P^{n+}}+nF\phi_P \tag{2-8}$$

为 M^{n+} 在 P 相中的电化学位[4]。这样，对于某一电化学反应，可以通过电化学位来判断电极反应进行的程度和方向，当反应平衡时有 $\sum_j \nu_j \bar{\mu}_j=0$。

2.1.2.3 电极电位

下面我们再回到 2.1.1 节中的反应 2-3：

$$Fe_M \rightleftharpoons Fe_{Sol}^{2+} + 2e_M$$

与化学反应平衡时存在 $\sum_j \nu_j \mu_j = 0$ 这一条件类似，电化学反应平衡时亦有 $\sum_j \nu_j \bar{\mu}_j = 0$。下面我们根据这个条件，推导电极反应平衡时内电位和化学位的关系。根据式2-8可得反应 2-3 中各反应物的电化学位：

$$\bar{\mu}_{Fe_M} = \mu_{Fe_M} + nF\phi_{Fe} \qquad (n = 0)$$

$$\bar{\mu}_{Fe_{Sol}^{2+}} = \mu_{Fe_{Sol}^{2+}} + nF\phi_{Sol} \qquad (n = 2)$$

$$\bar{\mu}_{e_{Fe}} = \mu_{e_{Fe}} + nF\phi_{Fe} \qquad (n = -1)$$

ϕ_{Fe}、ϕ_{Sol}分别为固体相（记为 M，也就是 Fe，二者等同）和离子相（Sol）的内电位。因为 Fe 原子不带电，因此 $n=0$，电化学位就等于化学位。将上面三个式子代入 $\sum_j \nu_j \bar{\mu}_j = 0$ 中，得到：

$$\sum_j \nu_j \bar{\mu}_j = 0 \Rightarrow -\bar{\mu}_{Fe_M} + \bar{\mu}_{Fe_{Sol}^{2+}} + \bar{\mu}_{e_M} = 0$$

即：

$$-(\mu_{Fe_{Fe}}) + (\mu_{Fe_{Sol}^{2+}} + 2F\phi_{Sol}) + 2(\mu_{e_{Fe}} - F\phi_{Fe}) = 0$$

整理得：

$$\phi_{Fe} - \phi_{Sol} = \frac{\mu_{Fe_{Sol}^{2+}} - \mu_{Fe_{Fe}}}{2F} + \frac{\mu_{e_{Fe}}}{F} \qquad (2-9)$$

上式就是电极反应达到平衡时所满足的条件，可进一步记为：

$$(\phi_{Fe} - \phi_{Sol})_e = \frac{\mu_{Fe_{Sol}^{2+}} - \mu_{Fe_{Fe}}}{2F} + \frac{\mu_{e_{Fe}}}{F} \qquad (2-10)$$

以及

$$\phi_{Fe} - \phi_{Sol} = \frac{\mu_{Fe_{Sol}^{2+}} - \mu_{Fe_{Fe}}}{2F} + \frac{\mu_{e_{Fe}}}{F} = \frac{\mu_{Fe_{Sol}^{2+}} - \mu_{Fe_{Fe}} + 2\mu_{e_{Fe}}}{2F} = \frac{\sum_j \nu_j \mu_j}{2F} \qquad (2-11)$$

定义 $\Phi = \phi_{Fe} - \phi_{Sol} = \phi_{电极材料} - \phi_{Sol}$。$\Phi$ 被称为电极系统的绝对电位[5]，又称 Galvani 电位；另外定义 $\Phi_e = (\phi_{Fe} - \phi_{Sol})_e$，称 Φ_e 为电极反应处于平衡状态时的绝对电位，注意这里的下标 e，表示电极反应处于平衡状态。这样一来，如果能测量一个电极反应的绝对电位 Φ，并与平衡态下的绝对电位 Φ_e 相比，就可以判断反应进行的程度和方向：如果 $\Phi_e < \Phi$，则反应由右向左进行；$\Phi_e > \Phi$，反应由左向右；$\Phi_e = \Phi$，则反应处于平衡状态。

然而实际上，绝对电位是无法测量到的，这可以通过下面的实验证明这一点（见图 2-3）。

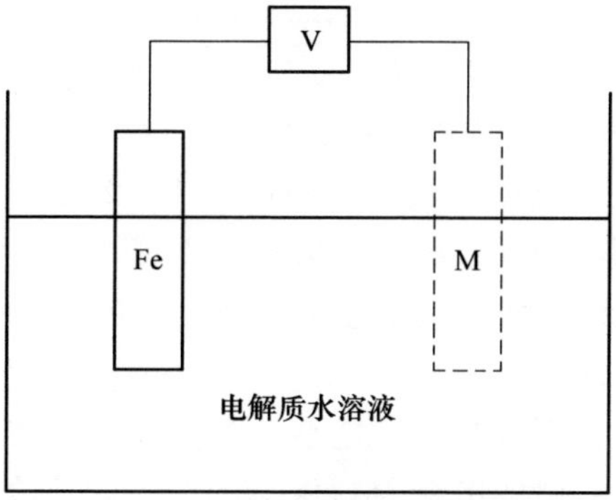

图 2-3 绝对电位测量示意图

当测量 Fe 与水溶液构成的电极系统的绝对电位时，需要再加入一个 M/Sol 电极系统以构成回路。设导线和 Fe 同材质，当用测量仪器 V 测量 Fe 与 M 之间电压时，测得的结果是这样的：

$$E=(\phi_{Fe}-\phi_{Sol})_e-[(\phi_M-\phi_{Sol})_e+(\phi_{Fe}-\phi_M)_e] \quad (2\text{-}12)$$

这里有两点需注意：式中各项电位差均是平衡条件下的电位差；式中最后一项 $(\phi_{Fe}-\phi_M)_e$，实际上就是导线的右半段和 M 接触形成的电位差，而左半段导线由于和 Fe 同材质，电位差为零。

由于电压表电阻很大，近似看成开路，因此 Fe/Sol 和 Me/Sol 两个电极各自处于平衡状态，因而根据式 2-10 分别有：

$$(\phi_{Fe}-\phi_{Sol})_e=\frac{\mu_{Fe^{2+}_{Sol}}-\mu_{Fe_{Fe}}}{2F}+\frac{\mu_{e_{Fe}}}{F} \quad (2\text{-}13)$$

$$(\phi_M-\phi_{Sol})_e=\frac{\mu_{M^{n+}_{Sol}}-\mu_M}{nF}+\frac{\mu_{e_M}}{F} \quad (2\text{-}14)$$

这里假设 M^{n+} 为 n 价。由于 Fe 与 M 接触，是两个电子导体相之间的接触，不引起物质变化，因此不构成电极系统，又由于金属为良导体，电子自由移动不消耗电功，因此可以认为：

$$\bar{\mu}_{e_{Fe}}=\bar{\mu}_{e_M}$$

展开即得：

$$\mu_{e_{Fe}}-F\phi_{Fe}=\mu_{e_M}-F\phi_M$$

整理得：

$$(\phi_M-\phi_{Fe})_e=\frac{\mu_{e_M}-\mu_{e_{Fe}}}{F} \quad (2\text{-}15)$$

注意式 2-13～式 2-15 均有下标 e，表明电极反应处于平衡状态。将式 2-13～式 2-15 代入式 2-12 得：

$$E=\frac{\mu_{Fe^{2+}_{Sol}}-\mu_{Fe_{Fe}}}{2F}-\frac{\mu_{M^{n+}_{Sol}}-\mu_{M}}{nF} \tag{2-16}$$

观察式 2-16 我们发现，本来要测量 Fe/Sol 这一电极系统的绝对电位，而现在测得的 E 却并不是绝对电位，实际上根据式 2-12 已知，E 包含了 Fe/Sol、M/Sol、Fe/M 三个绝对电位，因此测量结果实际上是 Fe/Sol、M/Sol 组成的原电池的电动势。基于同样原因，我们也不能测出 M/Sol 的绝对电位，因此任何电极系统的绝对电位是无法得到的。

不能测得电极系统的绝对电位，是不是意味着测量结果就没有价值了呢？不是的，如果将图 2-3 中右侧的电极材料保持不变，而只改变左侧的电极材料，会得到不同电极的相对于右侧同一电极的相对电势，由于右侧电极材料不变，因此式 2-16 中的第二项保持不变，这时不同材料的相对电势之间就有了可比性。实践中，经常对不同电极材料的相对电位作比较，绝对电位反而不常使用，因此，测量结果仍具有实际意义。测量时，右侧材料不变的电极，作为基准而被称为参比电极，相对于参比电极测量的各种材料的电位称为该种材料的电极电位[6]。实际测量中，经常使用的参比电极为标准氢电极（HCE）和甘汞电极（SHE）。

2.1.2.4 Nernst 方程

参比电极有很多种，其中最重要的是标准氢电极，它是用镀了铂黑的 Pt 浸在一个大气压的 H_2 气氛、H^+的活度为 1mol/L 的 HCl 溶液中构成的电极系统，这一电极系统反应式为：

$$\frac{1}{2}H_{2(g)} \rightleftharpoons H^{+}_{Sol}+e_{M} \tag{2-17}$$

于是用这个电极系统代替图 2-2 中的 M/Sol 电极来测量 Fe/Sol 的电极电位，当 Fe/Sol 电极反应达到平衡时，根据式 2-16 得：

$$E=\frac{\mu_{Fe^{2+}_{Sol}}-\mu_{Fe}}{2F}-\frac{\mu_{H^+}-\frac{1}{2}\mu_{H_2}}{F} \tag{2-18}$$

从热力学知道，对于存在于溶液相和气相中的物质来说，化学位与它的活度或逸度的关系分别为：

$$\mu=\mu^0+RT\ln\alpha \tag{2-19}$$

$$\mu=\mu^0+RT\ln f \tag{2-20}$$

式中 μ^0——标准化学位，J/mol，即该物质在活度 $\alpha=1$ 的溶液或逸度 $f=1$ 的气体中的化学位；

α——存在于溶液中物质的活度，mol/cm^3；

f——存在于气相中的物质逸度，atm 或 101325Pa；

R——理想气体常数，8.314J/(K·mol)；

T——热力学温度，K。

标准化学位 μ^0 只与温度和压力有关，通常是取25℃时的数值，对于只有一种物质组成的固相来说，化学位就等于标准化学位；比较稀疏的溶液以及压力不大的气体，溶液物质 i 的活度可以用浓度 c_i 或分压 p_i 替代。

按照热力学规定，标准状态下：

$$\mu^0_{H^+} = 0$$

$$\mu^0_{H_2} = 0$$

于是应用氢标电极作参比电极时，式2-18电极电位为：

$$E = \frac{\mu_{Fe^{2+}_{Sol}} - \mu_{Fe_{Fe}}}{2F} \tag{2-21}$$

这时如果电极处于平衡状态，则电极电位用 $E_{e(Fe/Fe^{2+})}$ 表示：

$$E_{e(Fe/Fe^{2+})} = \frac{\mu_{Fe^{2+}_{Sol}} - \mu_{Fe_{Fe}}}{2F} \tag{2-22}$$

其下标 Fe/Fe^{2+} 表示电极反应中的还原体和氧化体。

现将式2-18补充完整：

$$E = \phi_{Fe} - \phi_{HCE} = \frac{\mu_{Fe^{2+}_{Sol}} - \mu_{Fe_{Fe}} + 2\mu_{e_{Fe}}}{2F} - \frac{\mu_{H^+_{Sol}} - \frac{1}{2}\mu_{H_2} + \mu_{e_{Pt}}}{F}$$

$$= \left(\frac{\sum_j \nu_j \mu_j}{2F}\right)_{Fe} - \left(\frac{\sum_j \nu_j \mu_j}{F}\right)_{HCE}$$

根据规定：

$$\phi_{HCE} = \frac{\mu_{H^+_{Sol}} - \frac{1}{2}\mu_{H_2} + \mu_{e_{Pt}}}{F} = 0$$

因此：

$$(\phi_{Fe} - \phi_{HCE}) = E_e = \left(\frac{\sum_j \nu_j \mu_j}{2F}\right)_{Fe} \tag{2-23}$$

此式与式2-22等价。将式2-19、式2-20中化学位表示方法代入式2-23得到：

$$E_{e(Fe/Fe^{2+})} = \frac{\mu_{Fe^{2+}_{Sol}} - \mu_{Fe_{Fe}}}{2F} + \frac{RT}{2F}\ln\alpha_{Fe^{2+}} \tag{2-24}$$

定义：

$$E^0_{e(Fe/Fe^{2+})} = \frac{\mu^0_{Fe^{2+}_{Sol}} - \mu^0_{Fe_{Fe}}}{2F} \tag{2-25}$$

为标准电位，于是式2-24可写成：

$$E_{e(Fe/Fe^{2+})} = E^0_{e(Fe/Fe^{2+})} + \frac{RT}{2F}\ln\alpha_{Fe^{2+}} \tag{2-26}$$

将式2-26扩展到一般的如式2-16的电极反应，那么对于任意以标氢电极作为参比电极的电极系统，其电极电位表示为：

$$E = \frac{\sum_j \nu_j \mu_j}{nF} \tag{2-27}$$

注意：反应式中还原体一方的化学计量数为负；氧化体及电子化学计量数为正；固体物质活度系数 $\alpha=1$，其化学位就是标准化学位。据此，任意电极系统的电极电位可表示为：

$$E_e = E^0 + \frac{RT}{2F}\sum_j \nu_j \ln\alpha_j = E^0 + \frac{RT}{2F}\ln(\prod_j \alpha_j^{\nu_j}) \tag{2-28}$$

式2-28就是著名的Nernst方程[7]。

2.2 非平衡电位

2.2.1 过电位

由2.1.2.1节可知，对于一个化学反应，如果 $\sum_j \nu_j \mu_j \neq 0$，则这一反应还没有达成平衡，如果 $\sum_j \nu_j \mu_j < 0$，反应由左向右进行，称为顺向进行；反之 $\sum_j \nu_j \mu_j > 0$，反应由右向左，称为逆向进行。因此，通过 $\sum_j \nu_j \mu_j$ 可以判断反应进行的方向和能力。为方便，定义 $A = -\sum_j \nu_j \mu_j$，称为化学反应亲和势，当 $A>0$ 时，为顺向反应；当 $A<0$ 时，为逆向反应。

对于电化学反应，也可以定义一个类似的电化学亲和势：

$$\bar{A} = -\sum_j \nu_j \bar{\mu}_j$$

它反映一个电极体系电极反应的方向和能力，将电化学位 $\bar{\mu}_{M_P^{n+}} = \mu_{M_P^{n+}} + nF\phi_P$ 引入上式：

$$\sum_j \nu_j \bar{\mu}_j = \sum_j \nu_j \mu_j - nF(\phi_M - \phi_{Sol})$$

于是有：

$$\bar{A} = A + nF(\phi_M - \phi_{Sol})$$

引入电化学亲和势后，一个电极反应的平衡条件、反应进行的方向可表示为：$\bar{A}=0$，电极反应处于平衡；$\bar{A}>0$，顺向进行，阳极反应方向；$\bar{A}<0$，逆向进行，阴极反应方向。若以 $(\phi_M-\phi_{Sol})_e$ 表示平衡电极绝对电位，那么平衡时：

$$\bar{A} = A + nF(\phi_M - \phi_{Sol})_e = 0 \tag{2-29}$$

当顺向反应时：

$$\overline{A} = A + nF(\phi_M - \phi_{Sol}) > 0$$

二者相减：

$$(\phi_M - \phi_{Sol}) - (\phi_M - \phi_{Sol})_e > 0$$

同理，对于逆向反应：

$$\overline{A} = A + nF(\phi_M - \phi_{Sol}) < 0$$

此式再与式 2-29 相减：

$$(\phi_M - \phi_{Sol}) - (\phi_M - \phi_{Sol})_e < 0$$

因此，反应未达到平衡时，电极系统的绝对电位（$\phi_M - \phi_{Sol}$）就会偏离平衡电位（$\phi_M - \phi_{Sol}$）$_e$，根据偏离程度，可以判断反应进行方向。于是定义

$$\eta = (\phi_M - \phi_{Sol}) - (\phi_M - \phi_{Sol})_e$$

为反应偏离程度，称为过电位。由于参比电极不变，因此过电位又可表示为 $\eta = E - E_e$，这样可根据 η 判断反应进行的状态和方向：$\eta = 0$，即 $E = E_e$，电极反应处于平衡状态；$\eta > 0$，即 $E > E_e$，电极为阳极反应状态；$\eta < 0$，即 $E < E_e$，电极为阴极反应状态。

由于平衡反应条件下：$\overline{A} = A + nF(\phi_M - \phi_{Sol})_e = 0$，即 $A = -nF(\phi_M - \phi_{Sol})_e$，因此 $\overline{A} = nF[(\phi_M - \phi_{Sol}) - (\phi_M - \phi_{Sol})_e] = nF\eta$，从而 $\eta = \dfrac{\overline{A}}{nF}$

2.2.2 原电池

如图 2-4 所示，有两个电极系统，左面电极为 M_1，右面为 M_2，在互不连通情况下有着各自的电极反应，假设均为单电子反应，并以标氢电极作参比电极：

$$M_1 \rightleftharpoons M_1^+ + e \qquad (2-30)$$

$$M_2 \rightleftharpoons M_2^+ + e \qquad (2-31)$$

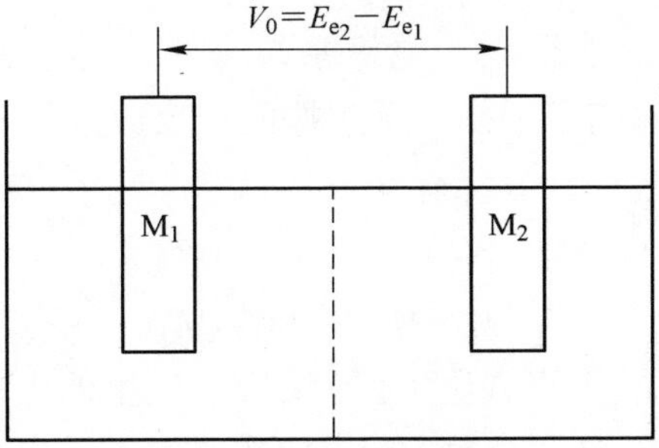

图 2-4 未连通时的原电池

当两个电极各自的电极反应处于平衡状态时，则根据式 2-22，各自的平衡电极电位为：

$$E_{e_1} = \frac{\mu_{M_1^+} - \mu_{M_1}}{F} \tag{2-32}$$

$$E_{e_2} = \frac{\mu_{M_2^+} - \mu_{M_2}}{F} \tag{2-33}$$

设 $E_{e_2}>E_{e_1}$，此时两个电极的电势差为：

$$V_0 = E_{e_2} - E_{e_1} \tag{2-34}$$

如果在两个电极之间接上电机 G，如图 2-5 所示，此时电路接通，构成回路，由于电机两端电位不同，电流将从电位高的一端通过电机流向电位低的一端，方向如图中箭头所示。根据克希荷夫（Kirchhoff）定理，导体每一点流入的电流等于流出的电流，因此当外电路有电流从 M_2 流向 M_1 时，内电路必然有同样大小的电流由 M_1 的表面流入溶液，再经溶液流入 M_2 的表面，如图 2-5 所示。

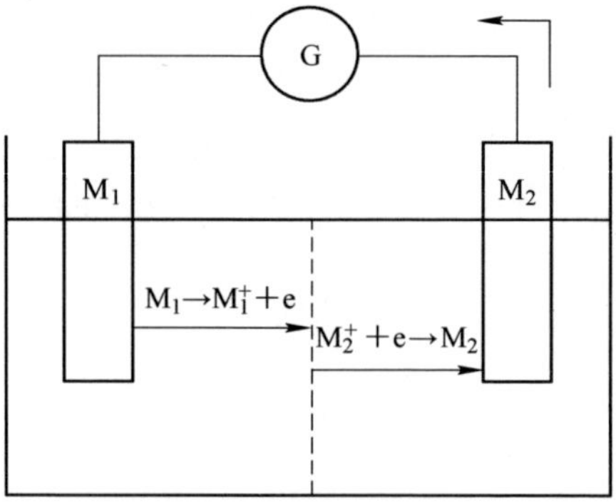

图 2-5　原电池使电机工作

既然有电流从 M_1 表面流向溶液，那么对这一电极来说，就是偏离了平衡，电极反应按阳极方向进行：

$$M_1 \longrightarrow M_1^+ + e \tag{2-35}$$

同理对于由 M_2 和溶液组成的电极系统来说，有电流从溶液进入 M_2 表面，就说明 M_2 电极反应也偏离了平衡，反应按阴极反应进行：

$$M_2^+ + e \longrightarrow M_2 \tag{2-36}$$

这样整个反应为：

$$M_1 + M_2^+ \longrightarrow M_1^+ + M_2 \tag{2-37}$$

因此在原电池内进行着的氧化-还原反应，产生的电能对外输出，驱动电机 G 运转而作功。值得一提的是，为了给电机提供源源不断的电流，溶液中必须有大量的 M_2^+，例如 Cu/Cu^{2+} 电极系统中，溶液为 $CuSO_4$。当然用其他的氧化剂 Y^+ 替代 M_2^+ 也可以，如果这样的话，式 2-31、式 2-36、式 2-37 中的 M_2^+ 应换成 Y^+。

虽然原电池能将化学能转变为电能，但不可能将电池中所有的化学能全部转变为电能，必定有一部分化学能耗散成为热能，这是因为原电池工作时，M_1 的阳极反应和 M_2 的阴极反应均是不可逆反应，因此电极电位处于非平衡电位，根据 2.2.1 节可知，非平衡电位相对于平衡电位而言有一个过电位，这样 M_1、M_2 的过电位分别为：

$$\eta_1 = E_1 - E_{e_1} \tag{2-38}$$

$$\eta_2 = E_2 - E_{e_2} \tag{2-39}$$

如果溶液电阻很小，电流从 M_1 表面经溶液流到 M_2 表面，因溶液电阻而消耗的欧姆电位降可忽略，那么电极两端电压为：

$$V = E_2 - E_1 = (E_{e_2} - |\eta_2|) - (E_{e_1} + \eta_1) = (E_{e_2} - E_{e_1}) - (\eta_1 + |\eta_2|) \tag{2-40}$$

而整个反应的化学亲和势为：

$$A = -\sum_j \nu_j \mu_j = \mu_{M_1^+} + \mu_{M_2} - \mu_{M_1} - \mu_{M_2^+} \tag{2-41}$$

将式 2-32、式 2-33 代入式 2-34 得到原电池电动势：

$$V_0 = \frac{\mu_{M_1^+} - \mu_{M_1}}{F} - \frac{\mu_{M_2^+} - \mu_{M_2}}{F}$$

上式和式 2-41 合并考虑，得到 V_0 的另一种表达式：

$$V_0 = \frac{A}{F} = \frac{-\sum_j \nu_j \mu_j}{F} \tag{2-42}$$

以上反应是单电子，如果有 n 个电子，则上式变为：

$$V_0 = \frac{A}{nF} = \frac{-\sum_j \nu_j \mu_j}{nF} \tag{2-43}$$

由此可见，电池电压大小取决于化学亲和势，所以电池工作驱动力源于氧化-还原反应的化学亲和势。如果电池输出电功时，电流非常小，小到两个电极上的电极反应仍保持为平衡状态，即电极电位仍为平衡电位 E_{e1}、E_{e2}，在这种情况下，整个过程可逆，电机两端电压为式 2-42，此时原电池每输出 $1F$ 的电量，所做的功为：

$$W_0 = V_0 F = \frac{A}{n}$$

但实际上，为了使电机工作，必须有相当大的电流通过电机，这样两个电极系统的反应以不可逆过程进行，此时原电池端电压不能保持为 V_0，而是降为式 2-40 中的 V，这时原电池每输出 $1F$ 的电量，所做的功为：

$$W = VF = [V_0 - (\eta_1 + |\eta_2|)]F = W_0 - (\eta_1 + |\eta_2|)F \tag{2-44}$$

因此原电池以可以测量的速度输出电流时，原电池中的氧化-还原反应产生的化学能不能全部转变为电能，只能输出 W 而不是 W_0，W_0 称为最大有用功，W 称为实际有用功，另外一部分能量，即电极反应过电位绝对值之和与法拉第电量乘积成为不可利用的热能散失掉了。实际上，如果还考虑溶液电阻 R_{Sol} 的话，设溶液中电流为 I，则原电池输出电压为：

$$V = V_0 - (\eta_1 + |\eta_2| + R_{Sol}I)$$

此时，输出的实际有用功为：

$$W = [V_0 - (\eta_1 + |\eta_2| + R_{Sol}I)]F$$

此式中的过电位 η_1、$|\eta_2|$ 的数值、欧姆电位降 $R_{Sol}I$ 的数值，都是随着电极反应速度（电流密度）的增大而增大，所以过程偏离平衡状态越远（η、I 绝对值越大），从化学能中能够得到的有用功越小，以热能形式消耗的能量就越多。

2.2.3 腐蚀电池

如果将图 2-5 中的电机拆除，而用导线将两电极连接的话，由于导线电阻可视为 0，因此原电池将成为短路电池，外电压为零，因此对外做功为零，释放的化学能全部以热能形式消耗掉。当电池处于这种工作状态时，由于导线电阻很小，因此电流很大，电极反应偏离平衡达到最大程度，此时整个体系的反应仍为式 2-37，此时阳极反应速度达到最大，M_1 以极快的速度溶解，M_1 金属材料不断遭受破坏，整个反应没有向外界提供有用功，这样的电池称为腐蚀电池。

前面已经指出，原电池的驱动力来源于其中进行的氧化-还原反应的化学亲和势，而腐蚀电池是原电池的特殊情况，自然腐蚀反应的驱动力也来源于原电池反应的化学亲和势，因此化学亲和势仍可用式 2-41 表示。

由式 2-41 可见，亲和势存在的关键是溶液中存在大量的、源源不断的氧化剂 M_2^+。如果溶液中不存在 M_2^+，则就不能构成原电池，除非溶液中存在可以替代 M_2^+ 的另一种氧化剂 Y^+。所以整个腐蚀反应的化学亲和势与电极 M_2 材料无关，只要溶液中存在氧化剂 Y^+（此处氧化剂恰为 M_2 的离子 M_2^+，但并不意味着亲和势与 M_2 有关，换成其他材料，亲和势不变），腐蚀反应就会发生；如果没有氧化剂，则即使 M_1 与 M_2 连接，M_1 也不会腐蚀。

2.2.4 混合电位

以上讨论的电极上面只进行一个电极反应（包括正、反两个反应）。如果一个电极表面进行两个电极反应，将会发生什么样的情形呢？为此我们将图 2-4 中的 M_2 换成 M_1，并假设溶液中存在氧化剂 Y^+，以代替原来的 M_2^+，然后用导线将二者相连，其电化学反应如图 2-6 所示。

虽然 M_2 被换成 M_1，但根据上一节的讨论，由于溶液中存在氧化剂 Y^+，因此腐蚀反应仍然发生，M_1 仍被腐蚀。实际上，图 2-6 可以等效成图 2-7，成为一块金属 M_1 上面同时进行阳极反应和阴极反应。

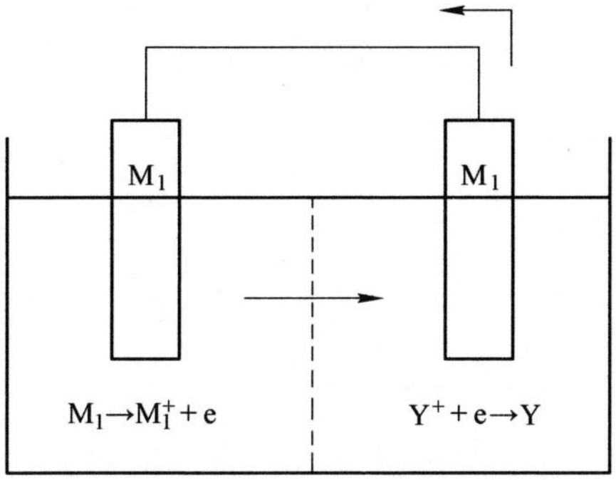

图 2-6 两个电极短路连接

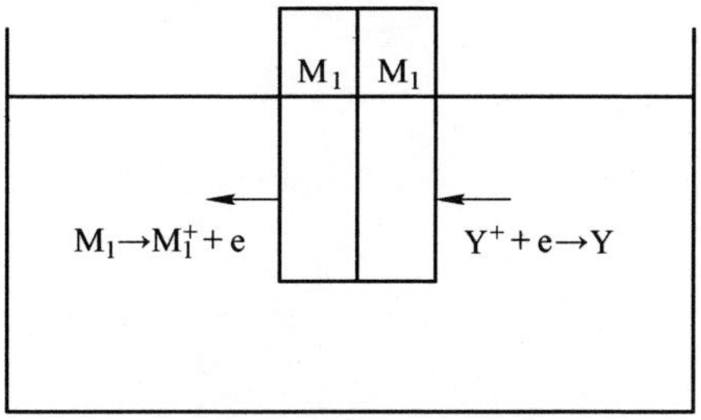

图 2-7 同种材料电极短路连接

这种在一块电极上同时进行的阳极反应和阴极反应称为耦合反应，这种反应和电极的平衡反应不同，当溶液中不存在 Y^+ 这种氧化剂时，一块电极上虽然也同时进行阳极和阴极反应，但是是可逆反应，而当溶液中存在氧化剂 Y^+ 时，则电极上发生的耦合反应不是可逆反应。

由于两个电极通过导线连接，因此二者电位相等，设这个电位为 E，则根据式 2-38 和式 2-39，阳极反应和阴极反应的非平衡电位分别为：

$$E_1 = E = (E_{e_1} + \eta_1)$$

$$E_2 = E = (E_{e_2} + |\eta_2|)$$

由于 $\eta_1>0$、$\eta_2<0$，因此 $E_{e_1}<E<E_{e_2}$。

这一对相互耦合的电极反应都在非平衡位 E 下进行，因此 E 既是阳极反应的非平衡电位，也是阴极反应的非平衡电位，故称 E 为一对耦合反应的混合电位或腐蚀电位（E_{corr}）[8]。这里需要注意的是，E_{e_2} 是阴极反应的平衡电位，它高于阳极反应的平衡电位 E_{e_1}。由此可见，即使溶液中只有一块电极，只要溶液中存在可以使该金属氧化成离子的物质 Y^+，并且该物质还原反应的平衡电位（E_{e_2}）高于该金属氧化反应的平衡电位（E_{e_1}），那么该电极就会发生腐蚀，这种物质在腐蚀领域有一个习惯名称，叫去极化剂，这种电极称为腐蚀金属电极。

2.3 多电极反应耦合系统

以上讨论的是一个腐蚀金属电极的情况，如果溶液具两个或两个以上此类电极，情形又会怎样呢？

2.3.1 接触腐蚀

如图 2-8 所示，将不同的金属 M_1、M_2 浸在含有去极化剂 Y^+ 的电解质溶液中。当二者尚未用导线连接，M_1 是一个孤立电极时，在 M_1 上依然发生图 2-7 中的反应，它的电极电位就是腐蚀电位，设为 E_{corr1}。假设 $E_{e(M_1/M_1^+)}<E_{e(Y/Y^+)}$，按 2.2.3 节的讨论可知 $E_{e(M_1/M_1^+)}<E_{corr1}<E_{e(Y/Y^+)}$。与此同时，假设金属 M_2 上的阳极溶解平衡电位比去极化剂 Y^+的还原反应平衡电位高，因此 M_2 上只进行一个反应：

$$Y \rightleftharpoons Y^+ + e$$

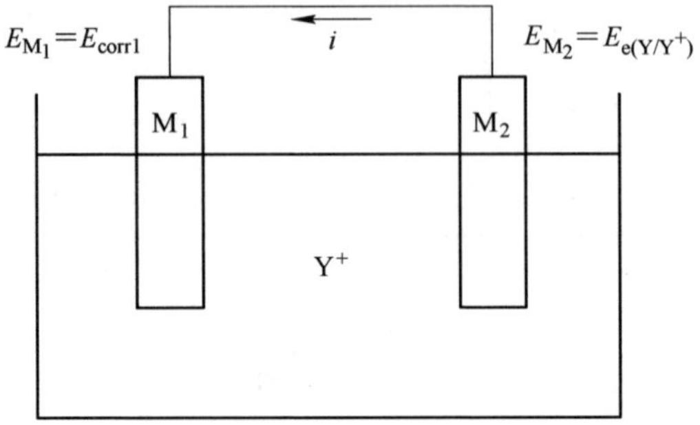

图 2-8 接触腐蚀

当 M_1 和 M_2 相连组成原电池时，由于 $E_{corr1}=E_{e(Y/Y^+)}-\left|\eta_{Y/Y^+}\right|<E_{e(Y/Y^+)}$，故当这个原电池外电路接通后，外部线路应有电流从 M_2 流向 M_1，即本来外电流为零的 M_1，出现了外加阳极电流，这时金属 M_1 除了本身产生图 2-7 所示的耦合反应而产生腐蚀外，还由于同金属 M_2 连接构成短路电池而产生阳极溶解（图 2-8 中的电流 i）。因此一个可以进行腐蚀过程的电极 M_1，一旦同电极电位较高的金属 M_2 接触，M_1 的腐蚀破坏速度更大，我们把这种腐蚀称为接触腐蚀或电偶腐蚀[9]。

2.3.2 腐蚀原电池

现在我们看一下，两块腐蚀金属电极（其离子价分别为 n^+和 m^+）接触后会发生什么。当 M_1、M_2 都是孤立电极时，它们的电位分别是腐蚀电位：

$$E_{corr1} = E_{e(M_1/M_1^{n+})} + \eta_{M_1/M_1^{n+}} \tag{2-45}$$

$$E_{corr2} = E_{e(M_2/M_2^{m+})} + \eta_{M_2/M_2^{m+}} \tag{2-46}$$

式中，$\eta_{M_2/M_2^{m+}}$、$\eta_{M_1/M_1^{n+}}$分别为 M_1、M_2 单独存在时，腐蚀过程的阳极溶解反应过电位。

用电阻视为零的导线将 M_1、M_2 相连，若溶液中欧姆电位降可忽略，则两个电极电位将变为一样，这情形就相当于将两块金属 M_1、M_2 相互接触而成为一块新的电极材料一样，这种由于不同金属相组成的电极叫做复相金属电极。如果 M_1、M_2 单独存在时的腐蚀电位如式 2-45、式 2-46 表示的话，设 $E_{corr1}<E_{corr2}$，则接触后 M_1 阳极溶解电流密度比起单独存在时增大，由于过电位随电流密度的增大而增大，因此，根据式 2-45M_1 的电位要从 E_{corr1} 往高电位移动；M_2 作为短路电池的阴极，阴极反应电流密度要比其单独存在时增大，因此根据式 2-46M_2 电

位将向低的方向移动。倘使由两个金属组成的复相电极电位为 E，则 M_1 与 M_2 接触前后电位变化值为：

$$\Delta E_{M_1} = E - E_{corr1} > 0$$
$$\Delta E_{M_2} = E - E_{corr2} < 0$$

一个电极在有外电流时，电极电位与没有外电流时电极电位之差叫做极化。如外加电流为阳极电流，则称为阳极极化；外加电流为阴极电流，则称为阴极极化。上面的 ΔE_{M_1} 是阳极极化，ΔE_{M_2} 是阴极极化。

从以上分析看到，如果 $E_{corr1}<E_{corr2}$，则在这两种金属接触后 M_1 阳极溶解反应的过电位增大，这表明接触使 M_1 阳极溶解速度增大；与此相反，接触后 M_2 阳极反应过电位将减小，这表明 M_2 腐蚀速度减小。一个金属构件同另一种电极电位低的材料接触后，腐蚀速度降低的效应叫做阴极保护效应。这为金属防腐提供了一条思路，以后将看到牺牲阳极保护方法和外加电流保护方法都是基于这一原理[10]。

2.4 溶液扩散过程引起的过电位

电极反应进行过程中，如果反应物是溶液的某一组分，那么随着它在电极反应过程中的不断地消耗，它就必须不断地从溶液深处传输到电极表面的溶液层中，才能保证电极反应不断进行下去。同样，电极反应产物也要不断地通过传质过程离开电极表面。总之，伴随电极反应的进行，在溶液中不免有传质过程伴随进行。溶液传质过程可以依靠三种过程进行：扩散、电迁移和对流。本节主要讨论扩散过程。

假设某组分 j 在溶液浓度 c_j 中不是均匀分布的，而是空间位置的函数 $c_j(x, y)$，那么根据化学位与物质浓度的关系有：

$$\mu_j(x, y) = \mu_j^0(x, y) + RT\ln c_j(x, y) \tag{2-47}$$

因此 μ_j 也是空间函数，此时如没有别的动力，物质 j 自发地从 μ_j 高的区域向 μ_j 低的区域传输，直到其化学位处处相等。

扩散是一个比较重要的过程，这个过程对电极反应有影响，为简单起见，我们讨论一维定常扩散过程，即各处浓度不随时间改变的扩散过程。如图 2-9 所示，物质 j 的浓度在 x 方向有变化，对于每一个 x，在 y、z 方向的浓度分布是均匀的，这些浓度相等的点构成等浓度面，扩散过程就是物质 j 沿着 x 轴闯过无数个等浓度面的过程。

根据物质扩散定律，物质扩散方向与浓度梯度方向相反，如果在 x 处有个等浓度面 A，该处浓度梯度为 $\left(\frac{\mathrm{d}c_j}{\mathrm{d}t}\right)_{x=x_0}$，如果单位时间通过单位面积 A 扩散的物质 j 的物质的量，即扩散速度是 $\frac{\mathrm{d}m_j}{\mathrm{d}t}$，那么根据菲克第一定律[11]，二者存在如下关系：

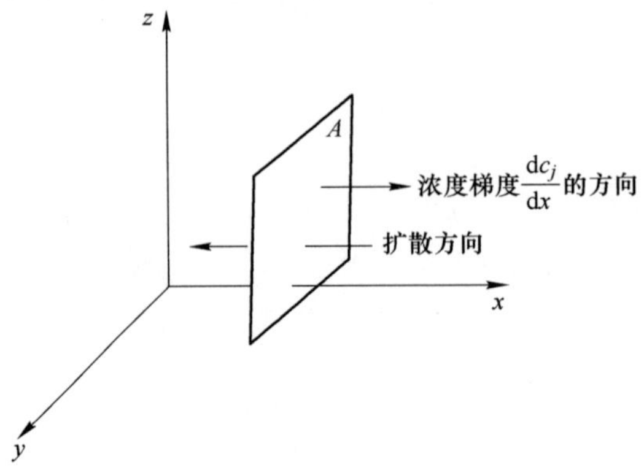

图 2-9 扩散过程示意图

$$\frac{\mathrm{d}m_j}{\mathrm{d}t} = - D_j \frac{\mathrm{d}c_j}{\mathrm{d}x} \tag{2-48}$$

式中 D_j——物质 j 的扩散系数。

当扩散速度的单位为 mol/(cm^2·s)，而浓度梯度的单位是 mol/(cm^3·cm) 时，扩散系数的单位是 cm^2/s；式 2-48 中负号表示扩散方向与浓度梯度方向相反。

在定常条件下，扩散途径上每一点扩散速度都相等，即沿 x 方向各截面在各瞬间，从右方扩散进截面的物质的量与从截面向左方扩散出去的量相等。

由于在金属腐蚀过程中，往往是去极化剂的阴极反应涉及扩散问题，所以我们只讨论阴极反应过程的扩散问题。当溶液中某一物质在电极表面被阴极还原时，紧靠电极表面溶液层中这一物质的浓度，由于电极反应消耗低于其在溶液整体中的浓度，于是这一物质就不断地从溶液深处向电极表面扩散，以补充消耗。如果溶液体积相当大，电极反应引起的这一物质在溶液整体中的浓度变化很小，就可以近似认为这一物质浓度在溶液深处不变。另外，由于搅拌或自然对流作用，还可以认为溶液深处浓度是均匀的。

但靠近金属电极表面有一个厚度为 l 的滞留层，其厚度与搅拌情况有关，搅拌越强烈，l 数值越小。室温下，在没有搅拌而只有对流的情况下，l 的值约为 10^{-2}cm。

如图 2-10 所示，我们用 c_b 表示这一被阴极还原的物质在溶液深处的浓度，用 c_s 表示在电极表面的浓度，则在定常情况放下，滞留层浓度梯度为：

$$\frac{\mathrm{d}c}{\mathrm{d}x} = \frac{c_b - c_s}{l} \tag{2-49}$$

由于处于定常状态，该物质从溶液深处通过滞留层扩散到电极表面的扩散速度应该等于它在电极表面的阴极还原速度，如果用 $|I|$ 表示阴极还原反应的电流密度

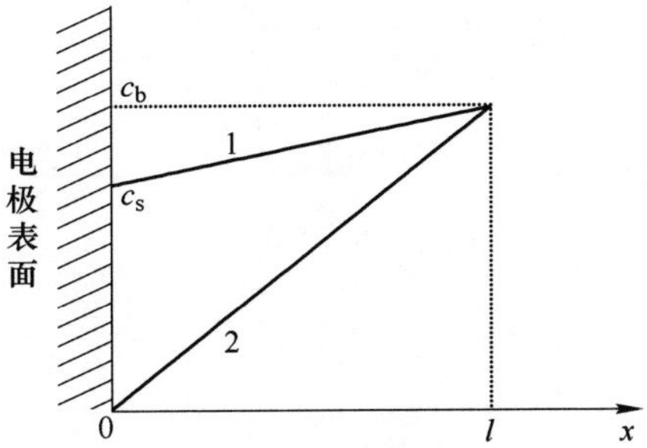

图 2-10 定常稳态扩散浓度分布

绝对值，则由于相应于 1mol 的物质被还原的电量为 nF，故：

$$\frac{dm_j}{dt}=-\frac{|I|}{nF} \tag{2-50}$$

式中，负号是因为阴极电流方向取负值。

将式 2-48、式 2-49 代入式 2-50 得：

$$|I|=nFD\frac{c_b-c_s}{l} \tag{2-51}$$

如果阴极反映电流密度绝对值增大，为保持常态，扩散速度必须相应增大，在 c_b 和 l 不变的情况下，只有降低 c_s 才能使滞留层中浓度梯度增大，扩散速度才会增大，当 $c_s=0$ 时，扩散速度达到最大值，这就意味着，被还原物质一经扩散到表面就立刻被阴极还原掉，此时的电流密度称为极限阴极扩散电流密度，以 I_L 表示，则式 2-51 变为：

$$I_L=nFD\frac{c_b}{l} \tag{2-52}$$

现在我们考虑两种电极反应过程情况：

（1）电极反应交换电流密度很大，即使有外测阴极电流，仍可近似认为电极反应处于平衡状态，因而电极电位是对于被还原物质在紧靠电极表面处浓度 c_s 的可逆电位。在没有外测电流时，电极电位是平衡电位，被还原物质在电极表面附近浓度与其在溶液深处浓度相等，按 Nernst 方程，此时电极电位为：

$$E_1=E^0+\frac{RT}{nF}\ln c_b$$

在外测阴极电流是 $|I|$ 时，电极表面附近被还原的物质浓度为 c_s，在电极电位对浓度 c 可逆的情况下，电极电位为：

$$E_2=E^0+\frac{RT}{nF}\ln c_s$$

这一阴极反应的扩散过电位为：

$$\eta_D = E_2 - E_1 = \frac{RT}{nF}\ln\left(\frac{c_s}{c_b}\right)$$

这一过电位又称为浓差极化。这里需要注意$\left(\frac{c_s}{c_b}\right)<1$，因此 $\eta_D<0$。

由式 2-51 可求得$\frac{c_s}{c_b}=1-\frac{|I|}{I_L}$，在这种情况下过电位为：

$$\eta_D = \frac{RT}{nF}\ln\left(1 - \frac{|I|}{I_L}\right)$$

电极反应动力学写成[12]：

$$|I| = I_L\left[1 - \exp\left(-\frac{RT}{nF}|\eta_D|\right)\right]$$

目前讨论的情况是整个阴极反应过程中，放电步骤很容易进行，引起的化学过电位可忽略不计，而扩散过程是整个反应的速度控制步骤，它所引起的过电位就是整个电极反应的过电位。

（2）电极反应是不可逆进行的，即荷电粒子穿越放电层过程并不很容易进行。交换电流密度很小，在电极系统外测电流密度绝对值为$|I|$时，阴极还原反应逆过程的速度小到可以忽略不计，在这种情况下，如果放电过程是整个电极反应过程唯一的控制步骤，扩散过程对整个电极反应过程的速度没什么影响，亦即如果反应物质到达电极表面速度比电极反应速度快得多，以至于反应物质在紧靠电极表面溶液层中浓度 c_s 同它在溶液深处的浓度 c_b 没什么差别，则在电极反应的逆过程可以忽略的情况下，阴极还原电流密度绝对值$|I|$与过电位 η 的关系为：

$$|I| = I_0\exp\left[-\frac{(1-\alpha)nF}{RT}\eta\right] = I_0\exp\left(-\frac{\eta}{\beta_c}\right) \tag{2-53}$$

式中，$\beta_c=\frac{RT}{(1-\alpha)nF}$为阴极还原反应的自然对数塔菲尔斜率；$I_0$ 为交换电流密度。

如果扩散过程也是影响整个电极反应过程的控制步骤之一，在定常条件下，靠近电极表面溶液层中反应物浓度由 c_b 降为 c_s，则此时阴极还原反应电流密度绝对值就应为：

$$|I| = I_0\,\frac{c_s}{c_b}\exp\left(-\frac{\eta}{\beta_c}\right)$$

将$\frac{c_s}{c_b}=1-\frac{|I|}{I_L}$代入上式得：

$$\left|I\right| = I_0\left(1 - \frac{\left|I\right|}{I_L}\right)\exp\left(-\frac{\eta}{\beta_c}\right)$$

整理后：

$$\left|I\right| = \frac{I_0\exp\left(-\frac{\eta}{\beta_c}\right)}{1 + \frac{I_0}{I_L}\exp\left(-\frac{\eta}{\beta_c}\right)}$$

即[13]：

$$\eta = -\left|\eta\right| = \beta_c\ln\left(1 - \frac{\left|I\right|}{I_L}\right) - \beta_c\ln\frac{\left|I\right|}{I_0}$$

总结起来可以看到，电极反应可逆与不可逆情况下结果是不同的。在金属腐蚀过程中，O_2 是一种重要的去极化剂，在 O_2 的阴极还原反应中，扩散过程常常是速度控制的关键步骤。

2.5 阴极保护技术

在 2.3.2 节中，我们讨论腐蚀原电池时已经知道，将两块腐蚀电位不同的金属在电解液中用导线连接，则腐蚀电位低的金属被加速腐蚀，而腐蚀电位相对高的金属不发生腐蚀。这就启发我们，能否把这一现象应用到防腐当中去。在第 1 章，我们曾讨论过各种防腐措施，其中提到了阴极保护技术，实际上上述现象就是腐蚀防护中的阴极保护技术中的牺牲阳极方法。

阴极保护技术自 1824 年由英国化学家 Davy 首次应用以来[14]，已经有近 200 年的历史，其原理就是向被保护金属通以直流电流，使被保护金属发生阴极极化，从而得到保护[15]。根据所通电流来源不同，又分为牺牲阳极和外加电流两种方法。前者如 2.3.2 节中讨论那样，是将一种电位更负的金属或合金与船体相连，通过阳极材料的自身消耗提供电流，而后者是通过外部直流电源来提供保护所需电流[16]。下面我们简单讨论一下这两种方法的原理。

2.5.1 牺牲阳极保护技术

如图 2-11 所示，被保护构件和牺牲阳极（sacrificial anode，以下简称 SA）分别沉浸在海水里，海水是一种电解质溶液，其中存在氧这种去极化剂，根据前面电化学知识可知，在构件和 SA 用导线连接起来之前，各自存在自腐蚀电化学反应：

SA：

$$M \longrightarrow M^{2+} + 2e \tag{2-54}$$

$$O_2 + 2H_2O + 4e \longrightarrow 4OH^- \tag{2-55}$$

构件：

$$Fe \longrightarrow Fe^{2+} + 2e \tag{2-56}$$

$$O_2 + 2H_2O + 4e \longrightarrow 4OH^- \tag{2-57}$$

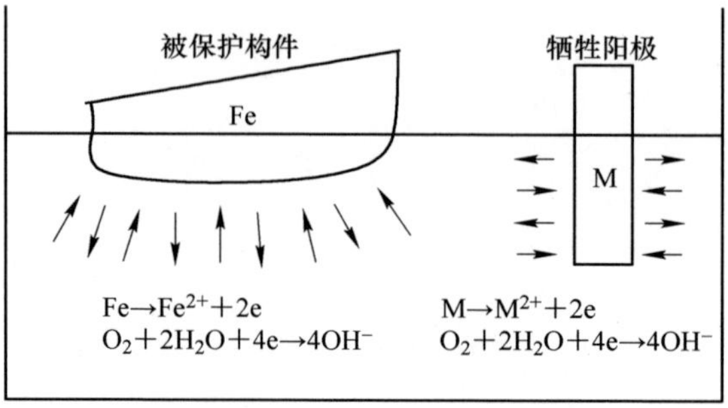

图 2-11　尚未连接时的腐蚀情况

这里假设金属 SA 的离子为 2 价，并假设其腐蚀电位低于构件腐蚀电位（实际上，这是牺牲阳极方法中必须满足的条件）。

此时，由于导线未连，构件尚未得到保护。当用导线将构件与 SA 连接后，由于 SA 电位低于构件，于是 SA 中的电子向构件流动，如图 2-12 所示。与此同时，海水中也产生离子电流 I，从而构成回路。电子由 SA 流向构件后，SA 和构件分别发生了极化。SA 上发生的是阳极极化，有净电流产生（与流出的电子反向），由于电子的“流失”，电极反应 2-55 被抑制，而只存在电极反应 2-54；构件上产生的是阴极极化，因为有 SA 提供的电子，因此不需要自身溶解以提供电子，即反应 2-56 被抑制了，只存在反应 2-57，于是总反应变为：

$$M \longrightarrow M^{2+} + 2e \tag{2-58}$$

$$O_2 + 2H_2O + 4e \longrightarrow 4OH^- \tag{2-59}$$

结果就是，SA 不断溶解，构件被保护。需要说明的是，实际工程上是将 SA 直接嵌入构件中，省却了导线。

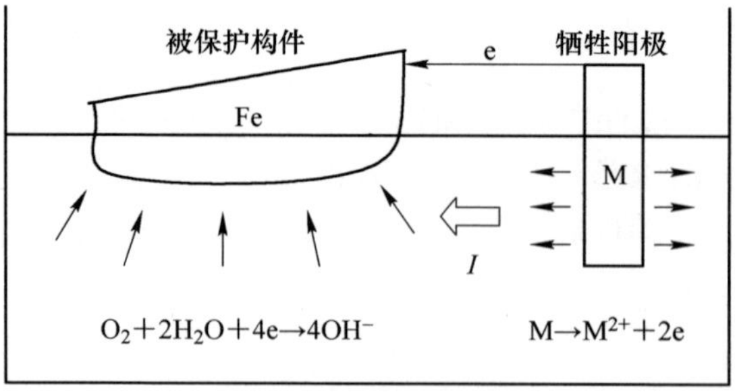

图 2-12　牺牲阳极保护原理

2.5.2 外加电流阴极保护技术

外加电流阴极保护技术的原理与牺牲阳极类似，只是供电方式发生了改变，如图 2-13 所示，由原先的 SA 供电，改为外加电源供电，并且 SA 也换成了不发生电化学反应的惰性电极，在这里称为辅助电极。

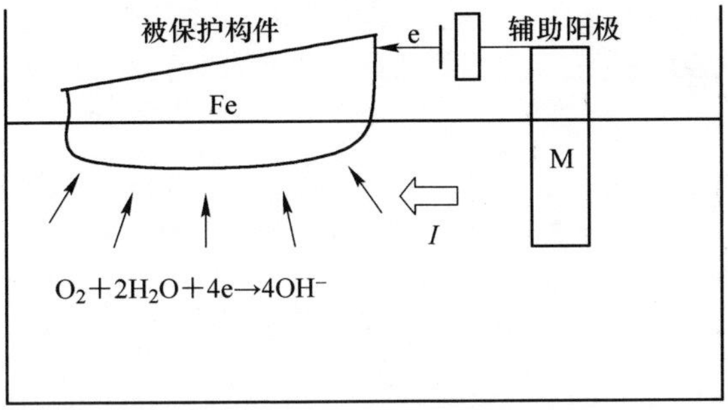

图 2-13 外加电流阴极保护原理

正如第 1 章中所述，大多数情况下，阴极保护是和防腐涂层联合使用的。以上两种方法，虽然都可以发挥保护的功能，但实际应用表明，由于涂层自身的缺陷和施工中存在的缺陷，再加上牺牲阳极本身的缺陷，采用牺牲阳极和涂层保护相结合的方法，防腐效果并不理想，因此，国外 20 世纪 50 年代就开始试验使用外加电流阴极保护方法。

参考文献

[1] 卡恩 R W. 物理金属学 [M]. 北京钢铁学院金属物理教研室，译. 北京：科学出版社，1984.
[2] 傅献彩，沈文霞，姚天扬. 物理化学 [M]. 4 版. 北京：高等教育出版社，1990.
[3] 曹楚南. 腐蚀电化学原理 [M]. 2 版. 北京：化学工业出版社，2004.
[4] 曹楚南. 腐蚀电化学原理 [M]. 3 版. 北京：化学工业出版社，2008.
[5] 高荣杰，杜敏. 海洋腐蚀与防护技术 [M]. 北京：化学工业出版社，2011.
[6] 查全性. 电极过程动力学导论 [M]. 3 版. 北京：科学出版社，2002.
[7] 徐艳辉，耿海龙. 电极过程动力学：基础、技术与应用 [M]. 北京：化学工业出版社，2015.
[8] 刘永辉，张佩芬. 金属腐蚀学原理 [M]. 北京：航空工业出版社，1993.
[9] 王保成. 材料腐蚀与防护 [M]. 北京：北京大学出版社，2012.
[10] 秀晨，安成强. 金属腐蚀学 [M]. 北京：国防工业出版社，2002.
[11] 赵品，谢辅洲，孙文山. 材料科学基础 [M]. 哈尔滨：哈尔滨工程大学出版社，1999.

[12] 王凤平，康万利，敬和民，等．腐蚀电化学原理、方法及应用［M］．北京：化学工业出版社，2008.

[13] 李荻．电化学原理［M］．北京：航空航天大学出版社，2003.

[14] 恒康，赵俊，张文喆，等．船舶防腐蚀阴极保护法系统稳定性设计［J］．环境研究与监测，2002（3）：45~48.

[15] 王永宁，平琦，龚涛．船舶电化学腐蚀的分析与控制［J］．船海工程，2007，36（3）：87~89.

[16] 陈秀新．钢质海船的腐蚀与阴极保护［J］．广西大学学报，2007，29（2）：250~251.

3 有限元在腐蚀与防护中的应用

3.1 有限元基本思想

有限元思想博大精深，涉及高等数学和变分法等基础知识，要想用几句话讲清楚是不可能的。为了给对有限元了解不多或根本不了解的读者一个初步的认识，这里举一个求一维函数近似解的例子，向大家初步介绍有限元的基本思想。当然，这个例子还不是真正的有限元方法，不过通过它读者可以对有限元基本思想有一个直观、初步的了解，为以后学习真正的有限元方法作准备。

有限元一词的关键部分是“有限”二字，它的内涵是什么？应该怎样理解呢？有限是和无限相对应的，所谓无限，从数学角度讲就是无限个点、无限个自由度或无限个函数值的意思。我们举一个简单的例子加以解释。

如图 3-1a 所示，设$f(x)$为一个定义于区间［a，b］上的函数，x为区间内任意一点，$f(x)$为其函数值，由于区间内这样的点有无限个，因此函数值也有无限个。现假设我们不知道$f(x)$的解析式，而需要通过某种方法求出来，那么该如何求出呢？

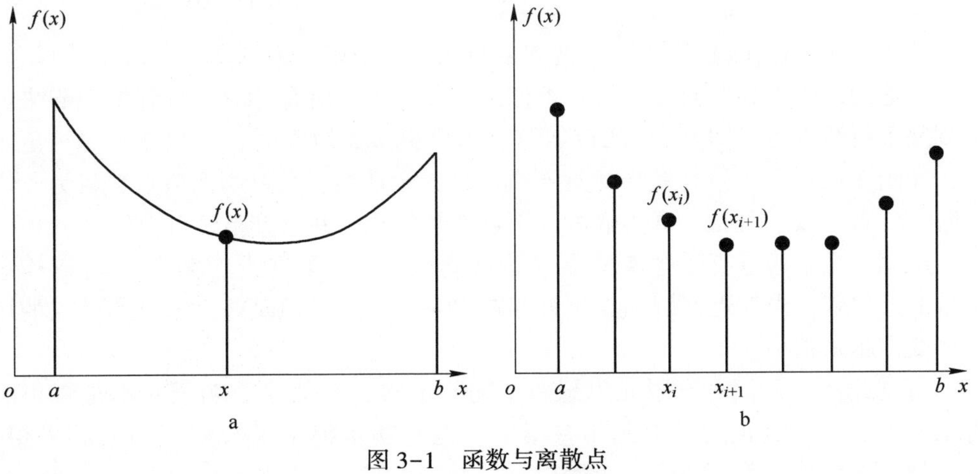

图 3-1　函数与离散点

a—连续函数；b—离散函数

可以采取近似的方法，将区间［a，b］分割为许多更小的区间，如图 3-1b 所示，各区间长度可以相同，也可以不同，为方便起见我们采取等区间分割。假

设分割点 x_i 的函数值为 $f(x_i)$，且已知（可以通过测量或其他方法得到），而分割点之间点的函数值未知，这样我们可以通过这些离散点构造 $f(x)$ 的近似解。具体作法如图 3-2 所示，取任一区间 $[x_i, x_{i+1}]$，其端点的函数值为 $f(x_i)$、$f(x_{i+1})$，两个点的坐标可以确定一条直线，因此区间 $[x_i, x_{i+1}]$ 线段方程为：

$$f(x) = \frac{(f_{i+1} - f_i)}{(x_{i+1} - x_i)}(x - x_i) + f_i,\ x \in [x_i, x_{i+1}] \tag{3-1}$$

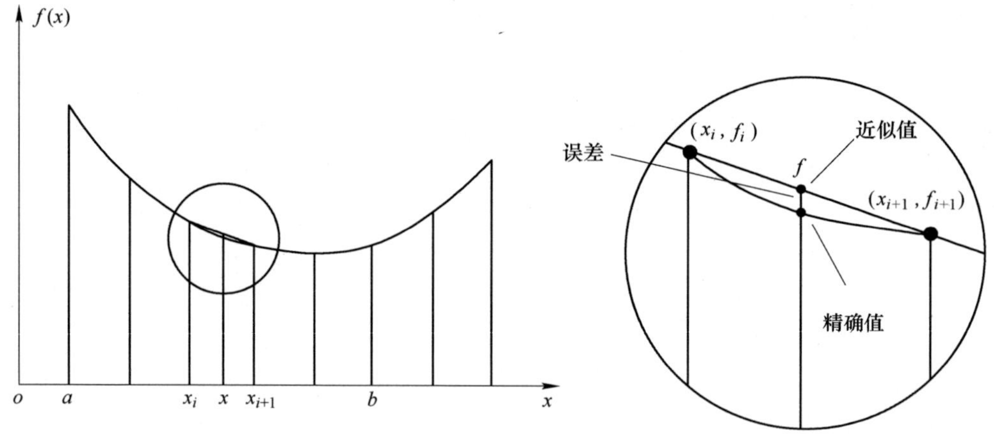

图 3-2 近似解的构造

式 3-1 还可以写成如下等价形式：

$$f(x) = \frac{x_{i+1} - x}{x_{i+1} - x_i}f_i + \frac{x - x_i}{x_{i+1} - x_i}f_{i+1} = N_i(x)f_i + N_{i+1}(x)f_{i+1} \tag{3-2}$$

式中的 $N_i(x)$、$N_{i+1}(x)$ 称为 i、j 两点的权函数或形函数。

其他的线段也如此处理，得到类似的直线方程，所有的线段方程汇集起来就得到整个折线方程，即 $f(x)$ 的近似解。当取更多离散点时，折线变得更短更密集，如图 3-3 所示。这样就更接近于真实的连续曲线，尤其当离散点数目为无穷多时，二者一致。可见，真实解可以用近似解替代，并且其精度可以控制。

由此可见，通过有限个离散点（这些离散点的函数值是准确的）可以构造函数的近似解，当然近似解和真实解存在误差，但是这种误差会随着离散点的增多而变得越来越小。

通过此例，我们对有限元思想有了初步了解，虽然这个例子并不是真正的有限元方法，和真正的有限元相差很远，但它初步揭示了有限元的核心思想，就是把复杂问题“化整为零”，然后再“化零为整”。在整个定义域上 $f(x)$ 是个复杂曲线，确定它比较困难，但当把定义域分割成许多小区间后，每个小区间内 $f(x)$ 的曲率就不那么大了（如果还弯曲得厉害，就把区间继续缩小），此时 $f(x)$ 在这一区间段内可近似看成直线，而直线方程是很容易确定的，这就是

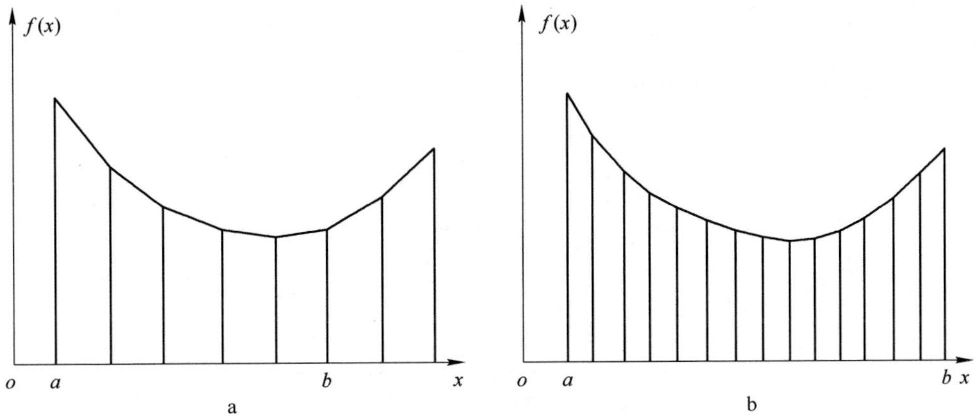

图 3-3 不同个数离散点下的近似解

a—近似解之一；b—近似解之二

“化整为零”的含义。得到每个区间内线段的方程后，再把它们汇集起来就得到整个函数的近似解，这就是所谓的“化零为整”。当然，真正的有限元法的“化零为整”是指单元刚度矩阵叠加为整体刚度矩阵，并最终形成关于场变量的整体方程组，这将在以后真正有限元方法中具体介绍。上述问题可以拓展到二维和三维。

3.2 腐蚀与防护数学模型

在讲解有限元方法之前，先介绍一下 2.5 节中介绍的牺牲阳极和外加电流两种方法的数学模型，因为这一章的有限元理论，是以这一模型为例子展开讲解的。

3.2.1 牺牲阳极保护法的数学模型

图 3-4 为牺牲阳极保护方法示意图。假设金属Ⅰ是被保护构件，金属Ⅱ是牺牲阳极。由于阳极和阴极通过导线连接后，构成腐蚀原电池，金属Ⅱ向金属Ⅰ提供电子，以使被保护构件Ⅰ产生阴极极化，表面电位发生变化，当达到保护电位后，表面就得到了保护。但是表面是否达到了保护电位，这需要实际测量来确定。当构件几何尺寸较小、形状简单时，测量不成问题，但当几何尺寸巨大、形状复杂时，测量就变得十分困难，有时甚至无法测量。此时采取计算机模拟，通过一定的计算方法得到表面电位分布，就显得尤其重要。而进行计算模拟的第一步就是建立这一现象的数学模型。

为此我们以电解液作为研究对象，将它单独提取出来，如图 3-5 所示。除去了阳极与阴极后的电解液区域被边界包围着，这些边界分为几种情况：牺牲阳极和被保护构件与电解液接触时形成接触边界：Γ_{anode}和$\Gamma_{cathode}$，在这些边界上电势与电流密度存在一定的关系，这可由极化曲线确定；除了这些边界外，其他边界，即图 3-5 中细线所描绘的边界Γ_{ins}处于绝缘状态。

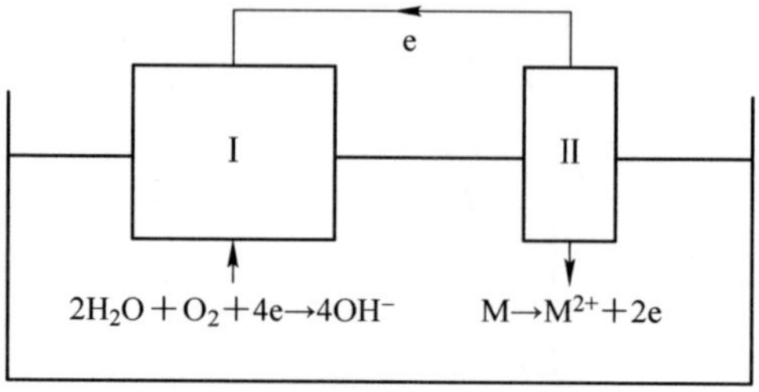

图 3-4 牺牲阳极保护原理

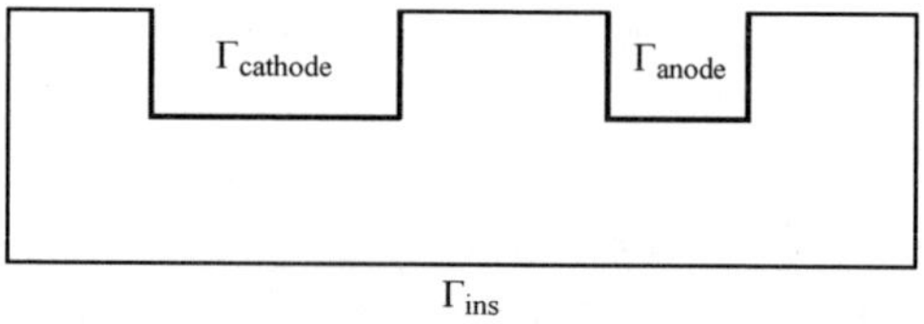

图 3-5 牺牲阳极方法模型的边界条件

当电解液中电流流动处于稳态时，问题等同于静电场，我们可以应用静电场理论对这一区域建立控制方程，然后求解这个方程，就得到区域及边界上的电位分布，从而判断构件表面（即此处的$\Gamma_{cathode}$）保护电位是否分布均匀，何处欠保护，何处过保护，并据此调整保护方案。

电解质是整个导电回路的一部分，当形成稳定的电流流动时，电解质区域等同于静电场，其中电势分布由 Maxwell 方程确定[1]：

$$\begin{cases}\nabla \times \boldsymbol{E} = -\dfrac{\partial \boldsymbol{B}}{\partial t} \\ \nabla \cdot \boldsymbol{D} = \rho\end{cases} \tag{3-3}$$

式中 $\boldsymbol{B}$——磁通密度矢量，Wb/m²；

$\boldsymbol{D}$——电位移矢量，C/m²；

ρ——自由电荷面密度，C/m²。

除此之外，各物理量受物质结构特性制约，还存在着本构关系[2]：

$$\begin{cases}\boldsymbol{D} = \varepsilon \boldsymbol{E} \\ \boldsymbol{J} = \sigma \boldsymbol{E}\end{cases} \tag{3-4}$$

式中 $\boldsymbol{E}$——电场强度矢量，V/m；

σ——电解液电导率，S/m；

ε——电解液介电常数，F/m。

由于我们这里只讨论静态情况，且不涉及磁场，因此有：

$$\frac{\partial \boldsymbol{B}}{\partial t} = 0$$

于是式 3-3 中第一个公式变为：

$$\nabla \times \boldsymbol{E} = 0 \tag{3-5}$$

即静电场场强的旋度为零，可以把它表示成某个量的梯度[3]，这个量就是电势：

$$\nabla \times \boldsymbol{E} = 0 \Rightarrow \boldsymbol{E} = -\operatorname{grad}(\varphi)$$

二维情况下：

$$\boldsymbol{E} = -\operatorname{grad}(\varphi) = -\frac{\partial \varphi}{\partial x}i - \frac{\partial \varphi}{\partial y}j \tag{3-6}$$

然后将式 3-4 中的 $\boldsymbol{D}=\varepsilon\boldsymbol{E}$ 代入式 3-3 中第二个方程 $\nabla \cdot \boldsymbol{D}=\rho$ 得到：

$$\frac{\partial^2 \varphi}{\partial x^2} + \frac{\partial^2 \varphi}{\partial y^2} + \frac{\rho}{\varepsilon} = 0 \tag{3-7}$$

这就是静电场电势所满足的 Possion 方程，ρ 为区域内的电荷密度，在这里 $\rho=0$，于是上式就变成 Laplace 方程：

$$\frac{\partial^2 \varphi}{\partial x^2} + \frac{\partial^2 \varphi}{\partial y^2} = 0 \tag{3-8}$$

这就是牺牲阳极保护时电解质区域的控制方程，φ 是整个区域（包括边界）的电势分布。在对上式求解之前，还需要加上边界条件，否则无解。在边界 $\Gamma_{cathode}$、Γ_{anode} 和 Γ_{ins} 上边界条件如下：

$$\begin{cases} J_a = f_a(\varphi) & \Gamma \in \Gamma_{anode} \\ J_c = f_c(\varphi) & \Gamma \in \Gamma_{cathode} \\ J_{ins} = 0 & \Gamma \in \Gamma_{ins} \end{cases} \tag{3-9}$$

式中，$f_a(\varphi)$、$f_c(\varphi)$ 分别为牺牲阳极和阴极（即构件）与电解液交界上电流密度与电势的关系函数，即所谓的极化曲线，可通过实验测出。

根据式 3-4、式 3-6 可得到边界上电流密度与电势的关系：$J=-\sigma\dfrac{\partial \varphi}{\partial n}$，代入式 3-9，边界条件最终变为：

$$\begin{cases} \dfrac{\partial \varphi}{\partial n} = -\dfrac{f_a(\varphi)}{\sigma} & \Gamma \in \Gamma_{anode} \\ \dfrac{\partial \varphi}{\partial n} = -\dfrac{f_c(\varphi)}{\sigma} & \Gamma \in \Gamma_{cathode} \\ \dfrac{\partial \varphi}{\partial n} = 0 & \Gamma \in \Gamma_{ins} \end{cases} \tag{3-10}$$

根据上述边界条件求解式 3-8，理论上可得到电解质区域的电势分布，自然也得到了被保护构件表面（即图 3-5 中的 $\Gamma_{cathode}$）的电势分布，根据分布可以判断表面哪些部位存在欠保护，哪些部位存在过保护。本例中牺牲阳极和被保护构件几何形状比较简单，尺寸也不大，可以求出电位分布的解析解，但实际应用中，构件形状往往很复杂，尺寸很大，尤其船体、螺旋桨等海洋构件，很难通过式 3-8 和式 3-10 得到解析解，为此，必须采用数值解法，常用的数值解法有有限差分法、有限元法和边界元法，本书重点讨论有限元法。

3.2.2 外加电流阴极保护法的数学模型

外加电流是另一种防护方法，它与牺牲阳极方法没有本质差别，它是将图3-4中的牺牲阳极用惰性电极（比如铂）代替，然后外加电源向被保护构件提供极化电流，外加电源可能是恒压源或恒流源，而惰性电极本身不参加电化学反应，其原理简图如图 3-6 所示。该方法的数学模型同上节基本一样，只是边界条件略作改变。如图 3-7 所示，区域内的控制方程同牺牲阳极一样为：

$$\frac{\partial^2 \varphi}{\partial x^2} + \frac{\partial^2 \varphi}{\partial y^2} = 0 \tag{3-11}$$

但边界条件和牺牲阳极不同，分两种情况：

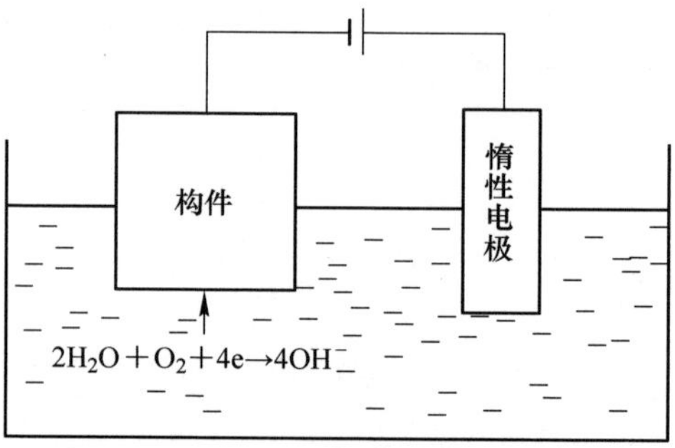

图 3-6 外加电流阴极保护原理

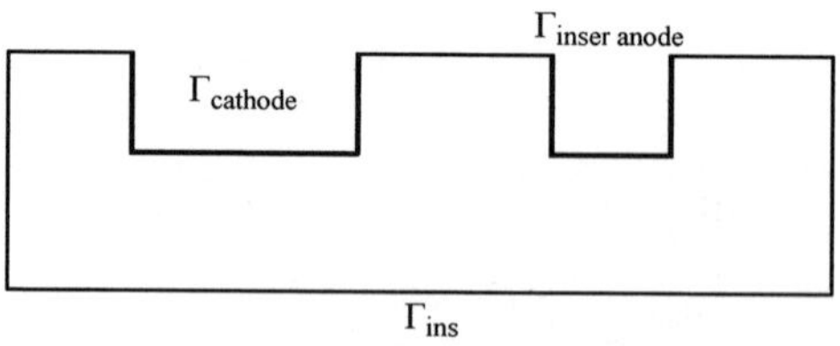

图 3-7 外加电流阴极保护边界条件

(1) 外加恒压源：

$$\begin{cases}\varphi = \varphi_0 & \Gamma \in \Gamma_{\text{inser anode}} \\ \dfrac{\partial \varphi}{\partial n} = -\dfrac{f_c(\varphi)}{\sigma} & \Gamma \in \Gamma_{\text{cathode}} \\ \dfrac{\partial \varphi}{\partial n} = 0 & \Gamma \in \Gamma_{\text{ins}}\end{cases} \tag{3-12}$$

式中　φ_0——恒压源电压，V。

（2）外加恒流源：

$$\begin{cases}\dfrac{\partial \varphi}{\partial n} = J_{\text{ICCP}} & \Gamma \in \Gamma_{\text{inser anode}} \\ \dfrac{\partial \varphi}{\partial n} = -\dfrac{f_c(\varphi)}{\sigma} & \Gamma \in \Gamma_{\text{cathode}} \\ \dfrac{\partial \varphi}{\partial n} = 0 & \Gamma \in \Gamma_{\text{ins}}\end{cases} \tag{3-13}$$

式中　J_{ICCP}——恒流源电流密度，A/m^2。

3.3　腐蚀防护电势分布近似解

通过以上过程，我们建立了求解域电势分布的数学模型，但只有在边界条件简单、求解域不复杂的情况下，才能求得问题的解析解。一般情况下很难得到解析解，这种情况下只能采用数值模拟的办法求数值解。而求解数值解的前提是先找到电势分 $\varphi(x, y)$ 的近似解 $\widetilde{\varphi}(x, y)$，下面我们重点讨论这个问题。

我们假设式 3-8 的真解为 $\varphi(x, y)$，如果用图形表示的话，在几何上是一个三维空间曲面，如图 3-8a 所示。通过 3.1 节的介绍我们知道，有限元解题的方法是把一个连续求解域人为分割成许多小区域，每一个小区域可以用近似解表示，从而整个区域也可以用近似解表示。我们把这种思想应用到这一领域。为此，将图 3-8a 中的区域 Ω，人为地分割成许多子区域 Ω_e（单元 element），为讨论方便我们将子区域取为三角形；区域内线与线的交叉点称为节点（node），而这一划分过程称为离散[4]。这样一来，整个电势场曲面也相应地被分割成许多小的三角形曲面，如图 3-8b 所示。

很显然，小曲面的大小、曲率与单元的划分有很大关系，当单元划分很多（或者说单元尺寸很小）时，小曲面也随着变小，曲率也随着变小，当小到一定程度时候，小曲面可近似看成平面，可以用图 3-9a 中的小平面 $\phi_1\phi_3\phi_4$、$\phi_1\phi_2\phi_3$ 等近似替代。既然曲面可以用小平面集合替代，那么得到小平面的解析方程就成为解决问题的关键，下面我们探讨一下小平面方程的解析形式。

我们知道，在高等数学中一个函数 $f(x)$ 如果连续可微的话，可以在某一点

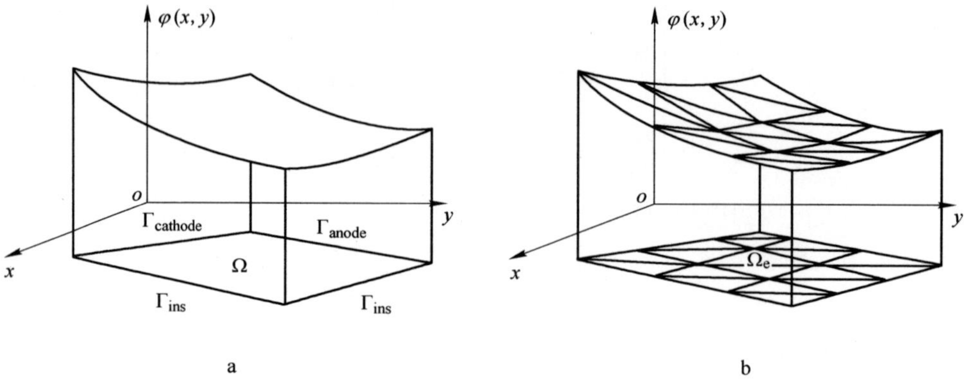

图 3-8 电场的近似解

a—真实电势场；b—电势场近似解

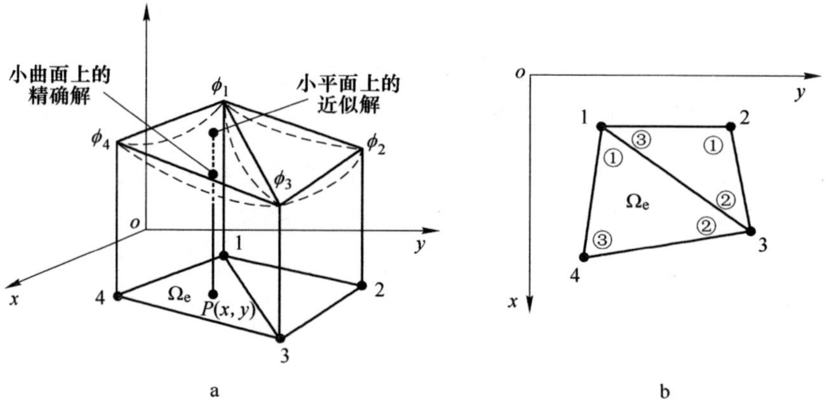

图 3-9 子区域上的近似解

a—子区域上的近似解；b—子区域俯视图

x_0 的邻域内对其进行泰勒展开[5]：

$$f(x)=f(x_0)+f'(x_0)(x-x_0)+\frac{1}{2!}f''(x_0)(x-x_0)^2+\cdots+\frac{1}{n!}f^{(n)}(x_0)(x-x_0)^n+\cdots$$

特别是，当 $x_0=0$ 时：

$$f(x)=f(0)+f'(0)x+\frac{1}{2!}f''(0)x^2+\cdots+\frac{1}{n!}f^{(n)}(0)x^n+\cdots \tag{3-14}$$

观察上式我们发现，等号右边是多项式函数 $x^i(i=1,\ 2,\ \cdots)$ 的线性组合。这就启发我们：一个复杂的函数是否可用多个简单函数的线性组合来表示呢？答案是肯定的，高等数学和很多学科早已证明并实践了这种思想，比如：计算机计算三角函数时，就是将它表示为多项式的和进行计算的[6]；光学中的傅里叶分析，也是把复杂光电的信号表示为三角函数的线性组合[7]；量子力学里的波函数是由许多简单基函数线性叠加而成的等[8]。因此我们完全有理由将上述电势场用某些简单函数的线性组合来表示，只不过要扩展为二维。

为了做到这一点，我们将图 3-8b 中区域 Ω 内的节点编号，并且假设已经知道了节点电位的精确解 $\varphi^i(i=1,\ 2,\ \cdots)$，于是根据上述思想，整个求解区域 Ω 内的电势场精确解就可以用简单函数的线性组合来表示：

$$\varphi(x,\ y)=N_1(x,\ y)\varphi_1+N_2(x,\ y)\varphi_2+\cdots+N_n(x,\ y)\varphi_n+\cdots \tag{3-15}$$

$N_i(x,\ y)(i=1,\ 2,\ \cdots)$ 就是一组无穷多的简单函数，而待定系数 φ_i 就是节点的电势。由于精确解要用等号右方无穷多项来表示，因此节点电势也必须取无穷多，但在实际计算时，等号右边不可能取无限多项，一般取 n 项，于是式 3-15 变为：

$$\varphi(x,\ y)\approx\tilde{\varphi}(x,\ y)=N_1(x,\ y)\varphi_1+N_2(x,\ y)\varphi_2+\cdots+N_n(x,\ y)\varphi_n \tag{3-16}$$

$\tilde{\varphi}(x,\ y)$ 取有限项，是电势场的近似解。由于 $\tilde{\varphi}(x,\ y)$ 中只包含有限项，因此可以取有限个节点电势，这样就把一个具有有无限自由度的问题，化为具有限个自由度的问题，使问题的解决成为可能。因此只要确定了 n 个节点的电势 φ_i，就可以得到电势场的近似解。当然，近似解 $\tilde{\varphi}(x,\ y)$ 与真实解 $\varphi(x,\ y)$ 之间存在误差，但只要方程 3-16 项数 n 足够多，误差就会越来越小，尤其当 n 取无穷多项时，误差为零。

式 3-15 中 $N_i(x,\ y)(i=1,\ 2,\ \cdots,\ n)$ 是一组简单的函数，称为基函数、试探函数、权函数或形函数等，本书统一称为形函数。作为形函数它必须具备这样的性质：

$$N_i(x_j,\ y_j)=\begin{cases}1 & i=j\\ 0 & i\neq j\end{cases}\quad(i,\ j=1,\ 2,\ \cdots,\ n) \tag{3-17}$$

这是因为，近似解 $\tilde{\varphi}(x,\ y)$ 是通过节点电势精确解 $\varphi_i(i=1,\ 2,\ \cdots)$ 得到的，因此 $\tilde{\varphi}(x,\ y)$ 应能反映这一事实，即当式 3-16 中的自变量 $(x,\ y)$ 取为节点坐标时：

$$\begin{aligned}\tilde{\varphi}(x_i,\ y_i)=N_1(x_i,\ y_i)\varphi_1+N_2(x_i,\ y_i)\varphi_2+\cdots+\\ \underline{N_i(x_i,\ y_i)\varphi_i}+\cdots+N_n(x_i,\ y_i)\varphi_n\end{aligned}$$

根据式 3-17 的性质，只有带下划线的那一项不为零，这样就有 $\tilde{\varphi}(x_i,\ y_i)=\varphi_i$，即通过近似函数 $\tilde{\varphi}(x,\ y)$ 求节点电势，应该能得到节点电势的精确解，而在节点以外的地方，如图 3-9a 中的 P 点，通过 $\widetilde{\varphi}(x, y)$ 求解的话，就只能得到近似解。这种计算称为插值计算，因此 $\widetilde{\varphi}(x, y)$ 又称为插值函数。插值函数和形函数是有限元的灵魂，以后大家会看到，整个有限元的计算就是围绕如何构造形函数和插值函数进行的。

式 3-16 适合整个区域 Ω，自然也适用于区域中的每个子区域，即单元，下面我们就探讨一下任意单元电势的近似解形式。

在图 3-9b 中取任意单元 Ω_e，仿照式 3-16，在此区域内的电势场近似函数为：

$$\widetilde{\varphi}_e(x, y) = \sum_{i=1}^{3} N_i(x, y)\varphi_i^e \tag{3-18}$$

此处注意符号的变化：$\widetilde{\varphi}_e(x, y)$ 的下标 e 表示求解域 Ω_e 或单元 e，波浪线表示是近似解，细心的读者可能会发现，等号右边求和项由原来的 n 项变为三项，这是因为我们是在单元 e 内进行 $\widetilde{\varphi}_e(x, y)$ 讨论的，而单元 e 有三个节点，因此函数包括三项和。另外，φ_i^e(i=①、②、③)，下标圆圈数字表示的是单元的局部编号，如图 3-9b 所示；而式 3-16 中的 $\varphi_i(i=1, 2, \cdots, n)$ 的下标则是整体编号，也就是说，同一节点既有整体编号也有局部编号，在讨论整个求解区域时使用整体编号，而讨论某一单元时使用局部编号，本书以后所有讨论皆遵循这一原则，但有时为了表达简洁，可能略去 φ_i^e 的上标 e，请读者注意。

也许有的读者会提出疑问，三角形平面用三个顶点坐标确定不就可以了吗？为什么还要用式 3-18 这么复杂的式子？这是因为：（1）用三个顶点确定平面方程与用式 3-18 确定平面方程，结果是一样的；（2）式 3-18 更具有普遍意义，是一种通用方法，尤其当离散时采用的不是三角形单元而是四边形单元时，比如用图 3-9b 中的两个三角形拼成一个四边形的话，则单元四个点 ϕ_1、ϕ_2、ϕ_3、ϕ_4 可能不共面，这样就无法通过坐标点确定平面方程。

由以上讨论可知，如果式 3-18 中的 φ_i^e(i=①、②、③) 能确定的话，那么 $\widetilde{\varphi}_e(x, y)$ 就确定了，区域 Ω_e 的电势场的近似解就找到了，其他单元也做如此处理，汇合起来就得到整个电势场的近似解。显然，要确定 φ_i^e(i=①、②、③) 必须存在一个关于它们的方程组，如何得到这样的方程组呢？这就涉及了有限元依赖的最基本的理论——变分法。

3.4 泛函极值里兹解法导出有限元求解列式

3.4.1 变分法

变分法是研究泛函极值的方法。所谓泛函，就是函数的函数，形如

$T[y(x)]$。历史上最著名的最速降线问题[9]，就是应用变分法求泛函极值的典型例子。该问题是这样描述的：如图 3-10 所示，在 xoy 坐标系下有两个点 A、B，其中 A 在坐标原点。现用一条曲线将 A、B 两点连接起来，将一小球从 A 点释放，小球在重力作用下沿曲线由 A 滑行到 B，如果不计摩擦力，求一条能使小球滑行花费时间最少的曲线。我们不妨设连接 A、B 两点的曲线方程为 $y(x)$，当小球滑行到曲线任一点 P 时，重力势能转变为动能，使小球具有了速度 v，根据能量守恒定律：

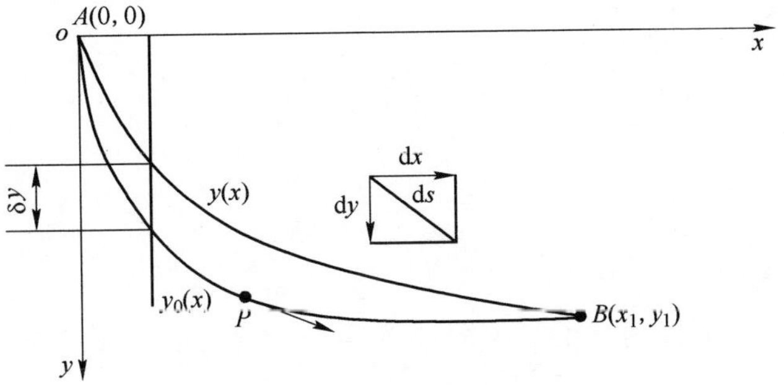

图 3-10 最速降线问题

$$mgy = \frac{1}{2}mv^2 \tag{3-19}$$

得到速度：

$$v = \sqrt{2gy} \tag{3-20}$$

当小球到达 P 点后，再向前滑行微小弧长 $\mathrm{d}s$，所经历的时间为：

$$\mathrm{d}t = \frac{\mathrm{d}s}{v} \tag{3-21}$$

于是滑行整段曲线所需时间为：

$$T = \int_A^B \mathrm{d}t = \int_A^B \frac{\mathrm{d}s}{v} \tag{3-22}$$

将速度式 3-20 代入式 3-21，并注意 $\mathrm{d}s = \sqrt{(\mathrm{d}x)^2 + (\mathrm{d}y)^2} = \sqrt{1+\left(\frac{\mathrm{d}y}{\mathrm{d}x}\right)^2}\mathrm{d}x$，得到整个滑行时间：

$$T = \int_0^{x_1} \sqrt{\frac{1 + \left(\frac{\mathrm{d}y}{\mathrm{d}x}\right)^2}{2gy}}\mathrm{d}x \tag{3-23}$$

即：

$$T[y(x), y'(x)] = \int_0^{x_1} \sqrt{\frac{1 + y'^2}{2gy}} \mathrm{d}x \tag{3-24}$$

可见，滑行时间与曲线有关，是关于 $y(x)$ 的函数，使小球滑行时间最短的曲线（不妨设为 $y_0(x)$）使泛函 $T[y_0(x), y'_0(x)]$ 取得极值。

3.4.2 函数的微分与泛函的变分

根据高等数学知识，函数 $y(x)$ 在任一点 x 处的增量表达为[10]：

$$\Delta y = y(x + \Delta x) - y(x) \tag{3-25}$$

当函数连续可微时，上式可写作：

$$\Delta y = y'(x)\Delta x + o(\Delta x)$$

其中：

$$y' = \frac{\mathrm{d}y}{\mathrm{d}x} = \lim_{\Delta x \to 0} \frac{\Delta y}{\Delta x}$$

$o(\Delta x)$ 是关于 Δx 的微小量。

我们称 $y'(x)\Delta x$ 为函数增量的线性主部或微分。上述概念还可以用另一种方式描述，令：

$$\Delta y = y(x + \varepsilon\Delta x) - y(x)$$

其中：ε 是一微小数。

$$\frac{\partial y(x + \varepsilon\Delta x)}{\partial \varepsilon} = \frac{\partial y(x + \varepsilon\Delta x)}{\partial(x + \varepsilon\Delta x)} \frac{\partial(x + \varepsilon\Delta x)}{\partial \varepsilon} = y'(x + \varepsilon\Delta x)\Delta x$$

因此当 $\varepsilon \to 0$ 时：

$$\frac{\partial y(x + \varepsilon\Delta x)}{\partial \varepsilon} = \Big|_{\varepsilon \to 0} = y'(x)\Delta x \tag{3-26}$$

可见 $y(x+\varepsilon\Delta x)$ 在 $\varepsilon=0$ 时的导数等于 $y(x)$ 在 x 处的微分。

把上述概念推广到泛函，就得到变分的概念。式 3-24 中，我们不妨设这条滑行时间最少的曲线为 $y_0(x)$，其余的曲线为 $y(x)$，于是定义：

$$\delta y = y_0(x) - y(x) \tag{3-27}$$

为函数 $y_0(x)$ 的变分，意义见图 3-10。上式也可写作：

$$y_0(x) = y(x) + \delta y(x)$$

或：

$$y_0(x) = y(x) + \varepsilon\delta y(x) \tag{3-28}$$

当曲线为 $y_0(x)$ 时，泛函式 3-24 的值最小，大小为：

$$T[y_0(x), y'_0(x)] = \int_0^{x_1} \sqrt{\frac{1 + y'^2_0}{2gy_0}} \mathrm{d}x$$

当曲线为 $y(x)$ 时，泛函的值为：

$$T[y(x),\ y'(x)] = \int_0^{x_1} \sqrt{\frac{1+y'^2}{2gy}}\mathrm{d}x$$

于是二者之差为：

$$\Delta T = T[y_0(x)] - T[y(x)] = T[y(x) + \delta y(x)] - T[y(x)]$$

和函数增量式 3-25 类似，泛函的增量也可写成线性主部加一个无穷小量的形式：

$$\Delta T = L[y(x),\ \delta y] + \beta[y(x),\ \delta y]\delta y_{\max} \tag{3-29}$$

式中，$L[y(x),\ \delta y]$ 为泛函增量的线性主部；$\beta[y(x),\ \delta y]\delta y_{\max}$为高阶微量。

当 $\delta y \to 0$ 时，$\delta y_{\max} \to 0$，于是有 $\Delta T \to \delta T = L[y_0(x),\ \delta y]$ 称 $L[y(x),\ \delta y]$ 为泛函增量的线性主部，即泛函的变分。这一概念还可以用另外一种方式表达出来：

$$\Delta T = T[y_0(x)] - T[y(x)] = T[y(x) + \varepsilon\delta y(x)] - T[y(x)] \tag{3-30}$$

将之写为：

$$\Delta T = L[y_0(x),\ \varepsilon\delta y] + \beta[y(x),\ \varepsilon\delta y]\varepsilon\delta y_{\max} \tag{3-31}$$

即把式 3-29 中的 $\delta y(x)$ 代换成 $\varepsilon\delta y(x)$ 即可。

和式 3-26 类似，将式 3-31 对 ε 求偏导：

$$\frac{\partial \Delta T}{\partial \varepsilon} = \frac{\partial L[y(x),\ \varepsilon\delta y(x)]}{\partial \varepsilon} + \frac{\partial \beta[y(x),\ \varepsilon\delta y(x)\delta y_{\max}(x)]}{\partial \varepsilon} \tag{3-32}$$

由于线性项 $L[y(x),\ \varepsilon\delta y(x)]$对 ε 来说是线性的，因此 $L[y_0(x),\ \varepsilon\delta y] = \varepsilon L[y_0(x),\ \delta y]$。

另外，$\varepsilon \to 0$ 导致$\beta[y(x),\ \varepsilon\delta y]\varepsilon\delta y_{\max} \to 0$ 和 $\varepsilon\delta y \to 0$，而 $\varepsilon\delta y \to 0$ 导致 $\delta y_{\max} \to 0$，因此当 $\varepsilon \to 0$ 时，式 3-32 变为：

$$\frac{\partial T[y(x),\ \varepsilon\delta y(x)]}{\partial \varepsilon} = \frac{L[y(x),\ \delta y(x)]\varepsilon}{\partial \varepsilon} = L[y(x),\ \delta y(x)]$$

3.4.3 泛函极值

我们再回到 3.4.1 节中，假设滑行时间最短的曲线为 $y_0(x)$，那么关于 $y_0(x)$ 的泛函为：

$$T[y_0(x),\ y_0'(x)] = \int_0^{x_1} \sqrt{\frac{1+y_0'^2}{2gy_0}}\mathrm{d}x$$

而其余曲线 $y(x)$ 的泛函为：

$$T[y(x),\ y'(x)] = \int_0^{x_1} \sqrt{\frac{1+y'^2}{2gy}}\mathrm{d}x$$

令 $F(x,\ y,\ y') = \sqrt{\dfrac{1+y'^2}{2gy}}$，则泛函增量为：

$$\Delta T = T[y_0(x)] - T[y(x)] = T[y(x) + \delta y(x)] - T[y(x)]$$

$$\Delta T = \int_0^{x_1} F(x,\ y + \delta y,\ y' + \delta y')\mathrm{d}x - \int_0^{x_1} F(x,\ y,\ y')\mathrm{d}x \tag{3-33}$$

上式积分号内第一项进行泰勒展开：

$$F(x,\ y + \delta y,\ y' + \delta y')$$

$$= F(x,\ y,\ y') + \frac{\partial F}{\partial y}\delta y + \frac{\partial F}{\partial y'}\delta y' + \left[\frac{\partial^2 F}{\partial y^2}(\delta y)^2 + 2\frac{\partial^2 F}{\partial y \partial y'}\delta y \delta y' + \frac{\partial^2 F}{\partial y'^2}(\partial y')^2\right] + \cdots$$

再代入式3-33 得：

$$\Delta T = \int_0^{x_1}\left\{F(x,\ y,\ y') + \left(\frac{\partial F}{\partial y}\delta y + \frac{\partial F}{\partial y'}\delta y'\right) + \left[\frac{\partial^2 F}{\partial y^2}(\delta y)^2 + 2\frac{\partial^2 F}{\partial y \partial y'}\delta y \delta y' + \frac{\partial^2 F}{\partial y'^2}(\delta y')^2\right] + \cdots\right\}$$

$$\mathrm{d}x - \int_0^{x_1} F(x,\ y,\ y')\mathrm{d}x$$

$$= \int_0^{x_1}\left\{\left(\frac{\partial F}{\partial y}\delta y + \frac{\partial F}{\partial y'}\delta y'\right) + \left[\frac{\partial^2 F}{\partial y^2}(\delta y)^2 + 2\frac{\partial^2 F}{\partial y \partial y'}\delta y \delta y' + \frac{\partial^2 F}{\partial y'^2}(\delta y')^2\right]\cdots\right\}\mathrm{d}x \tag{3-34}$$

令：

$$\delta T = \int_0^{x_1}\left(\frac{\partial F}{\partial y}\delta y + \frac{\partial F}{\partial y'}\delta y'\right)\mathrm{d}x \tag{3-35}$$

$$\delta^2 T = \frac{\partial^2 F}{\partial y^2}(\delta y)^2 + 2\frac{\partial^2 F}{\partial y \partial y'}\delta y \delta y' + \frac{\partial^2 F}{\partial y'^2}(\delta y')^2 \mathrm{d}x \tag{3-36}$$

称式 3-35 为一阶变分、式 3-36 为二阶变分，这样式 3-33 变为：

$$\Delta T = \delta T + \frac{1}{2!}\delta^2 T + \cdots$$

一般略去二级变分，上式变为：

$$\Delta T = \delta T$$

与函数 $y(x)$ 取得极值的条件 $\mathrm{d}y = 0$ 类似，泛函取极值的条件为：

$$\delta T = 0$$

即：

$$\int_0^{x_1}\left(\frac{\partial F}{\partial y}\delta y + \frac{\partial F}{\partial y'}\delta y'\right)\mathrm{d}x = 0 \tag{3-37}$$

对上式积分号内第二项进行分部积分，并利用 $\mathrm{d}(\delta y) = \delta y'\mathrm{d}x$ 得：

$$\int_0^{x_1}\left(\frac{\partial F}{\partial y'}\delta y'\right)\mathrm{d}x = \int_0^{x_1}\left(\frac{\partial F}{\partial y'}\right)\mathrm{d}(\delta y) = \frac{\partial F}{\partial y'}\delta y\bigg|_0^{x_x} - \int_0^{x_1}(\delta y)\mathrm{d}\left(\frac{\partial F}{\partial y'}\right) \tag{3-38}$$

由于在 $x=0$ 和 $x=x_1$ 处 $y_0(x)=y(x)\Rightarrow\delta y=0$，因此式 3-38 变为：

$$\int_0^{x_1}\left(\frac{\partial F}{\partial y'}\delta y'\right)\mathrm{d}x=-\int_0^{x_1}(\delta y)\,\mathrm{d}\left(\frac{\partial F}{\partial y'}\right)$$

代入式 3-37：

$$\delta T=\int_0^{x_1}\left[\frac{\partial F}{\partial y'}-\mathrm{d}\left(\frac{\partial F}{\partial y'}\right)\right]\delta y\mathrm{d}x=0$$

由于 δy 的任意性，要使上式恒成立，必须有：

$$\frac{\partial F}{\partial y'}-\mathrm{d}\left(\frac{\partial F}{\partial y'}\right)=0 \quad 或 \quad \frac{\partial F}{\partial y'}-\frac{\mathrm{d}}{\mathrm{d}x}\left(\frac{\partial F}{\partial y'}\right)=0 \tag{3-39}$$

成立。这一方程称为欧拉方程。这样求泛函极值问题，就变为求解偏微分方程问题。

现将 $F(x,\ y,\ y')=\sqrt{\dfrac{1+y'^2}{2gy}}$ 代入式 3-39 求得最速降线方程：

$$\begin{cases}x=r(\theta-\sin\theta)\\ y=r(1-\cos\theta)\end{cases}\quad(0\leqslant\theta\leqslant\pi)$$

是摆线的一段，其中 r 可以通过 A、B 点位置确定。

3.4.4 区域电势场微分方程泛函的建立

由上面讨论可知，求泛函极值等效于求解欧拉方程。现在我们反过来思考：如果知道一个微分方程，能否反过来构造这个微分方程的泛函呢？如果能，就可以把一个求解微分方程的问题，归结为求泛函极值问题。下面我们以牺牲阳极数学模型为例探讨这一问题。

根据式 3-8，电解质区域电势分布满足 Laplace 方程[11]：

$$\frac{\partial^2\varphi}{\partial x^2}+\frac{\partial^2\varphi}{\partial y^2}=0 \tag{3-40}$$

其边界条件为（以牺牲阳极边界条件为例）：

$$\begin{cases}\dfrac{\partial\varphi}{\partial n}=-\dfrac{f_a(\varphi)}{\sigma} & \Gamma\in\Gamma_{\mathrm{anode}}\\[2ex] \dfrac{\partial\varphi}{\partial n}=-\dfrac{f_c(\varphi)}{\sigma} & \Gamma\in\Gamma_{\mathrm{cathode}}\\[2ex] \dfrac{\partial\varphi}{\partial n}=0 & \Gamma\in\Gamma_{\mathrm{ins}}\end{cases}$$

这一带有边值的微分方程的泛函为：

$$\Pi(\varphi)=\iint_{\Omega}\frac{1}{2}\left[\left(\frac{\partial\varphi}{\partial x}\right)^{2}+\left(\frac{\partial\varphi}{\partial y}\right)^{2}\right]\mathrm{d}x\mathrm{d}y+\int_{\Gamma_{\text{anode}}}-\frac{f_{\mathrm{a}}(\varphi)}{\sigma}\varphi\mathrm{d}\Gamma+\int_{\Gamma_{\text{cathode}}}-\frac{f_{\mathrm{c}}(\varphi)}{\sigma}\varphi\mathrm{d}\Gamma \tag{3-41}$$

使上述泛函取得极值，即 $\delta\Pi(\varphi)=0$ 的电势 $\varphi(x,\ y)$，就是问题的真实解。

3.4.5 变分问题的里兹解法

由 3.2.1 节可知，由于问题的复杂性，一般无法得到电势分布的解析解，为此采用数值方法得到数值解。以牺牲阳极为例，将图 3-8 所示区域采用三角形单元离散，结果如图 3-11 所示。

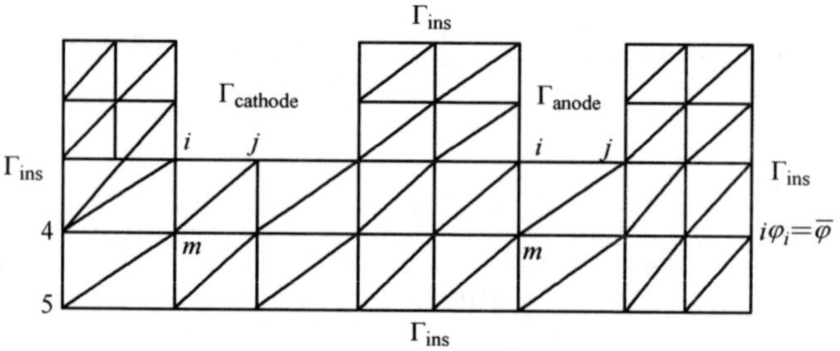

图 3-11 电解质区域离散

将求解域离散为很多单元后，在每个单元上也存在类似式 3-41 的泛函：

$$\Pi(\varphi_{\mathrm{e}})=\iint_{\Omega_{\mathrm{e}}}\frac{1}{2}\left[\left(\frac{\partial\varphi_{\mathrm{e}}}{\partial x}\right)^{2}+\left(\frac{\partial\varphi_{\mathrm{e}}}{\partial y}\right)^{2}\right]\mathrm{d}x\mathrm{d}y+\int_{\Gamma^{\mathrm{e}}_{\text{anode}}}-\frac{f_{\mathrm{a}}(\varphi_{\mathrm{e}})}{\sigma}\varphi_{\mathrm{e}}\mathrm{d}\Gamma+\int_{\Gamma^{\mathrm{e}}_{\text{cathode}}}-\frac{f_{\mathrm{c}}(\varphi_{\mathrm{e}})}{\sigma}\varphi_{\mathrm{e}}\mathrm{d}\Gamma \tag{3-42}$$

其中 φ_{e} 为单元的电势分布函数近似解，于是整个区域的泛函由子区域泛函叠加而成：

$$\Pi(\varphi)=\sum_{e=1}^{N}\Pi(\varphi_{\mathrm{e}}) \tag{3-43}$$

现在求解域内任取一三角形单元，如图 3-12 所示。

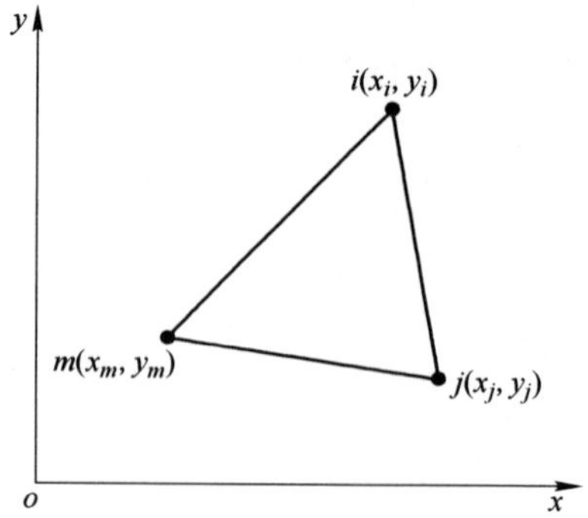

图 3-12 三角形单元

根据3.3节的讨论，可根据式3-18写出三角形单元电势场插值函数为：

$$\widetilde{\varphi}_e(x, y) = \sum_{i=i}^{m} N_i(x, y)\varphi_i^e \tag{3-44}$$

下面我们推导 $N_i(x, y)(i=i, j, m)$ 的具体形式。为此，我们设单元电势分布函数为：

$$\widetilde{\phi}_e = \beta_1 + \beta_2 x + \beta_3 y \tag{3-45}$$

将 i、j、m 点坐标和电位代入上式：

$$\begin{cases} \varphi_i^e = \beta_1 + \beta_2 x_i + \beta_3 y_i \\ \varphi_j^e = \beta_1 + \beta_2 x_j + \beta_3 y_j \\ \varphi_m^e = \beta_1 + \beta_2 x_m + \beta_3 y_m \end{cases}$$

解出：

$$\beta_1 = \frac{1}{2\Delta}(a_i\varphi_i^e + a_j\varphi_j^e + a_m\varphi_m^e)$$

$$\beta_2 = \frac{1}{2\Delta}(b_i\varphi_i^e + b_j\varphi_j^e + b_m\varphi_m^e)$$

$$\beta_3 = \frac{1}{2\Delta}(c_i\varphi_i^e + c_j\varphi_j^e + c_m\varphi_m^e)$$

其中，Δ 为三角形面积。

$$\begin{aligned} a_i &= x_i y_m - y_j x_m & b_i &= y_j - y_m & c_i &= x_m - x_j \\ a_j &= x_m y_i - y_m x_i & b_j &= y_m - y_i & c_j &= x_i - x_m \\ a_m &= x_i y_j - y_i x_j & b_m &= y_i - y_j & c_m &= x_j - x_j \end{aligned}$$

代入式3-44，整理得：

$$\widetilde{\varphi}_e = \frac{(a_i + b_i x + c_i y)}{2\Delta}\varphi_i^e + \frac{(a_j + b_j x + c_j y)}{2\Delta}\varphi_j^e + \frac{(a_m + b_m x + c_m y)}{2\Delta}\varphi_m^e \tag{3-46}$$

令：

$$N_i(x, y) = \frac{a_i + b_i x + c_i y}{2\Delta}$$

$$N_j(x, y) = \frac{a_j + b_j x + c_j y}{2\Delta}$$

$$N_m(x, y) = \frac{a_m + b_m x + c_m y}{2\Delta}$$

称为形函数。

将单元近似解式3-46代入式3-42得：

$$\Pi(\widetilde{\varphi}_e)=\iint_{\Omega_e}\frac{1}{2}\left\{\left[\frac{\partial(\sum_{i=i}^{m}N_i\varphi_i^e)}{\partial x}\right]^2+\left[\frac{\partial(\sum_{i=i}^{m}N_i\varphi_i^e)}{\partial y}\right]^2\right\}\mathrm{d}x\mathrm{d}y+$$
$$\int_{\Gamma_{\text{anode}}}-\frac{f_a(\sum_{i=i}^{m}N_i\varphi_i^e)}{\sigma}(\sum_{i=i}^{m}N_i\varphi_i^e)\mathrm{d}\Gamma+ \tag{3-47}$$
$$\int_{\Gamma_{\text{cathodee}}}-\frac{f_c(\sum_{i=i}^{m}N_i\varphi_i^e)}{\sigma}(\sum_{i=1}^{m}N_i\varphi_i^e)\mathrm{d}\Gamma$$

Π ($\widetilde{\varphi}_e$) 就是一个关于 φ_i^e、φ_j^e、φ_m^e 的多元函数 $\Pi(\varphi_i^e、\varphi_j^e、\varphi_m^e)$，这样一来，$\Pi$ ($\widetilde{\varphi}_e$) 的变分问题就变为求多元函数极值问题：

$$\delta\Pi(\widetilde{\varphi}_e)=0\Rightarrow\begin{cases}\dfrac{\partial\Pi(\widetilde{\varphi}_e)}{\partial\varphi_i^e}=0\\ \dfrac{\partial\Pi(\widetilde{\varphi}_e)}{\partial\varphi_j^e}=0\\ \dfrac{\partial\Pi(\widetilde{\varphi}_e)}{\partial\varphi_m^e}=0\end{cases} \tag{3-48}$$

下面我们看一下式 3-48 的具体形式。

假设我们讨论的单元处于区域内部，而不在边界上，那么这样单元的泛函只包括式 3-47 中的第一项，对第一项求 φ_i^e 的偏导：

$$\frac{\partial\Pi_1(\widetilde{\varphi}_e)}{\partial\varphi_i^e}=\iint_{\Omega_e}\left[\left(\sum_{i=i}^{m}\frac{\partial N_i}{\partial x}\varphi_i^e\right)\frac{\partial N_i}{\partial x}+\left(\sum_{i=i}^{m}\frac{\partial N_i}{\partial y}\varphi_i^e\right)\frac{\partial N_i}{\partial y}\right]\mathrm{d}x\mathrm{d}y \tag{3-49}$$

展开：

$$\frac{\partial\Pi_1(\widetilde{\varphi}_e)}{\partial\varphi_i^e}=\begin{bmatrix}\iint_{\Omega_e}\left(\frac{\partial N_i}{\partial x}\frac{\partial N_i}{\partial x}+\frac{\partial N_i}{\partial y}\frac{\partial N_i}{\partial y}\right)\mathrm{d}x\mathrm{d}y\\ \iint_{\Omega_e}\left(\frac{\partial N_j}{\partial x}\frac{\partial N_i}{\partial x}+\frac{\partial N_j}{\partial y}\frac{\partial N_i}{\partial y}\right)\mathrm{d}x\mathrm{d}y\\ \iint_{\Omega_e}\left(\frac{\partial N_m}{\partial x}\frac{\partial N_i}{\partial x}+\frac{\partial N_m}{\partial y}\frac{\partial N_i}{\partial y}\right)\mathrm{d}x\mathrm{d}y\end{bmatrix}\begin{bmatrix}\varphi_i^e\\ \varphi_j^e\\ \varphi_m^e\end{bmatrix} \tag{3-50}$$

接下来再对 φ_j^e、φ_m^e 求偏导，然后汇总起来得到：

$$\begin{bmatrix} \dfrac{\partial \Pi_1(\widetilde{\varphi}_e)}{\partial \varphi_i^e} \\ \dfrac{\partial \Pi_1(\widetilde{\varphi}_e)}{\partial \varphi_j^e} \\ \dfrac{\partial \Pi_1(\widetilde{\varphi}_e)}{\partial \varphi_m^e} \end{bmatrix} = \iint_{\Omega_e} \begin{bmatrix} \dfrac{\partial N_i}{\partial x}\dfrac{\partial N_i}{\partial x} + \dfrac{\partial N_i}{\partial y}\dfrac{\partial N_i}{\partial y} & \dfrac{\partial N_j}{\partial x}\dfrac{\partial N_i}{\partial x} + \dfrac{\partial N_j}{\partial y}\dfrac{\partial N_i}{\partial y} & \dfrac{\partial N_m}{\partial x}\dfrac{\partial N_i}{\partial x} + \dfrac{\partial N_m}{\partial y}\dfrac{\partial N_i}{\partial y} \\ \dfrac{\partial N_i}{\partial x}\dfrac{\partial N_j}{\partial x} + \dfrac{\partial N_i}{\partial y}\dfrac{\partial N_j}{\partial y} & \dfrac{\partial N_j}{\partial x}\dfrac{\partial N_j}{\partial x} + \dfrac{\partial N_j}{\partial y}\dfrac{\partial N_j}{\partial y} & \dfrac{\partial N_m}{\partial x}\dfrac{\partial N_j}{\partial x} + \dfrac{\partial N_m}{\partial y}\dfrac{\partial N_j}{\partial y} \\ \dfrac{\partial N_i}{\partial x}\dfrac{\partial N_m}{\partial x} + \dfrac{\partial N_i}{\partial y}\dfrac{\partial N_m}{\partial y} & \dfrac{\partial N_j}{\partial x}\dfrac{\partial N_m}{\partial x} + \dfrac{\partial N_j}{\partial y}\dfrac{\partial N_m}{\partial y} & \dfrac{\partial N_m}{\partial x}\dfrac{\partial N_m}{\partial x} + \dfrac{\partial N_m}{\partial y}\dfrac{\partial N_m}{\partial y} \end{bmatrix} \mathrm{d}x\mathrm{d}y \begin{bmatrix} \varphi_i^e \\ \varphi_j^e \\ \varphi_m^e \end{bmatrix} \tag{3-51}$$

令：

$$\boldsymbol{K}_1^e = \begin{bmatrix} \dfrac{\partial N_i}{\partial x}\dfrac{\partial N_i}{\partial x} + \dfrac{\partial N_i}{\partial y}\dfrac{\partial N_i}{\partial y} & \dfrac{\partial N_j}{\partial x}\dfrac{\partial N_i}{\partial x} + \dfrac{\partial N_j}{\partial y}\dfrac{\partial N_i}{\partial y} & \dfrac{\partial N_m}{\partial x}\dfrac{\partial N_i}{\partial x} + \dfrac{\partial N_m}{\partial y}\dfrac{\partial N_i}{\partial y} \\ \dfrac{\partial N_i}{\partial x}\dfrac{\partial N_j}{\partial x} + \dfrac{\partial N_i}{\partial y}\dfrac{\partial N_j}{\partial y} & \dfrac{\partial N_j}{\partial x}\dfrac{\partial N_j}{\partial x} + \dfrac{\partial N_j}{\partial y}\dfrac{\partial N_j}{\partial y} & \dfrac{\partial N_m}{\partial x}\dfrac{\partial N_j}{\partial x} + \dfrac{\partial N_m}{\partial y}\dfrac{\partial N_j}{\partial y} \\ \dfrac{\partial N_i}{\partial x}\dfrac{\partial N_m}{\partial x} + \dfrac{\partial N_i}{\partial y}\dfrac{\partial N_m}{\partial y} & \dfrac{\partial N_j}{\partial x}\dfrac{\partial N_m}{\partial x} + \dfrac{\partial N_j}{\partial y}\dfrac{\partial N_m}{\partial y} & \dfrac{\partial N_m}{\partial x}\dfrac{\partial N_m}{\partial x} + \dfrac{\partial N_m}{\partial y}\dfrac{\partial N_m}{\partial y} \end{bmatrix}$$

上面讨论的单元位于区域内，如果单元为图 3-11 中的 ijm，则 ij 边位于牺牲阳极边界 Γ_{anode} 上，则此时电流密度与电位关系为 $\dfrac{\partial \phi}{\partial n} = -\dfrac{f_a(\phi)}{\sigma}$，这样单元泛函除了式 3-47中的第一项外，还包括第二项。第一项的处理同上，第二项处理如下。

首先对 φ_i^e 求偏导：

$$\begin{aligned} \frac{\partial \Pi_2(\widetilde{\varphi}_e)}{\partial \varphi_i^e} &= \lambda \int_{\Gamma_{\mathrm{anode}}^e} N_i f_a \mathrm{d}\Gamma + \lambda \int_{\Gamma_{\mathrm{anode}}^e} N_i \frac{\partial f_a}{\partial \widetilde{\varphi}_e} \Big(\sum_{i=i}^{N} N_i \varphi_i^e\Big) \mathrm{d}\Gamma \\ &= \begin{bmatrix} \lambda \displaystyle\int_{\Gamma_{\mathrm{anode}}^e} N_i \frac{\partial f_a}{\partial \widetilde{\varphi}_e} N_i \mathrm{d}\Gamma & \lambda \displaystyle\int_{\Gamma_{\mathrm{anode}}^e} N_i \frac{\partial f_a}{\partial \widetilde{\varphi}_e} N_j \mathrm{d}\Gamma & \lambda \displaystyle\int_{\Gamma_{\mathrm{anode}}^e} N_i \frac{\partial f_a}{\partial \widetilde{\varphi}_e} N_m \mathrm{d}\Gamma \end{bmatrix} \begin{bmatrix} \varphi_i^e \\ \varphi_j^e \\ \varphi_m^e \end{bmatrix} + \\ &\quad \lambda \int_{\Gamma_{\mathrm{anode}}^e} N_i f_a(\widetilde{\varphi}_e) \mathrm{d}\Gamma \end{aligned} \tag{3-52}$$

其中 $\lambda = \dfrac{1}{\sigma}$。接下来再对 φ_j^e、φ_m^e 求偏导，然后汇总起来：

$$
\begin{bmatrix} \dfrac{\partial \Pi_2(\widetilde{\varphi}_e)}{\partial \varphi_i^e} \\ \dfrac{\partial \Pi_2(\widetilde{\varphi}_e)}{\partial \varphi_j^e} \\ \dfrac{\partial \Pi_2(\widetilde{\varphi}_e)}{\partial \varphi_m^e} \end{bmatrix} = \begin{bmatrix} \lambda \int_{\Gamma_{\text{anode}}^e} N_i \dfrac{\partial f_a}{\partial \widetilde{\varphi}_e} N_i \mathrm{d}\Gamma & \lambda \int_{\Gamma_{\text{anode}}^e} N_i \dfrac{\partial f_a}{\partial \widetilde{\varphi}_e} N_j \mathrm{d}\Gamma & \lambda \int_{\Gamma_{\text{anode}}^e} N_i \dfrac{\partial f_a}{\partial \widetilde{\varphi}_e} N_m \mathrm{d}\Gamma \\ \lambda \int_{\Gamma_{\text{anode}}^e} N_j \dfrac{\partial f_a}{\partial \widetilde{\varphi}_e} N_i \mathrm{d}\Gamma & \lambda \int_{\Gamma_{\text{anode}}^e} N_j \dfrac{\partial f_a}{\partial \widetilde{\varphi}_e} N_j \mathrm{d}\Gamma & \lambda \int_{\Gamma_{\text{anode}}^e} N_j \dfrac{\partial f_a}{\partial \widetilde{\varphi}_e} N_m \mathrm{d}\Gamma \\ \lambda \int_{\Gamma_{\text{anode}}^e} N_m \dfrac{\partial f_a}{\partial \widetilde{\varphi}_e} N_i \mathrm{d}\Gamma & \lambda \int_{\Gamma_{\text{anode}}^e} N_m \dfrac{\partial f_a}{\partial \widetilde{\varphi}_e} N_j \mathrm{d}\Gamma & \lambda \int_{\Gamma_{\text{anode}}^e} N_m \dfrac{\partial f_a}{\partial \widetilde{\varphi}_e} N_m \mathrm{d}\Gamma \end{bmatrix} \begin{bmatrix} \varphi_i^e \\ \varphi_j^e \\ \varphi_m^e \end{bmatrix} + \begin{bmatrix} \lambda \int_{\Gamma_{\text{anode}}^e} N_i f_a(\widetilde{\varphi}_e) \mathrm{d}\Gamma \\ \lambda \int_{\Gamma_{\text{anode}}^e} N_j f_a(\widetilde{\varphi}_e) \mathrm{d}\Gamma \\ \lambda \int_{\Gamma_{\text{anode}}^e} N_m f_a(\widetilde{\varphi}_e) \mathrm{d}\Gamma \end{bmatrix} \tag{3-53}
$$

令：

$$
\boldsymbol{K}_2^e = \begin{bmatrix} \lambda \int_{\Gamma_{\text{anode}}^e} N_i \dfrac{\partial f_a}{\partial \widetilde{\varphi}_e} N_i \mathrm{d}\Gamma & \lambda \int_{\Gamma_{\text{anode}}^e} N_i \dfrac{\partial f_a}{\partial \widetilde{\varphi}_e} N_j \mathrm{d}\Gamma & \lambda \int_{\Gamma_{\text{anode}}^e} N_i \dfrac{\partial f_a}{\partial \widetilde{\varphi}_e} N_m \mathrm{d}\Gamma \\ \lambda \int_{\Gamma_{\text{anode}}^e} N_j \dfrac{\partial f_a}{\partial \widetilde{\varphi}_e} N_i \mathrm{d}\Gamma & \lambda \int_{\Gamma_{\text{anode}}^e} N_j \dfrac{\partial f_a}{\partial \widetilde{\varphi}_e} N_j \mathrm{d}\Gamma & \lambda \int_{\Gamma_{\text{anode}}^e} N_j \dfrac{\partial f_a}{\partial \widetilde{\varphi}_e} N_m \mathrm{d}\Gamma \\ \lambda \int_{\Gamma_{\text{anode}}^e} N_m \dfrac{\partial f_a}{\partial \widetilde{\varphi}_e} N_i \mathrm{d}\Gamma & \lambda \int_{\Gamma_{\text{anode}}^e} N_m \dfrac{\partial f_a}{\partial \widetilde{\varphi}_e} N_j \mathrm{d}\Gamma & \lambda \int_{\Gamma_{\text{anode}}^e} N_m \dfrac{\partial f_a}{\partial \widetilde{\varphi}_e} N_m \mathrm{d}\Gamma \end{bmatrix}
$$

$$
\boldsymbol{P}_2^e = \begin{bmatrix} \lambda \int_{\Gamma_{\text{anode}}^e} N_i f_a(\widetilde{\varphi}_e) \mathrm{d}\Gamma \\ \lambda \int_{\Gamma_{\text{anode}}^e} N_j f_a(\widetilde{\varphi}_e) \mathrm{d}\Gamma \\ \lambda \int_{\Gamma_{\text{anode}}^e} N_m f_a(\widetilde{\varphi}_e) \mathrm{d}\Gamma \end{bmatrix}
$$

如果单元 ijm 的 ij 边位于阴极边界 Γ_{cathode} 上，如图 3-11 所示，则根据边界条件，此时电流密度与电位关系为$\dfrac{\partial \varphi}{\partial n}=-\dfrac{f_c(\varphi)}{\sigma}$，这样的单元泛函（式 3-47）将存在第一项和第三项，第一项处理过程和前面一样，第三项的处理与第二项类似，只需将 $f_a(\widetilde{\varphi}_e)$ 换成 $f_c(\widetilde{\varphi}_e)$ 即可：

$$\begin{bmatrix}\dfrac{\partial\Pi_3(\widetilde{\varphi}_e)}{\partial\varphi_i^e}\\[2ex]\dfrac{\partial\Pi_3(\widetilde{\varphi}_e)}{\partial\varphi_j^e}\\[2ex]\dfrac{\partial\Pi_3(\widetilde{\varphi}_e)}{\partial\varphi_m^e}\end{bmatrix}=\begin{bmatrix}\lambda\int\limits_{\Gamma^e_{cathode}}N_i\dfrac{\partial f_c}{\partial\widetilde{\varphi}_e}N_i\mathrm{d}\Gamma & \lambda\int\limits_{\Gamma^e_{cathode}}N_i\dfrac{\partial f_c}{\partial\widetilde{\varphi}_e}N_j\mathrm{d}\Gamma & \lambda\int\limits_{\Gamma^e_{cathode}}N_i\dfrac{\partial f_c}{\partial\widetilde{\varphi}_e}N_m\mathrm{d}\Gamma\\ \lambda\int\limits_{\Gamma^e_{cathode}}N_j\dfrac{\partial f_c}{\partial\widetilde{\varphi}_e}N_i\mathrm{d}\Gamma & \lambda\int\limits_{\Gamma^e_{cathode}}N_j\dfrac{\partial f_c}{\partial\widetilde{\varphi}_e}N_j\mathrm{d}\Gamma & \lambda\int\limits_{\Gamma^e_{cathode}}N_j\dfrac{\partial f_c}{\partial\widetilde{\varphi}_e}N_m\mathrm{d}\Gamma\\ \lambda\int\limits_{\Gamma^e_{cathode}}N_m\dfrac{\partial f_c}{\partial\widetilde{\varphi}_e}N_i\mathrm{d}\Gamma & \lambda\int\limits_{\Gamma^e_{cathode}}N_m\dfrac{\partial f_c}{\partial\widetilde{\varphi}_e}N_j\mathrm{d}\Gamma & \lambda\int\limits_{\Gamma^e_{cathode}}N_m\dfrac{\partial f_c}{\partial\widetilde{\varphi}_e}N_m\mathrm{d}\Gamma\end{bmatrix}\begin{bmatrix}\varphi_i^e\\ \varphi_j^e\\ \varphi_m^e\end{bmatrix}+$$

$$\begin{bmatrix}\lambda\int\limits_{\Gamma^e_{cathode}}N_i f_c(\widetilde{\varphi}_e)\mathrm{d}\Gamma\\ \lambda\int\limits_{\Gamma^e_{cathode}}N_j f_c(\widetilde{\varphi}_e)\mathrm{d}\Gamma\\ \lambda\int\limits_{\Gamma^e_{cathode}}N_m f_c(\widetilde{\varphi}_e)\mathrm{d}\Gamma\end{bmatrix}$$

令：

$$\boldsymbol{K}_3^e=\begin{bmatrix}\lambda\int\limits_{\Gamma^e_{cathode}}N_i\dfrac{\partial f_c}{\partial\widetilde{\varphi}_e}N_i\mathrm{d}\Gamma & \lambda\int\limits_{\Gamma^e_{cathode}}N_i\dfrac{\partial f_c}{\partial\widetilde{\varphi}_e}N_j\mathrm{d}\Gamma & \lambda\int\limits_{\Gamma^e_{cathode}}N_i\dfrac{\partial f_c}{\partial\widetilde{\varphi}_e}N_m\mathrm{d}\Gamma\\ \lambda\int\limits_{\Gamma^e_{cathode}}N_j\dfrac{\partial f_c}{\partial\widetilde{\varphi}_e}N_i\mathrm{d}\Gamma & \lambda\int\limits_{\Gamma^e_{cathode}}N_j\dfrac{\partial f_c}{\partial\widetilde{\varphi}_e}N_j\mathrm{d}\Gamma & \lambda\int\limits_{\Gamma^e_{cathode}}N_j\dfrac{\partial f_c}{\partial\widetilde{\varphi}_e}N_m\mathrm{d}\Gamma\\ \lambda\int\limits_{\Gamma^e_{cathode}}N_m\dfrac{\partial f_c}{\partial\widetilde{\varphi}_e}N_i\mathrm{d}\Gamma & \lambda\int\limits_{\Gamma^e_{cathode}}N_m\dfrac{\partial f_c}{\partial\widetilde{\varphi}_e}N_j\mathrm{d}\Gamma & \lambda\int\limits_{\Gamma^e_{cathode}}N_m\dfrac{\partial f_c}{\partial\widetilde{\varphi}_e}N_m\mathrm{d}\Gamma\end{bmatrix}$$

令：

$$\boldsymbol{P}_3^e=\begin{bmatrix}\lambda\int\limits_{\Gamma^e_{cathode}}N_i f_c(\widetilde{\varphi}_e)\mathrm{d}\Gamma\\ \lambda\int\limits_{\Gamma^e_{cathode}}N_j f_c(\widetilde{\varphi}_e)\mathrm{d}\Gamma\\ \lambda\int\limits_{\Gamma^e_{cathode}}N_m f_c(\widetilde{\varphi}_e)\mathrm{d}\Gamma\end{bmatrix}$$

这样，整合起来得到单元泛函的变分方程：

$$\frac{\partial\Pi(\widetilde{\varphi}_e)}{\partial\varphi_i^e}=\frac{\partial\Pi_1(\widetilde{\varphi}_e)}{\partial\varphi_i^e}+\frac{\partial\Pi_2(\widetilde{\varphi}_e)}{\partial\varphi_i^e}+\frac{\partial\Pi_3(\widetilde{\varphi}_e)}{\partial\varphi_i^e}=0\qquad(i=i,\ j,\ m)$$

写成矩阵形式：

$$(\boldsymbol{K}_1^e+\boldsymbol{K}_2^e+\boldsymbol{K}_3^e)\boldsymbol{\Phi}^e=\boldsymbol{P}_2^e+\boldsymbol{P}_3^e\tag{3-54}$$

或：

$$K^e\Phi^e = P^e \tag{3-55}$$

其中：$K^e = K_1^e + K_2^e + K_3^e$ 称为单元刚阵[12]，$P^e = P_2^e + P_3^e$ 称为载荷列阵，$\Phi^e = \begin{bmatrix} \varphi_i^e \\ \varphi_j^e \\ \varphi_m^e \end{bmatrix}$。

以上是以牺牲阳极为例推导的单元有限元求解列式，外加电流的有限元列式推导过程与之相似，只是由于边界条件不同，而局部处理有些微调。比如，如果单元位于边界，此时电流密度为定值，因此式 3-47 中第二项变为：

$$\Pi_2(\widetilde{\varphi}_e) = \int_{\Gamma_{cathode}^e} J_{ICCP} \sum_{i=i}^{m} (N_i \varphi_i^e) d\Gamma$$

分别对 φ_i^e、φ_j^e、φ_m^e 求偏导，然后汇总起来得到：

$$\begin{bmatrix} \dfrac{\partial \Pi_2(\widetilde{\varphi}_e)}{\partial \varphi_i^e} \\ \dfrac{\partial \Pi_2(\widetilde{\varphi}_e)}{\partial \varphi_j^e} \\ \dfrac{\partial \Pi_2(\widetilde{\varphi}_e)}{\partial \varphi_m^e} \end{bmatrix} = \begin{bmatrix} \int_{\Gamma_{cathode}^e} J_{ICCP} N_i d\Gamma \\ \int_{\Gamma_{cathode}^e} J_{ICCP} N_j d\Gamma \\ \int_{\Gamma_{cathode}^e} J_{ICCP} N_m d\Gamma \end{bmatrix} \tag{3-56}$$

令：

$$P_1^e = -\begin{bmatrix} \int_{\Gamma_{cathode}^e} J_{ICCP} N_i d\Gamma \\ \int_{\Gamma_{cathode}^e} J_{ICCP} N_j d\Gamma \\ \int_{\Gamma_{cathode}^e} J_{ICCP} N_m d\Gamma \end{bmatrix}$$

由于这一项不含未知量 φ_i^e、φ_j^e、φ_m^e，因此将作为常数项移到式 3-47 右侧，于是式 3-47 变为：

$$(K_1^e + K_3^e)\Phi^e = P_1^e + P_2^e + P_3^e$$

至于恒电位情况，将在下节介绍。

3.4.6 单元刚阵的叠加

所有单元均如此处理，得到各自的如式 3-54 的方程。然而单元只是求解域的一部分，为了得到整个求解域的方程，还需将这些单元方程集成，其中的关键是单元刚阵集成整体刚阵。

为说明单元刚阵如何叠加为整体刚阵，我们取一几何形状简单的区域加以说明，如图 3-13 所示。该区域划分了 8 个单元，9 个节点。节点整体编号为 1~9，在每个单元内，节点还有局部编号，用圆圈内数字①②③表示。

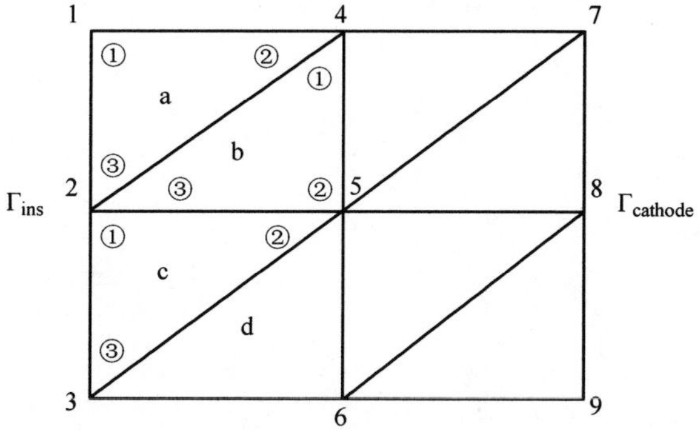

图 3-13 单元整体编号与局部编号

假设根据前面的推导已经得到各单元的单元刚阵，这里为简单起见只写出单元 a、b、c 的单元刚阵，见式 3-57~式 3-59。

$$\begin{bmatrix} k_{11}^{a} & k_{12}^{a} & k_{13}^{a} \\ k_{21}^{a} & k_{22}^{a} & k_{23}^{a} \\ k_{31}^{a} & k_{32}^{a} & k_{33}^{a} \end{bmatrix} \tag{3-57}$$

$$\begin{bmatrix} k_{11}^{b} & k_{12}^{b} & k_{13}^{b} \\ k_{21}^{b} & k_{22}^{b} & k_{23}^{b} \\ k_{31}^{b} & k_{32}^{b} & k_{33}^{b} \end{bmatrix} \tag{3-58}$$

$$\begin{bmatrix} k_{11}^{c} & k_{12}^{c} & k_{13}^{c} \\ k_{21}^{c} & k_{22}^{c} & k_{23}^{c} \\ k_{31}^{c} & k_{32}^{c} & k_{33}^{c} \end{bmatrix} \tag{3-59}$$

在叠加整体刚阵前，先确定整体刚阵的规模。假设求解域内有节点 n 个，每个节点自由度为 I，那么整体刚度矩阵规模为 $nI \times nI$。在这里，节点数为 $n=9$，节点只有电势，因此自由度为 $I=1$，于是矩阵规模为 9×9。在单元刚度矩阵叠加为整体刚度矩阵前，先生成一个空白的 9×9 矩阵；然后确定单元矩阵元素在整体矩阵中的位置，具体方法如下：以单元 a 刚阵元素为例，如图 3-14 所示，k_{13}^{a} 为单元 a 刚度矩阵的一个元素，下面需要把它安置到整体刚度矩阵中去。首先将单元局部编号换成对应的整体编号（见图 3-14）然后根据整体编号确定元素在整体矩阵中的位置。

这样 k_{13}^{a} 要放到整体矩阵中的第一行、第二列，如图 3-15 所示。其他元素作类似处理，最终单元 a 的刚度矩阵变成图 3-15 所示形式。

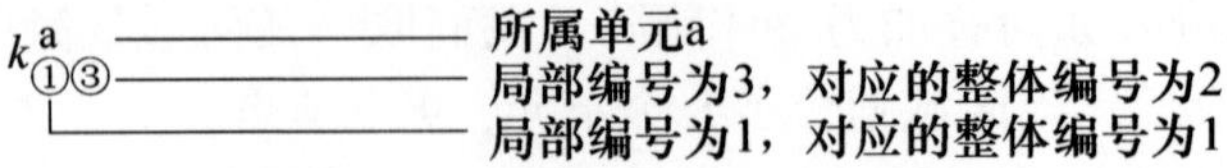

图 3-14 单元刚阵元素编号说明

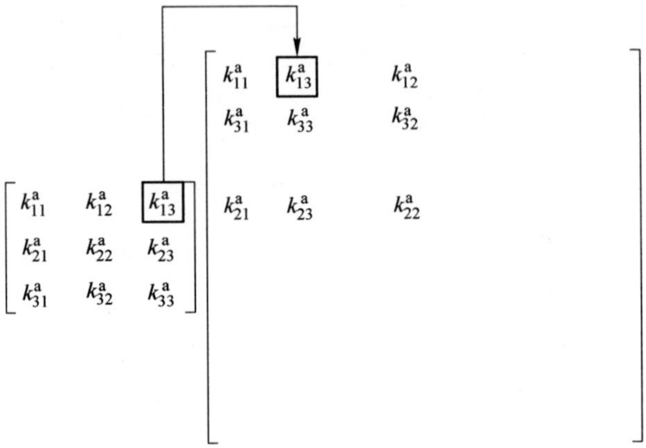

图 3-15 单元 a 刚阵元素向整体刚阵投放

单元 b、c 也做类似处理，得到各自整体规模的单元刚阵。接下来将三个矩阵对应元素相加，就得到了叠加后的矩阵，如图 3-16 所示。将求解域所有单元刚度矩阵都如此处理，最终得到整体矩阵，如图 3-17 所示。其中 n 为节点数，$n=9$，即整体矩阵规模为 9×9。

$$\begin{bmatrix} k_{11}^{a} & k_{13}^{a} & & k_{12}^{a} & \\ k_{31}^{a} & k_{33}^{a}+k_{33}^{b}+k_{11}^{c} & k_{13}^{c} & k_{32}^{a}+k_{31}^{b} & k_{32}^{b}+k_{12}^{c} \\ & k_{31}^{c} & k_{33}^{c} & & k_{32}^{c} \\ k_{21}^{a} & k_{23}^{a}+k_{13}^{b} & & k_{22}^{a}+k_{11}^{b} & k_{12}^{b} \\ & k_{23}^{b}+k_{21}^{c} & k_{23}^{c} & k_{21}^{b} & k_{22}^{b}+k_{22}^{c} \\ & & & & \\ & & & & \end{bmatrix}$$

图 3-16 单元 a、b、c 刚阵叠加

$$\begin{bmatrix} k_{11} & k_{12} & \cdots & k_{1i} & \cdots & k_{1n} \\ k_{21} & k_{22} & \cdots & k_{2i} & \cdots & k_{2n} \\ \vdots & \vdots & \vdots & \vdots & \vdots & \vdots \\ k_{i1} & k_{i2} & \cdots & k_{ii} & \cdots & k_{in} \\ \vdots & \vdots & \vdots & \vdots & \vdots & \vdots \\ k_{n1} & k_{n2} & \cdots & k_{ni} & \cdots & k_{nn} \end{bmatrix}$$

图 3-17 单元刚阵叠加成整体刚阵

与此类似，单元载荷 $\boldsymbol{P}_{\mathrm{a}}=[p_1^{\mathrm{a}} \quad p_2^{\mathrm{a}} \quad p_3^{\mathrm{a}}]^{\mathrm{T}}$ 也要转为整体载荷向量。由于节点有 9 个，因此单元节点载荷向量的规模为 9×1。在叠加前首先生成一个 9×1 的整体载荷向量，然后将 $\boldsymbol{P}_{\mathrm{a}}$ 中元素局部编号变为整体编号，例如，a 单元载荷元素 $p_3^{\mathrm{a}} \to p_2$，然后根据新编号将 p_3^{a} 放到整体向量的第二行，如果该位置有其他元素，就叠加起来，比如单元 c 的 $\boldsymbol{P}_{\mathrm{c}}=[p_1^{\mathrm{c}} \quad p_2^{\mathrm{c}} \quad p_3^{\mathrm{c}}]^{\mathrm{T}}$ 的元素 p_1^{c}，变为整体编号后为 $p_1^{\mathrm{c}} \to p_2$，因而也放到整体载荷向量的第二行位置，与单元 a 元素 p_3^{a} 刚好同一位置，因此要叠加起来，即 $p_2=p_3^{\mathrm{a}}+p_1^{\mathrm{c}}$。其余元素作类似处理，最终得到整体载荷列阵 $\boldsymbol{P}_{\mathrm{a}}=[p_1 \quad p_2 \quad \cdots \quad p_n]^{\mathrm{T}}$。

所有单元处理完毕后，就会形成如下一个类似于式 3-60 的关于所有节点电势的方程组：

$$\begin{bmatrix} k_{11} & k_{12} & \cdots & k_{1i} & \cdots & k_{1n} \\ k_{21} & k_{22} & \cdots & k_{2i} & \cdots & k_{2n} \\ \vdots & \vdots & \vdots & \vdots & \vdots & \vdots \\ k_{i1} & k_{i2} & \cdots & k_{ii} & \cdots & k_{in} \\ \vdots & \vdots & \vdots & \vdots & \vdots & \vdots \\ k_{n1} & k_{n2} & \cdots & k_{ni} & \cdots & k_{nn} \end{bmatrix} \begin{bmatrix} \varphi_1 \\ \varphi_2 \\ \vdots \\ \varphi_i \\ \vdots \\ \varphi_n \end{bmatrix} = \begin{bmatrix} p_1 \\ p_2 \\ \vdots \\ p_i \\ \vdots \\ p_n \end{bmatrix} \tag{3-60}$$

通过计算机求解该方程组，就得到了求解域内所有节点的电势。

不过有些情况下还需对方程组施加边界体条件。比如，外加电流保护中，如果属于恒电位方法，则边界上某些点的电势为已知，还要把这一条件施加进去。现假设边界点 i 电势已知，如图 3-11 所示，即 $\varphi_i=\overline{\varphi}$，那么应在上面的方程里作如下处理：

将矩阵整刚度矩阵元素 k_{ii} 换成 1，然后将第 i 行、第 i 列的其他元素置为 0，与此同时方程右侧的载荷列阵第 i 行元素 p_i 变为 $\overline{\varphi}$，其他行元素则均减去 $k_{mi}\overline{\varphi}$（$m=1, 2, \cdots, n$），最后结果如下：

$$\begin{bmatrix} k_{11} & k_{12} & \cdots & 0 & \cdots & k_{1n} \\ k_{21} & k_{22} & \cdots & 0 & \cdots & k_{2n} \\ \vdots & \vdots & \vdots & \vdots & \vdots & \vdots \\ 0 & 0 & \cdots & 1 & \cdots & 0 \\ \vdots & \vdots & \vdots & \vdots & \vdots & \vdots \\ k_{n1} & k_{n2} & \cdots & 0 & \cdots & k_{nn} \end{bmatrix} \begin{bmatrix} \varphi_1 \\ \varphi_2 \\ \vdots \\ \varphi_i \\ \vdots \\ \varphi_n \end{bmatrix} = \begin{bmatrix} p_1 - k_{1i}\overline{\varphi} \\ p_2 - k_{2i}\overline{\varphi} \\ \vdots \\ \overline{\varphi} \\ \vdots \\ p_n - k_{mi}\overline{\varphi} \end{bmatrix}$$

经过这样处理后，就可以用计算机求解了。

3.4.7 方程组求解

得到了以节点电势为未知量的方程组，在施加完边界条件后，就可以求解了。求解方程组有很多方法，现在，很多有限元软件都会自动根据问题的性质、特点，选择合适的求解方法，不需要读者特地去设置；另外，如何求解方程涉及数值分析领域，这也是一个庞大的体系，难以详述，因此这里只简单介绍一下方程组的基本解法，不做过深的探讨，读者有兴趣可以查阅相关的资料[13]。

3.4.7.1 线性方程组的解法

所谓线性方程组，就是未知数前面系数为常数的方程组，这类方程组求解比较容易，主要方法有直接法和迭代法。

A 直接法

直接法就是我们熟知的加减消元法，在初中就接触过，主要包括高斯消元法、列主消元法、三角分解法、平方根法和追赶法。这些方法，只是根据各种方程的特点，进行了发展、改进，但没有本质的不同。

B 迭代法

由于计算机字节位数有限，数据一般有舍入误差，因此通过直接法求得的结果存在误差，为了尽量减少误差而采用迭代法，主要有 Jacobi 迭代法、Guass-Seidel 迭代法、超松弛迭代（SOR）法等。这些方法也是为了提高精度和收敛性速度而发展的方法，本质上并无不同，其原理如下：

设有一个方程组 $Ax=b$，将其改写成如下形式：

$$x = Bx + f$$

然后构造迭代方程：

$$x^{(k+1)} = Bx^{(k)} + f \tag{3-61}$$

B 为迭代矩阵，k 为迭代次数。具体的解法是从某个初始解 $x^{(0)}$ 出发，计算出 $x^{(1)}$，$x^{(1)}$ 向真实解逼近了一步，然后再利用 $x^{(1)}$ 再计算出 $x^{(2)}$，诸如此类，反复迭代，一直到 $|x^{(k+1)}-x^{(k)}| \leqslant err$，计算结束，$err$ 为给定的收敛误差限。下面举一个简单例子，说明计算过程。设有一个二元一次方程组：

$$\begin{cases} 3x_1 + 4x_2 = 5 \\ 5x_1 + 2x_2 = 7 \end{cases} \tag{3-62}$$

该方程组精确解为（9/7，2/7）。现采用迭代法求解，构造迭代形式如下：

$$\begin{cases} x_1 = -\dfrac{4}{3}x_2 + \dfrac{5}{3} & \text{①} \\ x_2 = -\dfrac{5}{2}x_1 + \dfrac{7}{2} & \text{②} \end{cases}$$

从一个初始解 $x_1^{(0)}=\dfrac{2}{3}$出发，通过上述方程得到一近似解：

$$\begin{cases} x_1 = \dfrac{2}{3} \\ x_2 = -\dfrac{5}{2}x_1^{(0)} + \dfrac{7}{2} \end{cases}$$

然后将它再代入方程组，就会再得到另一近似解，如此迭代下去，直至 $|x^{(k+1)}-x^{(k)}|\leqslant err$，得到满足误差条件的近似解。其迭代过程如图 3-18 中箭头所示。

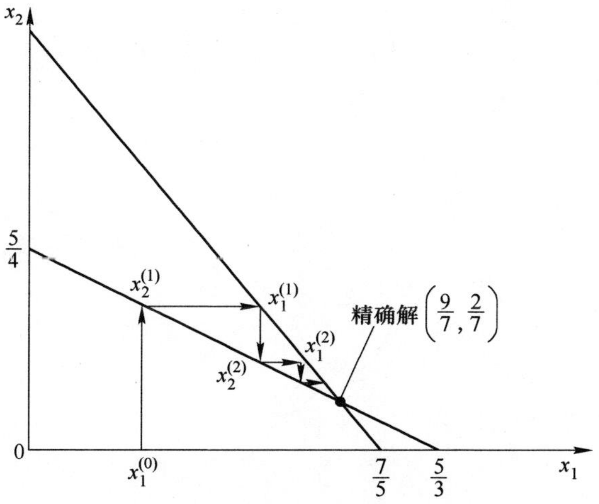

图 3-18 线性方程组迭代求解过程

3.4.7.2 非线性方程组解法

线性方程组是指未知数的系数不再是常数，而是和未知数耦合在一起的方程组，以我们常见的非线性的方程 $f(x)=x^2$ 为例，该方程可改写成如下形式：

$$f(x)=x^2=x\times x=k(x)\times x \tag{3-63}$$

变量 x 前面的系数 $k(x)$ 不再是常数，因此曲线斜率是随自变量 x 变化的，所谓非线性就是这个意思。

这类方程使用迭代方法求解，迭代的核心思想是构造迭代方程。现将方程 3-61进行泰勒展开：

$$f(x)=f(x_0)+f'(x_0)(x-x_0)+\frac{1}{2!}f''(x_0)(x-x_0)^2+\cdots+\frac{1}{n!}f^{(n)}(x_0)(x-x_0)^n+\cdots$$

取前两项：

$$f(x)=f(x_0)+f'(x_0)(x-x_0)$$

由于 $f(x)=0$，因此 $f(x_0)+f'(x_0)(x-x_0)=0$。将该式变形：

$$x = x_0 - \frac{f(x_0)}{f'(x_0)}$$

这就是非线性方程的迭代方程，x 是 $x^{(0)}$ 的改进解。一般地将上式写成：

$$x^{(k+1)} = x^{(k)} - \frac{f(x^{(k)})}{f'(x^{(k)})} \tag{3-64}$$

迭代过程如图 3-19 所示，从初始解 $x^{(0)}$（一般靠经验的猜测，越接近真解 x^* 越好）出发，计算出 $f'(x_0)$，然后根据式 3-64 求得近似解 $x^{(1)}$；然后从 $x^{(1)}$ 出发再重复上述步骤，直至逼近真解 x^*。

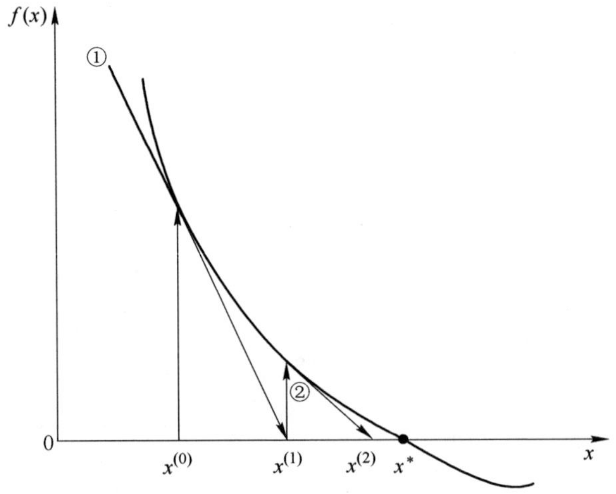

图 3-19 Newton-Raphson 迭代法

这种方法的实质是，每一步迭代都是在曲线的 $x^{(1)}$ 处产生一条切线，如图中直线①，斜率为 $f'(x_0)$。这条切线就作为曲线的一个近似，然后求这条切线与 x 轴的交点 $x^{(1)}$，$x^{(1)}$ 就是真解的一个近似解；然后再从 $x^{(1)}$ 出发，在曲线的 $x^{(2)}$ 处再作一条切线，如图中的切线②，切线②作为曲线的又一个近似，解出近似解 $x^{(2)}$；然后从 $x^{(2)}$ 出发，重复上述步骤直至 $|x^{(k+1)} - x^{(k)}| \leqslant err$，从而得到 x^* 的近似解 $x^{(k+1)}$。这种方法称为 Newton-Raphson 方法，很多迭代方法都是从这种方法演变来的。

3.5 单元的完备性和相容性

前面我们一直使用了三角形单元，并讨论了形函数的构造。读者可能注意到了，形函数的个数和单元节点个数一样多，这是为什么呢？这就需要从单元必须满足的性质说起了。

在前面的讨论中，我们多次提到单元及其插值函数。实际上，我们还可以从单元的完备性和相容性角度来探讨插值函数的形式，这有利于更深入地理解单元插值函数的构造原则。

所谓完备性，就是单元插值函数应能反映实际物理场的情况[14]。以三角形单元为例，当单元尺寸趋于无穷小时，单元将趋于一点，这时电势场将趋于一点的电势，即为常数，因此，作为单元插值函数应能反映出这一点，即：当 $x\to 0$、$y\to 0$ 时，$\widetilde{\varphi}_e\to\beta_1$。因此插值函数必须具备如下形式：

$$\varphi_e=\beta_1+\beta_2 x+\beta_3 y \tag{3-65}$$

这就是 3.4.5 节中，单元电势近似解为什么写成式 3-45 的原因了。式 3-45 就是式 3-65。

因此，完备性也可以理解为 φ^e 中包括多少项，这可以通过图 3-20 中的帕斯卡三角形来确定。如果考虑一阶完备性的话，函数应包含三角形①内的 1、x、y 三项，再分别乘以待定系 β_1、β_2、β_3，就得到了式 3-65。如果想把单元精度提高，可以考虑二阶完备性，即把三角形②包含的 1、x、y、x^2、xy、y^2 六项引入方程，单元电势近似解为：

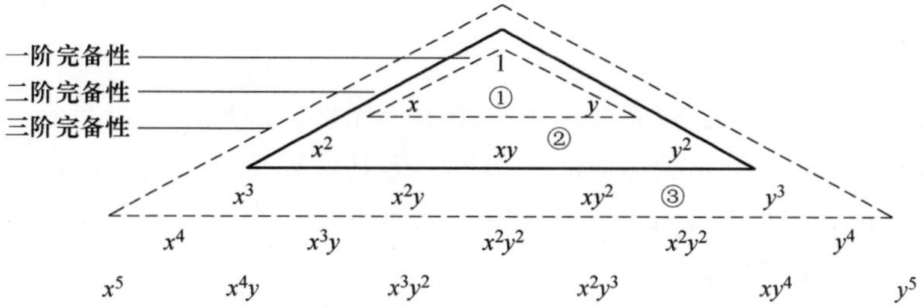

图 3-20 帕斯卡三角形[15]

$$\varphi^e=ax+by+c+dx^2+exy+fy^2 \tag{3-66}$$

因此当考虑一阶完备性时，待定系数的个数和节点个数一样多，将三个点的电势和坐标值代入式 3-65 中，就可以得到下面的方程组：

$$\begin{cases}\varphi_i^e=\beta_1+\beta_2 x_i+\beta_3 y_i\\ \varphi_j^e=\beta_1+\beta_2 x_j+\beta_3 y_j\\ \varphi_m^e=\beta_1+\beta_2 x_m+\beta_3 y_m\end{cases} \tag{3-67}$$

解方程组 3-67，就可以确定待定系数 β_1、β_2、β_3，因此单元可解。

而考虑二阶完备性的话，由于式 3-66 中待定系数为 6 个，多于单元节点个数，因而无法确定待定系数，因此单元插值函数无法得到，除非增加三角形节点个数，如图 3-21b 所示，达到 6 个，待定系数才能确定，当然此时的单元已经不是三节点单元了。

上面讨论了完备性，而单元的相容性，就是要保证相邻单元公共边唯一，即单元之间不能出现开裂或重叠[16]。式 3-65 能够满足这一要求。在单元公共边

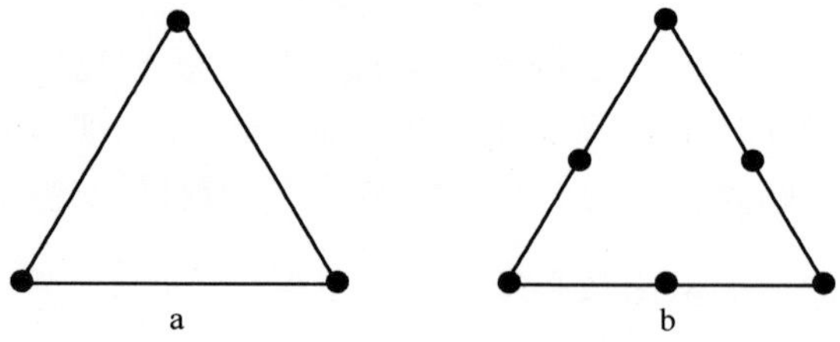

图 3-21　三角形单元

a—三节点三角形单元；b—六节点三角形单元

上，变量 x 和 y 必然符合某一直线方程，比如 $y=mx+n$，代入式 3-65：

$$\varphi^{e}=\beta_1+\beta_2 x+\beta_3(mx+n)$$

由于 β_1、β_2、β_3 已经求得，因此只需确定 m 和 n，这只需要两个节点信息就够了，而相邻单元公共边恰具有两个公共点，因此公共边唯一，因而相容性满足。

3.6　常用单元简介

3.6.1　二维单元

常用的二维单元除了前面介绍的三角形单元外，矩形单元也是常用单元，矩形单元虽不及三角形单元能适应曲线边界，但其计算精度较高，因此也是广泛使用的一种单元[17]。如图 3-22 所示，为一矩形单元，为研究方便，在矩形单元中心点建立局部直角坐标 $\xi o\eta$。

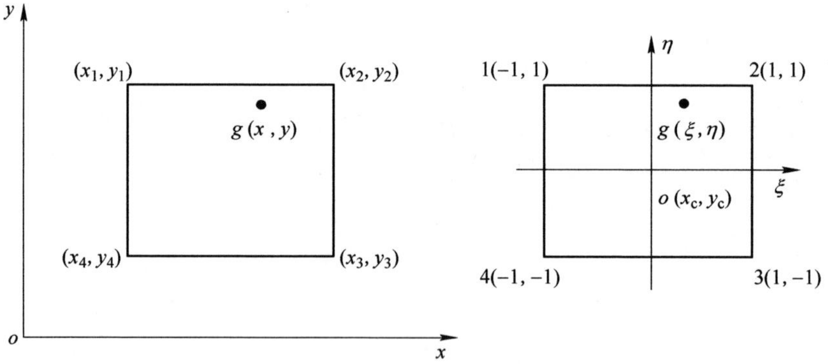

图 3-22　矩形单元

根据图 3-20 所示的帕斯卡三角形（此时 x、y 换成 ξ、η），由于单元有 4 个节点，因此可取二阶完备性，但由于单元节点仅为 4 个，由上节讨论已知，不能全取 1、ξ、η、$\xi\eta$、ξ^2、η^2 这 6 项，必须舍弃两个，在这里选取 1、ξ、η、$\xi\eta$，而舍弃 ξ^2、η^2，这样做是由各相同性决定的，即方程中变量 ξ 和 η 是平等的，哪一方也不占优势，引进 $\xi\eta$ 这一项使得方程对称、均匀。这样，单元插值函数可表示为：

$$\varphi^{e}(\xi,\ \eta)=c+a\xi+b\eta+d\xi\eta \tag{3-68}$$

将单元4个节点坐标电势代入式3-66，就可以求出待定系数。不过，这一过程推导比较麻烦，我们可以采用更加简便的方法。

可以将单元的一条边看成一维单元，按照一维单元形函数构造方法（可参见公式3-2）构造二维矩形单元形函数。一维情况下，形函数表达式如下：

$$N_i(x)=\prod_{j=1,\ j\neq i}^{n}\frac{x-x_j}{x_i-x_j}$$

选择图3-22中的1—2边，把此边看成一维单元，把 x、y 换成 ξ、η，形函数可写成：

$$N_i(\xi)=\prod_{j=1,\ j\neq i}^{n}\frac{\xi-\xi_j}{\xi_i-\xi_j} \tag{3-69}$$

当 i 分别取1、2时：

$$N_1(\xi)=\frac{\xi-\xi_2}{\xi_1-\xi_2}=\frac{\xi-1}{-1-1}=\frac{1-\xi}{2}$$

$$N_2(\xi)=\frac{\xi-\xi_1}{\xi_2-\xi_1}=\frac{\xi-(-1)}{1-(-1)}=\frac{1+\xi}{2}$$

同理图3-22的1—4边，其形函数与式3-69类似，只是沿 η 方向：

$$N_i(\eta)=\prod_{j=1,\ j\neq i}^{n}\frac{\eta-\eta_j}{\eta_i-\eta_j}$$

当 i 分别取1、4时：

$$N_1(\eta)=\frac{\eta-\eta_4}{\eta_1-\eta_4}=\frac{\eta-(-1)}{1-(-1)}=\frac{1+\eta}{2}$$

$$N_4(\eta)=\frac{\eta-\eta_1}{\eta_4-\eta_1}=\frac{\eta-1}{-1-1}=\frac{1-\eta}{2}$$

综合起来，1点的形函数为：

$$N_1(\xi,\ \eta)=N_1(\xi)N_1(\eta)=\frac{1-\xi}{2}\frac{1+\eta}{2}=\frac{1}{4}(1-\xi)(1+\eta)$$

2~4点形函数的构造与此类似，最后得到：

$$N_1(\xi,\ \eta)=\frac{1}{4}(1-\xi)(1+\eta)$$

$$N_2(\xi,\ \eta)=\frac{1}{4}(1+\xi)(1+\eta)$$

$$N_3(\xi,\ \eta)=\frac{1}{4}(1+\xi)(1-\eta)$$

$$N_4(\xi,\ \eta)=\frac{1}{4}(1-\xi)(1-\eta)$$

因此，单元插值函数为：

$$\varphi^{e}(\xi,\ \eta)=N_1(\xi,\ \eta)\varphi_1^{e}+N_2(\xi,\ \eta)\varphi_2^{e}+N_3(\xi,\ \eta)\varphi_3^{e}+N_4(\xi,\ \eta)\varphi_4^{e} \quad (3\text{-}70)$$

上式的自变量是局部坐标系下的，还必须将其映射到整体坐标系 xoy 中，为此，需要建立局部坐标系和整体坐标系下点与点的映射关系。在图 3-21 中任取一点 g，在整体坐标系下坐标为$(x,\ y)$，在局部坐标系下坐标为 $(\xi,\ \eta)$，二者坐标映射关系为：

$$\begin{cases} x = N_1(\xi,\ \eta)x_1 + N_2(\xi,\ \eta)x_2 + N_3(\xi,\ \eta)x_3 + N_4(\xi,\ \eta)x_4 \\ y = N_1(\xi,\ \eta)y_1 + N_2(\xi,\ \eta)y_2 + N_3(\xi,\ \eta)y_3 + N_4(\xi,\ \eta)y_4 \end{cases}$$

由以上可知矩形单元插值函数为二次函数，故电势的梯度不是常数，这比较接近实际情况，因而精度较高，但是根据帕斯卡三角形确定插值函数项数时舍弃了 ξ^2、η^2 两项，因此精度没有达到更高。

3.6.2　三维单元

当遇到三维问题时需采用三维单元。由于维数的增加，单元的种类也相应增加，如图 3-23 所示为常用的三维单元。实际上，a、b、c 可看成是 d 的特殊情况。在实际应用中，常使用的是 a 和 d 单元，有时则是这几种单元的混用。

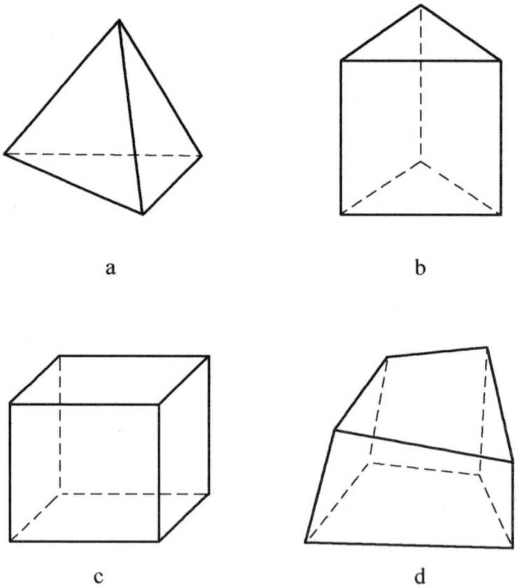

图 3-23　常用的三维单元

3.6.2.1　四面体单元

四面体单元与二维三角形单元类似，对曲面边界有较好的适应性，因而在三维问题中被广泛使用[18]。构造四面体单元形函数时，采用了体积坐标方法。如

图 3-24 所示为一四面体单元，p 为四面体内任意一点。以四面体每四个面为底面，以 p 点为顶点，就构成了四个小四面体，即 $p-mik$，$p-ijk$，$p-imj$，$p-mjk$。它们的体积和总体积的比分别为：

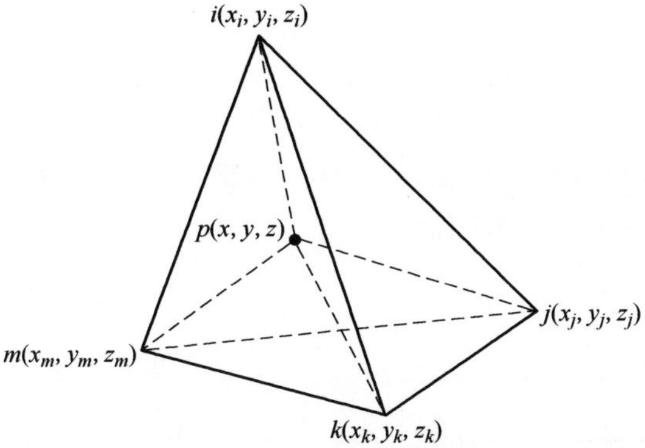

图 3-24 四面体单元

$$\frac{V_{p-mik}}{V}, \quad \frac{V_{p-ijk}}{V}, \quad \frac{V_{p-imj}}{V}, \quad \frac{V_{p-mjk}}{V}$$

当 p 点在四面体内移动时，各体积比也在发生变化，但一直有：

$$\frac{V_{p-mik}}{V} + \frac{V_{p-ijk}}{V} + \frac{V_{p-imj}}{V} + \frac{V_{p-mjk}}{V} = 1$$

成立，尤其当 p 点与某一顶点（如 i 点）重合时，体积比为：

$$\frac{V_{p-mik}}{V} = 0, \quad \frac{V_{p-ijk}}{V} = 0, \quad \frac{V_{p-imj}}{V} = 0, \quad \frac{V_{p-mjk}}{V} = 1 \qquad (3-71)$$

根据这个性质，可以将式 3-71 作为 i 点的形函数，即 $N_i = \frac{V_{p-mjk}}{V}$，其他点的形函数也做类似定义。

根据立体几何知识，四面体 $ijmk$ 的体积为[19]：

$$V = \frac{1}{12}[ab(b + c + e + f - a - d) + be(a + c + d + f - b - e) +$$
$$cf(a + b + d + e - c - f) - abf - bcd - ace - def]^{\frac{1}{2}}$$

其中：

$$a = (x_i - x_m)^2 + (y_i - y_m)^2 + (z_i - z_m)^2$$
$$b = (x_i - x_j)^2 + (y_i - y_j)^2 + (z_i - z_j)^2$$
$$c = (x_i - x_k)^2 + (y_i - y_k)^2 + (z_i - z_k)^2$$
$$b = (x_j - x_k)^2 + (y_j - y_k)^2 + (z_j - z_k)^2$$
$$e = (x_m - x_k)^2 + (y_m - y_k)^2 + (z_m - z_k)^2$$
$$f = (x_j - x_m)^2 + (y_j - y_m)^2 + (z_j - z_m)^2$$

其他的小四面体体积可类比推出。

这样，四面体单元电势场插值函数为：

$$\varphi^e(\xi,\ \eta,\ \zeta) = N_i(\xi,\ \eta,\ \zeta)\varphi_i^e + N_j(\xi,\ \eta,\ \zeta)\varphi_j^e + N_m(\xi,\ \eta,\ \zeta)\varphi_m^e + N_k(\xi,\ \eta,\ \zeta)\varphi_k^e \tag{3-72}$$

3.6.2.2 立方体

图 3-25 为立方体单元，为研究方便，仿照二维矩形单元，建立局部三维坐标系 $o\xi\eta\zeta$，建立的方法同二维相似。

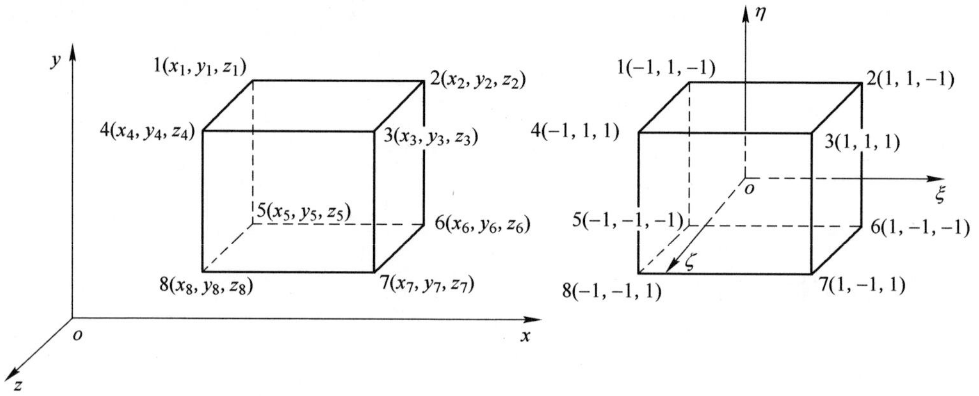

图 3-25 立方体单元

三维立方体单元可以看成二维矩形单元的扩展[20]，因此其形函数的构造也与二维矩形单元类似，只是因为节点有 8 个，形函数的个数也变为 8 个。下面只给出结果，读者有兴趣可自行推导。

$$N_1(\xi,\ \eta,\ \zeta) = \frac{1}{8}(1-\xi)(1+\eta)(1-\zeta)$$

$$N_2(\xi,\ \eta,\ \zeta) = \frac{1}{8}(1+\xi)(1+\eta)(1-\zeta)$$

$$N_3(\xi,\ \eta,\ \zeta) = \frac{1}{8}(1+\xi)(1+\eta)(1+\zeta)$$

$$N_4(\xi,\ \eta,\ \zeta) = \frac{1}{8}(1-\xi)(1+\eta)(1+\zeta)$$

$$N_5(\xi,\ \eta,\ \zeta) = \frac{1}{8}(1-\xi)(1-\eta)(1-\zeta)$$

$$N_6(\xi,\ \eta,\ \zeta) = \frac{1}{8}(1+\xi)(1-\eta)(1-\zeta)$$

$$N_7(\xi,\ \eta,\ \zeta) = \frac{1}{8}(1+\xi)(1-\eta)(1+\zeta)$$

$$N_8(\xi,\ \eta,\ \zeta) = \frac{1}{8}(1-\xi)(1-\eta)(1+\zeta)$$

读者可以自行验证，这些形函数具有如下性质：

$$N_i(\xi_j,\ \eta_j,\ \zeta_j) = \delta_{ij} \quad (i,\ j = 1,\ \cdots,\ 8)$$

这样，六面体内任一点电势插值函数为：

$$\varphi^e(\xi,\ \eta,\ \zeta) = \sum_{i=1}^{8} N_i(\xi,\ \eta,\ \zeta)\varphi_i^e \tag{3-73}$$

同二维矩形单元类似，也存在局部坐标系和整体坐标系之间点的映射问题，三维点（ξ，η，ζ）映射到整体坐标系下的公式为：

$$\begin{cases} x = \sum\limits_{i=1}^{8} N_i(\xi,\ \eta,\ \zeta)x_i \\ y = \sum\limits_{i=1}^{8} N_i(\xi,\ \eta,\ \zeta)y_i \\ z = \sum\limits_{i=1}^{8} N_i(\xi,\ \eta,\ \zeta)z_i \end{cases}$$

有限元中的单元有很多种，这里只介绍了几种常用、简单的单元，关于更多、更复杂单元，读者可以查阅相关有限元著作。

参考文献

[1] 谢处方，饶克谨. 电磁场与电磁波 [M]. 2版. 北京：高等教育出版社，2008.

[2] 徐立勤，曹伟. 电磁场与电磁波理论 [M]. 2版. 北京：科学出版社，2010.

[3] 赵凯华，陈熙谋. 电磁学 [M]. 北京：高等教育出版社，2003.

[4] 张洪信. 有限元基础理论与 ANSYS 应用 [M]. 北京：机械工业出版社，2006.

[5] 同济大学数学教研室. 高等数学 [M]. 3版. 北京：高等教育出版社，1988.

[6] 蒋兴国，吴延东. 高等数学 [M]. 3版. 北京：机械工业出版社，2011：124.

[7] 郭永康. 光学 [M]. 北京：高等教育出版社，2005.

[8] 姚玉洁. 量子力学 [M]. 北京：高等教育出版社，2014.

[9] 张荣庆. 变分学讲义 [M]. 北京：高等教育出版社，2011.

[10] 欧维护，陈维均，金俊德. 高等数学（第一册）[M]. 长春：吉林大学出版社，1987.

[11] 谢龙汉，耿煜，邱婉. ANSYS 电磁场分析 [M]. 北京：电子工业出版社，2012.

[12] 王新荣，陈永波. 有限元法基础与 ANSYS 应用 [M]. 北京：科学出版社，2008：73.

[13] 王开荣，杨大地. 应用数值分析 [M]. 北京：高等教育出版社，2010.

[14] 赵经文，王宏钰. 结构有限元 [M]. 哈尔滨：哈尔滨工业大学出版社，1988.

[15] 高耀东，张玉宝，任学平. 有限元理论及 ANSYS 应用 [M]. 北京：电子工业出版

社，2016.
[16] 赵经文，王宏钰．结构有限元分析［M］．北京：科学出版社，2001.
[17] 赵维涛，陈孝珍．有限元法基础［M］．北京：科学出版社，2009.
[18] 蔡国梁，苗宝军，史雪荣．解析几何教程［M］．镇江：江苏大学出版社，2012.
[19] 张昭，蔡志勤．有限元方法与应用［M］．大连：大连理工大学出版社，2011.
[20] 聂武，孙丽萍．船舶计算结构力学［M］．哈尔滨：哈尔滨工程大学出版社，1998.

4 流体力学

4.1 流体静力学

4.1.1 流体及流体质点

根据组成物质的分子间距离和作用力强弱的不同，物质被分为气体、液体和固体。气体和液体又称为流体。从微观上看，流体由大量分子组成，分子之间有空隙，每个分子还在不停地做无规则的热运动，因此从微观角度讲，流体在时间和空间上都不连续；但在宏观上，观察或测量到的流体的物理量都表现出稳定性和连续性，因此可以假设宏观上流体是连续的，这是研究流体力学的基础。

在实际研究中，我们取一微小体积的流体作为研究对象，说它微小是相对于宏观而言的，但在这微小体积里，还要包括数目足够多的分子，以维持稳定的物理量。以气体气压为例：气压是气体分子持续撞击器壁引起的，如果没有大量分子持续的撞击，气压是没有意义的，据测量在0℃一个大气压下，$1cm^3$ 空气中含有 2.69×10^{19} 个分子[1]，据此推算边长为 $10^{-3}mm$ 的立方体内含有 2.69×10^{7} 个分子，这样庞大数量分子的存在足以使物理量达到稳定的平均值，而立方体的体积只有 $10^{-9}mm^3$，如此小的体积完全可以视为广阔空间的一个无限小几何点。气体尚且这样，分子间距离更小的流体，更可以做这样的处理。

4.1.2 流体的物理性质

4.1.2.1 流动性

流体分子间距离很大，相互作用力很小，流体不能承受拉力，而在很微小的剪切力作用下，就可以产生连续不断的变形，即流动。

4.1.2.2 流体的黏性

如图 4-1 所示，在相距为 D 的两块板之间有一定量的流体，下面的板固定不动，给上面的木板一个剪切力 T，木板便以速度 u 运动，由于流体和木板间有吸附力，因此上面木板的运动将带动板间流体流动。

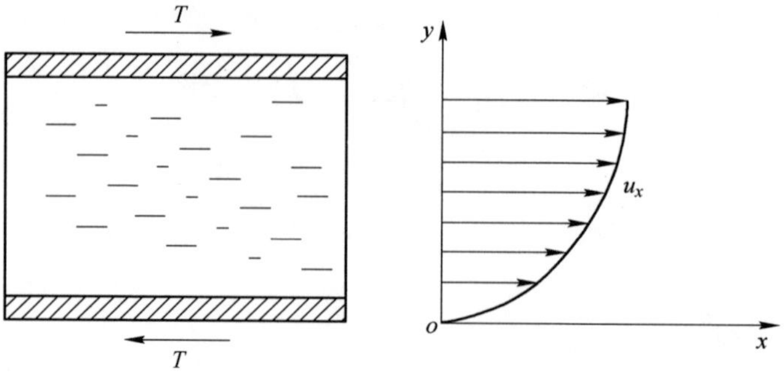

图 4-1 流体黏度与剪切力的关系

由于下面木板不动，和下面木板接触的流体流速为 0，这样流体上下就存在速度差别，上层流体流动快，下层流体流动慢。由于分子的热运动，速度快的流体层分子跃入相邻慢速流体层时，会给慢速流体层增加动量而使之流动变快；反之，慢速流体层分子跃入快速流体层时，会降低快速流体层的流速，这样流体层之间就产生了内摩擦，流体的内摩擦使流体具有黏性。

设流体 x 向流速 u_x 在 y 向速度梯度为$\frac{du_x}{dy}$，根据实验测得，剪切力与速度梯度存在如下关系[2]：

$$\tau = \mu \frac{du_x}{dy} \tag{4-1}$$

式中 μ——流体黏度；

τ——作用在木板上的单位面积上的剪切力。

当$\mu=0$时，流体称为理想流体；$\mu=\text{const}$ 且满足式 4-1 的流体称为牛顿流体，否则称为非牛顿流体。

4.1.2.3 压缩性

真实流体都具有压缩性，但表现并不明显，例如，水的压力从一个大气压增大到 100 个大气压，体积收缩仅为 0.5%[3]，因此，通常将液体近似看成不可压缩的，即液体密度为常数。

4.1.3 静止流体平衡微分方程

流体静力学是研究静止流体的压力分布以及对物体作用力的科学，它是研究流动流体的基础。

如图 4-2 所示，在流体中任取体积为 V、表面积为 S 的流体团，设流体密度为 ρ，在表面任取一微小面积 dS，其外法线方向为 n，表面压力为 p，如果流体

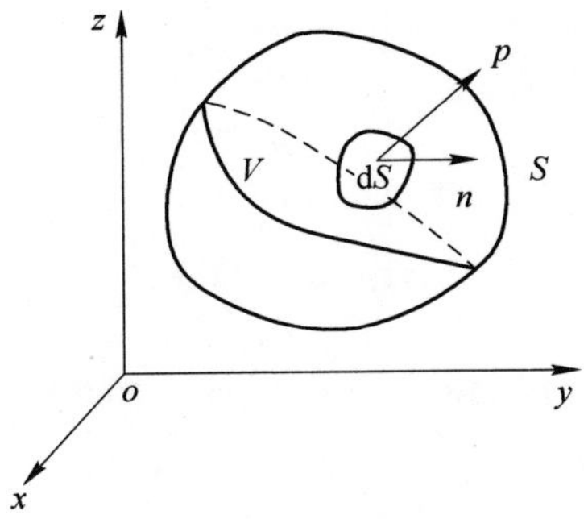

图 4-2 流体微团

单位体积受到的质量力为 $\boldsymbol{f}=f_x\boldsymbol{i}+f_y\boldsymbol{j}+f_z\boldsymbol{k}$，则流体团受到的总质量力为：

$$\iiint_V \rho \boldsymbol{f} \mathrm{d}V \tag{4-2}$$

而受到的表面力合力为（以压向流体表面为正）：

$$\oint\!\!\!\oint_S -p\cdot n\mathrm{d}S \tag{4-3}$$

由于流体团静止，因此处于平衡状态，上述二力相等：

$$\iiint_V \rho \boldsymbol{f} \mathrm{d}V + \oint\!\!\!\oint_S -p\cdot n\mathrm{d}S = 0 \tag{4-4}$$

即：

$$\iiint_V \rho \boldsymbol{f} \mathrm{d}V = \oint\!\!\!\oint_S p\cdot n\mathrm{d}S$$

上式等号右侧利用高斯公式变为：

$$\oint\!\!\!\oint_S p\cdot n\mathrm{d}S = \iiint_V \nabla p\mathrm{d}V \tag{4-5}$$

将式 4-5 代入到式 4-4 中：

$$\iiint_V \rho \boldsymbol{f} \mathrm{d}V = \iiint_V \nabla p\mathrm{d}V$$

或：

$$\iiint_V (\rho \boldsymbol{f} - \nabla p)\mathrm{d}V = 0 \tag{4-6}$$

由于所选体积是任意的，要使上式恒成立，必然有：

$$(\rho \boldsymbol{f} - \nabla p) = 0 \tag{4-7}$$

展开上式，得到：

$$\begin{cases} f_x = \dfrac{1}{\rho} \dfrac{\partial p}{\partial x} \\ f_y = \dfrac{1}{\rho} \dfrac{\partial p}{\partial y} \\ f_z = \dfrac{1}{\rho} \dfrac{\partial p}{\partial z} \end{cases} \tag{4-8}$$

这就是流体处于静止状态时的压力分布规律，特别在重力场中，$f_x = 0$，$f_y = 0$，$f_z = -g$，上式变为：

$$\begin{cases} \dfrac{\partial p}{\partial x} = 0 \\ \dfrac{\partial p}{\partial y} = 0 \\ \dfrac{\partial p}{\partial z} = -\rho g \end{cases} \tag{4-9}$$

4.2 流体动力学

4.2.1 坐标系及其研究方法

当流体流动时，流体具有速度乃至加速度，情况与静止流体有所不同，因此描述其运动规律的方程也不同。为研究流动的流体所遵循的规律，首先应建立参考系。描述流动流体的参考系有拉格朗日坐标系（Lagrange）和欧拉坐标系（Euler），相应的研究方法就有拉格朗日法和欧拉法[4]。拉格朗日法着眼于流体质点，跟踪每个质点的运动全过程，记录运动过程中各物理量及其变化，这是通常我们所熟知方法；而欧拉法着眼于空间点，它是考察空间每一点物理量及其变化，而同一空间点在不同时刻有不同的流体质点流过。

4.2.2 质点导数

流体在流动时，在所占据的空间内会存在速度分布、密度分布、压力分布，如果考虑传热的话还存在温度分布。每一个流体质点都具有上述物理量，这些物理量对时间的变化率称为该物理量的质点导数。

在 Lagrange 坐标系下，假设每个质点都有一个坐标（a，b，c），则该质点的某个物理量随时间 t 和空间位置的函数关系可以表示为 $\boldsymbol{B}(a, b, c, t)$，这个物理量的质点导数定义为$\dfrac{\partial \boldsymbol{B}(a, b, c, t)}{\partial t}$，如果 $\boldsymbol{B}$ 为速度 v，则$\dfrac{\partial \boldsymbol{v}}{\partial t}$就是加速度，这正是我们已经习惯了的概念。但如果采用欧拉法研究流体，情况会有所不同，欧拉法着眼的是空间点，空间点与质点有所不同，二者既有区别也有联系，质点是大量分子构成的流体团，而空间点是没有尺度的几何意义的点，因此所谓空间一点的物理量实际上是占据该空间点的流体质点的物理量，而空间点上物理量对时间的变化率就是占据该空间点的流体质点的物理量对时间的变化率。

对欧拉法而言，对于一个确定的空间点，在不同时刻空间点被不同的质点占据，故不能简单地将物理量对时间求导数。下面我们就推导在欧拉坐标系下，质点导数的形式。

如图 4-3 所示，设 t 时刻在空间点 $M(x, y, z)$ 处，有一流体质点正好和 M 重合，其速度为 $\boldsymbol{v}=u\boldsymbol{i}+v\boldsymbol{j}+w\boldsymbol{k}$，此时该质点具有物理量 $\boldsymbol{B}(x, y, z, t)$，经过 Δt 时间，该质点运动到 $M'(x+u\Delta t, y+v\Delta t, z+w\Delta t)$，物理量变为 $\boldsymbol{B}(x+u\Delta t, y+v\Delta t, z+w\Delta t, t+\Delta t)$，根据质点导数的定义，物理量 $\boldsymbol{B}$ 的质点导数为：

$$\frac{\mathrm{D}\boldsymbol{B}}{\mathrm{D}t}=\frac{\boldsymbol{B}(x+u\Delta t, y+v\Delta t, z+w\Delta t, t+\Delta t)-\boldsymbol{B}(x, y, z, t)}{\Delta t} \tag{4-10}$$

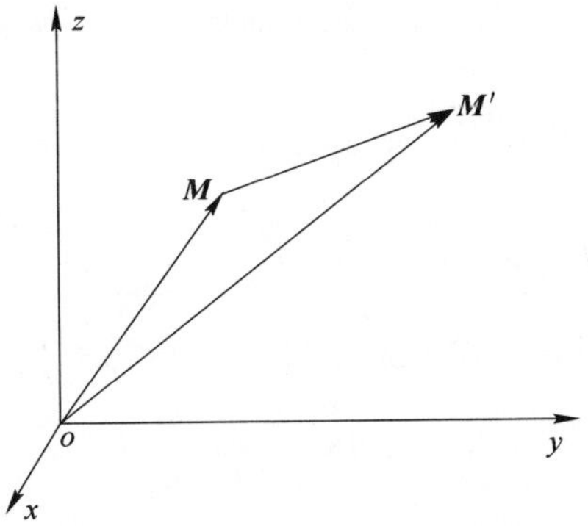

图 4-3 流体微团的物质导数

对下式进行 Talyor 展开：

$$\begin{aligned}&\boldsymbol{B}(x+u\Delta t, y+v\Delta t, z+w\Delta t, t+\Delta t)\\ =&\boldsymbol{B}(x, y, z, t)+\frac{\partial \boldsymbol{B}}{\partial t}\Delta t+\frac{\partial \boldsymbol{B}}{\partial x}u\Delta t+\frac{\partial \boldsymbol{B}}{\partial y}v\Delta t+\frac{\partial \boldsymbol{B}}{\partial z}w\Delta t+o(\Delta t^2)\end{aligned}$$

略去高阶微小量后，代入式 4-10 得：

$$\frac{\mathrm{D}\boldsymbol{B}}{\mathrm{D}t}=\frac{\partial \boldsymbol{B}}{\partial t}+u\frac{\partial \boldsymbol{B}}{\partial x}+v\frac{\partial \boldsymbol{B}}{\partial y}+w\frac{\partial \boldsymbol{B}}{\partial z} \tag{4-11}$$

即：

$$\frac{\mathrm{D}\boldsymbol{B}}{\mathrm{D}t}=\frac{\partial \boldsymbol{B}}{\partial t}+(\boldsymbol{u}\cdot\nabla)\boldsymbol{B}$$

式中，$\frac{\partial \boldsymbol{B}}{\partial t}$表示空间固定一点随时间变化而引起的物理量的变化，称为当地导数；

$(\boldsymbol{u}\cdot\nabla)\boldsymbol{B}$ 表示由于空间位置的迁移而引起的物理量的变化，称为迁移导数，∇ 为算子符号：

$$\nabla = \frac{\partial}{\partial x}\boldsymbol{i} + \frac{\partial}{\partial y}\boldsymbol{j} + \frac{\partial}{\partial z}\boldsymbol{k}$$

4.2.3 连续性方程

流体在流动时要遵循三大守恒定律，分别是质量守恒定律、动量守恒定律和能量守恒定律[5]，质量守恒定律在这里又称为连续方程。下面采用欧拉法推导连续方程。如图 4-2 所示的流体微团，设其体积为 V，封闭空间曲面面积为 S，n 为曲面外法线方向，流体密度为 ρ，则曲面内包含的流体质量为：

$$m = \iiint_V \rho \mathrm{d}V \tag{4-12}$$

当曲面内既无源也无汇时，单位时间流出曲面的流体质量为 $\oiint_S \rho\boldsymbol{v}\cdot n\mathrm{d}S$，这必然等于曲面内流体质量的减少 $-\frac{\partial m}{\partial t}$，于是有：

$$\oiint_S \rho\boldsymbol{v}\cdot n\mathrm{d}S = -\frac{\partial m}{\partial \mathrm{t}} = -\frac{\partial}{\partial t}\iiint_V \rho \mathrm{d}V \tag{4-13}$$

因为 V 不随时间变化，因此上式中偏导数可拿到积分号内：

$$\oiint_S \rho\boldsymbol{v}\cdot n\mathrm{d}S = -\iiint_{\mathrm{V}} \frac{\partial \rho}{\partial t}\mathrm{d}V \tag{4-14}$$

当流体密度不随时间变化时 $\frac{\partial \rho}{\partial t}=0$，于是式 4-14 变为：

$$\oiint_S \rho\boldsymbol{v}\cdot n\mathrm{d}S = 0 \tag{4-15}$$

这种流动称为定常流动。

当流体不可压缩时，$\rho=\mathrm{const}$，式 4-15 进一步简化为：

$$\oiint_S \boldsymbol{v}\cdot n\mathrm{d}S = 0$$

以上是流体连续方程的积分形式。

连续方程还能写成微分形式。根据高斯定理，式 4-14 等号左侧可写成：

$$\oiint_S \rho\boldsymbol{v}\cdot n\mathrm{d}S = \iiint_{\mathrm{V}} \nabla\cdot(\rho\boldsymbol{v})\mathrm{d}V$$

这样式 4-14 就变为：

$$\iiint_V \left[\frac{\partial \rho}{\partial t} + \nabla\cdot(\rho\boldsymbol{v})\right]\mathrm{d}V = 0$$

由于对于任意体积 dV，上式均成立，必然有：

$$\nabla \cdot (\rho \boldsymbol{v}) + \frac{\partial \rho}{\partial t} = 0 \tag{4-16}$$

展开：

$$\frac{\partial \rho}{\partial t} + \frac{\partial (\rho u)}{\partial x} + \frac{\partial (\rho v)}{\partial y} + \frac{\partial (\rho w)}{\partial z} = 0 \tag{4-17}$$

此式称为连续方程的微分形式。

定常流动情况下，$\frac{\partial \rho}{\partial t}=0$，上式变为：

$$\frac{\partial (\rho u)}{\partial x} + \frac{\partial (\rho v)}{\partial y} + \frac{\partial (\rho w)}{\partial z} = 0 \tag{4-18}$$

若体积不可压缩 $\rho=\text{const}$，上式中密度可消去，式 4-18 进一步变为：

$$\frac{\partial u}{\partial x} + \frac{\partial v}{\partial y} + \frac{\partial w}{\partial z} = 0 \tag{4-19}$$

4.2.4 欧拉运动微分方程

流动流体遵循的第二大守恒定律是动量守恒定律，实际上是牛顿第二定律在流体中的应用。在 4.1.3 节中，已经知道了流体受到的体积力和表面力，对于静止流体，二者相等，但对于流动的流体，根据牛顿第二定律，二者合力使流体产生加速度：

$$\iiint_V \rho \boldsymbol{f} \mathrm{d}V - \oint\!\!\!\oint_S p \cdot n \mathrm{d}S = \iiint_V \rho \frac{\mathbf{D}\boldsymbol{v}}{\mathbf{D}t} \mathrm{d}V \tag{4-20}$$

将式 4-5 代入上式得：

$$\iiint_V \rho \boldsymbol{f} \mathrm{d}V - \iiint_V \nabla p \mathrm{d}V = \iiint_V \rho \frac{\mathbf{D}\boldsymbol{v}}{\mathbf{D}t} \mathrm{d}V$$

整理：

$$\iiint_V \left(\rho \frac{\mathbf{D}\boldsymbol{v}}{\mathbf{D}t} - \rho \boldsymbol{f} + \nabla p \right) \mathrm{d}V = 0$$

由于所选体积的任意性，上式恒成立的条件是：

$$\rho \frac{\mathbf{D}\boldsymbol{v}}{\mathbf{D}t} - \rho \boldsymbol{f} + \nabla p = 0 \tag{4-21}$$

这就是流动流体所遵循的微分运动方程。当$\frac{\mathbf{D}\boldsymbol{v}}{\mathbf{D}t}=0$ 时，变为静止流体，上式同式 4-8。将式 4-21 中的$\frac{\mathbf{D}\boldsymbol{v}}{\mathbf{D}t}$按式 4-11 展开得：

$$\frac{\partial \boldsymbol{v}}{\partial t}(\boldsymbol{v} \cdot \nabla) \boldsymbol{v} - \boldsymbol{f} + \frac{1}{\rho} \nabla p = 0 \tag{4-22}$$

即：

$$\begin{cases}\dfrac{\partial u}{\partial t}+u\dfrac{\partial u}{\partial x}+v\dfrac{\partial u}{\partial y}+w\dfrac{\partial u}{\partial z}=f_x-\dfrac{1}{\rho}\dfrac{\partial p}{\partial x}\\ \dfrac{\partial v}{\partial t}+u\dfrac{\partial v}{\partial x}+v\dfrac{\partial v}{\partial y}+w\dfrac{\partial v}{\partial z}=f_y-\dfrac{1}{\rho}\dfrac{\partial p}{\partial y}\\ \dfrac{\partial w}{\partial t}+u\dfrac{\partial w}{\partial x}+v\dfrac{\partial w}{\partial y}+w\dfrac{\partial w}{\partial z}=f_z-\dfrac{1}{\rho}\dfrac{\partial p}{\partial z}\end{cases} \tag{4-23}$$

这就是流动流体所遵循的运动方程。

其中，$\dfrac{\partial \boldsymbol{v}}{\partial t}$表示在空间某一点速度随时间的变化率，称为当地加速度；$(\boldsymbol{v}\cdot\nabla)\boldsymbol{v}$，表示质点随着空间位置变化而引起的速度变化率，称为迁移加速度。式4-19 和式 4-23 就是运动流体遵循的基本控制方程，方程数目为 4 个，未知物理量为 u、v、w、ρ、p5 个，因此还需要补充一个方程才能求解，这个方程就是状态方程，对于不可压缩流体，密度为常量 $\rho=\text{const}$，这样方程可解。

4.2.5 能量方程

当不考虑热传导时，解式 4-19 和式 4-23 就能得到流场的各物理量，但如果有热传导发生，则除了这两个方程外，还要考虑能量方程，即能量守恒定律。流体力学中一般只考虑机械能和热能范围内的能量转换，此时能量守恒可表述为：给定流体质点系中的总能量（包括内能和动能）随时间的增加率，等于单位时间内外力对质点系所作的功加上质点系从外界获得的热量。

如图 4-2 所示，在流体中取任一体积为 V、表面积为 S 的流体微团，设其单位质量的内能为 U，动能为$\dfrac{\boldsymbol{v}^2}{2}$，则体积 V 内流体动能和内能随时间的变化率为：

$$\frac{\mathrm{d}}{\mathrm{d}t}\iiint_V\rho\left(U+\frac{\boldsymbol{v}^2}{2}\right)\mathrm{d}V=\iiint_V\rho\frac{\mathrm{d}}{\mathrm{d}t}\left(U+\frac{\boldsymbol{v}^2}{2}\right)\mathrm{d}V \tag{4-24}$$

设流体单位体积质量力为 $\boldsymbol{f}$，单位面积受到的压力为 $\boldsymbol{p}$，则二者对流体微团做功之和为：

$$W=\iiint_V\rho\boldsymbol{f}\cdot\boldsymbol{v}\mathrm{d}V+\oint\!\!\!\oint_S\boldsymbol{p}_{\mathbf{n}}\cdot\boldsymbol{v}\mathrm{d}S \tag{4-25}$$

根据高斯定理：

$$\oint\!\!\!\oint_S\boldsymbol{p}_{\mathbf{n}}\cdot\boldsymbol{v}\mathrm{d}S=\oint\!\!\!\oint_S\boldsymbol{n}\cdot\boldsymbol{p}\cdot\boldsymbol{v}\mathrm{d}S=\iiint_V\nabla(\boldsymbol{p}\cdot\boldsymbol{v})\mathrm{d}V \tag{4-26}$$

流体微团从外界获得的热量来源于两部分：一部分是由于物理或化学作用，在流场中释放的热量，即流体单位时间、单位质量放出的热量，设为 q，于是整个流体微团产生的总热量为：

$$\iiint_V \rho q \mathrm{d}V \tag{4-27}$$

另一部分热量是通过表面传递进来的，设流体导热系数为各向同性，均为 λ，于是单位时间从表面流入微团的热量为：

$$-\oiint_S \boldsymbol{n}(\lambda \mathrm{grad}T)\mathrm{d}S = \iiint_V \nabla(\lambda \mathrm{grad}T)\mathrm{d}V \tag{4-28}$$

式中 T——流场温度分布函数。

这样综合式 4-27、式 4-28，流体增加的总热量为：

$$Q = \iiint_V [\rho q + \nabla(\lambda \mathrm{grad}T)]\mathrm{d}V \tag{4-29}$$

根据能量守恒，流体微团单位时间能量的增加率等于外界所做的机械功和传入的热量总和，因此式 4-24=式 4-25+式 4-26+式 4-29：

$$\begin{aligned}\iiint_V \rho \frac{\mathrm{d}}{\mathrm{d}t}\left(U + \frac{\boldsymbol{v}^2}{2}\right)\mathrm{d}V = \iiint_V \nabla(\boldsymbol{p}\cdot\boldsymbol{v})\mathrm{d}V + \iiint_V \rho\boldsymbol{f}\cdot\boldsymbol{v}\mathrm{d}V + \\ \iiint_V [\rho q + \nabla(\lambda \mathrm{grad}T)]\mathrm{d}V\end{aligned} \tag{4-30}$$

将等式整理，由于 V 的任意性，有：

$$\rho \frac{\mathrm{d}}{\mathrm{d}t}\left(U + \frac{\boldsymbol{v}^2}{2}\right) - \nabla(\boldsymbol{p}\cdot\boldsymbol{v}) - \rho\boldsymbol{f}\cdot\boldsymbol{v} - [\rho q + \nabla(\lambda \mathrm{grad}T)] = 0 \tag{4-31}$$

这就是流体微团能量守恒的微分形式。

值得注意的是：以上讨论流动流体时，没有考虑流体的黏性，而静止流体没有流动，因而也谈不到黏性，但是实际的流体均有黏性，因此在考虑黏性的情况下，上述方程应有变化，这将在下一节重点讲述。

4.3 黏性流体动力学

上面的那些推导，没有考虑流体的黏性，而真实流体都是有黏性的。当考虑黏性时，需要建立相应的黏性流体运动的基本方程，即 Navier-Stokes 方程和湍流平均雷诺方程[6]。

4.3.1 流体中一点的应力

在流体中任取一微分四面体，如图 4-4 所示。在四面体的四个面上，周围流体对其有作用力，这些力分为垂直表面的正压力和与表面相切的剪切力。比如 x 面（即面法线方向与 X 轴平行的 OBC 面），单位面积上受到的力为 $\boldsymbol{p}_x$，则 $\boldsymbol{p}_x$ 可分解为 $\boldsymbol{p}_x=\sigma_x\boldsymbol{i}+\tau_{xy}\boldsymbol{j}+\tau_{xz}\boldsymbol{k}$，如图 4-4 所示。同理 y 面（OAC）和 z 面（OAB）上均有类似的力，将它们写成如下的矩阵形式：

$$\begin{pmatrix} \sigma_x & \tau_{xy} & \tau_{xz} \\ \tau_{yx} & \sigma_y & \tau_{yz} \\ \tau_{zx} & \tau_{zy} & \sigma_z \end{pmatrix} \begin{matrix} - \boldsymbol{p}_x \text{—— } x\text{面受到的合力} \\ - \boldsymbol{p}_y \text{—— } y\text{面受到的合力} \\ - \boldsymbol{p}_z \text{—— } z\text{面受到的合力} \end{matrix} \tag{4-32}$$

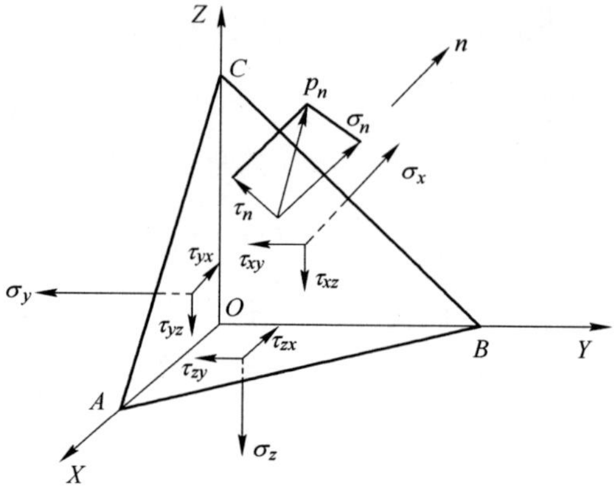

图 4-4 流体质点所受到的应力

微分四面体在这些力的力矩作用下处于平衡，可以证明[7]：

$$\tau_{xy} = \tau_{yx}, \ \tau_{xz} = \tau_{zx}, \ \tau_{yz} = \tau_{zy}$$

这称为剪应力互等定律，这样式 4-32 中，9 个应力分量就减少为 6 个。

微分四面体的四个面受到周围流体的作用力，这些力和体积力共同作用使四面体产生加速度，根据牛顿第二定律有：

$$\rho V_{O\text{-}ABC} \frac{\mathbf{D}\boldsymbol{v}}{\mathbf{D}t} = \boldsymbol{f}\rho V_{O\text{-}ABC} + \boldsymbol{p}_n S_{ABC} - \boldsymbol{p}_x S_{OBC} - \boldsymbol{p}_y S_{OAC} - \boldsymbol{p}_z S_{OAB} \tag{4-33}$$

式中 ρ——流体密度；

$\boldsymbol{f}$——单位体积的质量力。

当四面体体积趋于无穷小时，体积为三阶无穷小量，而面积 S_{ABC}、S_{OBC}、S_{OAB}、S_{OAB}为二阶无穷小量，因此 $V_{O\text{-}ABC} \to 0$，上式变为

$$\boldsymbol{p}_n S_{ABC} = \boldsymbol{p}_x S_{OBC} + \boldsymbol{p}_y S_{OAC} + \boldsymbol{p}_z S_{OAB} \tag{4-34}$$

再由几何关系：

$$\begin{cases} S_{OBC} = S_{ABC} \cdot n_x \\ S_{OAC} = S_{ABC} \cdot n_y \\ S_{OAB} = S_{ABC} \cdot n_z \end{cases}$$

代入式 4-34 得：

$$\boldsymbol{P}_n = \boldsymbol{P}_x \cdot n_x + \boldsymbol{P}_y \cdot n_y + \boldsymbol{P}_z \cdot n_z$$

$\boldsymbol{P}_n$ 即为四面体斜面 ABC 上受到的合力，该力可以分解为正应力和切应力：

$$\boldsymbol{P}_n = \boldsymbol{\sigma}_n + \boldsymbol{\tau}_n$$

4.3.2 微团的运动分析

如图 4-5 所示，现取一六面体流体微元，并在微元体上建立直角坐标系。假设流场速度函数为：

$$\begin{cases} u = u(x,\ y,\ z) \\ v = v(x,\ y,\ z) \\ w = w(x,\ y,\ z) \end{cases} \tag{4-35}$$

这样原点 O 的速度为：

$$\begin{cases} u_O = u(0,\ 0,\ 0) \\ v_O = v(0,\ 0,\ 0) \\ w_O = w(0,\ 0,\ 0) \end{cases}$$

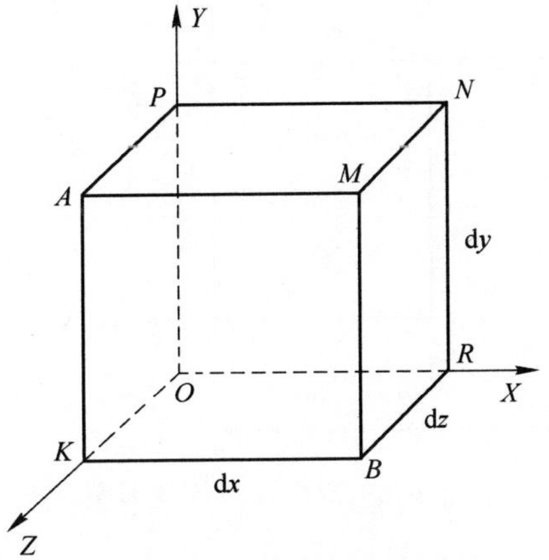

图 4-5 六面体流体微团

而 M 点的速度为：

$$\begin{cases} u_M = u(0 + \mathrm{d}x,\ 0 + \mathrm{d}y,\ 0 + \mathrm{d}z) \\ v_M = v(0 + \mathrm{d}x,\ 0 + \mathrm{d}y,\ 0 + \mathrm{d}z) \\ w_M = w(0 + \mathrm{d}x,\ 0 + \mathrm{d}y,\ 0 + \mathrm{d}z) \end{cases}$$

对 M 点的速度进行 Taylor 展开：

$$\begin{cases} u_M = u(0,\ 0,\ 0) + \dfrac{\partial u}{\partial x}\mathrm{d}x + \dfrac{\partial u}{\partial y}\mathrm{d}y + \dfrac{\partial u}{\partial z}\mathrm{d}z \\ v_M = v(0,\ 0,\ 0) + \dfrac{\partial v}{\partial x}\mathrm{d}x + \dfrac{\partial v}{\partial y}\mathrm{d}y + \dfrac{\partial v}{\partial z}\mathrm{d}z \\ w_M = w(0,\ 0,\ 0) + \dfrac{\partial w}{\partial x}\mathrm{d}x + \dfrac{\partial w}{\partial y}\mathrm{d}y + \dfrac{\partial w}{\partial z}\mathrm{d}z \end{cases}$$

对其他点的速度也作类似展开，会发现这些点的速度中都包含有这一项：

$$\begin{cases} u_O = u(0,\ 0,\ 0) \\ v_O = w(0,\ 0,\ 0) \\ w_O = w(0,\ 0,\ 0) \end{cases}$$

因此可以认为，u_O、v_O、w_O 是流体微团的整体平移速度。

流体微团除了作整体平移外，在周围流体的作用下还发生变形。为简单起见，我们分别从−X、−Y、−Z 方向将图 4-5 的三维图形投影成二维，以−Z 方向为例，得到图 4-6 的视图。

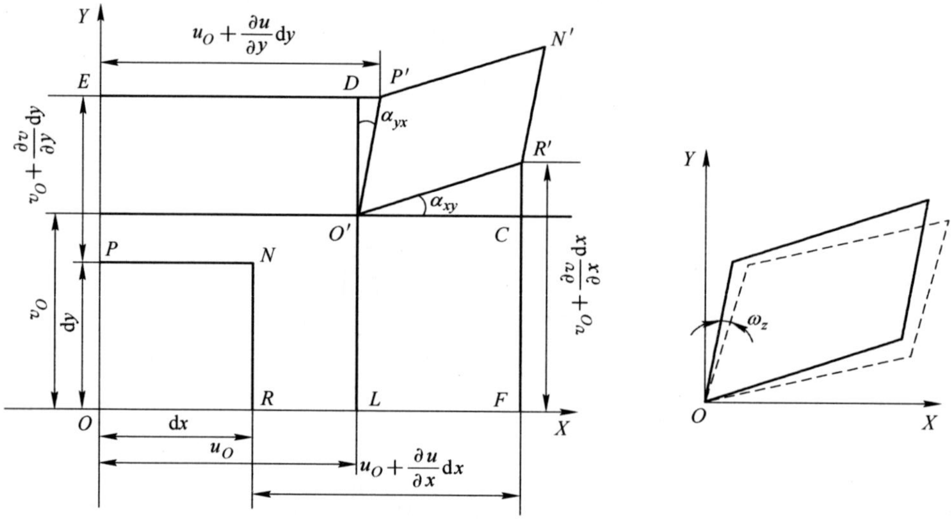

图 4-6　*XOY* 面流体变形图

图中，*OPNR* 面发生变形，成为 *O′P′N′R′*。这些变形分为两类：线变形和角变形。线变形是这样定义的：设 *OR* 原长为 dx，变形后成为 *O′R′*，*O′R′*在 *x* 方向投影为 *O′C*，这样 *OR* 边在 *X* 方向的线变形，即线应变为：

$$\varepsilon_x = \frac{O'C - OR}{OR} \tag{4-36}$$

根据图中几何关系，$O'C=LF=OF-OL=RF+OR-OL$。将这些直线长度与位移联系起来：

$$RF = u_R,\ OR = \mathrm{d}x,\ OL = u_O$$

根据式 4-35，*R* 点的 *X* 方向位移为 $u_R=u(0+\mathrm{d}x,\ 0,\ 0)$，进行泰勒展开得：

$$u_R = u(0 + \mathrm{d}x,\ 0,\ 0) = u_O + \frac{\partial u}{\partial x}\mathrm{d}x$$

代入式 4-36 得：

$$\varepsilon_x = \frac{\partial u}{\partial x}$$

同理，OP 边变形后成为 $P'O$，因此 OP 在 Y 方向的线应变：

$$\varepsilon_y = \frac{OD - OP}{OP} \tag{4-37}$$

通过与上面类似的推导（请读者自行推导）得到：

$$\varepsilon_y = \frac{\partial v}{\partial y}$$

流体微团存在线应变的同时，还存在角变形，例如$\angle POR$ 变形前为直角，变形后为$\angle P'O'R'$，因此角度减少$\angle R'O'C+\angle DO'P'$，显然角度的变化也与位移有关，下面我们讨论一下角变形与位移的关系。

在三角形 $R'O'C$ 中，根据三角函数关系有：

$$\tan\alpha_{xy} = \frac{R'C}{O'C} = \frac{R'F - CF}{O'C} \tag{4-38}$$

当属于小变形时，$\tan\alpha_{xy} \approx \alpha_{xy}$。

根据式 4-35，$R'F=v_R=v(0+\mathrm{d}x, 0, 0)$，进行泰勒展开：

$$v_R = v_O + \frac{\partial v}{\partial x}\mathrm{d}x$$

又因为 $CF=v_O$，因此 $R'F-CF=\frac{\partial v}{\partial x}\mathrm{d}x$，而 $O'C$ 结果前面已经得到，代入式 4-38得：

$$\tan\alpha_{xy} = \frac{\frac{\partial v}{\partial x}\mathrm{d}x}{\left(1 + \frac{\partial u}{\partial x}\right)\mathrm{d}x}$$

一般在小变形情况下，$1 \gg \frac{\partial u}{\partial x}$，因此可以把上式中的$\frac{\partial u}{\partial x}$略去，这样式 4-38 最终变为：

$$\tan\alpha_{xy} \approx \alpha_{xy} = \frac{\frac{\partial v}{\partial x}\mathrm{d}x}{\mathrm{d}x} = \frac{\partial v}{\partial x}$$

与此同理，在三角形 $DO'P'$中：

$$\tan\alpha_{yx} \approx \alpha_{yz} = \frac{DP'}{DO'} \tag{4-39}$$

其中：$DP'=u_P-u_O$，而 $u_P=u(0, 0+\mathrm{d}y, 0)=u_O+\frac{\partial u}{\partial y}\mathrm{d}y$，这样 $DP'=\frac{\partial u}{\partial y}\mathrm{d}y$。

而分母 $DO'=EP+OP-O'L$，其中 $EP=v_P=v(0, 0+\mathrm{d}y, 0)$，进行泰勒展开：

$$v_P = v_O + \frac{\partial v}{\partial y}\mathrm{d}y$$

另外 $O'L=v_O$，$OP=\mathrm{d}y$，这样 $DO'=(v_O+\frac{\partial v}{\partial y}\mathrm{d}y)+\mathrm{d}y-v_O=(1+\frac{\partial v}{\partial y})\mathrm{d}y$，小变形情况下，$1\gg\frac{\partial v}{\partial y}$，因此 $DO'\approx\mathrm{d}y$，以上结果代入式 4-39 得：

$$\tan\alpha_{yx}\approx\alpha_{yx}=\frac{\frac{\partial u}{\partial y}\mathrm{d}y}{\mathrm{d}y}=\frac{\partial u}{\partial y}$$

在实际计算中，为方便数学处理令图 4-6 中的 $O'P'N'R'$，沿 Z 轴整体刚性旋转一个角度，以便使 $\angle R'O'C=\angle DO'P'$，如图 4-6 所示，这个旋转角度大小为：

$$w_z=\frac{1}{2}(\alpha_{xy}-\alpha_{yx})=\frac{1}{2}\left(\frac{\partial u}{\partial y}-\frac{\partial v}{\partial x}\right)$$

旋转后，$\angle R'O'C=\angle DO'P'$，大小为：

$$\gamma_{xy}=\gamma_{yx}=\frac{1}{2}(\alpha_{xy}+\alpha_{yx})=\frac{1}{2}\left(\frac{\partial u}{\partial y}+\frac{\partial v}{\partial x}\right)$$

这就是 $\angle POR$ 的最终角变形。

以上是从 $-Z$ 方向观察图 4-5 得到的结论，如果改变视图方向，比如 $-Y$ 或 $-X$ 方向，则会得到其他面的线变形和角变形，汇总起来写成如下矩阵形式：

$$\begin{pmatrix}\varepsilon_x & \gamma_{xy} & \gamma_{xz}\\ & \varepsilon_y & \gamma_{yz}\\ & & \varepsilon_z\end{pmatrix} \tag{4-40}$$

其中任一元素可以写成如下通式：

$$\varepsilon_{ij}=\frac{1}{2}\left(\frac{\partial u_i}{\partial x_j}+\frac{\partial u_j}{\partial x_i}\right)\quad (i,\ j=x,\ y,\ z)$$

需要说明的是，上述讨论的变形不是孤立发生的，而是在周围流体的作用下产生的，因此，外力和这些变形有一定的关联，这就是所谓的本构关系，这将在下一节详细讨论。

4.3.3 广义牛顿内摩擦定律——本构方程

流体本身性质决定了应力与应变之间存在关系，这种关系称为本构方程。在 4.1.1 节中，我们曾得到一维流动情况下剪应力和剪切变形之间的关系：$\tau=\mu\frac{\mathrm{d}u}{\mathrm{d}y}$。我们将这种关系扩展到三维，可得到三维情况下剪应力与剪应变（角变形）之间的关系[8]：

$$\begin{cases}\tau_{xy}=\tau_{yx}=2\mu\gamma_{yx}=\mu\left(\dfrac{\partial u}{\partial y}+\dfrac{\partial v}{\partial x}\right)\\ \tau_{yz}=\tau_{zy}=2\mu\gamma_{zy}=\mu\left(\dfrac{\partial v}{\partial z}+\dfrac{\partial w}{\partial y}\right)\\ \tau_{zx}=\tau_{xz}=2\mu\gamma_{xz}=\mu\left(\dfrac{\partial u}{\partial z}+\dfrac{\partial w}{\partial x}\right)\end{cases}\tag{4-41}$$

此外，在黏性流体中，由于黏性影响，流体微团除了发生角变形外，还发生线变形，因此存在正应力和线变形的关系：

$$\begin{cases}\sigma_x=2\mu\dfrac{\partial u}{\partial x}\\ \sigma_y=2\mu\dfrac{\partial v}{\partial y}\\ \sigma_z=2\mu\dfrac{\partial w}{\partial z}\end{cases}\tag{4-42}$$

一般在运动的黏性流体中，任一点压力定义为：

$$p=-\frac{1}{3}(\sigma_x+\sigma_y+\sigma_z)\tag{4-43}$$

将它与式 4-42 结合起来，得到流体微团面上的正压力：

$$\begin{cases}p_x=-p-\sigma_x=-p-2\mu\dfrac{\partial u}{\partial x}\\ p_y=-p-\sigma_y=-p-2\mu\dfrac{\partial v}{\partial y}\\ p_z=-p-\sigma_z=-p-2\mu\dfrac{\partial w}{\partial w}\end{cases}\tag{4-44}$$

即法向正应力的大小。理想流体或静止状态下，$\mu=0$，因此$-p=\sigma_x=\sigma_y=\sigma_z$，而对于黏性流体，正压力产生偏差，不再是 p，而是 p_x、p_y、p_z。

对于不可压缩黏性流体，连续性方程式 4-19 仍然成立，将它与式 4-42、式 4-44 结合考虑，最终将应力-应变关系写成如下统一形式：

$$\sigma_{ij}=\left(-p-\frac{2}{3}\mu\nabla\cdot\boldsymbol{v}\right)\delta_{ij}+2\mu\varepsilon_{ij}\tag{4-45}$$

此式称为不可压缩流体的广义牛顿内摩擦定律。式中出现了$\dfrac{2}{3}$这一系数，是在推导中产生的，以式 4-44 中 p_x 为例：

$$p_x=-p-2\mu\frac{\partial u}{\partial x}=\frac{1}{3}(\sigma_x+\sigma_y+\sigma_z)-2\mu\frac{\partial u}{\partial x}$$

将式 4-43 代入：

$$p_x=\frac{1}{3}(2\mu\frac{\partial u}{\partial x}+2\mu\frac{\partial v}{\partial y}+2\mu\frac{\partial w}{\partial z})-2\mu\frac{\partial u}{\partial x}=\frac{2}{3}(\mu\nabla\cdot\boldsymbol{v})-2\mu\varepsilon_x$$

代入式 4-44 中第一式：

$$\sigma_x=-p_x-p=(-p-\frac{2}{3}\mu\nabla\cdot\boldsymbol{v})\delta_{ij}+2\mu\varepsilon_{ij}$$

4.3.4 黏性流体运动方程—Navier-Stokes 方程

在前面我们推导了流动流体的运动方程，即流体所遵循的动量守恒方程，此时没有考虑流体的黏性。当考虑黏性时，流体除了受到面力、体积力作用外，还受到黏性力的作用，因此运动方程需要把这些黏性力加进去。

图 4-4 显示了微分四面体三个垂直面上应力分布。现将四面体补全为六面体，如图 4-7 所示。图中，通过原点的三个相互垂直的面上的应力和图 4-4 一样，例如 X 面（X 面的定义见 4.3.1 节）上应力为：σ_x、τ_{xy}、τ_{xz}，而和 X 面平行但相距为 dx 的面，即图 4-7 中的面①上的应力可表示为：

$$\begin{cases}\sigma_{x+\mathrm{d}x}=\sigma_x+\dfrac{\partial\sigma_x}{\partial x}\mathrm{d}x\\ \tau_{x+\mathrm{d}x,\ y}=\tau_{xy}+\dfrac{\partial\tau_{xy}}{\partial x}\mathrm{d}x\\ \tau_{x+\mathrm{d}x,\ z}=\tau_{xz}+\dfrac{\partial\tau_{xz}}{\partial x}\mathrm{d}x\end{cases}\tag{4-46}$$

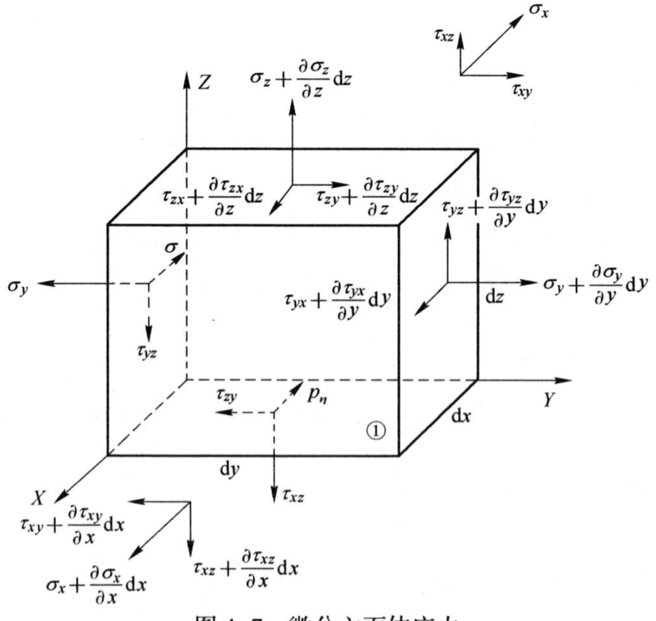

图 4-7 微分六面体应力

其他与过原点的 Y 面、Z 面相距 dy、dz 的面上的应力表达式与式 4-46 类似，最终全部表示在图 4-7 中。设此处流体密度为 ρ，速度为 $\boldsymbol{v}$，单位体积的质量力为 $\boldsymbol{f}$，那么再加上六个面上的应力，则根据牛顿第二定律，流体微团的加速度为：

$$\frac{\mathrm{D}\boldsymbol{v}}{\mathrm{D}t}\rho\mathrm{d}x\mathrm{d}y\mathrm{d}z = \boldsymbol{f}\rho\mathrm{d}x\mathrm{d}y\mathrm{d}z - \boldsymbol{p}_x\mathrm{d}y\mathrm{d}z - \boldsymbol{p}_y\mathrm{d}x\mathrm{d}z - \boldsymbol{p}_z\mathrm{d}x\mathrm{d}y + \left(\boldsymbol{p}_x + \frac{\partial \boldsymbol{p}_x}{\partial x}\mathrm{d}x\right)\mathrm{d}y\mathrm{d}z + \left(\boldsymbol{p}_y + \frac{\partial \boldsymbol{p}_y}{\partial y}\mathrm{d}y\right)\mathrm{d}x\mathrm{d}z + \left(\boldsymbol{p}_z + \frac{\partial \boldsymbol{p}_z}{\partial z}\mathrm{d}z\right)\mathrm{d}x\mathrm{d}y$$

将应力与应变关系式 4-45 代入上式，并整理最终得到：

$$\begin{aligned}
\frac{\mathrm{D}u}{\mathrm{D}t} &= f_x - \frac{1}{\rho}\frac{\partial p}{\partial x} + \nu\nabla^2 u + \frac{\nu}{3}\frac{\partial}{\partial x}(\nabla\cdot\boldsymbol{v}) \\
\frac{\mathrm{D}v}{\mathrm{D}t} &= f_x - \frac{1}{\rho}\frac{\partial p}{\partial y} + \nu\nabla^2 v + \frac{\nu}{3}\frac{\partial}{\partial y}(\nabla\cdot\boldsymbol{v}) \\
\frac{\mathrm{D}w}{\mathrm{D}t} &= f_x - \frac{1}{\rho}\frac{\partial p}{\partial z} + \nu\nabla^2 w + \frac{\nu}{3}\frac{\partial}{\partial z}(\nabla\cdot\boldsymbol{v})
\end{aligned} \tag{4-47}$$

当流体黏度 $\mu=\text{const}$，且不可压缩时，将连续性方程 4-19 代入式 4-47，上式化简为：

$$\begin{aligned}
\frac{\mathrm{D}u}{\mathrm{D}t} &= f_x - \frac{1}{\rho}\frac{\partial p}{\partial x} + \nu\nabla^2 u \\
\frac{\mathrm{D}v}{\mathrm{D}t} &= f_x - \frac{1}{\rho}\frac{\partial p}{\partial y} + \nu\nabla^2 v \\
\frac{\mathrm{D}w}{\mathrm{D}t} &= f_x - \frac{1}{\rho}\frac{\partial p}{\partial z} + \nu\nabla^2 w
\end{aligned} \tag{4-48}$$

再将物质导数按式 4-11 展开，上式变为：

$$\begin{cases}
\dfrac{\partial u}{\partial t} + u\dfrac{\partial u}{\partial x} + v\dfrac{\partial u}{\partial y} + w\dfrac{\partial u}{\partial z} = f_x - \dfrac{1}{\rho}\dfrac{\partial p}{\partial x} + \nu\nabla^2 u \\
\dfrac{\partial v}{\partial t} + u\dfrac{\partial v}{\partial x} + v\dfrac{\partial v}{\partial y} + w\dfrac{\partial v}{\partial z} = f_y - \dfrac{1}{\rho}\dfrac{\partial p}{\partial y} + \nu\nabla^2 v \\
\dfrac{\partial w}{\partial t} + u\dfrac{\partial w}{\partial x} + v\dfrac{\partial w}{\partial y} + w\dfrac{\partial w}{\partial z} = f_z - \dfrac{1}{\rho}\dfrac{\partial p}{\partial z} + \nu\nabla^2 w
\end{cases} \tag{4-49}$$

这就是考虑黏性情况下，流动流体所遵循的方程，称为 Navier-Stokes 方程。

4.3.5 黏性流体能量方程

在 4.2.5 节中讨论能量方程时没有考虑流体黏度，实际上由于黏度的存在，流体的能量将以内摩擦的形式发生耗散，因此需要把这一点考虑进去。另外，不考虑黏度的理想流体，表面正压力为 $\boldsymbol{P}$，且为各向同性，而考虑黏度后，正压力如式 4-43，不再为各向同性，这也是二者的不同之处，也必须考虑。

如图 4-7 所示，以 x 面及 $x+\mathrm{d}x$ 面上的应力 σ_x 为例。x 面表面应力 σ_x 与 x 方向速度 u 的乘积 $u\sigma_x$ 为应力 σ_x 对流体团所做的功率，再乘以面积就是总功率：

$$(\sigma_x u)\mathrm{d}y\mathrm{d}z \tag{4-50}$$

而 $x+\mathrm{d}x$ 面上，正应力为 $\sigma_x+\frac{\partial\sigma_x}{\partial x}\mathrm{d}x$，速度为 $u+\frac{\partial u}{\partial x}\mathrm{d}x$，因此总功率为：

$$\left[\left(\sigma_x + \frac{\partial\sigma_x}{\partial x}\mathrm{d}x\right)\left(u + \frac{\partial u}{\partial x}\mathrm{d}x\right)\right]\mathrm{d}y\mathrm{d}z \tag{4-51}$$

展开并略去二阶小量得到：

$$\left(\sigma_x u + u\frac{\partial\sigma_x}{\partial x}\mathrm{d}x + \sigma_x\frac{\partial u}{\partial x}\mathrm{d}x\right)\mathrm{d}y\mathrm{d}z$$

由于式 4-50、式 4-51 这两个应力方向相反，因此净功率为二者之差：

$$\left(u\frac{\partial\sigma_x}{\partial x}\mathrm{d}x + \sigma_x\frac{\partial u}{\partial x}\mathrm{d}x\right)\mathrm{d}y\mathrm{d}z = \left[\frac{\partial(\sigma_x u)}{\partial x}\mathrm{d}x\right]\mathrm{d}y\mathrm{d}z$$

x 和 $x+\mathrm{d}x$ 面上的其他应力，以及其他面上的应力所做总功率，均作类似计算，因此微分六面体所有应力所做功的净总功率为：

$$\left[\frac{\partial(\sigma_x u)}{\partial x}\mathrm{d}x\right]\mathrm{d}y\mathrm{d}z + \left[\frac{\partial(\tau_{yx} u)}{\partial y}\mathrm{d}y\right]\mathrm{d}x\mathrm{d}z + \left[\frac{\partial(\tau_{zx} u)}{\partial z}\mathrm{d}z\right]\mathrm{d}x\mathrm{d}y$$

$$\left[\frac{\partial(\sigma_y v)}{\partial y}\mathrm{d}y\right]\mathrm{d}x\mathrm{d}z + \left[\frac{\partial(\tau_{xy} v)}{\partial x}\mathrm{d}x\right]\mathrm{d}y\mathrm{d}z + \left[\frac{\partial(\tau_{zy} v)}{\partial z}\mathrm{d}z\right]\mathrm{d}x\mathrm{d}y$$

$$\left[\frac{\partial(\sigma_z w)}{\partial z}\mathrm{d}z\right]\mathrm{d}x\mathrm{d}y + \left[\frac{\partial(\tau_{xz} w)}{\partial x}\mathrm{d}x\right]\mathrm{d}y\mathrm{d}z + \left[\frac{\partial(\tau_{yz} w)}{\partial y}\mathrm{d}y\right]\mathrm{d}x\mathrm{d}z$$

因此将表面应力所做功率考虑进去的话，则式 4-31 所示的能量方程变为：

$$\begin{aligned}\iiint_V \rho\frac{\mathrm{d}}{\mathrm{d}t}(U + \frac{\boldsymbol{v}^2}{2})\mathrm{d}V = &\iiint_V \nabla(\boldsymbol{p}\cdot\boldsymbol{v})\mathrm{d}V + \iiint_V \rho\boldsymbol{f}\cdot\boldsymbol{v}\mathrm{d}V + \iiint_V\left\{\left[\frac{\partial(\sigma_x u)}{\partial x} + \frac{\partial(\tau_{yx} u)}{\partial y} + \frac{\partial(\tau_{zx} u)}{\partial z}\right] + \right.\\ &\left.\left[\frac{\partial(\sigma_y v)}{\partial y} + \frac{\partial(\tau_{xy} v)}{\partial x} + \frac{\partial(\tau_{zy} v)}{\partial z}\right] + \left[\frac{\partial(\sigma_z w)}{\partial z} + \frac{\partial(\tau_{xz} w)}{\partial x} + \frac{\partial(\tau_{yz} w)}{\partial y}\right]\right\}\mathrm{d}V + \\ &\iiint_V[\rho q + \nabla(\lambda\mathrm{grad}T)]\mathrm{d}V\end{aligned}$$

式中：
$$p = -\frac{1}{3}(\sigma_x + \sigma_y + \sigma_z)$$

整理得：

$$\iiint_V \left\{ \rho \frac{\mathrm{d}}{\mathrm{d}t}\left(U + \frac{\boldsymbol{v}^2}{2}\right) - \nabla(\boldsymbol{p} \cdot \boldsymbol{v}) - \rho \boldsymbol{f} \cdot \boldsymbol{v} - \left[\frac{\partial(\sigma_x u)}{\partial x} + \frac{\partial(\tau_{yx} u)}{\partial y} + \frac{\partial(\tau_{zx} u)}{\partial z}\right] - \left[\frac{\partial(\sigma_y v)}{\partial y} + \frac{\partial(\tau_{xy} v)}{\partial x} + \frac{\partial(\tau_{zy} v)}{\partial z}\right] - \left[\frac{\partial(\sigma_z w)}{\partial z} + \frac{\partial(\tau_{xz} w)}{\partial x} + \frac{\partial(\tau_{yz} w)}{\partial y}\right] - [\rho q + \nabla(\lambda \mathrm{grad} T)] \right\} \mathrm{d}V = 0$$

再由于流体微团体积的任意性而得到微分形式的能量方程：

$$\rho \frac{\mathrm{d}}{\mathrm{d}t}\left(U + \frac{\boldsymbol{v}^2}{2}\right) = \nabla(\boldsymbol{p} \cdot \boldsymbol{v}) + \rho \boldsymbol{f} \cdot \boldsymbol{v} + \left[\frac{\partial(\sigma_x u)}{\partial x} + \frac{\partial(\tau_{yx} u)}{\partial y} + \frac{\partial(\tau_{zx} u)}{\partial z}\right] + \left[\frac{\partial(\sigma_y v)}{\partial y} + \frac{\partial(\tau_{xy} v)}{\partial x} + \frac{\partial(\tau_{zy} v)}{\partial z}\right] + \left[\frac{\partial(\sigma_z w)}{\partial z} + \frac{\partial(\tau_{xz} w)}{\partial x} + \frac{\partial(\tau_{yz} w)}{\partial y}\right] + [\rho q + \nabla(\lambda \mathrm{grad} T)]$$

4.4 湍流

4.4.1 平均值与脉动量

黏性流体运动有层流和湍流之分[9]，层流运动中，流体做平滑的分层流动，相邻两层的流体微团互不掺混，只有分子之间的碰撞与交换，上面所讨论的所有流体均属于层流。而湍流则是一种复杂的不定常的随机的涡旋运动，除了分子间碰撞外，流体微团之间通过脉动掺混剧烈地交换着质量、动量和能量，从而产生了湍流扩散、湍流摩阻和湍流热传导，它们的强度比起分子运动所引起的扩散、摩阻和热传导要大得多，因此一旦湍流发生，其运动性质与层流相比大不相同。

流体流动属于层流还是湍流是通过雷诺数判断的。假设流体流动的管道直径为 D，流速为 U，黏度为 ν，则雷诺数定义为 $Re = \frac{UD}{\nu}$[10]。当 $Re>2300$ 时，流体流动就进入湍流状态。

由于湍流运动是一种脉动运动，流场每一点速度随时间和空间随机地变化着，如图 4-8 所示。可以看出，不同时刻湍流的真实速度是在某一平均速度下的随机脉动，瞬时速度与平均速度之差称为脉动速度，于是可以把湍流场看成是统计平均场和随机脉动场的叠加，即每一点的瞬时物理量看成是平均值和脉动值之和。

以速度为例，其平均值定义为[11]：

$$\bar{u}(x, y, z) = \frac{1}{T}\int_{t_0}^{t_0+T} u(x, y, z, t)\mathrm{d}t$$

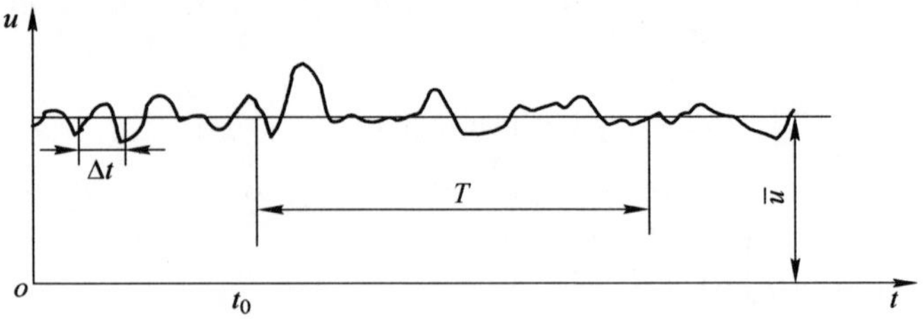

图 4-8 湍流速度脉动性

其中 T 是比脉动周期 Δt 长得多的时间间隔。引入平均值后，瞬时物理量写成：

$$u=\bar{u}+u',\ v=\bar{v}+v',\ w=\bar{w}+w',\ p=\bar{p}+p'$$

根据平均值的性质可得到如下结论：

$$\bar{u}'=0,\ \bar{v}'=0,\ \bar{w}'=0,\ \bar{p}'=0$$

而$\overline{u'_i u'_j}\neq 0$（$i$，$j$=1，2，3）。为衡量湍流脉动量大小，引入湍流强度的概念：

$$\varepsilon=\frac{1}{U}\sqrt{\bar{u}'^2+\bar{v}'^2+\bar{w}'^2}$$

U 为参考速度，比如管道入口速度。

4.4.2 雷诺湍流方程

处于湍流状态的流体，雷诺认为其瞬时速度场仍然满足式 4-49 所示的 N-S 方程和式 4-19 所示的连续性方程定常形式。如果忽略流体质量力且认为流体不可压缩的话，将方程式 4-49 对时间进行平均处理，建立了湍流平均运动方程，以式 4-49 第一个方程为例：

$$\frac{\partial \bar{u}}{\partial t}+\frac{\partial\overline{(uu)}}{\partial x}+\frac{\partial\overline{(uv)}}{\partial y}+\frac{\partial\overline{(uw)}}{\partial z}=-\frac{1}{\rho}\frac{\partial\bar{p}}{\partial x}+\nu\nabla^2\bar{u}\tag{4-52}$$

最终结果为：

$$\begin{cases}\rho\left[\dfrac{\partial\bar{u}}{\partial t}+\dfrac{\partial(\overline{uu})}{\partial x}+\dfrac{\partial(\overline{uv})}{\partial y}+\dfrac{\partial(\overline{uw})}{\partial z}\right]=-\dfrac{\partial\bar{p}}{\partial x}+\nu\nabla^2\bar{u}+\left[\dfrac{\partial(-\rho\,\overline{u'u'})}{\partial x}+\dfrac{\partial(-\rho\,\overline{u'v'})}{\partial x}+\dfrac{\partial(-\rho\,\overline{u'w'})}{\partial x}\right]\\ \rho\left[\dfrac{\partial\bar{v}}{\partial t}+\dfrac{\partial(\overline{vu})}{\partial x}+\dfrac{\partial(\overline{vv})}{\partial y}+\dfrac{\partial(\overline{vw})}{\partial z}\right]=-\dfrac{\partial\bar{p}}{\partial y}+\nu\nabla^2\bar{v}+\left[\dfrac{\partial(-\rho\,\overline{v'u'})}{\partial y}+\dfrac{\partial(-\rho\,\overline{v'v'})}{\partial y}+\dfrac{\partial(-\rho\,\overline{v'w'})}{\partial y}\right]\\ \rho\left[\dfrac{\partial\bar{w}}{\partial t}+\dfrac{\partial(\overline{wu})}{\partial x}+\dfrac{\partial(\overline{wv})}{\partial y}+\dfrac{\partial(\overline{ww})}{\partial z}\right]=-\dfrac{\partial\bar{p}}{\partial z}+\nu\nabla^2\bar{w}+\left[\dfrac{\partial(-\rho\,\overline{w'u'})}{\partial z}+\dfrac{\partial(-\rho\,\overline{w'v'})}{\partial z}+\dfrac{\partial(-\rho\,\overline{w'w'})}{\partial z}\right]\end{cases}\tag{4-53}$$

瞬时连续方程$\frac{\partial u}{\partial x}+\frac{\partial v}{\partial y}+\frac{\partial w}{\partial z}=0$也作平均处理，得到平均连续方程：

$$\frac{\partial \overline{u}}{\partial x} + \frac{\partial \overline{v}}{\partial y} + \frac{\partial \overline{w}}{\partial z} = 0 \tag{4-54}$$

从式 4-53 看出，湍流中除了平均运动黏性力 $\nu \nabla^2 \overline{u}_i$ 外，还多出与脉动速度有关的一项：$-\rho \overline{u'_i u'_j}$，这一项称为湍流应力或雷诺应力，展开后得到所有雷诺应力如下：

$$\begin{pmatrix} -\rho \overline{u'u'} & -\rho \overline{u'v'} & -\rho \overline{u'w'} \\ -\rho \overline{v'u'} & -\rho \overline{v'v'} & -\rho \overline{v'w'} \\ -\rho \overline{w'u'} & -\rho \overline{w'v'} & -\rho \overline{w'w'} \end{pmatrix} \tag{4-55}$$

由于对称性，上面实际只有 6 个独立分量$\overline{u'_i u'_j}$。

雷诺应力源于非线性的迁移惯性力项，它在物理上表示了由于湍流脉动引起的单位面积上的动量输运率，表现为湍流应力，从能量上看，平均流不断对脉动流输送能量，维持湍流脉动。式 4-53 为湍流运动方程，再加上连续性方程，共有 4 个时均运动方程，而未知量有 4 个时均未知量 $\overline{u}$、$\overline{v}$、$\overline{w}$、$\overline{p}$ 和 6 个雷诺应力 $-\rho \overline{u'_i u'_j}$共 10 个未知量，因此方程组不封闭，必须引进新的湍流方程，以使方程组封闭。

4.4.3 混合长度理论

混合长度理论的基本思想是把湍流中微团的运动同气体分子运动相比拟。我们以平面平行定常流动为例，对于平面定常湍流，$\overline{u}=\overline{u}\ (x,\ y)$，$\overline{v}=\overline{w}=0$。

对于平均流，我们把分子动量输运而引起的剪切力表示为[12]：

$$\tau_l = \mu \frac{\mathrm{d}\overline{u}}{\mathrm{d}y} \tag{4-56}$$

而流体微团脉动引起的湍流切应力也可以表示为上述形式：

$$\tau_t = \rho \overline{u'v'} = \mu_t \frac{\mathrm{d}\overline{u}}{\mathrm{d}y} \tag{4-57}$$

式中，μ_t 称为湍动黏度（turbulent viscosity）或涡黏系数（eddy viscosity）。

这样平面定常湍流的总摩擦剪应力为：

$$\tau = \tau_l + \tau_t = (\mu + \mu_t) \frac{\mathrm{d}\overline{u}}{\mathrm{d}y} \tag{4-58}$$

Prandtl 认为[13]，湍流中流体微团在碰撞前也要经过一个与分子平均自由程相当的长度 l'。在 l'内微团不和其他微团碰撞，保持动量不变，而经过 l'后才和其他微团碰撞，改变了动量。

如图 4-9 所示，y_l 层流体微团时均速度和脉动速度分别为 $\overline{u}$、v'。脉动速度

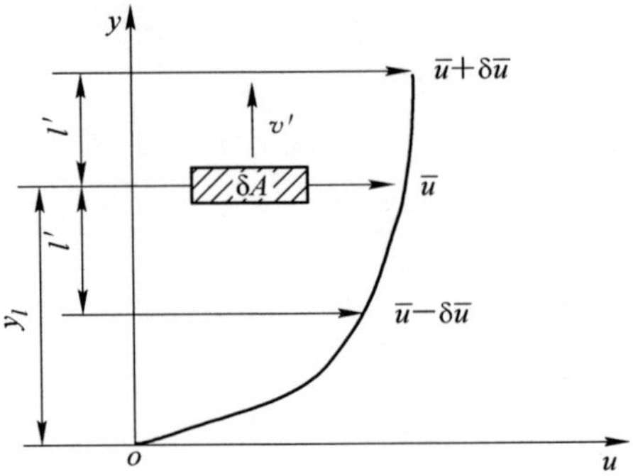

图 4-9　混合长度理论

使得流体层之间发生质量与动量交换。在流体 y_l 层中取一微元面积 δA，则 y_l 层的流体单位时间内通过脉动输运到 y_l+l' 层流体的质量为 $\rho v'\delta A$，根据动量定理，流层间单位时间内动量变化就等于层间摩擦力，对于 y_l+l' 层流体 x 方向动量变化为：

$$\delta F = \rho v'\delta A(\bar{u} + \delta\bar{u}) - \rho v'\delta A\bar{u} = \rho v'\delta A\delta\bar{u} \tag{4-59}$$

根据上式得到湍流剪应力为：

$$\tau_t = \frac{\delta F}{\delta A} = \rho v'\delta\bar{u} \tag{4-60}$$

流体 y_l 和 y_l+l' 两层之间速度差为：

$$\delta\bar{u} = \bar{u}(y_l + l') - \bar{u}(y_l) \tag{4-61}$$

进行 Taylor 展开：

$$\bar{u}(y_l + l') = \bar{u}(y_l) + \frac{\partial\bar{u}}{\partial y}l'$$

于是式 4-61 变为：

$$\delta\bar{u} = \frac{\partial\bar{u}}{\partial y}l' \tag{4-62}$$

混合长度理论假定，速度差就是由于微团经自由程 l' 横向脉动引起的，这样 y_l 层微团沿 x 方向的脉动速度和平均速度联系起来有：

$$u' = \delta\bar{u} = \frac{\partial\bar{u}}{\partial y}l' \tag{4-63}$$

Prandtl 进一步假定，v' 与 u' 同一数量级，于是有：

$$v' = kl'\frac{\partial\bar{u}}{\partial y} \tag{4-64}$$

其中 k 是比例常数。

将式 4-62、式 4-63 代入式 4-60 得：

$$\tau_t = \rho k l' \left(\frac{\partial \bar{u}}{\partial y}\right)^2 = -\rho \overline{u'v'} \tag{4-65}$$

令 $l_m^2 = kl'^2$ 上式变为：

$$\tau_t = \rho l_m^2 \left(\frac{\mathrm{d}\bar{u}}{\mathrm{d}y}\right)^2 \tag{4-66}$$

由于 τ_t 与 $\frac{\mathrm{d}\bar{u}}{\mathrm{d}y}$ 同号，上式改写成：

$$\tau_t = \rho l_m^2 \left|\frac{\mathrm{d}\bar{u}}{\mathrm{d}y}\right| \frac{\mathrm{d}\bar{u}}{\mathrm{d}y} \tag{4-67}$$

通称 l_m 为混合长度，一般来说不是个常数，在具体问题中通过假定及实验确定。

将式 4-67 与式 4-57 相比较：

$$\mu_t = \rho l_m^2 \left|\frac{\mathrm{d}\bar{u}}{\mathrm{d}y}\right| \tag{4-68}$$

以上通过混合长度理论，得到了湍动黏度表达式。这里不使用微分方程而是使用代数方程，把湍动黏度与时均值联系起来，这一模型称为零方程模型。

4.4.4 湍流模型

要使方程组封闭，必须对雷诺应力做出某些假定，即建立应力表达式，通过这些表达式，把湍流的脉动值与时均值联系起来。通过某些假定所得的湍流控制方程，称为湍流模型。上面的混合长度理论就是这些模型的一种，还有其他模型，下面逐一介绍。

4.4.4.1 雷诺应力模型

直接构建表示雷诺应力的补充方程，然后联立湍流时均运动方程和雷诺应力方程求解。通常雷诺应力方程是微分形式的称为雷诺应力方程，若将微分方程简化为代数形式，则称为代数应力方程。

4.4.4.2 湍动黏度类模型

这类模型不直接处理雷诺应力项，而是引入湍动黏度（turbulent viscosity）或涡黏系数（eddy viscosity），然后把湍流应力表示成湍动黏度的函数，整个计算的关键是如何确定这种黏度。

湍动黏度的概念由 Boussinesq 提出[14]，该假定建立了雷诺应力与平均速度梯度的关系：

$$-\rho \overline{u'_i u'_j} = \mu_t \left(\frac{\partial \bar{u}_i}{\partial x_j} + \frac{\partial \bar{u}_j}{\partial x_i} \right) - \frac{2}{3} \left(\rho \kappa - \mu \frac{\partial \bar{u}_i}{\partial x_i} \right) \delta_{ij} \tag{4-69}$$

式中 μ_t——湍动黏度；

κ——湍动能。

$$\kappa = \frac{1}{2}(\overline{u'^2} + \overline{v'^2} + \overline{w'^2}) \tag{4-70}$$

μ_t 是空间坐标的函数，取决于流动状态，不是物性参数。把 μ_t 同时均量联系起来的关系，有零方程模型、一方程模型和两方程模型。

A 零方程模型

前面的混合长度理论，就是典型的零方程模型。该模型不使用微分方程，而是使用代数关系，把湍流黏度与时均值联系起来。

B 一方程模型

零方程模型实质上是一种局部平衡的概念，忽略了对流和扩散的影响。为了弥补混合长度假定的局限性，人们建议再加上一个湍动能输运方程[15]：

$$\frac{\partial(\rho\kappa)}{\partial t} + \frac{\partial(\rho\kappa\bar{u}_i)}{\partial x_i} = \frac{\partial}{\partial x_j}\left[\left(\mu + \frac{\mu_i}{\sigma_\kappa}\right)\frac{\partial\kappa}{\partial x_j}\right] + \mu_t\left(\frac{\partial\bar{u}_i}{\partial x_j} + \frac{\partial\bar{u}_j}{\partial x_i}\right)\frac{\partial\bar{u}_i}{\partial x_j} - \rho C_D\frac{\kappa^{3/2}}{l} \tag{4-71}$$

该式从左向右依次为：瞬时项、对流项、扩散项、产生项、耗散项。

根据 Kolmogorov-Prandtl 表达式有：

$$\mu_t = \rho C_\mu \sqrt{\kappa l} \tag{4-72}$$

式中 l——长度比尺；

σ_κ，C_D，C_μ——经验常数，一般取 $\sigma_\kappa = 1$，$C_\mu = 0.09$，C_D 不同文献中建议取值不同，从 0.08~0.38 不等。

联合式 4-71、式 4-72 就构成一方程模型，考虑到湍流的对流输运和扩散输运，该方程比零方程更为合理。

C 两方程模型

补充两个微分方程使雷诺时均控制方程封闭的这类处理方法，称为两方程模型。在两方程模型中，标准 κ-ε 模型在实际工程中使用最为广泛，我们重点介绍这种模型。

该模型由 Launder 和 Splading 于 1972 年提出[16]。模型中定义了湍动能 κ 以及湍动能耗散率 ε：

$$\varepsilon = \frac{\mu}{\rho} \overline{\left(\frac{\partial u'_i}{\partial x_\kappa}\right)\left(\frac{\partial u'_i}{\partial x_\kappa}\right)} \tag{4-73}$$

而 μ_t 表达为 κ 和 ε 的函数：

$$\mu_t = \rho C_\mu \frac{\kappa^2}{\varepsilon} \tag{4-74}$$

定义了 μ_t，就可以用式 4-56 表示雷诺应力，从而方程式 4-53 封闭。

在标准 $\kappa-\varepsilon$ 模型中，κ、ε 是两个基本未知量，与之对应的输运方程为：

$$\frac{\partial(\rho\kappa)}{\partial t} + \frac{\partial(\rho\kappa\overline{u}_i)}{\partial x_i} = \frac{\partial}{\partial x_j}\left[\left(\mu + \frac{\mu_t}{\sigma_\kappa}\right)\frac{\partial\kappa}{\partial x_j}\right] + G_\kappa + G_b - \rho\varepsilon - Y_M + S_\kappa \tag{4-75}$$

$$\frac{\partial(\varepsilon\rho)}{\partial t} + \frac{\partial(\rho\varepsilon\overline{u}_i)}{\partial x_i} = \frac{\partial}{\partial x_j}\left[\left(\mu + \frac{\mu_t}{\sigma_\varepsilon}\right)\frac{\partial\varepsilon}{\partial x_j}\right] + C_{1\varepsilon}\frac{\varepsilon}{\kappa}(G_\kappa + C_{3\varepsilon}G_b) - C_{2\varepsilon}\rho\frac{\varepsilon^2}{\kappa} + S_\varepsilon \tag{4-76}$$

式中 G_κ——由于平均速度梯度引起的湍动能 κ 的产生项；

G_b——由于浮力引起的湍动能 κ 的产生项；

Y_M——可压缩湍流中脉动扩张的贡献；

$C_{1\varepsilon}$，$C_{2\varepsilon}$，$C_{3\varepsilon}$——经验常数；

σ_κ，σ_ε——与湍动能及耗散率 κ、ε 对应的 Prandtl 数；

S_κ，S_ε——用户根据计算工况定义的源项。

在标准 $\kappa-\varepsilon$ 模型中，各项可按如下公式计算：

$$G_\kappa = \mu_t\left(\frac{\partial\overline{u}_i}{\partial x_j} + \frac{\partial\overline{u}_j}{\partial x_i}\right)\frac{\partial\overline{u}_i}{\partial x_j}$$

关于 G_b，对于不可压缩流体 $G_b=0$，对于可压缩流体：

$$G_b = \beta g_i \frac{\mu_t}{Pr_t}\frac{\partial T}{\partial x_i}$$

式中 Pr_t——湍动 Prandtl 数，在该模型中取 0.85；

g_i——重力加速度在第 i 方向分量；

β——线膨胀系数，$\beta = -\frac{1}{\rho}\frac{\partial\rho}{\partial T}$。

关于 Y_M，不可压缩流体 $Y_M=0$，可压缩流体 $Y_M=2\rho\varepsilon Ma_t^2$。其中 Ma_t 为湍动马赫数，$Ma_t=\sqrt{\frac{\kappa}{a^2}}$，$a$ 为声速，$a=\sqrt{\gamma RT}$。

其他经验常数取值为：$C_{1\varepsilon}=1.44$，$C_{2\varepsilon}=1.92$，$C_{3\varepsilon}=0.09$，$\sigma_\kappa=1.0$，$\sigma_\varepsilon=1.3$。对于可压缩流体的流动计算中，与浮力相关的系数 $C_{3\varepsilon}$，当主流方向与重力方向平行时有 $C_{3\varepsilon}=1$，垂直有 $C_{3\varepsilon}=0$。

因此考虑不可压缩流体且不考虑用户定义的源项时，式 4-75、式 4-76 的标准 $\kappa-\varepsilon$ 模型简化为：

$$\frac{\partial(\rho\kappa)}{\partial t} + \frac{\partial(\rho\kappa\overline{u}_i)}{\partial x_i} = \frac{\partial}{\partial x_j}\left[\left(\mu + \frac{\mu_t}{\sigma_\kappa}\right)\frac{\partial\kappa}{\partial x_j}\right] + G_\kappa - \rho\varepsilon \tag{4-77}$$

$$\frac{\partial(\varepsilon\rho)}{\partial t}+\frac{\partial(\rho\varepsilon\overline{u}_i)}{\partial x_i}=\frac{\partial}{\partial x_j}\left[\left(\mu+\frac{\mu_t}{\sigma_\kappa}\right)\frac{\partial\varepsilon}{\partial x_j}\right]+G_{1\varepsilon}\frac{\varepsilon}{\kappa}G_\kappa-c_{2\varepsilon}\rho\frac{\varepsilon^2}{\kappa} \tag{4-78}$$

采用标准 κ-ε 模型求解流动和传热问题时，控制方程包括连续性方程、运动方程、能量方程、κ 方程和 ε 方程及式 4-31，这些方程可以写成如下的通式：

$$\frac{\partial(\rho\varphi)}{\partial t}+\frac{\partial(\rho u_i\varphi)}{\partial x_i}=\frac{\partial}{\partial x_j}\left(\Gamma\frac{\partial\varphi}{\partial x_j}\right)+S_\varphi$$

或以散度、梯度方式表示：

$$\frac{\partial(\rho\varphi)}{\partial t}+\mathrm{div}(\rho u_i\varphi)=\mathrm{div}(\Gamma\mathrm{grad}\varphi)+S_\varphi$$

将各类变量的控制方程（见表 4-1）写成统一形式后，方程的离散化和求解得到统一，方便了编程。

表 4-1 控制方程

方程	φ	广义扩散系数 Γ	源 项
连续性方程	1	0	0
运动方程 x 向	u	$\mu_{\mathrm{eff}}=\mu+\mu_t$	$-\frac{\partial p}{\partial x}+\frac{\partial}{\partial x}\left(\mu_{\mathrm{eff}}\frac{\partial u}{\partial x}\right)+\frac{\partial}{\partial y}\left(\mu_{\mathrm{eff}}\frac{\partial v}{\partial x}\right)+\frac{\partial}{\partial z}\left(\mu_{\mathrm{eff}}\frac{\partial w}{\partial x}\right)+S_u$
运动方程 y 向	v	$\mu_{\mathrm{eff}}=\mu+\mu_t$	$-\frac{\partial p}{\partial y}+\frac{\partial}{\partial x}\left(\mu_{\mathrm{eff}}\frac{\partial u}{\partial y}\right)+\frac{\partial}{\partial y}\left(\mu_{\mathrm{eff}}\frac{\partial v}{\partial y}\right)+\frac{\partial}{\partial z}\left(\mu_{\mathrm{eff}}\frac{\partial w}{\partial y}\right)+S_v$
运动方程 z 向	w	$\mu_{\mathrm{eff}}=\mu+\mu_t$	$-\frac{\partial p}{\partial z}+\frac{\partial}{\partial x}\left(\mu_{\mathrm{eff}}\frac{\partial u}{\partial z}\right)+\frac{\partial}{\partial y}\left(\mu_{\mathrm{eff}}\frac{\partial v}{\partial z}\right)+\frac{\partial}{\partial z}\left(\mu_{\mathrm{eff}}\frac{\partial w}{\partial z}\right)+S_w$
湍动能方程	κ	$\mu+\frac{\mu_t}{\sigma_\kappa}$	$G_\kappa-\rho\varepsilon$
耗散率方程	ε	$\mu+\frac{\mu_t}{\sigma_\varepsilon}$	$C_{1\varepsilon}\frac{\varepsilon}{\kappa}G_\kappa-C_{2\varepsilon}\rho\frac{\varepsilon^2}{\kappa}$
能量方程	T	$\frac{\mu}{Pr}+\frac{\mu_t}{\sigma_T}$	S 按实际问题而定

需要注意的是，这里给出的标准 κ-ε 模型方程，是针对湍流发展非常充分的湍流流动建立起来的，即是针对高 Re 的湍流计算模型的；而当雷诺数比较低时，比如近壁处，湍流发展并不充分，湍流的脉动影响不如分子黏性大，在更贴近壁面的底层等处流动出现层流，对于低 Re 的流动，使用上面的模型计算会出现问题，此时必须采取特殊方法解决近壁区内层流动计算，常用的方法有两种：壁面函数法和采用低 Re 的标准 κ-ε 模型，本书采用前者，将在后面详细论述。

4.5 边界层

4.5.1 边界层定义

流体流动时，必然被固体表面限制在一定空间内，因此二者必然有所接触。Prandtl 于 1904 年研究大雷诺数绕流时发现，贴近固体表面的流体流动速度很慢，与理想势流计算结果很不相符，而离开物面很小距离以外的流体与理想势流计算结果符合，因此他提出了边界层的概念[17]。边界层通常是固体表面附近的一小薄层，层内流体黏性主宰了流体的运动，而边界层以外的流体可以近似认为作无黏理想流动。

如图 4-10 所示，来流以速度 U 流经固体表面（x 轴），虚线以内的流体具有一定的速度梯度，而虚线以外的流体近似看作无黏的理想流体，速度梯度很小，因此 Prandtl 认为流体存在性质不同的区域，虚线内为内区，虚线外为外区。外区流动被称为主流，这里速度梯度很小，可略去黏性作用而把流体近似看成理想流体；内区速度梯度$\frac{\mathrm{d}u}{\mathrm{d}y}$很大，即使流体黏性 μ 很小，但 $\mu\frac{\mathrm{d}u}{\mathrm{d}y}$（剪切力）也是一个不可忽略的量，因此内层流动是强有旋的，必须考虑黏性作用。

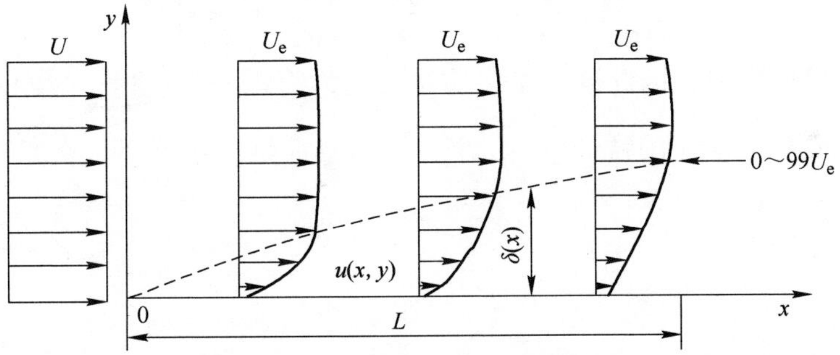

图 4-10 边界层速度变化

由图可见，随着流体流经距离的增大，虚线边界与固体壁的距离越来越大，即边界层厚度 $\delta(x)$ 是距离的函数，一般来说可以通过以下方法估计边界层厚度。

由于边界层内惯性力与黏性力属于同一量级，因此有：

$$\frac{u\partial u/\partial x}{\nu\partial^2 u/\partial y^2} \sim \frac{U_0^2/L}{\nu U_0/\delta^2} = \frac{U_0}{\nu}\left(\frac{\delta}{L}\right)^2 = Re_L\left(\frac{\delta}{L}\right)^2 \sim 1$$

于是：

$$T(x,\ y) \sim \frac{1}{\sqrt{Re_L}}$$

这表明边界层的相对厚度与 Re_L 平方根呈反比，由于 $Re_L \gg 1$，所以 $\frac{\delta}{L} \ll 1$，即边界层很薄，通常是毫米级。如将 L 换成 x，则边界层厚度是 x 的函数：

$$\delta(x) = \frac{x}{\sqrt{Re_L}} \tag{4-79}$$

4.5.2 边界层微分方程

4.5.2.1 平面定常层流边界层微分方程

边界层内流动为黏性流动，我们可以利用黏性流体的 N-S 方程，再结合边界层的特点，得到边界层内简化的 N-S 方程[18]。为简单起见，我们讨论一种最简单的情况：平壁面上不可压缩定常平面层流边界层，如图 4-10 所示。

根据式 4-53 和式 4-54，得到平面定常流动的微分方程：

$$\frac{\partial u}{\partial x} + \frac{\partial v}{\partial y} = 0 \tag{4-80}$$

$$\begin{aligned} u\frac{\partial u}{\partial x} + v\frac{\partial u}{\partial y} &= -\frac{1}{\rho}\frac{\partial p}{\partial x} + \nu\left(\frac{\partial^2 u}{\partial x^2} + \frac{\partial^2 u}{\partial y^2}\right) \\ u\frac{\partial v}{\partial x} + v\frac{\partial v}{\partial y} &= -\frac{1}{\rho}\frac{\partial p}{\partial y} + \nu\left(\frac{\partial^2 v}{\partial x^2} + \frac{\partial^2 v}{\partial y^2}\right) \end{aligned} \tag{4-81}$$

因为边界层很薄，因此这里略去质量力。为简化分析过程，我们对方程组无因次化，选取 $\frac{U}{\sqrt{Re_L}}$ 为 v 的特征量，ρU^2 为 p 的特征量，然后引入数量级为 1 的无因次量：

$$x^* = \frac{x}{L},\ y^* = \frac{y}{\delta},\ u^* = \frac{u}{U},\ v^* = \frac{v}{U\delta/L},\ p^* = \frac{p}{\rho U^2} \tag{4-82}$$

代入方程式 4-80、式 4-81 得：

$$\frac{\partial u^*}{\partial x^*} + \frac{\partial v^*}{\partial y^*} = 0 \tag{4-83}$$

$$\begin{aligned} u^*\frac{\partial u^*}{\partial x^*} + v^*\frac{\partial u^*}{\partial y^*} &= -\frac{1}{\rho}\frac{\partial p^*}{\partial x^*} + \frac{1}{Re_L}\left(\frac{\partial^2 u^*}{\partial x^{*2}} + Re_L\frac{\partial^2 u^*}{\partial y^{*2}}\right) \\ \frac{1}{Re_L}\left(u^*\frac{\partial v^*}{\partial x^*} + v^*\frac{\partial v^*}{\partial y^*}\right) &= -\frac{1}{\rho}\frac{\partial p^*}{\partial y^*} + \frac{1}{Re_L}\left(\frac{1}{Re_L}\frac{\partial^2 v^*}{\partial x^{*2}} + \frac{\partial^2 v^*}{\partial y^{*2}}\right) \end{aligned} \tag{4-84}$$

上式中带有 * 的量，皆有 1 数量级，因此上式各项量级完全取决于各项无因次系数的量级，由于 $Re_L \gg 1$，因此 $\frac{1}{Re_L} \ll 1$，$\frac{1}{Re_L^2} \ll 1$，这样，方程中带有 $\frac{1}{Re_L}$ 和 $\frac{1}{Re_L^2}$ 两个系数的项可以忽略，忽略后再利用式 4-82 将无因次方程还原，得到：

$$\frac{\partial u}{\partial x}+\frac{\partial v}{\partial y}=0 \tag{4-85}$$

$$\begin{cases} u\dfrac{\partial u}{\partial x}+v\dfrac{\partial u}{\partial y}=-\dfrac{1}{\rho}\dfrac{\partial p}{\partial x}+\nu\dfrac{\partial^2 u}{\partial y^2} \\ \dfrac{\partial p}{\partial y}=0 \end{cases} \tag{4-86}$$

边界层内，沿流向黏性扩散远小于法向黏性扩散，因此 N-S 方程忽略了 $\nu\dfrac{\partial^2 u}{\partial x^2}$、$\nu\dfrac{\partial^2 v}{\partial x^2}$。式 4-86 就是沿平面壁不可压缩流体边界层层流微分方程组，称为 Prandtl 边界层方程组。式 4-86 第二项表明压力沿法向的变化为零，即整个边界层厚度方向的压力就等于边界层外缘压力 $p=p_e(x)$，这是由于边界层很薄，压力沿法向的变化可忽略，这样式 4-86 第一式中的$\dfrac{\partial p}{\partial x}$可表示为：

$$\frac{\partial p}{\partial x}=\frac{\mathrm{d}p}{\mathrm{d}x}=\frac{\mathrm{d}p_e(x)}{\mathrm{d}x}$$

如果用 $U_e(x)$ 表示边界层外缘的速度分布，对势流伯努利方程有 $p_e+\dfrac{1}{2}\rho U_e^2=$ const 成立，两边求导得：

$$\frac{\mathrm{d}p_e}{\mathrm{d}x}=-\rho U_e\frac{\mathrm{d}U_e}{\mathrm{d}x}$$

代入式 4-86 中第一项：

$$u\frac{\partial u}{\partial x}+v\frac{\partial u}{\partial y}=U_e\frac{\partial U_e}{\partial x}+\nu\frac{\partial^2 u}{\partial y^2}$$

边界体条件是：

$y=0$，$u=v=0$ （壁面无滑移条件）

$y=\delta(\infty)$，$u=U_e$ （边界层外缘）

这样一来方程大为简化，由于在边界层边缘 $U_e(x)$ 或 $p_e(x)$ 已知，方程未知量由 u、v、p 减少到 u、v 两个。

4.5.2.2 湍流边界层

当雷诺流体 $Re_x=\dfrac{Ux}{\nu}$大于某一临界值 $Re_{cr}=\dfrac{Ux_{cr}}{\nu}$时，层流边界层将演化为湍流边界层，如图 4-11 所示。此时边界层可再划分为四个区域[19]：（1）层流底层；（2）过渡层；（3）内层湍流；（4）外层湍流。贴近壁面的层流底层仍为黏性控制，而其他三层，湍流占主导。

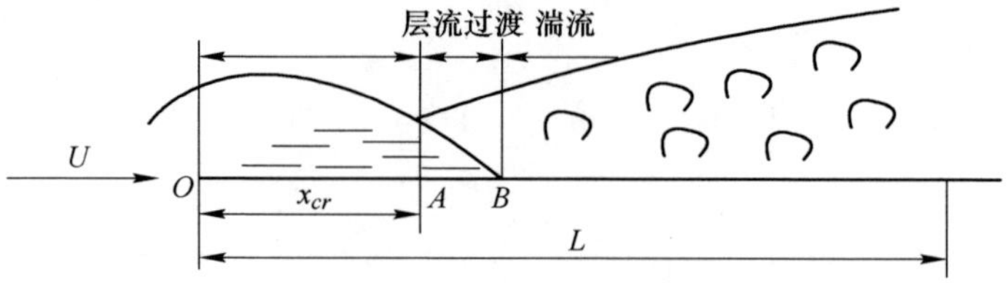

图 4-11 层流向湍流的转捩

在实际计算时，将上面（1）定义为黏性底层；（2）为过渡层；（3）、（4）合并称为对数律层。

A 黏性底层

黏性底层是一个紧贴壁面的极薄层，黏性力在动量、热量和质量交换中起主导作用，雷诺应力可忽略，流动几乎是层流流动，因此层流中剪应力可表示为：

$$\tau = \mu \frac{\mathrm{d}u}{\mathrm{d}y} \tag{4-87}$$

式中 y——从壁面算起的距离。

根据层流特征，速度分布为抛物线型，但由于流层很薄，因此可近似看成线性分布，这样 τ 可看成是常数，就等于壁面上的摩擦力 τ_w，于是上式改写为：

$$\tau_w = \mu \frac{u}{y} \tag{4-88}$$

或

$$u = \frac{\tau_w}{\rho\nu} y \tag{4-89}$$

定义 $u_\tau = \sqrt{\frac{\tau_w}{\rho}}$ 为壁面剪应力速度，将它代入式 4-88：

$$\frac{u}{u_\tau} = \frac{y u_\tau}{\nu} \tag{4-90}$$

由实验得知：$\frac{y u_\tau}{\nu} \leqslant 5$。令：$u^+ = \frac{u}{u_\tau}$，$y^+ = \frac{y u_\tau}{\nu}$，于是式 4-89 写成：

$$u^+ = y^+,\ y^+ \leqslant 5 \tag{4-91}$$

B 对数律层

过渡层很薄，在工程计算中，将之与（3）、（4）层合并，统称为对数律层，因该层速度分布呈对数规律。当 $30 \leqslant y^+ \leqslant 500$ 时，这个范围的边界层雷诺应力远远大于分子黏性力，于是忽略黏性力，并仍假设此区域剪应力等于壁面剪切力：$\tau \approx \tau_w$，于是式 4-58 可写成：

$$\tau = (\mu + \mu_\tau) \frac{\mathrm{d}\bar{u}}{\mathrm{d}y} \approx \rho l_m^2 \left(\frac{\mathrm{d}\bar{u}}{\mathrm{d}y}\right)^2 = \tau_w \tag{4-92}$$

利用 $u_\tau=\sqrt{\dfrac{\tau_w}{\rho}}$，将上式改写成：

$$\frac{\mathrm{d}u}{\mathrm{d}y}=\frac{\overline{u_\tau}}{l_m} \tag{4-93}$$

由于 v' 在壁面上为零，于是 Prandtl 假设，在接近壁面处混合长度 l_m 与离壁面距离 y 呈正比：$l_m=ky$，将它代入上式：

$$\frac{\mathrm{d}\overline{u}}{\mathrm{d}y}=\frac{1}{k}\ln y+c_1$$

c_1 为常数，令 $c_1=c+\dfrac{1}{k}\ln\dfrac{u_\tau}{\nu}$，于是上式变为：

$$\frac{\overline{u}}{u_\tau}=\frac{1}{k}\ln\frac{u_\tau y}{\nu}+c$$

k、c 由实验测定：$k=0.4$，$c=5.5$，这样上式变为：

$$u^+=2.5\ln y^++5.5,\quad 30\leqslant y^+\leqslant 500 \tag{4-94}$$

这就是对数律层速度分布规律。

4.6 多相流简介

前面介绍的流体是单相流体，其中只含有一相，而日常生活和实际工程中的绝大多数流动都是多相流[20]，比如海水管路中的流体含有氧气和沙粒，其中的氧是一种强的去极化剂，是管路产生腐蚀的重要因素，而氧是以小气泡（直径小于 1mm）的形式存在于液体中，因此是典型的液-气两相流；流体中的沙粒属于固相，随着流体的流动会对管壁产生冲刷，造成管壁表面冲蚀，属于典型的液-固多相流，因此多相流更符合实际情况，研究多相流更能满足实际需要。

在热力学中，组成、性质均一的物质被称为一相[21]，而在流体力学里，相的概念略有不同，在流体力学里，只要动力性质相近的物质就组成一相，比如同种材料的固体粒子，因尺寸不同，而流动性质有所差别，因此可分为多个相，所以一种物态可能是单相也可能是多相，因此流体力学中的相要比热力学的相具有更广泛意义。

根据流体中所包含相的数目，多相流分为两相流、三相流和四相流等[22]。其中两相流最为常见，包括气-液两相流、液-固体颗粒两相流、气-固体颗粒两相流、不能均匀混合的液体组成的液-液两相流等。三相流主要有三种：气体、液体、固体颗粒一起流动称为气-液-固三相流；两种不能均匀混合的液体和固体颗粒一起流动称为液-液-固三相流；两种不能均匀混合的液体和气体一起流动称为液-液-气三相流。

本书讨论的管路流体对管道表面的腐蚀和磨损属于液-气两相流和液-固两

相流，因此本书重点讨论这两类两相流。由于固体颗粒和气泡在液体内均以球形存在，因此二者有很多共同之处，可以统一考虑。

在多数情况下，气-液、固-液两相流可看成连续分布的液相和离散分布的气相（气泡）、颗粒组成。而研究两相流则有两种不同的观点：一种观点是只把流体作为连续介质而把颗粒（泛指气泡、固体颗粒，以下同）群作为离散体系。通过对施加在单个颗粒上各种力的分析，得到颗粒在连续相中的轨迹和其他参量，这又称为分散颗粒群轨迹模型，这种研究方法称为拉格朗日方法；另一种观点是除了把流体看作连续介质外，还把颗粒当作拟连续介质或拟流体，假设其在空间中有连续的速度和温度分布及等价的输运性质，这样一来，即使在 t_0 时刻，流场的 x_0 处，k 相不存在，但在 x_0 处，k 相的分密度也不可能为零，这种模型称为多流体模型，当为两相时即为双流体模型，这种研究方法属于欧拉方法。本书将重点讨论第一种方法。

多相流在流动时，有一定的外在表现，即所谓的流型，如图 4-12 所示。不同的流型具有不同的流动规律与流体动力学特性和传热特性。本书讨论的管道流体对管壁的腐蚀，流体中的氧以微小气泡均匀分布流体中，因此属于图 4-12a 所示的流型。

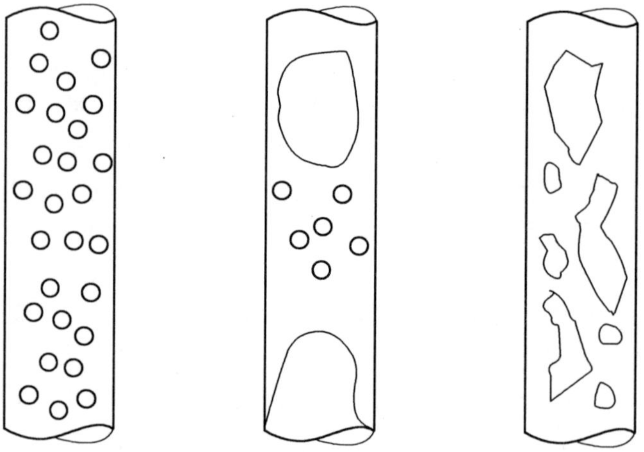

a　　b　　c

图 4-12　常见的气-液两相流型[23]

a—细胞状流型；b—弹状流型；c—块状流型

4.6.1　多相流的基本方程

原则来讲，前面所讲的流体力学的基本方程可用于多相流，但由于流体中存在不同的相，因此相间就存在着相互作用，不同研究者因观点和研究方法的不同，给出了不同相间的相互作用，这导致多相流的方程有各种不同的形式。到目前为止，从连续介质模型出发得到的两相流动基本方程获得了最广泛的认可。该理论认为每一相都是由连续质点组成的，相与相的分界面看作是间断面，每一相仍然服从质量守恒、动量守恒和能量守恒定律。下面我们推导一下多相流条件下控制方程的具体形式。

如图 4-13 所示，设 V 是由静止封闭的曲面 A 所围成的控制体，其中含有相 1 和相 2 两种运动介质，设 V 内两相分界面为 $A_{\text{inter}}(t)$，它把 V 划分为 $V_1(t)$ 和 $V_2(t)$ 两部分。$A_{\text{inter}}(t)$ 可以是一个面，如图 4-13a 所示；也可以是许多相互分割的面，如图 4-13b 所示，在这种情况下，每个曲面或在 V 内封闭或与 V 的边界曲面 A 共同构成封闭曲面。

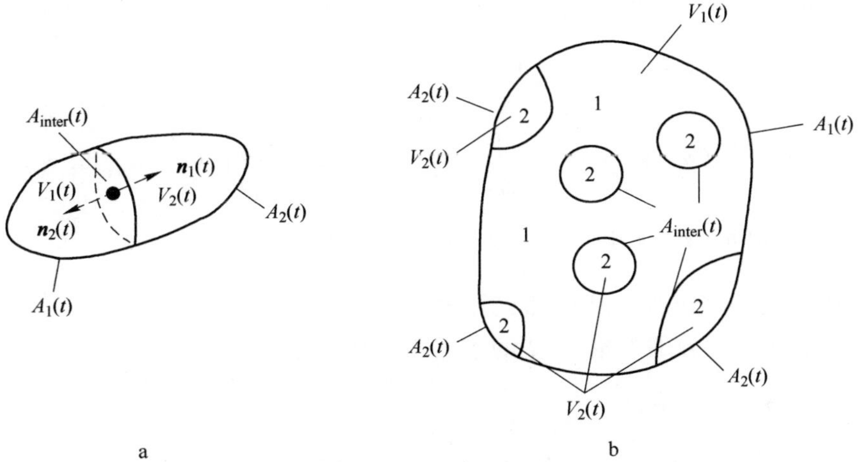

图 4-13 静止曲面包围控制体相界面分布示意图

设 $A_{\text{inter}}(t)$ 面两侧的外法线矢量分别为 $\boldsymbol{n}_1(t)$ 和 $\boldsymbol{n}_2(t)$，且 $\boldsymbol{n}_1(t)=-\boldsymbol{n}_2(t)$，它们同时也是相 1 和相 2 的外法线矢量。在某一瞬时 t，控制体曲面边界 A 分为两部分：一部分穿过相 1，记为 $A_1(t)$，一部分穿过相 2，记为 $A_2(t)$，因此 $A_1(t)$ 和 $A_{\text{inter}}(t)$ 就构成了相 1 所占体积的全部边界，同理 $A_2(t)$ 和 $A_{\text{inter}}(t)$ 构成相 2 所占体积的全部边界。以 V 为控制体，建立体系的质量、动量、能量的守恒方程。

4.6.1.1 质量守恒方程

在 Δt 时间内，控制体 V 内质量增加来源于从面 $A_1(t)$、$A_2(t)$ 流入的物质：

$$\Delta\int_{V_1(t)}\rho_1\mathrm{d}V+\Delta\int_{V_2(t)}\rho_2\mathrm{d}V=-\int_{A_1(t)}\rho_1\boldsymbol{n}\cdot\boldsymbol{v}_1\Delta t\mathrm{d}A-\int_{A_2(t)}\rho_2\boldsymbol{n}\cdot\boldsymbol{v}_2\Delta t\mathrm{d}A$$

两边同除以 Δt，并令 $\Delta t\to 0$，上式变为：

$$\frac{d}{dt}\int_{V_1(t)}\rho_1 dV+\frac{d}{dt}\int_{V_2(t)}\rho_2 dV=-\int_{A_1(t)}\rho_1\boldsymbol{n}\cdot\boldsymbol{v}_1 dA-\int_{A_2(t)}\rho_2\boldsymbol{n}\cdot\boldsymbol{v}_2 dA \tag{4-95}$$

式中，ρ_k、$\boldsymbol{v}_k$（$k=1$，2）分别为 k 相的密度和相速度。

这就是两相共存时，质量守恒方程的积分形式。

4.6.1.2 动量守恒方程

单位时间内，控制体 V 内动量的增加来自以下三方面：（1）从面 $A_1(t)$、$A_2(t)$流入的质量带来的动量；（2）外力施加于面 $A_1(t)$、$A_2(t)$ 上的应力 $(-\boldsymbol{P}_1\cdot\boldsymbol{n})$、$(-\boldsymbol{P}_2\cdot\boldsymbol{n})$ 产生的动量；（3）控制体的体积力 $\rho_1\boldsymbol{b}_1$、$\rho_2\boldsymbol{b}_2$ 产生的动量。

根据以上三项，得到动量守恒定律：

$$\begin{aligned}&\frac{d}{dt}\int_{V_1(t)}\rho_1\boldsymbol{v}_1 dV+\frac{d}{dt}\int_{V_2(t)}\rho_2\boldsymbol{v}_2 dV\\&=-\int_{A_1(t)}\rho_1(\boldsymbol{n}\cdot\boldsymbol{v}_1)\boldsymbol{v}_1 dA-\int_{A_2(t)}\rho_2(\boldsymbol{n}\cdot\boldsymbol{v}_2)\boldsymbol{v}_2 dA-\int_{A_1(t)}\rho_1(\boldsymbol{n}\cdot\boldsymbol{P}_1)dA-\\&\int_{A_2(t)}\rho_2(\boldsymbol{n}\cdot\boldsymbol{P}_2)\boldsymbol{v}_2 dA+\int_{V_1(t)}\rho_1\boldsymbol{b}_1 dV+\int_{V_2(t)}\rho_2\boldsymbol{b}_2 dV\end{aligned} \tag{4-96}$$

式中 $\boldsymbol{P}_1$，$\boldsymbol{P}_2$——分别为相 1、2 的压强张量；

$\boldsymbol{b}_1$，$\boldsymbol{b}_2$——分别为相 1、2 的单位体积质量力。

4.6.1.3 能量守恒方程

控制体 V 内总能量（内能和动能）的增加来源于：（1）通过表面，从面$A_1(t)$、$A_2(t)$ 流入的质量带来的内能和动能；（2）施加于面 $A_1(t)$、$A_2(t)$ 流上的应力 $(-\boldsymbol{P}_1\cdot\boldsymbol{n})$、$(-\boldsymbol{P}_2\cdot\boldsymbol{n})$ 和单位体积质力 $\rho_1\boldsymbol{b}_1$、$\rho_2\boldsymbol{b}_2$ 所做的功；（3）外界通过面 $A_1(t)$，$A_2(t)$ 传入的热量 $(-\boldsymbol{q}_1\cdot\boldsymbol{n})$、$(-\boldsymbol{q}_2\cdot\boldsymbol{n})$；（4）控制体内热源强度 $\tilde{\boldsymbol{q}}_1$、$\tilde{\boldsymbol{q}}_2$。

于是能量守恒方程为：

$$\begin{aligned}&\sum_k\frac{d}{dt}\int_{V_k}\rho_k\left(e_k+\frac{1}{2}\boldsymbol{v}_k^2\right)dV\\&=\sum_k\left\{\int_{A_k(t)}\left[(\rho_k\boldsymbol{n}\cdot\boldsymbol{v}_k)(e_k+\frac{1}{2}\boldsymbol{v}_k^2)+\boldsymbol{n}\cdot\boldsymbol{P}_k\cdot\boldsymbol{v}_k\right]dA-\right.\\&\left.\int_{A_k(t)}\boldsymbol{n}\cdot\boldsymbol{q}_k dA+\int_{V_k(t)}\rho_k\boldsymbol{b}_k\cdot\boldsymbol{v}_k dV+\int_{V_k(t)}\rho_k\tilde{\boldsymbol{q}}_k\cdot\boldsymbol{v}_k\right\}\end{aligned} \tag{4-97}$$

式中 e_k——单位质量 k 相介质的内能；

$\boldsymbol{q}_k$——相 k 热流通量；

$\widetilde{\boldsymbol{q}}_k$——外界对单位质量 k 相介质的外加热量。

4.6.2 多相流主要参数

4.6.2.1 两相浓度

设颗粒相容积为 V_p、质量为 M_p，流体相容积为 V_f，质量为 M_f，则用容积率来表示颗粒相容积浓度：

$$C_V = \frac{V_p}{V_p + V_f}$$

$$\widetilde{C}_V = \frac{V_p}{V_f}$$

类似可以得到颗粒相质量浓度：

$$C_M = \frac{M_p}{M_p + M_f}$$

$$\widetilde{C}_M = \frac{M_p}{M_f}$$

4.6.2.2 两相密度

设两相混合物总容积为 V_M，质量为 M_M，颗粒在混合物中容积与质量分别为 V_p、M_p，流体在混合物中所占容积与质量分别为 V_f、M_f，则 $\bar{\rho}_p = \frac{M_p}{V_p}$、$\bar{\rho}_f = \frac{M_f}{V_f}$被定义为颗粒相和流体相的真密度；而 $\rho_p = \frac{M_p}{V_m}$、$\rho_f = \frac{M_f}{V_m}$分别被定义为颗粒相和流体相的表观密度；而两相流的混合物密度被定义为 $\rho_m = \frac{M_m}{V_m} = \frac{M_p + M_f}{V_m} = \rho_p + \rho_f$。

4.6.2.3 两相流体黏度

当颗粒浓度不大时，两相流体黏度 μ_{tp} 和流体黏度 μ_f 基本相同，本书讨论的管道流体属于液-气两相流，氧的体积分数只有 0.0047，因此完全可以把流体黏度看作两相流体的黏度。

4.6.2.4 两相流体的比热容

两相流体的定压比热容和定容比热容一般按颗粒相和流体相的质量百分比进行平均：

$$C_{Pm} = C_{Pp} C_M + C_{Pf}(1 - C_M)$$

$$C_{Vm} = C_{Vp}C_M + C_{Vf}(1 - C_M)$$

式中 C_{Pp}，C_{Pf}——分别为颗粒和流体的定压比热容；

C_{Vp}，C_{Vf}——分别为颗粒和流体的定容比热容。

4.6.3 颗粒的描述

实际的两相流中的颗粒都不可能是均一的球体，其直径由小到大有一定的分布，由于颗粒直径存在差异，其流动工况、规律各不相同，因此使得两相流的研究十分复杂。为解决这一问题，一般采取下面两种方法处理：一种是找出颗粒大小的分布规律；另一种是对分散相采取合适的办法平均，以某一平均直径来代表整个分散相颗粒群的运动规律。

4.6.4 流动参数

描述流动的常用参数为速度、压力、温度、质量流和容积流量。在多相流中，上述参数对各相可以是不同的参数，因此参数数目比单相时多一倍。两相流中，通常流型是沿管道长度方向连续变化的，因此测定两相流参数瞬时值意义不大，一般都测定在某一时间间隔内该参数的平均值。

由于在两相流中，轻相的平均速度大于重相的平均速度，因而标明各相质量含量和容积含量的参数可以有两种，一种称为真实质量含量和真实容积含量，另一种称为流量质量含量和流量容积含量。观察一段容积为 V 的管道，其中重相的容积为 V_h，轻相所占容积为 V_l，则重相的真实容积含量为：

$$\eta_{hv} = \frac{V_h}{V} = \frac{f_h L}{(f_h + f_l)L} = \frac{f_h}{f_h + f_l}$$

式中 f_h——重相在管道横截面积 f 上所占面积；

f_l——轻相在管道横截面积 f 上所占面积；

L——管道长度。

而重相的真实质量含量为：

$$\eta_{hm} = \frac{V_h\rho_h}{V_h\rho_h + V_l\rho_l} = \frac{f_h\rho_h L}{(f_h\rho_h + f_l\rho_l)L} = \frac{f_h\rho_h}{f_T\rho_m}$$

式中 f_T——管道横截面积；

ρ_h——重相密度；

ρ_l——轻相密度；

ρ_m——两相混合密度。

设轻相的真实容积含量和真实质量含量为 ϕ_{lv}、ϕ_{lm}，则定义为：

$$\phi_{lv} = \frac{f_l}{f_h + f_l}$$

$$\phi_{lm} = \frac{f_l \rho_l}{f_T \rho_m}$$

如果令 U_h、U_l、U_m 分别表示重相、轻相、两相混合物的平均速度，则三者存在如下关系：

$$f_T U_m = f_h U_h + f_l U_l$$

$$U_m = \eta_{hv} U_h + \phi_{lv} U_l = U_l - \eta_{hv}(U_l - U_h)$$

以上为真实含量定义，以下为流量含量定义。

重相流量容积含量为：

$$\delta_{hv} = \frac{f_h U_h}{f_T U_m} = \frac{Q_h}{Q_m}$$

重相流量质量含量为：

$$\delta_{hm} = \frac{f_h U_h \rho_h}{f_T U_m \rho_m} = \frac{M_h}{M_m}$$

式中 Q_h——重相流量容积；
Q_m——混合相流量容积；
M_h——重相流量质量；
M_m——混合相流量质量。

同理，轻相流量容积含量为：

$$\beta_{lv} = \frac{f_l U_l}{f_T U_m} = \frac{Q_l}{Q_m}$$

轻相流量质量含量为：

$$\beta_{lm} = \frac{f_l U_l \rho_l}{f_T U_m \rho_m} = \frac{M_l}{M_m}$$

两相流的两相混合平均密度 ρ_m 也是一个常用参量，若轻相、重相密度分别为 ρ_l、ρ_h，则混合密度为：

$$\rho_m = \frac{\rho_l}{1 - \eta_{hm}\left(1 - \frac{\rho_l}{\rho_h}\right)}$$

此外气-液两相流中还存在一个参数也比较常用，即滑移比 S，它表示轻相真实速度和重相真实速度的比值：

$$S = \frac{U_l}{U_h}$$

4.6.5 颗粒、气泡动力学

颗粒在运动过程中受到许多种力的作用，不同的力在颗粒运动中所起的作用不同，因而处理方法也不同。

4.6.5.1 惯性力

颗粒运动时所受到的惯性力为：

$$\boldsymbol{F}_i = -\frac{1}{6}\pi d_p^2 \rho_p \frac{\mathrm{d}\boldsymbol{u}_p}{\mathrm{d}t}$$

式中 d_p——球形颗粒直径；

ρ_p——颗粒密度；

$\boldsymbol{u}_p$——颗粒速度。

4.6.5.2 阻力

在实际的两相流动中，颗粒阻力大小受到许多因素影响，它不仅与颗粒的雷诺数有关，还和流体的湍流运动、可压缩性、流体温度、颗粒温度、颗粒形状、壁面的状态以及颗粒群浓度等因素有关，因此颗粒阻力很难用统一的形式表达。为研究方便，引入阻力系数的概念：

$$\boldsymbol{C}_\mathrm{D} = \frac{\boldsymbol{F}_r}{\pi r_p^2 \left[\frac{1}{2}\rho(\boldsymbol{u} - \boldsymbol{u}_p)^2\right]}$$

于是颗粒的阻力表示为：

$$\boldsymbol{F}_r = \frac{\pi r_p^2}{2}\boldsymbol{C}_\mathrm{D}\rho \mid \boldsymbol{u} - \boldsymbol{u}_p \mid (\boldsymbol{u} - \boldsymbol{u}_p)$$

式中 r_p——球形颗粒半径；

ρ——流体密度；

$\boldsymbol{u}$——流体速度。

此式也称为牛顿阻力定律，其中的 $\boldsymbol{C}_\mathrm{D}$ 称为阻力系数，它是雷诺数 $Re = \frac{d_p \boldsymbol{u}_r \rho}{\mu}$ 的函数。其中 $\boldsymbol{u}_r = \boldsymbol{u} - \boldsymbol{u}_p$ 称为颗粒和流体的相对速度。

根据前面的知识已知，湍流时边界层划分为黏性底层、过渡层和湍流区。不同区域内 Re 与 $\boldsymbol{C}_\mathrm{D}$ 的近似关系如下：

层流区：

$$10^{-4} < Re < 0.3 \qquad \boldsymbol{C}_\mathrm{D} = 24/Re$$

层流区：

$$2 < Re < 500 \qquad \boldsymbol{C}_\mathrm{D} = 10/\sqrt{Re}$$

湍流区：

$$500 < Re < 1000 \qquad C_D = 0.44$$

当流场存在多个颗粒时，颗粒之间会相互作用，一类作用是颗粒间的直接碰撞，同尺寸颗粒之间直接碰撞机会很少，而不同尺寸颗粒之间碰撞机会较多；另一类作用是通过颗粒为尾流实现，是通过流体间接发生的。一个颗粒尾流范围往往比它本身体积大2~3个数量级，因此即使颗粒浓度很低，也存在显著的相互作用。

颗粒群体受到的阻力和单个颗粒有所不同，尤其当颗粒一个跟着一个运动时，每个颗粒受到的阻力比单个颗粒运动受到的阻力小得多。

通过实验可以测定各种条件下的表观阻力系数，例如Ingebo对引射到风洞的雾滴用照相法得出阻力系数：

$$C_D = \frac{27}{Re^{0.84}}$$

由于实验误差等因素影响，不同研究者得到的阻力系数差别很大，目前还没有统一的公式，因此最好根据具体问题进行实验测量。

4.6.5.3 重力和浮力

颗粒在流体中受到的重力为：

$$F_g = -\frac{1}{6}\pi d_p^2 \rho_p g$$

浮力为：

$$F_b = -\frac{1}{6}\pi d_p^2 \rho g$$

4.6.5.4 压力梯度力

颗粒在有压力梯度的流场中运动时，还会受到由压力梯度引起的作用力，其表达式为：

$$F_p = -V_p \frac{\partial P}{\partial x}$$

式中，V_p 为颗粒体积；负号表示压力梯度引起的力的方向与压力梯度方向相反。

4.6.5.5 虚假质量力

当颗粒对于流体作加速运动时，不但颗粒速度越来越大，而且颗粒周围液体的速度亦会增大。推动颗粒运动的力不但增加颗粒本身动能，而且也增加了这部分流体的动能，故这个力将大于加速颗粒本身所需要的力 $m_p a_p$，这好像是颗粒质量增加了一样，所以这部分增加的力就叫做虚假质量力或表观质量效应。当流体瞬时速度为 $\boldsymbol{u}$、颗粒瞬时速度为 $\boldsymbol{u}_p$ 时，虚假质量力为：

$$\boldsymbol{F}_{vm} = \frac{1}{2}\rho V_p\left(\frac{\mathrm{d}\boldsymbol{u}}{\mathrm{d}t} - \frac{\mathrm{d}\boldsymbol{u}_p}{\mathrm{d}t}\right)$$

当 $\rho \ll \rho_p$ 时，虚假质量力与颗粒惯性力之比是很小的，特别当相对运动速度不大时，虚假质量力可以忽略。

4.6.5.6 Basset 力

当颗粒在静止黏性流体中作任意速度直线运动时，颗粒不但受黏性阻力和虚假质量力的作用，而且还受到一个瞬时流动阻力，这个力与流型不断调整有关，取决于运动的历程，其表达式为：

$$\boldsymbol{F}_B = \frac{3}{2}d_p^2\sqrt{\pi\rho\mu}\int_{-\infty}^{t}\frac{\dfrac{\mathrm{d}\boldsymbol{u}}{\mathrm{d}\tau} - \dfrac{\mathrm{d}\boldsymbol{u}_p}{\mathrm{d}\tau}}{\sqrt{t-\tau}}\mathrm{d}\tau$$

该力只发生在黏性流体中，并且与流动的不稳定性有关，当 $\rho \ll \rho_p$ 时，Basset 力和颗粒惯性力相比是很小的，可以忽略。

4.6.5.7 Magnus 升力

根据升力定理，颗粒的旋转将产生升力，其表达式为：

$$\boldsymbol{F}_1 = \rho\mu\Gamma$$

式中　Γ——沿颗粒表面的速度环量。

若颗粒在静止流体中旋转，则旋转升力为：

$$\boldsymbol{F}_1 = \frac{1}{3}\pi d_p^3\rho\mu\omega$$

当颗粒在流体中边运动边旋转时，则旋转升力为：

$$\boldsymbol{F}_1 = \frac{1}{8}\pi d_p^3\rho\omega \times (\boldsymbol{u} - \boldsymbol{u}_p)$$

式中　ω——颗粒旋转速度。

此力一般与重量具有相同的数量级。

4.6.5.8 Staffman 升力

颗粒在有速度梯度的流场中运动，若颗粒上部的速度高于下部速度，则上部的压力就比下部低，此时颗粒将受到一个升力作用，这个力称为 Staffman 升力，当 $Re_p<1$ 时，Staffman 升力表达式为：

$$\boldsymbol{F}_S = 1.61(\rho\mu)^{\frac{1}{2}}d_p^2(\boldsymbol{u} - \boldsymbol{u}_p)\left|\frac{\mathrm{d}\boldsymbol{u}}{\mathrm{d}y}\right|^{\frac{1}{2}}$$

当雷诺数较高时，还没有相应的计算公式。

由公式可见，此升力与$\frac{d\boldsymbol{u}}{dy}$相关联。一般在主流区，速度梯度很小，此力可忽略；只有在速度边界层，此力才变得明显。

以上讨论了多相流所遵循的控制方程和与多相流相关的流体力学参数。从以上讨论不难看出，靠经典的解析方法求出多相流的各种参量是不可能的，只有采用计算流体力学和大型数字计算机为基础的数值模拟理论及方法求解非线性偏微分方程组才能得到流场各物理量。自 20 世纪 60 年代末至今的几十年内，已经成功地发展了这种方法，并已经应用到实际工程问题中。关于多相流的数值模拟，将在下一章进行论述。

参考文献

[1] 张亮，李云波．流体力学［M］．哈尔滨：哈尔滨工程大学出版社，2006.
[2] 李玉柱，苑明顺．流体力学［M］．北京：高等教育出版社，2008.
[3] 王松龄．流体力学［M］．北京：中国电力出版社，2007.
[4] 孙祥海．流体力学［M］．上海：上海交通大学出版社，2000.
[5] 施永生，徐向荣，韩国军．流体力学基础与应用［M］北京：机械工业出版社，2012.
[6] 张鸣远．流体力学［M］．北京：高等教育出版社，2010.
[7] 徐秉业，刘信声．应用弹塑性力学［M］．北京：清华大学出版社，1995.
[8] 李万平．计算流体力学［M］．武汉：华中科技大学出版社，2004.
[9] 胡敏良．流体力学［M］.2 版．武汉：武汉理工大学出版社，2003.
[10] 窦国仁．紊流力学［M］．北京：人民教育出版社，1981.
[11] 刘建军，章宝华．流体力学［M］．北京：北京大学出版社，2006.
[12] 王英，谢晓晴．流体力学［M］．长沙：中南大学出版社，2015.
[13] 许贤良．流体力学［M］．北京：国防工业出版社，2006.
[14] 徐望一．流体力学［M］．北京：北京大学出版社，1982.
[15] 张师帅．计算流体动力学及其应用—CFD 软件的原理与应用［M］．武汉：华中科技大学出版社，2001.
[16] 王献孚，熊鳌魁．高等流体力学［M］．武汉：华中科技大学出版社，2003.
[17] 文书明．微流边界层理论及其应用［M］．北京：冶金工业出版社，2008.
[18] 刘惠枝．边界层理论［M］．北京：人民交通出版社，1991.
[19] 是勋刚．湍流［M］．天津：天津大学出版社，1994.
[20] 袁亚雄，张小兵．高温高压多相流动力学基础［M］．哈尔滨：哈尔滨工业大学出版社，2005.
[21] 天津大学物理化学教研室．王正烈，周亚平修订．物理化学［M］.4 版．北京：高等教育出版社，2003.
[22] 周云龙，洪文鹏，孙斌．多相流体力学理论及其应用［M］．北京：科学出版社，2008.
[23] 王经．气液两相流动态特性的研究［M］．上海：上海交通大学出版社，2012.

5 计算流体力学

5.1 有限体积法

前一章讨论了流体所遵循的基本控制方程，归纳如下：
连续性方程：

$$\frac{\partial \rho}{\partial t} + \frac{\partial(\rho u)}{\partial x} + \frac{\partial(\rho v)}{\partial y} + \frac{\partial(\rho w)}{\partial z} = 0 \tag{5-1}$$

动量方程：

$$\begin{cases} \dfrac{\partial u}{\partial t} + u\dfrac{\partial u}{\partial x} + v\dfrac{\partial u}{\partial y} + w\dfrac{\partial u}{\partial z} = f_x - \dfrac{1}{\rho}\dfrac{\partial p}{\partial x} + \nu\nabla^2 u \\ \dfrac{\partial v}{\partial t} + u\dfrac{\partial v}{\partial x} + v\dfrac{\partial v}{\partial y} + w\dfrac{\partial v}{\partial z} = f_y - \dfrac{1}{\rho}\dfrac{\partial p}{\partial y} + \nu\nabla^2 v \\ \dfrac{\partial w}{\partial t} + u\dfrac{\partial w}{\partial x} + v\dfrac{\partial w}{\partial y} + w\dfrac{\partial w}{\partial z} = f_z - \dfrac{1}{\rho}\dfrac{\partial p}{\partial z} + \nu\nabla^2 w \end{cases} \tag{5-2}$$

能量方程：

$$\begin{aligned} \rho\frac{\mathrm{d}}{\mathrm{d}t}\left(U + \frac{\boldsymbol{v}^2}{2}\right) = {} & \nabla(\boldsymbol{p}\cdot\boldsymbol{v}) + \rho\boldsymbol{f}\cdot\boldsymbol{v} + \left[\frac{\partial(\sigma_x u)}{\partial x} + \frac{\partial(\tau_{yx}u)}{\partial y} + \frac{\partial(\tau_{zx}u)}{\partial z}\right] + \\ & \left[\frac{\partial(\sigma_y v)}{\partial y} + \frac{\partial(\tau_{xy}v)}{\partial x} + \frac{\partial(\tau_{zy}v)}{\partial z}\right] + \left[\frac{\partial(\sigma_z w)}{\partial z} + \frac{\partial(\tau_{xz}w)}{\partial x} + \frac{\partial(\tau_{yz}w)}{\partial y}\right] + \\ & [\rho q + \nabla(\lambda \mathrm{grad}T)] \end{aligned} \tag{5-3}$$

这些方程可以写成如下的通式[1]：

$$\frac{\partial(\rho\varphi)}{\partial t} + \mathrm{div}(\rho\varphi\boldsymbol{v}) = \mathrm{div}(\Gamma\mathrm{grad}\varphi) + S_\varphi \tag{5-4}$$

式中 φ——待求流场变量，如速度、温度等；

Γ——广义扩散系数，如流体的黏性或导热系数；

S_φ——源项。

上式第一项称为瞬时项，第二项称为对流项，第三项称为扩散项。

以上是一系列的偏微分方程组，要求得解析解是相当困难的，目前均采用数值方法求解具有一定误差的近似解。数值解法的基本思路是对流体区域进行离散化处理，通过一定的原则，建立关于离散区域节点变量的代数方程，求解代数方程以获得所求变量的近似解。现有流体力学计算方法中用得较多的数值方法有有限差分法、有限元法和有限体积法[2]。本书采用有限体积法。

有限体积法（finite volume method，简称 FVM）又称有限容积法，是近年来发展非常迅速的一种离散化方法，其特点是计算效率高，在目前的计算流体力学领域得到广泛的应用，大多数商用 CFD 软件都采用这种方法[3]。

有限体积法求解时，首先将所计算的区域划分成一系列的控制体积（control volume，简称 CV），每个 CV 都有一个控制节点（一般在体积中心处），然后将形如式 5-1~式 5-3 的方程在 CV 内积分，将微分方程化成积分方程。采用不同的差分方式在 CV 的边界上对积分方程进行处理，从而得到不同的差分格式的代数方程，最后将在所有 CV 上得到的差分方程进行求解，得到节点的场变量值。

用有限体积法导出的离散方程可以保证具有守恒性，而且方程系数物理意义明确，这是它得以广泛应用的重要原因。

将式 5-4 在一个 CV 内作积分：

$$\iiint_{CV}\frac{\partial(\rho\varphi)}{\partial t}\mathrm{d}V+\iiint_{CV}\mathrm{div}(\rho\varphi\boldsymbol{v})\mathrm{d}V=\iiint_{CV}\mathrm{div}(\Gamma\mathrm{grad}\varphi)\mathrm{d}V+\iiint_{CV}S_{\varphi}\mathrm{d}V \tag{5-5}$$

应用高斯定理，把对流项和扩散项的体积分变为面积分：

$$\iiint_{CV}\mathrm{div}(\rho\varphi\boldsymbol{v})\mathrm{d}V=\oint_{S}(\rho\varphi\boldsymbol{v})\cdot\boldsymbol{n}\mathrm{d}S$$

$$\iiint_{CV}\mathrm{div}(\Gamma\mathrm{grad}\varphi)\mathrm{d}V=\oint_{S}(\Gamma\mathrm{grad}\varphi)\cdot\boldsymbol{n}\mathrm{d}S$$

这样式 5-5 变为：

$$\iiint_{CV}\frac{\partial(\rho\varphi)}{\partial t}\mathrm{d}V+\oint_{S}(\rho\varphi\boldsymbol{v})\cdot\boldsymbol{n}\mathrm{d}S=\oint_{S}(\Gamma\mathrm{grad}\varphi)\cdot\boldsymbol{n}\mathrm{d}S+\iiint_{CV}S_{\varphi}\mathrm{d}V$$

或

$$\frac{\partial}{\partial t}\left(\iiint_{CV}(\rho\varphi)\mathrm{d}V\right)+\oint_{S}(\rho\varphi\boldsymbol{v})\cdot\boldsymbol{n}\mathrm{d}S=\oint_{S}(\Gamma\mathrm{grad}\varphi)\cdot\boldsymbol{n}\mathrm{d}S+\iiint_{CV}S_{\varphi}\mathrm{d}V \tag{5-6}$$

上式第一项表示流体待求量 φ 在控制容积内的总变化率；第二项 $(\rho\varphi\boldsymbol{v})\cdot\boldsymbol{n}$ 表示流体沿控制体外法线方向流出控制体的对流通量；第三项 $(\Gamma\mathrm{grad}\varphi)\cdot\boldsymbol{n}$ 表示沿控制体外法线方向流出控制体的扩散通量；最后一项表示控制体内源项引起的 φ 的增加率。稳态时第一项为 0，式 5-6 变为：

$$\oint_{S}(\rho\varphi\boldsymbol{v})\cdot\boldsymbol{n}\mathrm{d}S=\oint_{S}(\Gamma\mathrm{grad}\varphi)\cdot\boldsymbol{n}\mathrm{d}S+\iiint_{CV}S_{\varphi}\mathrm{d}V \tag{5-7}$$

非稳态时，式 5-6 必须在一个时间段 Δt 内进行积分：

$$\int_{\Delta t}\left[\frac{\partial}{\partial t}\left(\iiint_{CV}(\rho\varphi)\mathrm{d}V\right)\right]\mathrm{d}t+\int_{\Delta t}\left[\oint_{S}(\rho\varphi\boldsymbol{v})\cdot\boldsymbol{n}\mathrm{d}S\right]\mathrm{d}t=\int_{\Delta t}\left[\oint_{S}(\Gamma\mathrm{grad}\varphi)\cdot\boldsymbol{n}\mathrm{d}S\right]\mathrm{d}t+\int_{\Delta t}\left[\iiint_{CV}S_{\varphi}\mathrm{d}V\right]\mathrm{d}t \tag{5-8}$$

式 5-7、式 5-8 就是 FVM 方法中使用的方程，下面我们先从一维问题出发介绍有限体积法。

5.1.1 一维稳态问题的有限体积法

考虑一维无源的稳态问题。图 5-1 所示为区域离散结果，由于是一维问题，因此设流体流动方向从左向右（即 x 正向）。

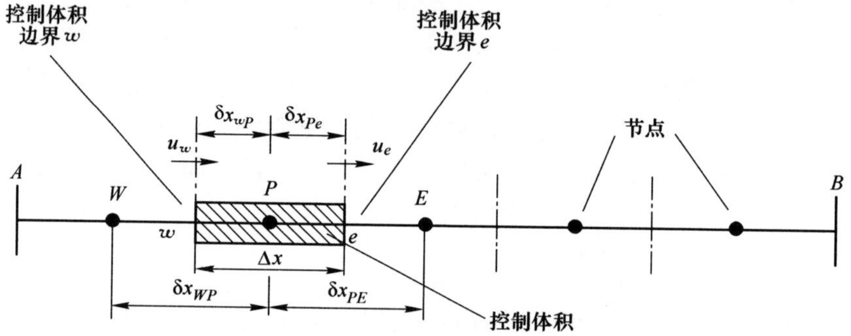

图 5-1 一维问题控制体和控制节点

我们将方程式 5-4 在图 5-1 所示的阴影面内进行积分：

$$\iint_{\Delta S}\mathrm{div}(\rho\varphi u)\,\mathrm{d}S=\iint_{\Delta S}\mathrm{div}(\Gamma\,\mathrm{grad}\varphi)\,\mathrm{d}s \tag{5-9}$$

ΔS 表示阴影区域面积且 $\Delta S=\Delta x\Delta y$。

由于是沿 x 方向的一维流动，因此场变量与 x 有关，与 y 无关，故式 5-9 可写成：

$$\int_{\Delta y}\left[\int_{\Delta x}\frac{\partial(\rho\varphi u)}{\partial x}\mathrm{d}x\right]\mathrm{d}y=\int_{\Delta y}\left[\int_{\Delta x}\frac{\partial}{\partial x}\left(\Gamma\frac{\partial\varphi}{\partial x}\right)\mathrm{d}x\right]\mathrm{d}y \tag{5-10}$$

式中 Δx——阴影面 x 方向长度；

Δy——阴影面 y 方向高度，与下文的 A_e、A_w 等同。

将式 5-10 等号左边展开：

$$\int_{\Delta y}\left[\int_{\Delta x}\frac{\partial(\rho\varphi u)}{\partial x}\mathrm{d}x\right]\mathrm{d}y=\int_{\Delta y}\left[(\rho\varphi u)\big|_w^e\right]\mathrm{d}y=\int_{\Delta y}\left[(\rho\varphi u)_e-(\rho\varphi u)_w\right]\mathrm{d}y$$

上式等号左边继续展开：

$$\int_{\Delta y}\left[(\rho\varphi u)_e-(\rho\varphi u)_w\right]\mathrm{d}y=\int_{\Delta y}(\rho\varphi u)_e\mathrm{d}y-\int_{\Delta y}(\rho\varphi u)_w\mathrm{d}y=(\rho\varphi u)_eA_e-(\rho\varphi u)_wA_w$$

最终为：

$$(\rho\varphi u)_eA_e-(\rho\varphi u)_wA_w=(\rho\varphi uA)_e-(\rho\varphi uA)_w \tag{5-11}$$

式中 A_e——控制体积 e 边界边长，即 Δy；

A_w——控制体积 w 边界边长，即 Δy。

式 5-10 等号右边也作类似展开：

$$\int_{\Delta y}\left[\int_{\Delta x}\frac{\partial}{\partial x}\left(\Gamma\frac{\partial\varphi}{\partial x}\right)\mathrm{d}x\right]\mathrm{d}y=\int_{\Delta y}\left[\left(\Gamma\frac{\partial\varphi}{\partial x}\right)\Big|_w^e\right]\mathrm{d}y=\int_{\Delta y}\left[\left(\Gamma\frac{\partial\varphi}{\partial x}\right)_e-\left(\Gamma\frac{\partial\varphi}{\partial x}\right)_w\right]\mathrm{d}y$$
$$=\int_{\Delta y}\left(\Gamma\frac{\partial\varphi}{\partial x}\right)_e\mathrm{d}y-\int_{\Delta y}\left(\Gamma\frac{\partial\varphi}{\partial x}\right)_w\mathrm{d}y$$
$$=\left(\Gamma\frac{\partial\varphi}{\partial x}\right)_e A_e-\left(\Gamma\frac{\partial\varphi}{\partial x}\right)_w A_w$$
$$=\left(\Gamma\frac{\partial\varphi}{\partial x}A\right)_e-\left(\Gamma\frac{\partial\varphi}{\partial x}A\right)_w \tag{5-12}$$

式 5-11、式 5-12 相等，于是得到一维定常、无源、离散格式的方程：

$$(\rho\varphi uA)_e-(\rho\varphi uA)_w=\left(\Gamma A\frac{\mathrm{d}\varphi}{\mathrm{d}x}\right)_e-\left(\Gamma A\frac{\mathrm{d}\varphi}{\mathrm{d}x}\right)_w \tag{5-13}$$

A 的意义同上，即为边界面积。

连续方程式 5-1 在一维定常情况下，$\frac{\mathrm{d}(\rho u)}{\mathrm{d}t}=0$，因此简化为$\frac{\mathrm{d}(\rho u)}{\mathrm{d}x}=0$。对式 5-1 在 CV 内积分：

$$\int_{\Delta y}\left[\int_{\Delta x}\frac{\mathrm{d}(\rho u)}{\mathrm{d}x}\mathrm{d}x\right]\mathrm{d}y=\int_{\Delta y}\left[(\rho u)\Big|_w^e\right]\mathrm{d}y=\int_{\Delta y}\left[(\rho u)_e-(\rho u)_w\right]\mathrm{d}y$$
$$=\int_{\Delta y}(\rho u)_e\mathrm{d}y-\int_{\Delta y}(\rho u)_w\mathrm{d}y$$
$$=(\rho u)_e A_e-(\rho u)_w A_w$$
$$=(\rho uA)_e-(\rho uA)_w$$

由于 $\int_{\Delta y}\left[\int_{\Delta x}\frac{\mathrm{d}(\rho u)}{\mathrm{d}x}\mathrm{d}x\right]\mathrm{d}y=0$，因此：

$$(\rho uA)_e-(\rho uA)_w=0 \tag{5-14}$$

令：$F_e=(\rho uA)_e$，$F_w=(\rho uA)_w$，由于 $A_e=A_w$，因此有：

$$F_e=F_w$$

式 5-13 等号右侧的导数用代数式表示：

$$\left(\frac{\mathrm{d}\varphi}{\mathrm{d}x}\right)_e=\frac{\varphi_P-\varphi_W}{\delta x_{WP}} \tag{5-15}$$

$$\left(\frac{\mathrm{d}\varphi}{\mathrm{d}x}\right)_w=\frac{\varphi_E-\varphi_P}{\delta x_{PE}} \tag{5-16}$$

由于 $A_e=A_w$，因此式 5-13 变为：

$$F_e\varphi_e - F_w\varphi_w = \Gamma_e \frac{\varphi_P - \varphi_W}{\delta x_{WP}} - \Gamma_w \frac{\varphi_E - \varphi_P}{\delta x_{PE}}$$

整理得：

$$F_e\varphi_e - F_w\varphi_w = D_e(\varphi_E - \varphi_P) - D_w(\varphi_P - \varphi_W) \tag{5-17}$$

$$D_e = \frac{\Gamma_e}{\delta x_{WP}},\ D_w = \frac{\Gamma_w}{\delta x_{PE}}$$

式中 φ_P，φ_E，φ_W——P、E、W 节点的场变量；

φ_e，φ_w——e、w 边界上的场变量。

数值计算最终目的是求节点上的场变量值，上式中还有边界 e、w 上的场变量，因此需要将它们用节点的场变量表示出来，由于表示方法的不同，而涌现出中心差分格式、迎风格式、混合格式、指数格式等，下面我们逐一介绍。

5.1.1.1 中心差分格式

如图 5-1 所示，假设网格均匀划分，φ 在界面 e、w 上的值用相邻节点的平均值计算[4]：

$$\varphi_e = \frac{\varphi_E + \varphi_P}{2}$$

$$\varphi_w = \frac{\varphi_P + \varphi_W}{2}$$

上两式代入式 5-17 得：

$$F_e\left(\frac{\varphi_E + \varphi_P}{2}\right) - F_w\left(\frac{\varphi_W + \varphi_P}{2}\right) = D_e(\varphi_E - \varphi_P) - D_w(\varphi_P - \varphi_W)$$

整理：

$$\left[\left(D_w - \frac{F_w}{2}\right) + \left(D_e + \frac{F_e}{2}\right)\right]\varphi_P = \left(D_w + \frac{F_w}{2}\right)\varphi_W + \left(D_e - \frac{F_e}{2}\right)\varphi_E$$

即：$\left[\left(D_w + \frac{F_w}{2}\right) + \left(D_e - \frac{F_e}{2}\right) + (F_e - F_w)\right]\varphi_P = \left(D_w + \frac{F_w}{2}\right)\varphi_W + \left(D_e - \frac{F_e}{2}\right)\varphi_E$

写成通式：

$$\alpha_P\varphi_P = \alpha_W\varphi_W + \alpha_E\varphi_E \tag{5-18}$$

其中：

$$\begin{cases} \alpha_W = \dfrac{D_w + F_w}{2} \\ \alpha_E = D_w + \dfrac{F_w}{2} \\ \alpha_P = \left(D_w + \dfrac{F_w}{2}\right) + \left(D_e - \dfrac{F_e}{2}\right) + (F_e - F_w) \end{cases}$$

5.1.1.2 迎风格式

中心差分不能识别流动方向，边界两边节点对边界的影响是一样的。实际上，当对流作用比较强时，边界点的 φ 值受上游影响较大，这时 φ 值应取上游节点的值，这称为迎风格式[5]，如图 5-2 所示。当流动方向由左向右时，边界点的值为：

$$\begin{cases}\varphi_w = \varphi_W \\ \varphi_e = \varphi_P\end{cases}$$

代入式 5-17：

$$F_e\varphi_P - F_w\varphi_W = D_e(\varphi_E - \varphi_P) - D_w(\varphi_P - \varphi_W)$$

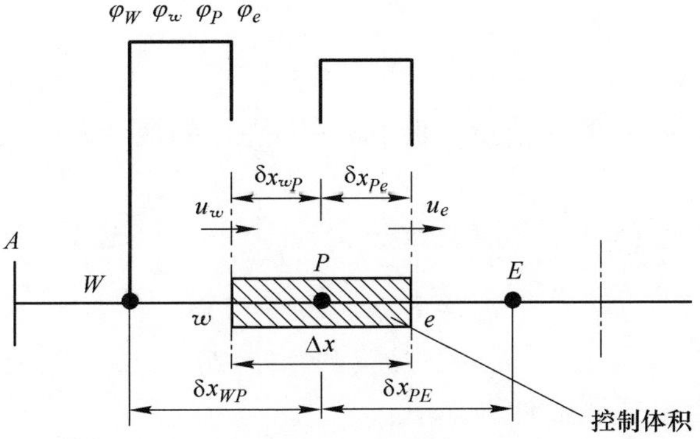

图 5-2 迎风格式

整理得：

$$[(D_w + F_w) + D_e + (F_e - F_w)]\varphi_P = (D_w + F_w)\varphi_W + D_e\varphi_E$$

或

$$\alpha_P\varphi_P = \alpha_W\varphi_W + \alpha_E\varphi_E$$

其中：

$$\alpha_E = D_e$$

$$\alpha_W = (D_w + F_w)$$

$$\alpha_P = \alpha_W + \alpha_E + (F_e - F_w)$$

当流动方向由右向左时，边界上的值为：

$$\begin{cases}\varphi_w = \varphi_P \\ \varphi_e = \varphi_E\end{cases}$$

代入式 5-17：

$$[D_w + (D_e - F_e) + (F_e - F_w)]\varphi_P = D_w\varphi_W + (D_e + F_e)\varphi_E$$

或：

$$\alpha_P\varphi_P = \alpha_W\varphi_w + \alpha_E\varphi_E$$

其中：

$$\alpha_E = D_e - F_e$$
$$\alpha_W = D_w$$
$$\alpha_P = \alpha_W + \alpha_E + (F_e - F_w)$$

5.1.1.3 混合格式

中心差分格式精度高，但不具有迁移性，迎风格式满足迁移性，但精度低，因此 Splading[6] 把上述两种格式的优点结合起来，提出了混合格式。首先在每个容积界面上定义 Pe 数，例如 w 界面上，Pe 数定义为：

$$Pe_w = \frac{F_w}{D_w} = \frac{(\rho u)_w}{\Gamma_w/\delta x_{WP}}$$

对单位面积穿过界面 w 的净通量（$q=\rho u\varphi-\Gamma\dfrac{d\varphi}{dx}$）的混合差分格式表示为：

$$q_w = F_w\left[\frac{1}{2}\left(1 + \frac{2}{Pe_w}\right)\varphi_W + \frac{1}{2}\left(1 - \frac{2}{Pe_w}\right)\varphi_P\right](-2 < Pe < 2)$$
$$q_w = F_w\varphi_W(Pe \geqslant 2)$$
$$q_w = F_w\varphi_P(Pe \leqslant -2)$$

一维无源稳态混合格式系数计算如下：

$$\alpha_W = \max\left[F_w,\ \left(D_w + \frac{F_w}{2}\right),\ 0\right]$$
$$\alpha_E = \max\left[-F_e,\ \left(D_e - \frac{F_e}{2}\right),\ 0\right]$$
$$\alpha_P = \alpha_W + \alpha_E + (F_e - F_w)$$

5.1.1.4 幂指数格式

Patankar[7] 于 1981 年提出了幂指数格式，对一维问题其精度较高。在该格式中，当 $Pe>10$ 后，扩散项取 0；当 $0<Pe<10$ 时，用一个多项式计算穿过 CV 界面的通量，如在 w 界面，单位面积的净流量计算如下：

$$q_w = F_w[\varphi_W - \beta_w(\varphi_P - \varphi_W)] \quad (0 < Pe < 10)$$

其中：

$$\beta_w = \frac{(1 - 0.1Pe_w)^5}{Pe_w}$$
$$q_w = F_w\varphi_W(Pe > 10)$$

对照通式 5-18，上式各系数为：

$$\alpha_W = D_w \max[0, (1 - 0.1|Pe_w|)^5] + \max[F_w, 0]$$

$$\alpha_E = D_e \max[0, (1 - 0.1|Pe_w|)^5] + \max[-F_e, 0]$$

$$\alpha_P = \alpha_W + \alpha_E + (F_e - F_w)$$

5.1.1.5 高阶差分格式——QUICK 格式

QUICK 格式（quadratic upstream interpolation for convective kinetics）是 Lenoard[8]提出的一种格式，如图 5-3 所示，它采用上游三点加权的二次插值来计算界面上的 φ。

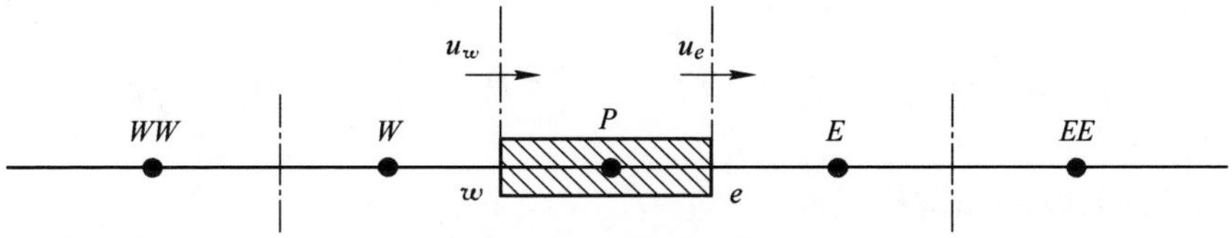

图 5-3 QUICK 格式

$u_w>0$、$u_e>0$ 时，w 界面 φ 值由 P、W、WW 三个节点来计算，e 界面的 φ 值由 P、E、EE 来计算：

$$\varphi_w = \varphi_W + \frac{1}{8}(3\varphi_P - 2\varphi_W - \varphi_{WW}) = \frac{6}{8}\varphi_W + \frac{3}{8}\varphi_P - \frac{1}{8}\varphi_{WW}$$

$$\varphi_e = \varphi_P + \frac{1}{8}(3\varphi_E - 2\varphi_P - \varphi_W) = \frac{6}{8}\varphi_P + \frac{3}{8}\varphi_E - \frac{1}{8}\varphi_W$$

此时对流项按上式离散，扩散项按中心差分离散，则 QUICK 格式的一维问题离散方程为：

$$\left[F_e\left(\frac{6}{8}\varphi_W + \frac{3}{8}\varphi_P - \frac{1}{8}\varphi_{WW}\right) - F_w\left(\frac{6}{8}\varphi_P + \frac{3}{8}\varphi_E - \frac{1}{8}\varphi_W\right)\right] = D_e(\varphi_E - \varphi_P) - D_w(\varphi_P - \varphi_W)$$

整理成通式：

$$\alpha_P\varphi_P = \alpha_W\varphi_W + \alpha_E\varphi_E + \alpha_{WW}\varphi_{WW}$$

其中各系数计算如下：

$$\alpha_E = D_e - \frac{3}{8}F_e$$

$$\alpha_{WW} = -\frac{1}{8}F_w$$

$$\alpha_P = \alpha_W + \alpha_E + \alpha_{WW} + (F_e - F_w)$$

$$= D_w - \frac{3}{8}F_w + D_e + \frac{6}{8}F_e$$

当 $u_w<0$、$u_e<0$ 时：

$$\varphi_w = \varphi_P + \frac{1}{8}(3\varphi_W - 2\varphi_P - \varphi_E) = \frac{6}{8}\varphi_P + \frac{3}{8}\varphi_W - \frac{1}{8}\varphi_E$$

$$\varphi_e = \varphi_E + \frac{1}{8}(3\varphi_P - 2\varphi_E - \varphi_{EE}) = \frac{6}{8}\varphi_E + \frac{3}{8}\varphi_P - \frac{1}{8}\varphi_{EE}$$

此时对流项按上式离散，扩散项按中心差分离散，则 QUICK 格式的一维问题离散方程为：

$$\alpha_P\varphi_P = \alpha_W\varphi_W + \alpha_E\varphi_E + \alpha_{WW}\varphi_{WW} + \alpha_{EE}\varphi_{EE}$$

式中各系数计算如下：

$$\alpha_W = D_w + \frac{3}{8}F_w;\ \alpha_E = D_e - \frac{6}{8}F_e - \frac{1}{8}F_w;\ \alpha_{EE} = \frac{1}{8}F_e$$

$$\alpha_P = \alpha_W + \alpha_E + \alpha_{EE} + (F_e - F_w) = D_w - \frac{6}{8}F_w + D_e + \frac{3}{8}F_e$$

5.1.2 多维问题的离散格式

多维问题处理方法同一维类似，只是控制体积中节点的相邻点数由一维的 2 个，变为二维的 4 个和三维的 8 个。

5.1.2.1 二维问题

如图 5-4 所示，控制节点 P 相邻节点为 4 个，除了原来的 W、E 外，还增加了 N、S。

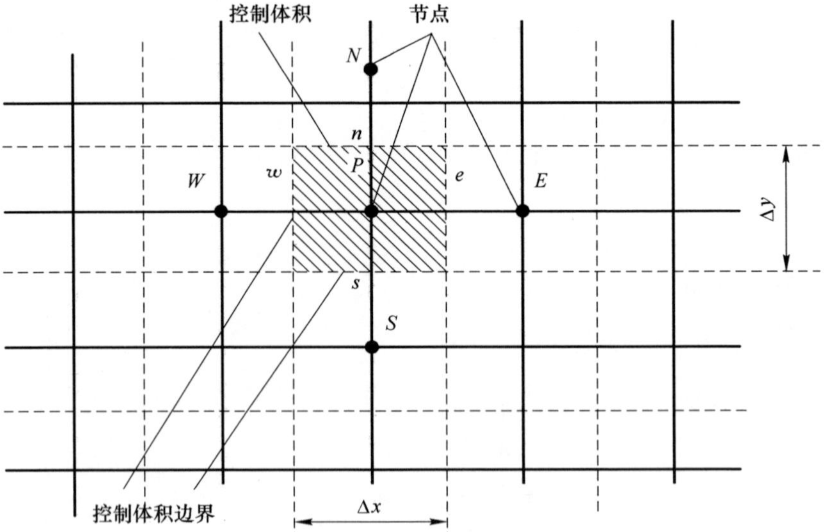

图 5-4 二维问题控制体积和节点

仿照一维通式 5-18，写出二维差分格式：

$$\alpha_P\varphi_P = \alpha_W\varphi_W + \alpha_E\varphi_E + \alpha_S\varphi_S + \alpha_N\varphi_N + S_u \qquad (5\text{-}19)$$

其中各系数的意义与一维类似，可仿照一维写出：

$$\alpha_E = D_eA(|Pe_e|) + \max(-F_e,\ 0)$$

$$\alpha_W = D_wA(|Pe_w|) + \max(-F_w,\ 0)$$

$$\alpha_N = D_nA(|Pe_n|) + \max(-F_n,\ 0)$$

$$\alpha_S = D_sA(|Pe_s|) + \max(-F_s,\ 0)$$

$$S_u = S_c\Delta x\Delta y + \alpha_P^0\varphi_P^0$$

$$\alpha_P^0 = \frac{\rho_P^0\Delta x\Delta y}{\Delta t}$$

$$\alpha_P = \alpha_W + \alpha_E + \alpha_S + \alpha_N + \alpha_P^0 - S_P\Delta x\Delta y$$

$$F_w = (\rho u)_w\Delta y,\ F_e = (\rho u)_e\Delta y,\ F_n = (\rho u)_n\Delta x,\ F_s = (\rho u)_s\Delta x$$

$$D_w = \frac{\Gamma_w\Delta y}{\delta x_{WP}},\ D_e = \frac{\Gamma_e\Delta y}{\delta x_{PE}},\ D_n = \frac{\Gamma_n\Delta x}{\delta y_{PN}},\ D_s = \frac{\Gamma_s\Delta x}{\delta y_{SP}}$$

$$Pe_e = \frac{F_e}{D_e},\ Pe_w = \frac{F_w}{D_w},\ Pe_n = \frac{F_n}{D_n},\ Pe_s = \frac{F_s}{D_s}$$

式 5-19 是二维情况的通式，当采用不同差分格式时，式 5-19 将作相应变化，具体见表 5-1。

表 5-1 不同差分格式 $A|Pe|$ 的计算

格式	中心差分	迎风格式	混合格式	幂指数格式
$A\|Pe\|$	$1-0-5\|Pe\|$	1	$\max(0,\ 1-0.5\|Pe\|)$	$\max(0,\ 1-0.1\|Pe\|)^5$

5.1.2.2 三维问题

将一维通式 5-18 扩展到三维，得到三维情况下的差分方程：

$$\alpha_P\varphi_P = \alpha_W\varphi_W + \alpha_E\varphi_E + \alpha_S\varphi_S + \alpha_N\varphi_N + \alpha_T\varphi_T + \alpha_B\varphi_B + S_u$$

式中各系数计算如下：

$$\alpha_E = D_eA(|Pe_e|) + \max(-F_e,\ 0)$$

$$\alpha_W = D_wA(|Pe_w|) + \max(-F_w,\ 0)$$

$$\alpha_N = D_nA(|Pe_n|) + \max(-F_n,\ 0)$$

$$\alpha_S = D_sA(|Pe_s|) + \max(-F_s,\ 0)$$

$$\alpha_T = D_tA(|Pe_t|) + \max(-F_t,\ 0)$$

$$\alpha_B = D_b A(\left|Pe_b\right|) + \max(-F_b, 0)$$

$$S_u = S_c \Delta x \Delta y + \alpha_P^0 \varphi_P^0$$

$$\alpha_P^0 = \frac{\rho_P^0 \Delta x \Delta y}{\Delta t}$$

$$\alpha_P = \alpha_W + \alpha_E + \alpha_S + \alpha_N + \alpha_T + \alpha_B + \alpha_P^0 - S_P \Delta x \Delta y \Delta z$$

$$F_w = (\rho u)_w \Delta y \Delta z, \quad F_e = (\rho u)_e \Delta y \Delta z$$

$$F_n = (\rho v)_n \Delta x \Delta z, \quad F_s = (\rho v)_s \Delta x \Delta z$$

$$F_t = (\rho w)_n \Delta x \Delta y, \quad F_s = (\rho w)_s \Delta x \Delta y$$

$$Pe_e = \frac{F_e}{D_e}, \quad Pe_w = \frac{F_w}{D_w}, \quad Pe_n = \frac{F_n}{D_n}, \quad Pe_s = \frac{F_s}{D_s}, \quad Pe_t = \frac{F_t}{D_t}, \quad Pe_b = \frac{F_b}{D_b}$$

它们的意义可以类比一维或二维理解。

5.2 流场的计算

5.2.1 交错网格

交错网格[9]是计算流体力学的一个特色，它的使用基于以下原因。如图 5-5 所示，是一个压力交错分布的周期压力场，图中虚线控制区域的 x 方向压力梯度

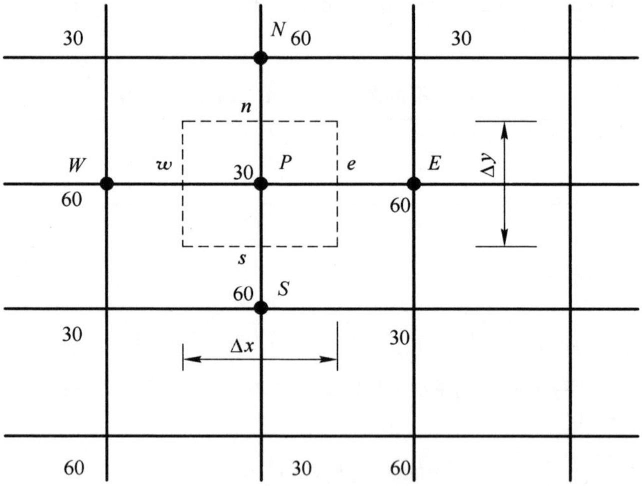

图 5-5 周期压力场

为$\frac{\partial p}{\partial x}=\frac{p_e-p_w}{\Delta x}$。按照中心差分格式，$p_e$、$p_w$ 表达式为：

$$p_e = \frac{p_E + p_P}{2}, \quad p_w = \frac{p_W + p_P}{2}$$

代入上式：

$$\frac{\partial p}{\partial x}=\frac{p_e-p_w}{\Delta x}=\frac{1}{\Delta x}\left(\frac{p_E+p_P}{2}-\frac{p_W+p_P}{2}\right)=\frac{p_E-p_W}{2\Delta x}=\frac{60-60}{2\Delta x}=0$$

可以验证在 y 方向也存在压力梯度为零的情况。这样在一个压力不均匀的流场中，压力梯度却为零，显然不符合实际情况，解决的方法是采用交错网格。

如图 5-6 所示，采用两套网格，实线网格上节点设为主控制容积节点，例如 W、E、P 点等，阴影区域为控制容积，将标量型变量如压强、温度、浓度等布置在主控制节点 W、E、P 上；虚线网格属于矢量型变量场，如速度等，它们存储在主控制容积边界上，如图中的 w、e 等边界的箭头。

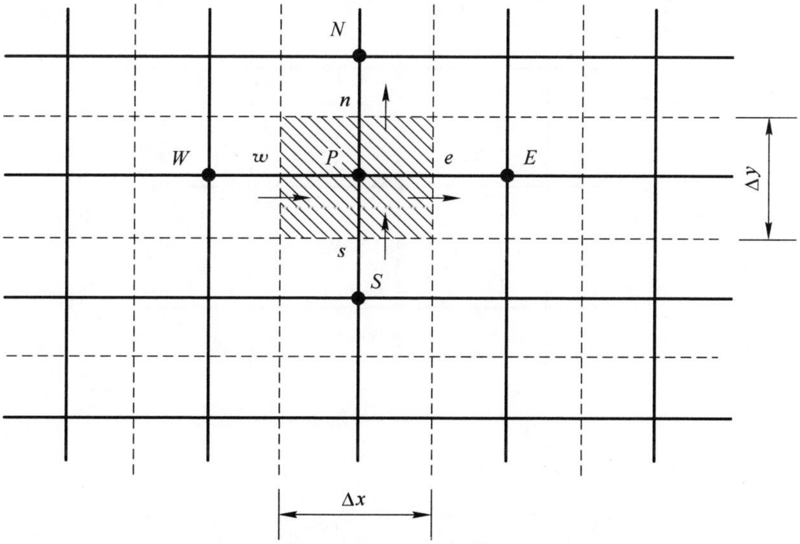

图 5-6 交错网格

不同的场变量有不同的控制容积，图 5-7c 中阴影部分为速度变量 u 的控制体积，与图 5-7a 标量场控制体积相比，横向错开半个网格；而图 5-7b 中的阴影部分为速度变量 v 的控制容积，与图 5-7a 主控制容积相比纵向相差半个网格。主控制网格标量场的离散与前面论述一样。而对于速度场等虚线网格变量来说则有些不同。在运动方程中，压力作为源项的一部分（参见 4.3.4 节中式 4-48），现在将它提取出来。比如二维流动中，x 方向压力梯度项为 $-\frac{\partial p}{\partial x}$，对它在控制体积内积分。由于是 x 方向梯度，且属于运动方程的一项，因此积分范围在速度 u 的控制体积内，如图 5-7c 所示。

积分结果为：

$$\int_{s}^{n}\int_{P}^{E}\left(-\frac{\partial p}{\partial x}\right)\mathrm{d}x\mathrm{d}y$$

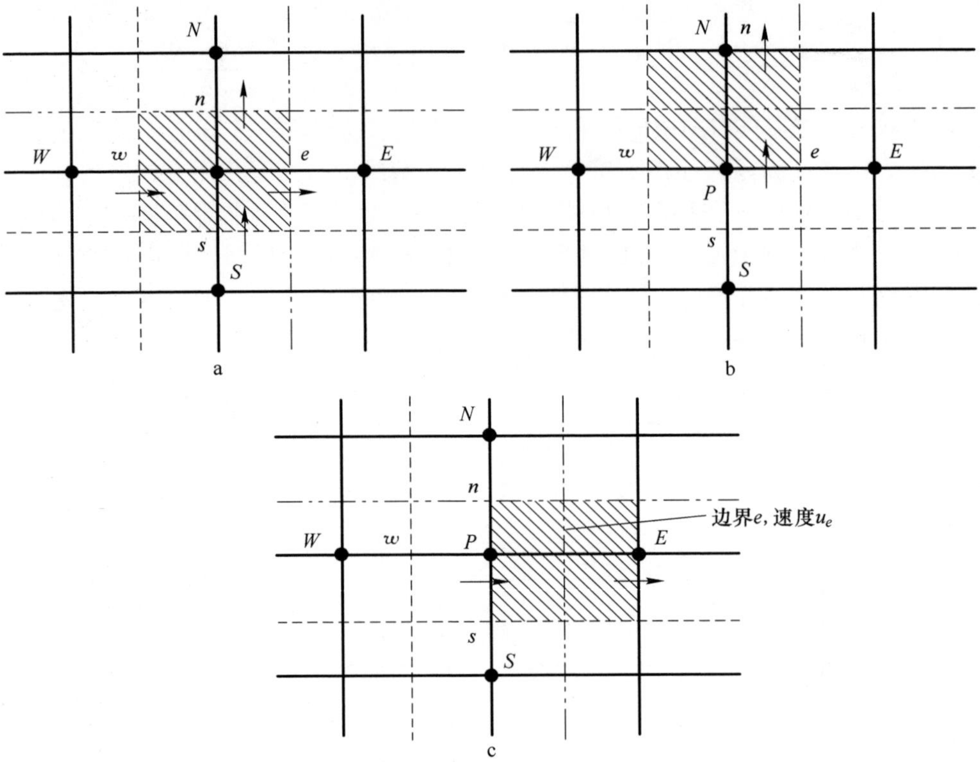

图 5-7 不同场变量的控制容积

展开为：

$$\int_{\Delta y}\left[\int_{\Delta x}\left(-\frac{\partial p}{\partial x}\right)\mathrm{d}x\right]\mathrm{d}y=\int_{\Delta y}\left[(-p)\mid_P^E\right]\mathrm{d}y=(p_P-p_W)\Delta y$$

这里假设压力在边界 y 方向是均匀的，这样在运动方程中，关于 u_e 的离散方程具有下面形式：

$$\alpha_e u_e=\Sigma\alpha_{nb}u_{nb}+(p_P-p_E)A_e+S_u$$

式中 u_{nb}——u_e控制体积相邻节点流速，在这里分别为 u_P、u_E；

A_e——x 方向压力的作用面积，在这里 $A_e=1\times\Delta y$；

S_u——不包括压力在内的源项中常数部分；

α_{nb}——系数，取决于离散格式，可参见前面。

类似地可对 v_n、w_t 的控制容积进行处理，综合起来得到三维流场速度离散方程：

$$\begin{cases}\alpha_e u_e=\Sigma\alpha_{nb}u_{nb}+(p_P-p_E)A_e+S_u\\ \alpha_n v_n=\Sigma\alpha_{nb}v_{nb}+(p_P-p_N)A_n+S_v\\ \alpha_t w_t=\Sigma\alpha_{nb}w_{nb}+(p_P-p_T)A_t+S_w\end{cases}\tag{5-20}$$

利用计算机对这些方程组求解，就得到了节点的速度和压力，进而根据速度、压力求出其他物理量。

5.2.2 SIMPLE 算法

SIMPLE 算法[10]的全称为 semi-implicit method pressure-linked equations，其含义在完成其推导过程后自会理解。

5.2.2.1 压力与速度的修正

对于离散的运动方程式 5-20，只有压力场已知才能计算速度场。在实际计算中，先估计一个压力场 p^*，然后代入式 5-20，得到式 5-21：

$$\begin{cases} \alpha_e u_e^* = \Sigma\alpha_{nb}u_{nb}^* + (p_P^* - p_E^*)A_e + S_u \\ \alpha_n v_n^* = \Sigma\alpha_{nb}v_{nb}^* + (p_P^* - p_N^*)A_n + S_v \\ \alpha_t w_t^* = \Sigma\alpha_{nb}w_{nb}^* + (p_P^* - p_T^*)A_t + S_w \end{cases} \tag{5-21}$$

求解上式，得到基于估计压力的速度场 u^*、v^*、w^*。

由于采用了估计压力 p^*，因此需要对此压力场进行改进，利用改进后的压力场继续计算速度场，得到新的速度场，不断重复上述步骤，直到速度场满足连续性条件为止。

设正确压力场为：

$$p = p^* + p' \tag{5-22}$$

式中 p'——压力修正值。

设相应速度修正值为：

$$\begin{cases} u = u^* + u' \\ v = v^* + v' \\ w = w^* + w' \end{cases} \tag{5-23}$$

将式 5-23 代入式 5-20，然后减去式 5-21 得到速度-压力修正方程：

$$\begin{cases} \alpha_e u'_e = \Sigma\alpha_{nb}u'_{nb} + (p'_P - p'_E)A_e \\ \alpha_n v'_n = \Sigma\alpha_{nb}v'_{nb} + (p'_P - p'_N)A_n \\ \alpha_t w'_t = \Sigma\alpha_{nb}w'_{nb} + (p'_P - p'_T)A_t \end{cases} \tag{5-24}$$

上式表明任一点上的速度修正由两部分组成，一部分是同一方向上相邻节点压力修正之差，另一部分是由相邻节点速度修正所引起的，这可以视为四周压力修正对所讨论位置上速度修正间接或隐含的影响。在实际计算中，认为压力修正的影响是主要的，四周相邻节点速度修正的影响可不予考虑，于是式 5-24 变为：

$$\begin{cases} u'_e = d_e(p'_P - p'_E) \\ v'_n = d_n(p'_P - p'_N) \\ w'_t = d_t(p'_P - p'_T) \end{cases} \tag{5-25}$$

其中：

$$d_e = \frac{A_e}{\alpha_e},\ d_n = \frac{A_n}{\alpha_n},\ d_t = \frac{A_t}{\alpha_t}$$

这样式 5-23 可写为：

$$\begin{cases} u_e = u_e^* + d_e(p'_P - p'_E) \\ v_n = v_n^* + d_n(p'_P - p'_N) \\ w_t = w_t^* + d_t(p'_P - p'_T) \end{cases} \tag{5-26}$$

5.2.2.2 压力修正方程

现在导出确定压力修正值 p' 的方程，其指导思想是，根据 p' 改进后的速度场应该满足连续性方程。

把连续性方程 $\frac{\partial \rho}{\partial t} + \frac{\partial(\rho u)}{\partial x} + \frac{\partial(\rho v)}{\partial y} + \frac{\partial(\rho w)}{\partial z} = 0$ 在时间间隔 Δt 内对主控体积积分得：

$$\frac{(\rho_P - \rho_P^0)\Delta x\Delta y\Delta z}{\Delta t} + [(\rho u)_e - (\rho u)_w]\Delta y\Delta z + [(\rho v)_n - (\rho v)_s]\Delta x\Delta z + [(\rho w)_t - (\rho w)_b]\Delta x\Delta y = 0$$

将式 5-25 代入上式，得到 p' 压力修正方程：

$$\alpha_P p'_P = \alpha_E p'_E + \alpha_W p'_W + \alpha_N p'_N + \alpha_S p'_S + \alpha_T p'_T + \alpha_B p'_B + S \tag{5-27}$$

其中：

$$\alpha_E = \rho_e d_e \Delta y\Delta z \quad \alpha_W = \rho_w d_w \Delta y\Delta z \quad \alpha_N = \rho_n d_n \Delta z\Delta x$$

$$\alpha_S = \rho_s d_s \Delta z\Delta x \quad \alpha_T = \rho_t d_t \Delta x\Delta y \quad \alpha_B = \rho_b d_b \Delta x\Delta y$$

$$\alpha_P = \alpha_E + \alpha_W + \alpha_N + \alpha_S + \alpha_T + \alpha_B$$

$$S = \frac{(\rho_P - \rho_P^0)\Delta x\Delta y\Delta z}{\Delta t} + [(\rho u^*)_w - (\rho u^*)_e]\Delta y\Delta z + [(\rho v^*)_s - (\rho v^*)_n]\Delta x\Delta z + [(\rho w^*)_b - (\rho w^*)_t]\Delta x\Delta y$$

参数 ρ_e、ρ_w、ρ_s、ρ_n、ρ_t、ρ_b 可以采用任意内插公式，由网格节点处的值计算得到，但要注意的是，不管采用什么内插公式，都必须保证密度在界面所属的两个控制容积内连续。

算法在式 5-24 中的速度修正项中略去了 $\Sigma\alpha_{nb}u'_{nb}$，去掉这一项，称为半隐，而保留则称为全隐，这就是 SIMPLE 名称的由来。将以上计算步骤表示为图 5-8 所示的流程图。

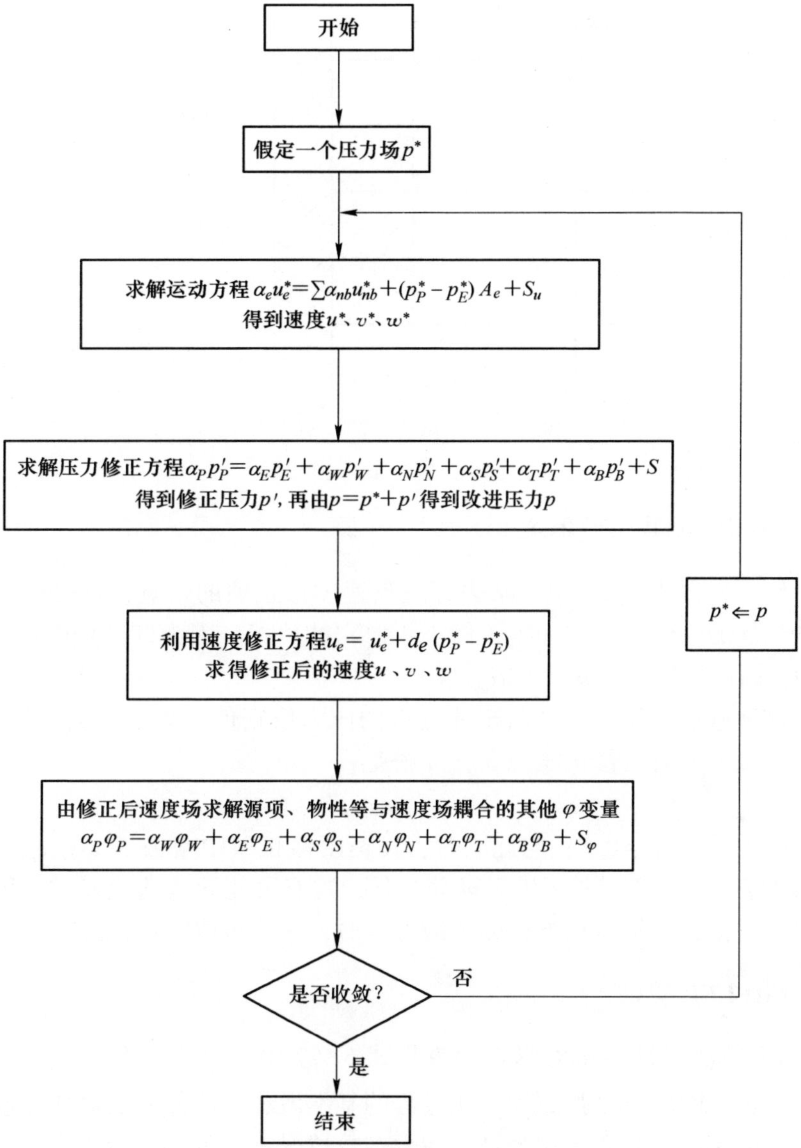

图 5-8 SIMPLE 算法流程图

5.2.2.3 SIMPLE 算法压力修正边界条件

一般情况下，在流动边界上或压力已知或速度已知。若压力已知，有 $p^* = p_{已知}$，$p' = 0$；若速度已知，有 $u_e = u_{e已知}$，$u'_e = 0$。图 5-9 所示网格，控制体界面与物理边界重合，因此有 $u_e = u_{e已知}$，$u'_e = 0$，此时不必引入 p'_E，或者说压力修正 p' 方程式 5-27 中，$\alpha_E = 0$。

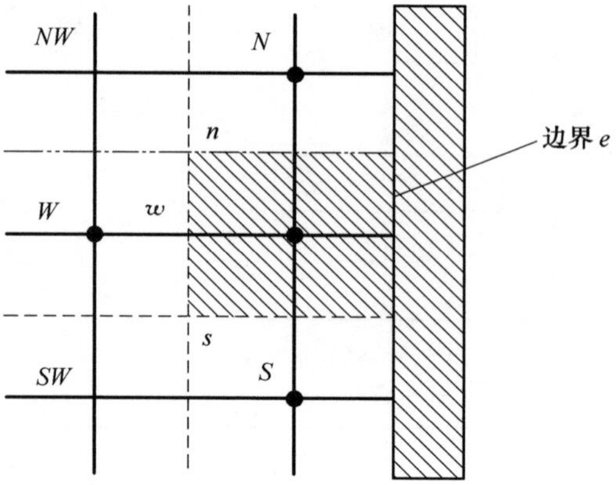

图 5-9 主控容积的边界条件

5.2.2.4 SIMPLE 算法的不足

速度修正方程式 5-24 中，略去邻近点速度修正值的影响，这一做法并不影响速度场最后的收敛，但却加重了修正压力 p' 的负担，因为速度场收敛时，$u'\to 0$，$v'\to 0$，因而导致 $\Sigma\alpha_{nb}u'_{nb}$、$\Sigma\alpha_{nb}v'_{nb}$ 趋于零。

但把速度修正的原因完全归于邻近点的压力修正值，势必夸大了压力修正，因此在改进压力值时对修正压力 p' 作亚松弛：

$$p = p^* + \alpha_p p'$$

一般取亚松弛系数 $\alpha_p = 0.8$；与此同时，在速度修正项中略去了 $\Sigma\alpha_{nb}u'_{nb}$，所求得的速度修正值 u'、v'、w' 并不满足运动方程，这有可能导致迭代发散，因此速度也应加以亚松弛，在解运动方程的离散方程时，一般可取亚松弛因子 $\alpha = 0.5$。

5.2.3 SIMPLER 算法

SIMPLE 算法在推导压力修正 p' 方程式 5-27 中，忽略掉 $\Sigma\alpha_{nb}u'_{nb}$，导致过分夸大压力修正，因此亚松弛成为迭代过程的基本做法，此种方法对速度修正是相当好的，而修正压力则效果相当差。在大多数情况下，可以认为压力修正方程修正速度是相当好的，而压力场的改进需要寻找更合适的办法。

此外，SIMPLE 方法中，为了确定离散运动方程的系数，一开始假定一个速度分布，同时又假定一个压力分布，这两个场一般不协调，从而影响迭代速度。实际上，假定速度场后，压力场可由压力方程计算而得，不需要再单独假定一个压力场。Patankar 把上述两种思想结合起来[11]，构成了改进后的 SIMLPE 算法——SIMPLER 算法（SIMPLE revised）。

将离散后的 x 方向运动方程式 5-20 第一项改写为：

$$u_e = \frac{\Sigma\alpha_{nb}u_{nb} + S_u}{\alpha_e} + d_e(p_P - p_E) \tag{5-28}$$

定义 x 方向的假速度为：

$$\hat{u}_e = \frac{\Sigma\alpha_{nb}u_{nb} + S_u}{\alpha_e} \tag{5-29}$$

同理 y、z 方向假速度为：

$$\hat{v}_e = \frac{\Sigma\alpha_{nb}v_{nb} + S_v}{\alpha_n} \tag{5-30}$$

$$\hat{w}_e = \frac{\Sigma\alpha_{nb}w_{nb} + S_w}{\alpha_t} \tag{5-31}$$

可见，假速度仅由相邻节点速度组成，不含压力，则式 5-28 为：

$$\begin{cases} u_e = \hat{u}_e + d_e(p_P - p_E) \\ v_e = \hat{v}_e + d_n(p_P - p_E) \\ w_e = \hat{w}_e + d_t(p_P - p_E) \end{cases} \tag{5-32}$$

此式与式 5-26 类似，只是用 $\hat{u}_e$、$\hat{v}_e$、$\hat{w}_e$ 代替了 u^*、v^*、w^*，压力 p 代替修正项 p'，因此将式 5-32 代入连续性方程，便得到如下压力方程：

$$\alpha_P p_P = \alpha_E p_E + \alpha_W p_W + \alpha_N p_N + \alpha_S p_S + \alpha_T p_T + \alpha_B p_B + S \tag{5-33}$$

其中：

$$\alpha_E = \rho_e d_e \Delta y \Delta z \quad \alpha_W = \rho_w d_w \Delta y \Delta z \quad \alpha_N = \rho_n d_n \Delta x \Delta z$$

$$\alpha_S = \rho_s d_s \Delta x \Delta z \quad \alpha_T = \rho_t d_t \Delta x \Delta y \quad \alpha_B = \rho_b d_b \Delta x \Delta y$$

$$\alpha_P = \alpha_E + \alpha_W + \alpha_N + \alpha_S + \alpha_T + \alpha_B$$

$$S = \frac{(\rho_P - \rho_P^0)\Delta x \Delta y \Delta z}{\Delta t} + [(\rho u^*)_w - (\rho u^*)_e]\Delta y \Delta z + [(\rho v^*)_s - (\rho v^*)_n]\Delta x \Delta z + [(\rho w^*)_b - (\rho w^*)_t]\Delta x \Delta y$$

α_P、α_E、α_W、α_N、α_S、α_T、α_B 与压力修正方程 p' 中系数一样，唯有源项不同。在压力方程式 5-24 中，源项由假速度 $\hat{u}_e$、$\hat{v}_e$、$\hat{w}_e$ 算得，而在原来压力修正方程中，源项由 u^*、v^*、w^* 算得。

5.2.4 SIMPLEC 算法

这是另一种改进的算法。在推导压力修正 p' 方程式 5-27 过程中，忽略掉了式 5-24 中的 $\Sigma\alpha_{nb}u'_{nb}$，将速度修正完全归于压力，虽然并不影响收敛的值，但收敛速度降低，同时压力与速度不协调。为了能既忽略 $\Sigma\alpha_{nb}u'_{nb}$，又使基本方程协调，Van Doormal 和 Raithby[12] 提出了 SIMPLEC（SIMPLE consistent）算法。方法是：将式 5-24 分别减去 $\Sigma\alpha_{nb}u'_e$、$\Sigma\alpha_{nb}v'_n$、$\Sigma\alpha_{nb}w'_t$ 得：

$$\begin{cases}(\alpha_e - \Sigma\alpha_{nb})u'_e = \Sigma\alpha_{nb}(u'_{nb} - u'_e) + (p'_P - p'_E)A_e \\ (\alpha_n - \Sigma\alpha_{nb})v'_e = \Sigma\alpha_{nb}(v'_{nb} - v'_e) + (p'_P - p'_N)A_n \\ (\alpha_t - \Sigma\alpha_{nb})w'_e = \Sigma\alpha_{nb}(w'_{nb} - w'_e) + (p'_P - p'_T)A_t\end{cases} \tag{5-34}$$

上式中 u'_e、u'_{nb}，具有同一量级，略去 $\Sigma\alpha_{nb}(u'_{nb}-u'_e)$ 要比略去 $\Sigma\alpha_{nb}u'_{nb}$ 产生的影响小得多，因此算法采用略去 $\Sigma\alpha_{nb}(u'_{nb}-u'_e)$ 这一项的办法，所得的速度修正值 u'_e、v'_e、w'_e为：

$$\begin{cases}(\alpha_e - \Sigma\alpha_{nb})u'_e = (p'_P - p'_E)A_e \\ (\alpha_n - \Sigma\alpha_{nb})v'_e = (p'_P - p'_N)A_n \\ (\alpha_t - \Sigma\alpha_{nb})w'_e = (p'_P - p'_T)A_t\end{cases} \tag{5-35}$$

由式 $\boldsymbol{u}=\boldsymbol{u}^*+\boldsymbol{u}'$得到修正方程为：

$$\begin{cases}u_e = u_e^* + d_e(p'_P - p'_E) \\ v_n = v_n^* + d_e(p'_P - p'_N) \\ w_t = w_t^* + d_t(p'_P - p'_T)\end{cases} \tag{5-36}$$

其中系数：

$$d_e = \frac{A_e}{\alpha_e - \Sigma\alpha_{nb}}$$

$$d_n = \frac{A_n}{\alpha_n - \Sigma\alpha_{nb}}$$

$$d_t = \frac{A_t}{\alpha_t - \Sigma\alpha_{nb}}$$

5.3 边界条件

采用交错网格处理边界条件时，物理边界要与标量控制体边界重合，如图 5-10 所示，控制体的 w 边界与实际物理边界重合。为施加边界条件，在物理边界外也布置节点，例如 $I=1$ 行，$J=1$ 列，这些节点只用于存储边界条件，而实际计算是从 $I=2$、$J=2$ 开始的。对于一般的边界条件有以下假定：(1) 流动是亚声速；(2) κ-ε 用湍流模型；(3) 用混合差分离散；(4) 应用 SIMPLE 算法求解。

5.3.1 入口边界条件

如图 5-10 所示，入口速度存储在 $i=1$ 的速度网格节点上（图中圆圈），入口压力存储于 $I=1$ 的主控制网格节点上。当入口速度已知时，令 $u_w^*=\bar{u}$，同时令离散方程中的 u_w^* 系数 α_w 为 0。采用 κ-ε 模型时，进口处湍动能 κ 及其耗散率 ε

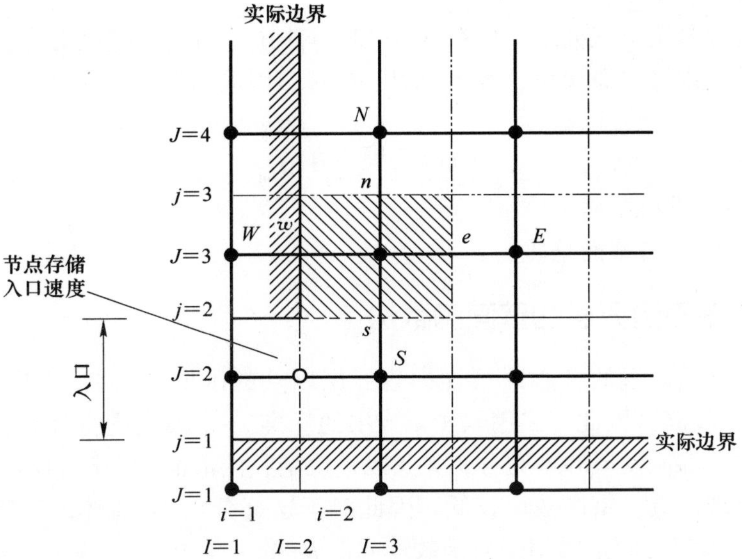

图 5-10 边界条件

一般很难测到，一般通过计算确定，入口湍动能和湍流强度定义为：

$$\kappa = \frac{1}{2}(\overline{u'^2} + \overline{v'^2} + \overline{w'^2})$$

$$T_i = \sqrt{\frac{(\overline{u'^2} + \overline{v'^2} + \overline{w'^2})}{3}}/U = \sqrt{\frac{2\kappa}{3}}/U$$

$$\kappa = \frac{3}{2}(U \cdot T_i)^2$$

U 为参考速度，例如管道入口速度。计算不同的流体力学问题，可以根据问题性质估算湍流强度大小，一般取 $T_i = 1\% \sim 6\%$。

根据上述定义的湍动能耗散率为：

$$\varepsilon = C_\mu^{3/4} \frac{\kappa^{2/3}}{l}$$

5.3.2 出口条件

出口距离进口很远时，流动得到充分发展，此时各量（压力除外）在流动方向上梯度为零，一般出口截面与流动方向垂直的界面上有 $\frac{\partial \varphi}{\partial n} = 0$，其离散形式为：$\varphi_{NI,J} = \varphi_{N-1I,J}$。采用 $\kappa\text{-}\varepsilon$ 模型时，出口湍动能 κ 及其耗散率 ε 的边界条件如下：

$$\frac{\partial \kappa}{\partial n} = 0, \ \frac{\partial \varepsilon}{\partial n} = 0$$

n 为出口法向单位矢量。

速度虽也是按上式处理，但在 SIMPLE 算法中，得到的速度分布必须通过连续性来校核，即进口总质量应等于出口总质量，因此出口速度有修正：

$$u\varphi_{NI,\ J} = u_{N-1I,\ J}\frac{M_{in}}{M_{out}}$$

式中 M_{in}——进口截面总质量；

M_{out}——出口截面总质量。

5.4 处理壁面边界层的壁面函数法

对于离壁面较远的核心区域（即边界层以外的区域），湍流发展非常充分，雷诺数 Re 比较高，因此可采用 4.4.4 节中的标准 κ-ε 模型进行计算。近壁处的湍流边界层，湍流发展并不充分，尤其黏性底层，湍流的脉动影响不如分子黏性大，流动出现层流，雷诺数比较低。因此对于这部分低 Re 流体的计算，不能使用 κ-ε 模型求解，而是采用壁面函数法或低 Re 的 κ-ε 模型求解。壁面函数法计算效率高，工程实用性强，而使用低 Re 的 κ-ε 模型求解时，因壁面区（黏性底层和过渡层）物理量变化非常大，必须细化网格，因此计算成本很高。鉴于此，本书重点介绍壁面函数法。

使用壁面函数法，在划分网格时不需要在壁面区加密，只需把紧贴壁面的控制容积的控制节点 P 布置在对数律成立的区域，如图 5-11 所示，然后通过壁函数将节点 P 的待求物理量与壁面上的物理量联系起来，这样就不必对壁面控制体积求解，就可以直接得到控制节点 P 的变量值，然后再配合高 Re 的 κ-ε 模型计

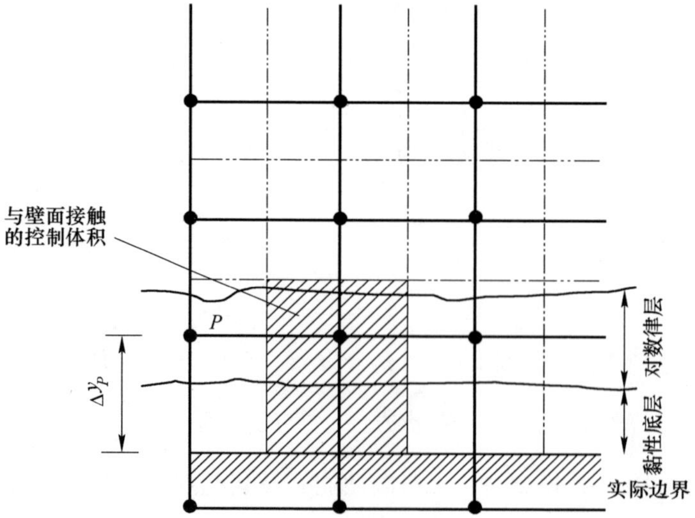

图 5-11 壁面函数法

算湍流充分发展核心区域。下面我们看一下，如何通过壁函数确定节点 P 的变量值。根据4.5节已知，壁面湍流边界层可再划分为四个区域：（1）层流底层；（2）过渡层；（3）内层湍流；（4）外层湍流。在实际计算时，将上面（1）层定义为黏性底层；（2）层定义为过渡层；（3）、（4）层定义为对数律层。

黏性底层是一个紧贴壁面的极薄层，黏性力在动量、热量和质量交换中起主导作用，雷诺应力可忽略，流动几乎是层流流动，平行于壁面的速度分量在壁面法向上为线性分布，如图5-12中 $y^+<5$ 的区域为黏性底层，这时速度沿壁面法向方向呈线性分布（参见4.5.2节）；当与壁面距离相邻控制体积的节点满足 $y^+>11.63$ 时，此时节点过渡层处于黏性底层外面，其中黏性力与雷诺应力相当，流动状况比较复杂，很难用一个公式来描述，由于这一层厚度极小，所以工程计算中并不明显划出，将之归为对数律层。对数律层处于最外面，黏性力影响不明显，雷诺应力占主要地位，流动处于充分发展湍流状态，速度分布接近对数律（亦参见4.5.2节），图5-12中，$60\leqslant y^+\leqslant 500$ 的区域即是对数律层。

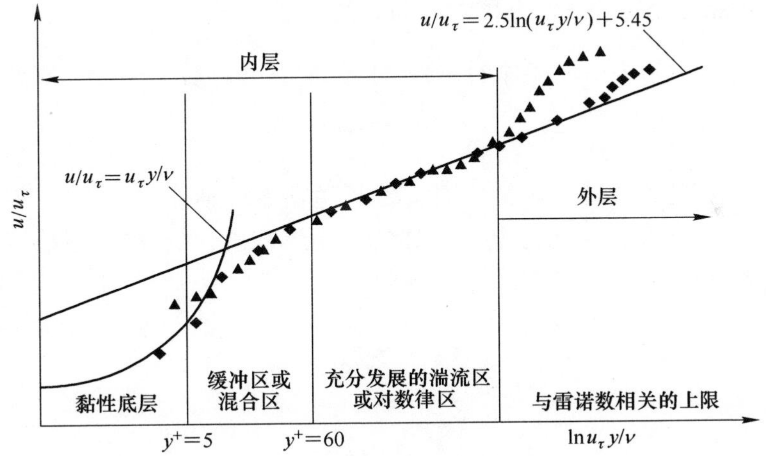

图5-12 湍流边界层速度分布[13]

5.4.1 节点 P 速度 u 的计算

当与壁面距离相邻控制体积的节点满足 $y^+>11.63$ 时，节点 P 速度 u^+ 遵循对数律，可由式5-37确定：

$$u^+=\frac{1}{k}\ln(Ey^+) \tag{5-37}$$

这就是上面提到的壁函数之一，其中：

$$y^+ = \frac{\Delta y_P (C_\mu^{1/4} \kappa_P^{1/2})}{\mu}$$

式中 μ——流体黏度；

C_μ——常数，为 0.09；

Δy_P——意义见图 5-11。

可见只要确定了 P 节点湍动能 κ_P，上面的表达式就都确定了。此时壁面切应力满足如下关系：

$$\tau_w = \rho C_\mu^{1/4} \kappa_P^{1/2} \frac{u_P}{u^+}$$

式中 u_P——节点 P 的时均速度；

κ_P——节点 P 的湍动能。

壁面切应力的求法在 4.5 节中有所论述，因此是已知量，这样 P 节点的湍动能 κ_P 就能确定。当与壁面相邻控制体积的节点满足 $y^+<11.63$ 时，流动处于黏性底层，其速度 u_P 由 $u^+=y^+$决定，参见 4.5.2 节。

5.4.2 湍动能方程与耗散率方程中 κ 与 ε 的计算

κ 方程是在包括与壁面相邻的控制体内的所有计算域上进行求解的，壁面上湍动能 κ 的边界条件为$\dfrac{\partial \kappa}{\partial n}=0$。

与壁面相邻的控制体积内，构成 κ 方程源项的湍动能产生项 G_κ 及耗散率 ε 按局部平衡假定计算，即在与壁面相邻的控制体积内，G_κ 和 ε 都是相等的。从而 G_κ 按下式计算：

$$G_\kappa \approx \tau_w \frac{\partial \bar{u}}{\partial y}$$

ε 按下式计算：

$$\varepsilon = \frac{C_\mu^{3/4} \kappa_P^{3/2}}{k \Delta y_P}$$

注意壁面相邻控制体积内是不对 ε 方程求解的，直接按上式确定 P 点的 ε 值。这也是壁函数之一。

5.4.3 能量方程中温度 T 的计算

能量方程以温度 T 为未知量，为建立网格节点 P 处温度与壁面上物理量之间的关系，定义新参数：

$$T^+ = \frac{(T_w - T_P) \rho c_P C_\mu^{1/4} \kappa_P^{1/2}}{q_w} \tag{5-38}$$

式中 T_P——与壁面距离相邻控制体积的节点 P 的温度；

T_w——壁面的温度；

q_w——壁面上的热流密度。

壁面函数法通过下式将计算网格节点上的温度 T 与壁面上的物理量相联系：

$$T^+ = \begin{cases} Pr y^+ + \dfrac{1}{2}\rho Pr \dfrac{C_\mu^{1/4}\kappa_P^{1/2}}{q_w} u_P^2 (y^+ < y_T^+) \\ Pr_t\left[\dfrac{1}{k}\ln(Ey^+) + P\right] + \dfrac{1}{2}\rho \dfrac{C_\mu^{1/4}\kappa_P^{1/2}}{q_w}[Pr_t u_P^2 + (Pr - Pr_t)u_c^2](y^+ > y_T^+) \end{cases}$$

对于不可压缩流体，按下式计算：

$$T^+ = Pr_t\left[\frac{1}{k}\ln(Ey^+) + P\right]$$

参数 P 由下式计算：

$$P = 9.24\left[\left(\frac{Pr}{Pr_t}\right)^{3/4} - 1\right](1 + 0.28e^{-0.007\frac{Pr}{Pr_t}})$$

式中 Pr——分子的 Prandtl 数 $(\mu\dfrac{c_p}{\lambda_f})$，$Pr_t$ 是在壁面上的分子 Prandtl 数，推荐为 0.8~0.9；

λ_f——流体导热系数；

u_c——在 $y^+=y_T^+$ 处的平均速度，其中 y_T^+ 是给定 Pr 的条件下，对应的黏性底层与对数律层转换时的 y^+。

式 5-37 也是壁函数之一。这样壁面附近，控制节点的各量就确定了，而不需要通过 $\kappa-\varepsilon$ 模型求解。得到这些物理量值后，再配合 $\kappa-\varepsilon$ 模型求解湍流充分发展的区域（边界层以外）的节点变量值。

5.5 多相流数值模拟

与单相流相比，多相流的流动特性要复杂得多。其根本特点就是在流动中，同时存在被相界面明显分开的两种或多种物种组分。多数情况下，两相或多相流动系统是由连续相（液体或气体）和弥散相（固体颗粒、液滴等）组成的体系，流动情况复杂。多相流模拟的主要任务就是通过建立数学物理模型，借助计算机来再现和预测多相流内各个主要参数的详细分布及其变化规律。在多相流模拟中，涉及的参数包括流体速度、压力、温度、密度等常规参数。下面我们简单介绍一下这些参数。

5.5.1 相分布参数

多相流区别单相流的根本特点在于，流动区域内同时存在被相界面明显分割的两种物质，每种物质称为一相。在实际流动中，各相的分布十分复杂，不同的相分布导致了不同的流型，表现了不同的传热和流动阻力特性。因此多相流研究的一个重要任务就是确定流动区域中各相的分布状况，采用特殊的参数来表示各相分布状况，这些参数有：浓度、容积含气率、截面含气率、质量含气率、相函数和 level Set 函数等[14~21]。

（1）浓度：用于描述气-固两相流和液-固两相流中固体相的分布，表示固体相质量在局部计算区域中所占的质量（体积）份额，对应的参数为质量（体积）浓度。

（2）容积含气率和截面含气率：主要用于描述多相流中气相的分布，表示气体相的体积在局部计算区域中所占的份额，也称空泡率，其定义为：

$$\alpha = \frac{V_g}{V}$$

式中 V_g——控制体积内气相的体积；

V——控制单元体积。

对于一维流动，如果所取控制单元为一段长为 L 的流道，流道截面积为 A，气相所占据的截面积为 A_g，则空泡率定义变为：

$$\alpha = \frac{V_g}{V} = \frac{A_g L}{AL} = \frac{A_g}{A}$$

当 L 趋于零时，控制体就变为一个横截面，此时的容积含气率就变为界面含气率。

（3）质量气流率：气-液两相流中，气相质量流量 W_G 所占两相流量的份额称为质量气流率，用 x 表示：

$$x = \frac{W_G}{W_G + W_L}$$

式中 W_L——液相质量流量。

（4）容积气流率：气-液两相流中，气相体积流量 Q_G 和两相流量体积和之比称为体积气流率，用 β 表示：

$$\beta = \frac{Q_G}{Q_G + Q_L}$$

$1-\beta$ 则称为容积液流率，表示液相体积流量和两相流量体积和之比。

（5）相函数：表示两相流中气体（液体）相的体积在局部单个网格区域中所占的份额，是一个与空间位置和时间分布有关的参数，也是气-液两相流数值模拟中实现相界面追踪、描述多相物性参数分布的一个十分重要的参数。

（6）Level Set 函数：是一个高阶空间分布函数，它的零等值面可被用来指示相界面的位置和形状[18,19,21]。

5.5.2 加权参数

为了计算方便和便于进行试验数据拟合，常对多相流的真实参数进行权重因子加权，例如对于两相流的黏度可表示为：

$$\mu_{TP}^{-1} = x\mu_g^{-1} + (1 - x)\mu_l^{-1}$$

再比如，对于两相流导热系数：

$$k_{TP}^{-1} = \alpha k_g^{-1} + (1 - \alpha)k_l^{-1}$$

在此干度 x 和空泡率 α 即为加权因子。

5.5.3 连续介质力学模型

单相流的数值模拟已经在前几节做了详细的介绍，在多相流数值模拟领域，科学家提出了许多模型和方法，主要分为三类[22,23]：第一类是经典的连续介质力学法方法。这类方法从宏观层次上来研究多相流的迁移规律，多相流动由建立在连续介质假定基础上的 Navier-Stokes 方程组控制。针对不同的问题，该方法又分为欧拉-拉格朗日和欧拉-欧拉方法[24,25]。前面提到的多流体模型和均相模型就属于欧拉-欧拉方法；而颗粒动力学模型和颗粒轨道模型则属于欧拉-拉格朗日方法。第二类是建立在统计分子动力学基础上的分子动力学模拟方法。这类方法从微观上将多相流看作是大量离散分子的集合，流体的运动特性由这些离散分子的相关特性的统计平均来决定[26,27]。第三类是介观层次上的模拟方法。这是根据分子运动论理论建立起来的另一类简化动力学模型，是对计算区域内许多格子（lattice）进行计算，这些格子的尺寸远比分子平均自由程大，但又比有限差分的步长或有限容积法中的控制容积宽度要小。介质粒子在格子之间按一定规则行走，这些粒子比分子级别大，但其质量又比有限容积法中的控制容积内流体质量小得多。流体宏观层次上的密度、速度等参数可通过对这些粒子的有关特性进行特殊平均计算获得[28~30]。

本书重点讨论连续介质模型中的欧拉-拉格朗日方法。关于其他模拟方法，有兴趣的读者可以参考相关文献。

这类模型主要适于解决由连续相（气体、液体）和分散相（液滴或气泡）组成的弥散多相流动体系。在这类方法中，连续相介质的运动由经典的 Navier-Stokes 方程控制，而分散相的运动则由独立的动量方程控制。下面的单颗粒动力学模型和颗粒轨道模型就属于这一类方法。

5.5.3.1 单颗粒动力学模型

在实际应用中，许多多相流是由宏观上连续的气体或液体相与分散的颗粒性相（固体颗粒、气泡、液滴）组成的。研究这类多相流方法就是不考虑由于颗粒的存在造成的对连续相流体流动的影响，也不考虑颗粒之间的相互作用以及颗粒的脉动，这是一种单向耦合模型。

对图 5-13 所示的多相流动体系，在拉格朗日坐标中，一般形式的颗粒运动方程为：

$$m_p \frac{dv_{pi}}{dt_p} = F_{di} + F_{vmi} + F_{pi} + F_{Bi} + F_{Mi} + F_{Si} \tag{5-39}$$

式中，F_{di}、F_{vmi}、F_{pi}、F_{Bi}、F_{Mi}、F_{Si}分别为颗粒运动阻力、附加质量力、压力梯度力、Basset 力、Magnus 力、Staffman 力等。

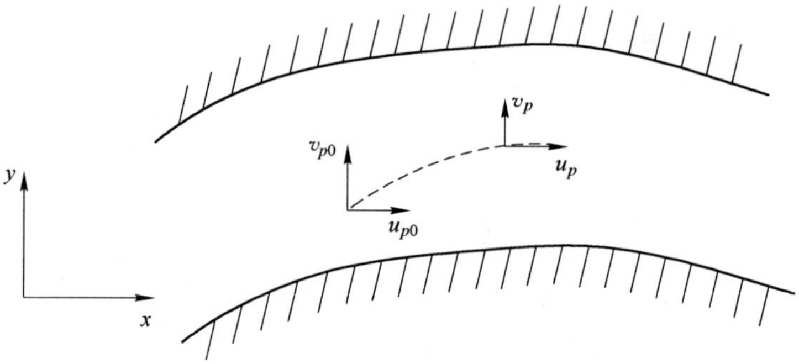

图 5-13 单颗粒在流体中的受力及运动情况

将上述力（具体表达式见 4.6.5 节）的表达式代入得到：

$$m_p \frac{dv_{pi}}{dt_p} = \frac{1}{4}\pi d_p^2 c_d \frac{\rho}{2} \left| v_i - v_{pi} \right| (v_i - v_{pi}) + 0.5\left(\frac{\pi d_p^3}{6}\right)\rho \frac{d}{dt_p}(v_i - v_{pi}) +$$
$$\left(\frac{\pi d_p^3}{6}\right)\frac{dp}{dx} + 1.5(\pi\rho\mu)^{\frac{1}{2}} d_p^2 \int_{-\infty}^{t} \frac{d}{d\tau}(v_i - v_{pi})(\tau - t) -$$
$$\frac{1}{2}d\tau + F_{Mi} + F_{Si} + \cdots$$

非均匀流场中颗粒还受到特殊力，例如 Magnus 力：

$$F_M = \left(\frac{\pi d_p^3}{6}\right) \left| \boldsymbol{v} - \boldsymbol{v}_p \right| \left| \boldsymbol{w}_p - \Omega \right|$$

以及 Staffman 力：

$$F_S = 1.6(\mu\rho)^{1/2} d_p^2 \left| \boldsymbol{v} - \boldsymbol{v}_p \right| \left| \frac{\partial \boldsymbol{v}}{\partial y} \right|^{1/2}$$

颗粒的阻力系数为：

$Re_p < 1$ 时，$c_d = 24/Re_p$

$Re_p < 600$ 时，$c_d = \left(1 + \frac{1}{6}Re_p^{2/3}\right) 24/Re_p$

$Re > 600$ 时，$c_d = 0.42$

当颗粒表面由于传质而具有变质量时，颗粒阻力系数的计算将更为复杂。S. K. Karanfilian 和 T. J. Kotas 推荐[31]，在 $100<Re_p<10000$ 时有：

$$c_d = c_{d_0}\left[1+\left(\frac{d_p}{u_r^2}\right)\frac{\mathrm{d}u_r}{\mathrm{d}t}\right]^{12\pm0.03}$$

式中 c_{d_0}——标准球形颗粒的阻力系数；

u_r——弥散颗粒与连续相之间的相对速度绝对值。

在不同应用条件下，方程式 5-39 右端各力的重要性并不相同，将影响力小的去掉，简化后得到单个颗粒的动量方程为：

$$\frac{\mathrm{d}v_{ki}}{\mathrm{d}t_k} = \frac{v_i - v_{ki}}{\tau_{rk}} + g_i + \frac{F_{k,\ Mi}}{n_k m_k} + (v_i - v_{pi}) + (v_i - v_{ki})\frac{\dot{m}_k}{m_k} \tag{5-40}$$

式中 n_k——第 k 相中颗粒的数密度；

m_k——第 k 相每个颗粒的质量；

$F_{k,Mi}$——第 k 相中的 Magnus 力。

多数情况下，只有阻力和重力是重要的，忽略 Magnus 力和变质量力，式 5-40 进一步简化为：

$$\frac{\mathrm{d}v_{ki}}{\mathrm{d}t_k} = \frac{v_i - v_{ki}}{\tau_{rk}} + g_i$$

可见应用单颗粒动力学模型时，流场中的一相必须是弥散于连续介质中的独立的颗粒、气泡或液滴，这类模型主要用于处理稀疏的气-液两相流或弥散的气-液、液-液两相流问题。

5.5.3.2 颗粒轨道模型

颗粒轨道模型由 C. T. Crowe[32,33] 和 L. D. Smoot[34] 等人提出。此模型与单颗粒动力学模型类似，仍然在拉格朗日坐标系下处理颗粒相的运动问题。但与颗粒动力学模型不同的是，颗粒轨道模型中需要计算颗粒相与连续流体相之间的相互作用，并且认为颗粒相与连续流体相之间存在速度差别（若涉及传热，还包括两相之间的温度差），而且认为相之间的这些差别与弥散颗粒的扩散漂移无关。

采用颗粒轨道模型，要先给一个流场，然后计算各组颗粒的轨迹，对大量颗粒的轨迹进行统计分析，可得到颗粒群概貌。

颗粒轨道模型的基本方程有：

（1）连续体相的质量守恒方程：

$$\frac{\partial\rho}{\partial t} + \frac{\partial}{\partial x_j}(\rho v_j) = -\sum n_k \dot{m}_k$$

（2）第 k 相颗粒的连续方程：

$$\frac{\partial\rho_k}{\partial t} + \frac{\partial}{\partial x_j}(\rho_k v_{kj}) = -n_k \dot{m}_k$$

（3）连续体相的动量守恒方程：

$$\frac{\partial(\rho v_i)}{\partial t}+\frac{\partial}{\partial x_j}(\rho vv)=-\frac{\partial p}{\partial x_i}+\frac{\partial}{\partial x_j}\left[\mu_e\left(\frac{\partial v_j}{\partial x_i}+\frac{\partial v_i}{\partial x_j}\right)\right]+\Delta\rho g_i+\frac{\Sigma\rho_k(v_{ki}-v_i)}{\tau_{rk}}+v_iS+F_{Mi}$$

（4）第 k 相颗粒的动量方程：

$$\frac{\partial}{\partial t}(\rho_k v_{ki})+\frac{\partial}{\partial x_j}(\rho_k v_{kj}v_{ki})=-\frac{\rho_k}{\tau_{rk}}(v_i-v_{ki})+\rho_k g_i+v_iS_k+F_{k,Mi}$$

（5）连续体相的能量守恒方程：

$$\frac{\partial(\rho c_p T)}{\partial t}+\frac{\partial}{\partial x_j}(\rho v_j c_p T)=\frac{\partial}{\partial x_j}\left(\frac{\mu_e}{\sigma_T}\frac{\partial T}{\partial x_J}\right)+w_sQ_s-q_r+\Sigma n_kQ_k+c_pTS$$

（6）第 k 相颗粒的能量方程：

$$\frac{\partial(\rho_k c_k T_k)}{\partial t}+\frac{\partial}{\partial x_j}(\rho_k v_{kj}c_kT_k)=n_k(Q_k-Q_h-Q_{rk})+c_pTS_k$$

上述式中，$\rho_k=n_km_k$ 为 k 相表观密度；n_k、$m_k=\frac{\pi d_k^3}{6}\rho_k$ 分别为第 k 种颗粒的数密度和单个颗粒的质量；$\dot{m}_k=\frac{\mathrm{d}m_k}{\mathrm{d}t}$；$Q_k$ 为各组颗粒与连续流体相之间的对流换热；c_pTS_k、c_pTS 分别为单位体积中第 k 种颗粒流体相和连续流体相由于变质量所造成的能源项；Q_{rk}为第 k 种相互颗粒的辐射热；w_s 为连续流体相第 s 组分的反应率；w_sQ_s 为流体相载单位体积中释放的反应热；Q_h 为颗粒表面热效应（蒸发、凝结、挥发）等所放出的热量；$F_{k,Mi}$为第 k 种相互颗粒的 Magnus 力。上述各参数算法可参考文献［35］。

参考文献

［1］龙天渝，苏亚欣，向文英，等．计算流体力学［M］．重庆：重庆大学出版社，2007.

［2］温正，石良辰，任毅加．流体计算应用教程［M］．北京：清华大学出版社，2009.

［3］朱红钧，林元华，谢龙汉．FLUENT 流体分析及仿真使用教程［M］．北京：人民邮电出版社，2010.

［4］江春波，张子良，丁泽平．计算流体力学［M］．北京：中国电力出版社，2007.

［5］吴子牛．计算流体力学基础原理［M］．北京：科学出版社，2001.

［6］Spading D B. A novel difference formulation for differential expressions involving both first and second derivatives-int［J］. Numer. Eng.，1972（4）：551~559.

［7］Patankar S V. A calculation procedure for two-dimensional elliptic situations［J］. Numerical Heat Transfer，1981（4）：405~425.

［8］Lenoard B P. A stable and accurate convective modeling procedure based on quadratic upstream interpolation [J] . Coput. Meth. Appl. Mech. Eng. , 1979, 29: 59~98.

[9] Harlow F H H, Welch J E. Numerical calculation of time dependent viscous incompressible flow of fliud with free surface [J] . Phys. Fliuds, 1965, 8: 2182.

[10] 王福军 . 计算流体动力学分析—CFD 软件原理与应用 [M] . 北京: 清华大学出版社, 2009.

[11] Patankar S V. Numerical Heat Transfer and Fliud Flow [M] . Hemishere Publishing Corporation and McGraw Hill Book Company, 1980.

[12] Raithby G A. Critical evaluation of upstream differencing applied to problems involving fluid low [J] . Appl. Mech. Eng. Comp. Methods, 1976 (9): 75.

[13] 吴玉林, 刘树红 . 粘性流体力学 [M] . 北京: 中国水利水电出版社, 2007.

[14] 林宗虎 . 两相流与沸腾传热 [M] . 西安: 西安交通大学出版社, 2002.

[15] 刘大有 . 二相流动力学 [M] . 北京: 高等教育出版社, 1993.

[16] 周力行 . 多相流反应流体力学 [M] . 北京: 国防工业出版社, 2002.

[17] 徐济鋆 . 沸腾传热与气液两相流 [M] . 北京: 原子能出版社, 2001.

[18] 刘全, 张晓铁, 水鸿寿 . 数值模拟界面流方法进展 [J] . 力学进展, 2002, 32 (2): 259~274.

[19] 李会雄, 邓晟, 李良星, 等 . 蒸汽-冷流接触冷凝流动的数值模拟 [J] . 工程热物理学报, 2005, 25 (6): 863~966.

[20] 仇铁, 由长福, 祁海鹰, 等 . 多相流的直接数值模拟进展 [J] . 力学进展, 2003, 33 (4): 507~517.

[21] Susssman M, Smereka P, Osher. A level set approach for computing solutions to incompressible two-phase flow [J] . Computational Physics, 1994, 114: 146~159.

[22] 陶文铨 . 计算传热学的近代进展 [M] . 北京: 科学出版社, 2001.

[23] 郭照立, 郑楚光, 李青, 等 . 流体动力学的格子-Boltzmann 方法 [M] . 武汉: 湖北科学技术出版社, 2002.

[24] 鲁钟琪 . 两相流与沸腾传热 [M] . 北京: 清华大学出版社, 2002.

[25] Lebaigue O, Jamet D, Duquennoy C, Coutris N. Review of existing methods for direct numerical simulation of liquid-vapor two-phase flows [C] . Proceedings of the 6th International Conference on Nuclear Engineering ICONE6348, San Diego, 1998, May 10~14.

[26] Kotake S, Kuroki M. Molecular dynamics study of solid melting and vaporization by laser irradiation [J] . Int J. of Heat Mass Transfer, 1993: 2061~2067.

[27] Yang C, Chen M, Guo Z Y. Molecular dynamics simulation on interface characteristics of micro droplet [J] . Chinese Physics Letters, 1999, 16: 803~804.

[28] Frisch U, Hasslacher B, Pomeau Y. Lattice-gas automata for the navier-stokes equation [J]. Physical Review Letters, 1986, 56: 1505~1508.

[29] Shan X W, Doolen D. Diffusion in muti-component lattice-boltzman equation model [J]. Physical Review E, 1996, 54 (4): 3164~3620.

[30] He X Y, Luo L S, Dembo M. Some progress in lattice-boltzmana method, part Ⅰ, non-uniform mesh grids [J] . J. of Computatiuonal Phsics, 1996, 129: 358~363.

[31] Karanfilian S K, Kotas T J. Drag on spheres in unsteady motion in a liquid at rest [J]. Jouenal of Fluid Mechanics, 1978, 87 (1): 85~96.

[32] Crowe C T. Review-numerical models for dilute gas-particel flows [J]. Journal of Fliud Engineering, Trans. ASME, 1982, 104 (3): 297~303.

[33] Crowe C T, Troutt T R, Chung J N. Numerical models for two-phase turbulent flows [J]. Annual Review of Fluid Mechanics, 1996, 28: 11.

[34] Smoot L D, Smith P J. Coal Combustion and Gasification [M]. Plenum Press, 1985.

[35] 周力行. 湍流两相流动与燃烧的数值模拟 [M]. 北京: 清华大学出版社, 1991.

6 船舶腐蚀与防护仿真计算

6.1 船体腐蚀与防护仿真计算

常年浸泡在海水中的船只，连续地受到海水的侵蚀，损失巨大，必须采取措施阻止这一过程的发生。对其进行防腐涂层涂敷是最基本的措施。但由于涂层的老化、破损等原因，该方法不能彻底杜绝腐蚀。将阴极保护技术与之相结合能大大发挥二者的协同作用，使防腐效果最大化。阴极保护是向被保护构件提供电子，使之极化到保护电位而得到保护[1]。但由于船体保护电流密度并不是固定不变的，在不同情况下保护电流密度有所不同，比如新涂漆的船体所需的保护电流为 1～15mA/m^2，裸钢则为 100～150mA/m^2，若船舶航行，则所需保护电流密度为停泊时的 1.25～2.25 倍[2]，如果采用牺牲阳极方法则不能适应上述多变的情况，因此牺牲阳极加涂层保护效果并不理想[3]。

而外加电流阴极保护技术具有电压、电流可调性好，可随外界条件变化实现自动控制等优点[4]，符合上述要求，并且若设计得当，船体表面 95%可以得到有效的保护[5]，鉴于此，本计算将针对外加电流阴极保护技术。

6.1.1 问题描述

图 6-1 为某海滨娱乐场游艇几何模型。在此之前，该游艇已采取了外加电流阴极保护技术，但由于阳极位置设计不当，以及供电方案不合理，致使保护效果欠佳，本书将对原方案进行改进，并利用 COMSOL 软件对改进方案进行模拟验证。

图 6-1 游艇几何模型

在计算前，需要对游艇几何模型进行改造，以适应有限元计算，为此将上层建筑去掉，只留水下被保护部分和水线上一部分，如图 6-2 所示。

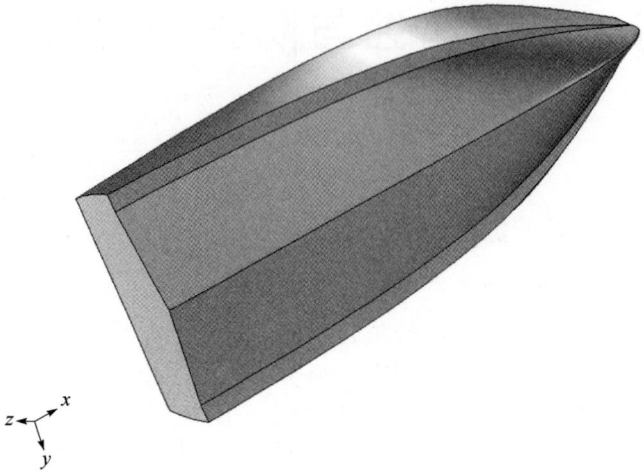

图 6-2 简化后的游艇几何模型

图 6-3a 为游艇原来的阳极位置，在使用中发现船尾保护效果不好，初步判断是辅助阳极安放位置不合理所致，为此对阳极位置进行了调整，图 6-3b 为调整后的结果。接下来，将通过仿真计算验证新方案是否可行。

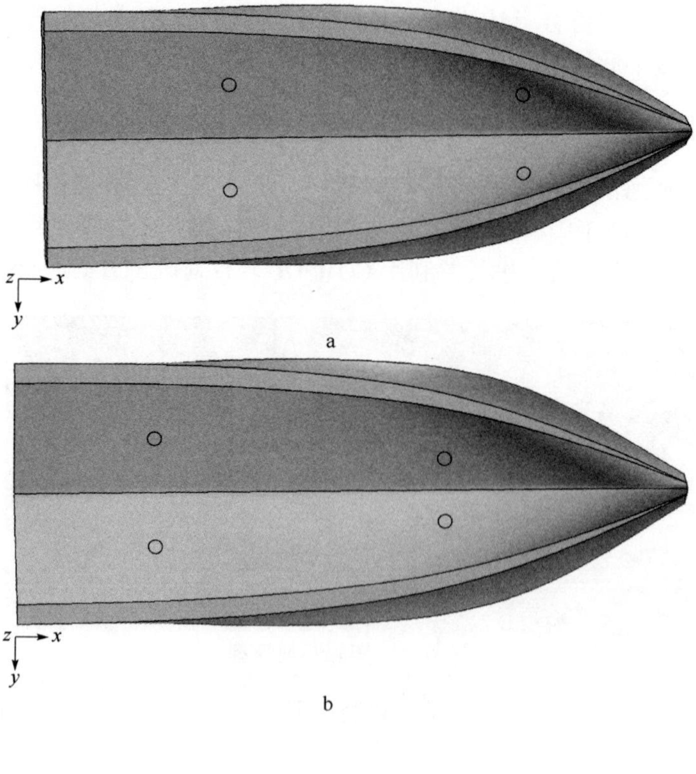

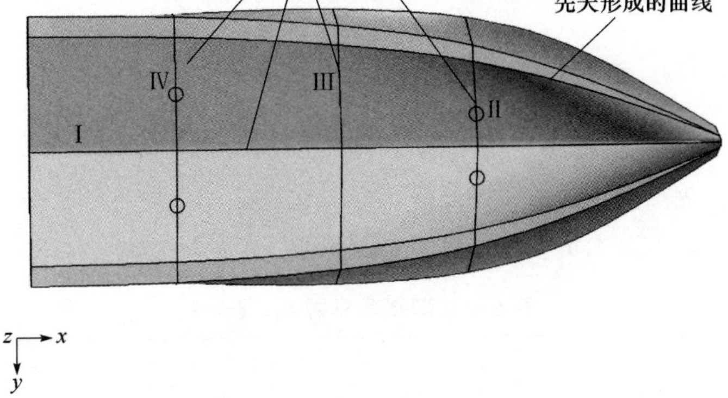

c

图 6-3 辅助阳极位置调整

a—调整前辅助阳极位置；b—调整后辅助阳极位置；c—曲线的位置

6.1.2 保护电流的确定

构件初期保护电流（I_{ini}）、终期保护电流（I_f）以及保护期内平均保护电流（I_a）是不同的，有各自的计算公式，而最终所需保护电流 I_C 应为 $\max(I_{ini}、I_f、I_a)$。这三个时期的保护电流密度按表 6-1、表 6-2 进行选择，这样某一被保护构件所需保护电流根据如下公式计算[6]：

$$I_c = A_c f_c i_c \tag{6-1}$$

式中 A_c——被保护构件表面面积，本书为 12.190m²；

f_c——涂层破损率；

i_c——保护电流密度。

表 6-1 保护电流密度 （A/m²）

深度/m	热带（>20℃）		亚热带（12~20℃）		温带（7~12℃）		寒带（<7℃）	
	初始	终期	初始	终期	初始	终期	初始	终期
0~30	0.15	0.090	0.170	0.110	0.200	0.130	0.250	0.170
>30	0.130	0.080	0.150	0.090	0.180	0.110	0.220	0.130

表 6-2 保护期设计保护电流密度 （A/m²）

深度/m	热带（>20℃）	亚热带（12~20℃）	温带（7~12℃）	寒带（<7℃）
0~30	0.070	0.080	0.100	0.120
>30	0.060	0.070	0.080	0.100

对于保护初期、终期和保护期内均使用上述公式计算，但这三个时期的涂层破损率f_c需要按下面公式分别计算：

$$f_c = k_1 + k_2 t_f \tag{6-2}$$

$$f_c = k_1 + k_2 t_f/2 \tag{6-3}$$

$$f_c = 1 - (1 - k_1)^2/2k_2 t_f \tag{6-4}$$

式中　t_f——服役年限；

k_1，k_2——常数，按表 6-3 选取。

本书涂层种类选为Ⅰ类，因此k_1、k_2分别取为$k_1=0.10$、$k_2=0.10$。

表 6-3　破损率常数 k_1、k_2

深度/m	涂层种类			
	Ⅰ($k_1=0.1$)k_2	Ⅱ($k_1=0.05$)k_2	Ⅲ($k_1=0.02$)k_2	Ⅳ($k_1=0.02$)k_2
0~30	0.10	0.03	0.015	0.012
>30	0.05	0.02	0.012	0.012

根据以上数据，确定了不同服役年限所需的保护电流，如表 6-4 所示。

表 6-4　不同服役年限所需保护电流

服役年限/年	被保护面积/m^2	初期			平均			末期			最终电流/A
		电流密度/$A \cdot m^{-2}$	破损率	所需电流/A	电流密度/$A \cdot m^{-2}$	破损率	所需电流/A	电流密度/$A \cdot m^{-2}$	破损率	所需电流/A	
1	12.19	0.17	0.2	0.414	0.08	0.119	0.116	0.11	0.15	0.201135	0.414
2	12.19	0.17	0.3	0.6217	0.08	0.238	0.2321	0.11	0.2	0.2682	0.6217
3	12.19	0.17	0.4	0.8289	0.08	0.357	0.3481	0.11	0.25	0.3352	0.8289
4	12.19	0.17	0.5	1.0361	0.08	0.476	0.4642	0.11	0.3	0.4022	1.0361
5	12.19	0.17	0.6	1.2434	0.08	0.595	0.5802	0.11	0.35	0.4693	1.2434

6.1.3 计算模型

6.1.3.1 求解域

船体水下部分被海水包围，在船附近周围一片区域内，是电解液导电区，本书以船体为中心，以大约船体本身尺寸的 5 倍划分出一片电解液区域，如图6-4a所示。电极反应的离子导电过程主要发生在这一区域，在区域之外认为导电几乎影响不到，在几何上用一个长方体块表示该区域，这一块体和船体进行布尔运算得到最终的求解区域如图 6-4b 所示。

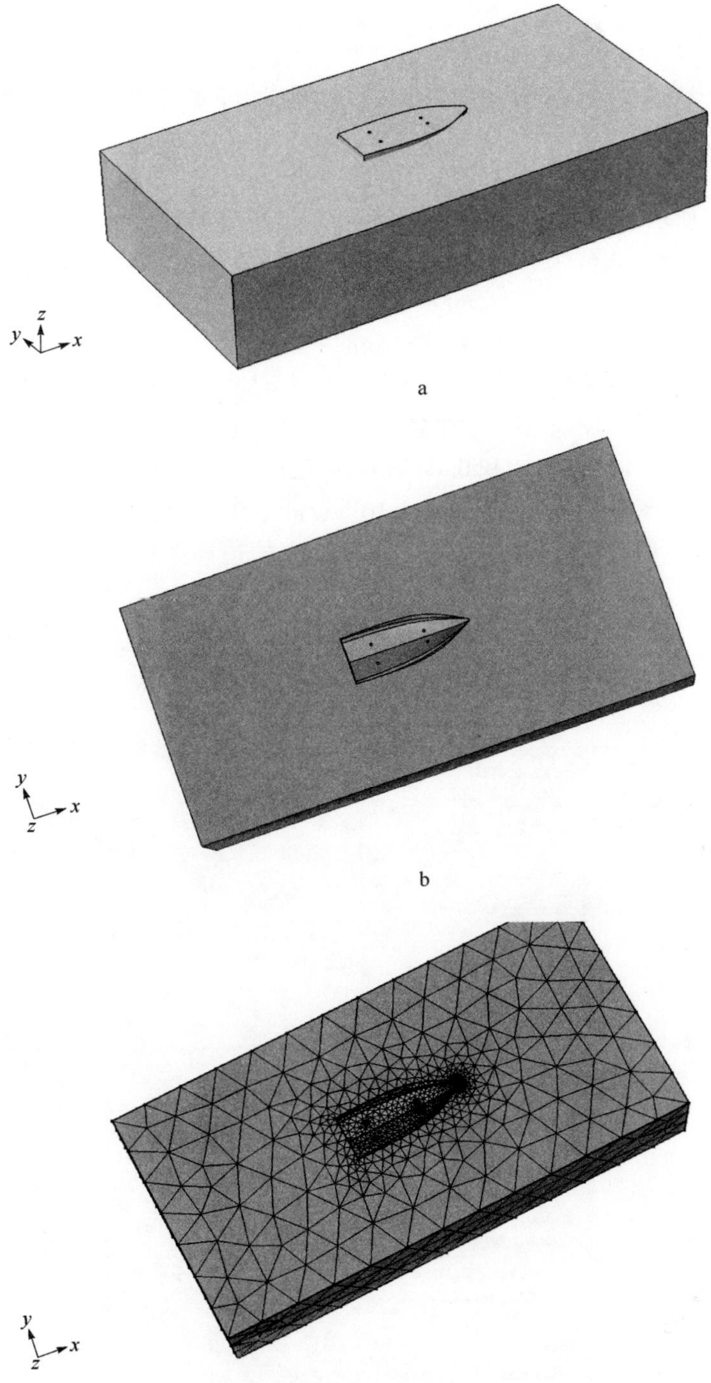

图 6-4 海水电解质求解域

a—被海水包围的船体；b—布尔运算得到求解域；c—求解域有限元离散

6.1.3.2 求解域离散

设置完边界条件后，对几何体进行有限元离散，结果如图 6-4c 所示。

6.1.3.3 边界条件

图 6-4c 所示求解域内，在求解前需要施加边界条件。首先设置海水电导率，这里取 $\sigma=4\text{S/m}$。在被保护构件——船体水下部分存在如下电化学反应：

$$Fe \longrightarrow Fe^{2+}+2e \tag{6-5}$$

$$O_2+2H_2O+4e \longrightarrow 4OH^- \tag{6-6}$$

这两个反应都忽略各自的逆反应的话，则反应规律分别遵循阳极塔菲尔方程和阴极塔菲尔方程。反应 6-5 的平衡电位、交换电流密度和阳极塔菲尔斜率分别为 -0.684V、$2.7\times10^{-11}\text{A/m}^2$ 和 0.040V/m；反应 6-6 的平衡电位、交换电流密度和阳极塔菲尔斜率分别为 0.456V、$4\times10^{-9}\text{A/m}^2$、$0.145\text{V/m}$[7]。

需要把这一反应添加到模型中，阳极反应的边界条件施加如图 6-5a 所示，

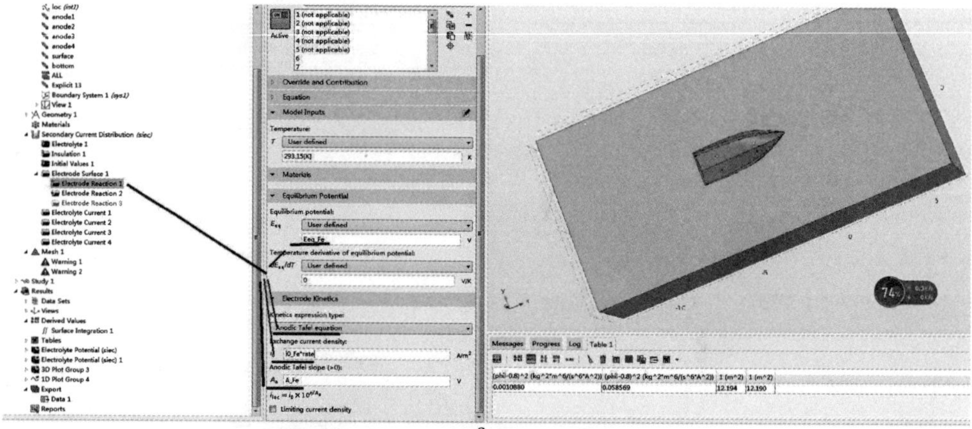

a

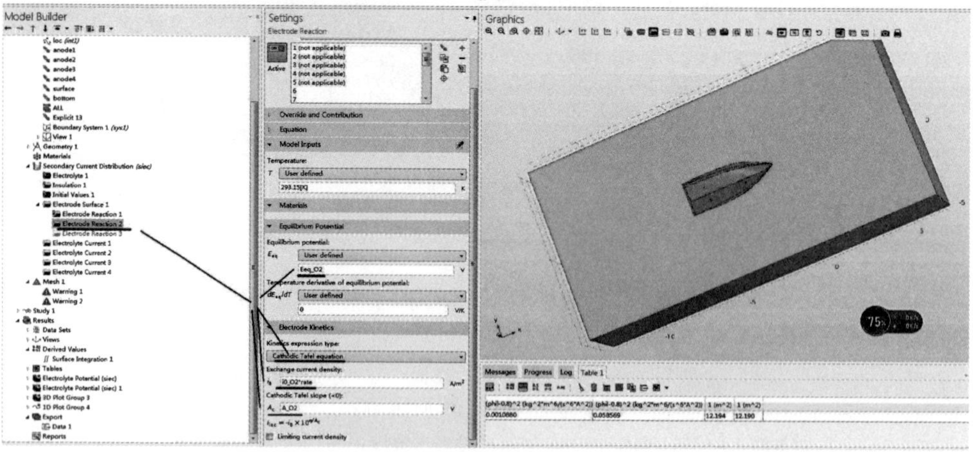

b

c

图 6-5 施加边界条件

a—被保护面的阳极塔菲尔边界条件；b—被保护面的阴极塔菲尔边界条件；c—辅助阳极电流边界条件

在引线所指处分别输入电极反应平衡电位、交换电流密度、塔菲尔斜率等；阴极反应的边界条件施加如图 6-5b 所示；四个辅助阳极的电流边界条件如图 6-5c 所示，在标出的框内填入电流。

6.1.4 计算结果

计算结果如图 6-6 所示。根据计算结果可知，船体表面基本处于保护电位（-0.8～-1.0V）范围内，说明新的防腐方案是可行的。

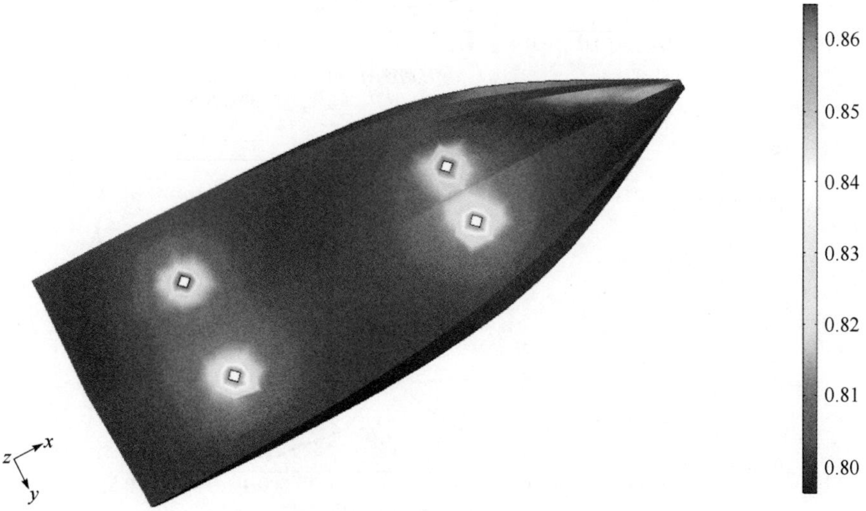

图 6-6 表面保护电位分布

接下来，在船体表面取了四个截面（截面位置见图 6-3c），截面和船体表面相交产生四条交线，将交线上的电位分布表达出来，如图 6-7 所示。

计算结果表明，曲线上的电位分布处于保护电位（-0.8～-1.0V）范围内，说明新的防腐方案可行。

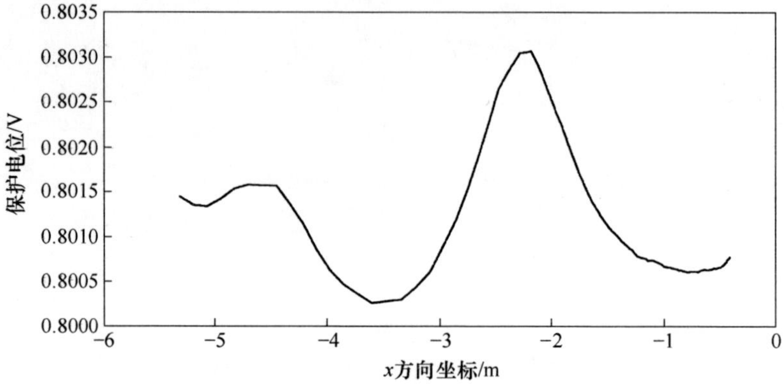

a

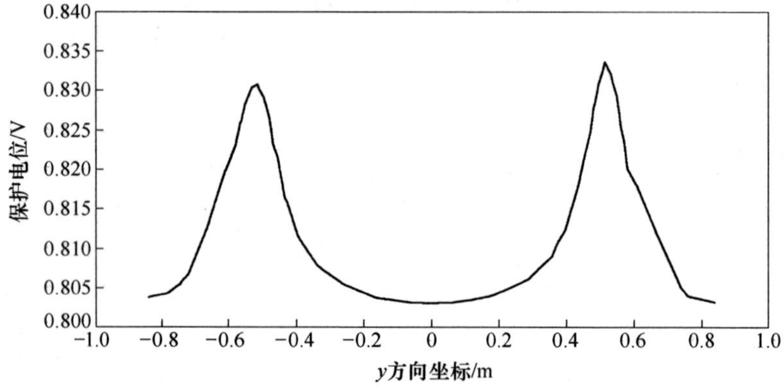

b

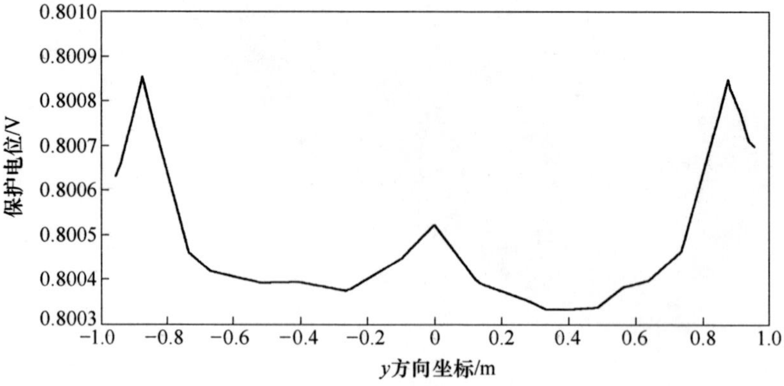

c

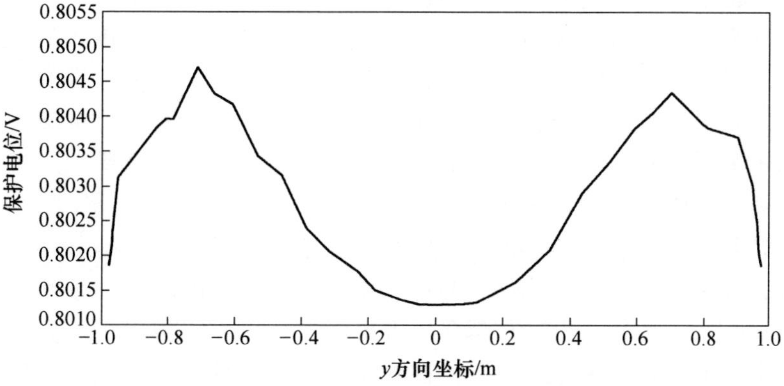

d

图 6-7　曲线保护电位分布

a—Ⅰ号截面交线电位分布；b—Ⅱ号截面交线电位分布；
c—Ⅲ号截面交线电位分布；d—Ⅳ号截面交线电位分布

6.2　COMSOL 软件后处理二次开发

COMSOL 软件全称 COMSOL Multiphysics，是瑞典 COMSOL 公司于 2003 年正式推出的全球第一款真正的多物理场耦合分析软件，它以方便、易用、高效等优点而被广泛应用于各个领域的科学研究和工程计算之中[8~11]。其中的腐蚀模块专门用来模拟和仿真水或电解质溶液中金属结构的腐蚀及其防护，很多学者使用该模块进行了大量卓有成效的研究[12~14]。该软件功能强大，但也存在不足。不足之一是：COMSOL 的后处理模块无法将某一曲线上的物理量以一维图形显示出来。对于那些几何建模时自然形成的曲线（见图 6-3c），后处理可以实现上述功能，但对于后天曲线（见图 6-3c，它是计算完毕后，用某个截面与船体相截交形成的曲线），现有的后处理模块则不能实现上述功能，除非在建模开始，就对感兴趣的部分进行切割以形成先天曲线，但这无疑大大增加了建模的复杂性，而且对哪些部位感兴趣一般事先无法确定。不足之二是：对于一个防腐设计者而言，除了关心被腐蚀构件的表面电位、电流分布外，还关心构件表面腐蚀或未腐蚀面积的大小，即某一等值线所包围的面积，而 COMSOL 的后处理模块却没有提供这样的功能。

针对这些不足，本研究开发了一套程序，该程序能将计算结果导出做进一步处理，通过一定的算法，能够将某一截线上的电位显示出来，或者能计算某一等值线所包围的面积。这为设计者提供了更多的、更直接的信息，大大有利于设计的优化，同时也大大扩展了该软件的功能。

6.2.1　数据的导出和初步处理

由于计算涉及船体表面电位，因此首先将有关表面的信息输出。船体表面原来是曲面，船体用四面体单元离散后，表面由大量的平面三角形单元组成，因此需将这些三角形单元信息输出。这些信息包括单元编号及其所包含的节点号、节点的坐标、每个节点的电位等。由于计算域有很多表面，而所处理的表面只是其中一部分，如图 6-5a 中高亮部分，因此需要将这部分表面单独定义。这可以通过 COMSOL 软件中的 Definitions 功能实现。接下来要把这部分单独定义的表面信息提取出来（COMSOL 的计算结果遍布整个求解域，并不区分属于哪个表面，因此要特别提取），方法是在后处理模块 Results 中，选择 Data Sets 命令，把先前定义的表面的有关数据从总的结果中提取出来；最后，在后处理模块 Results 中，选择 Export→Data 命令，此时右侧会出现界面，在界面里可以选择要处理的数据集（先前定义的 Data Sets 会出现）；在界面的 Output 栏目下，选择数据格式（这里选为 Sectionwise）、存储数据的路径和文件名等。需要注意的是，在该界面 Advanced 栏目下，不要选 Include header 一项，因为这会在数据文件中混入英文字符，导致数据处理麻烦。当选择设置完毕后，点击界面上方的 Export 按钮，就可以把数据输出到文本文件中了，将文本文件打开，可以看到表 6-5 所示的数据结构（片段）。

表 6-5 数据结构

1	-5. 32	0. 867461831	0. 097393
2	-5. 32	0. 964539809	-0. 06961
3	-5. 32	0. 963158033	0. 089777
4	-5. 32	0. 818393324	-0. 06961
5	-5. 32	0. 632714504	0. 079283
⋮	⋮	⋮	⋮
1828	-0. 41273	-0. 01435	0. 3
1829	1	2	3
1830	1	4	2
1831	5	6	4
1832	1	3	7
1833	8	4	1
⋮	⋮	⋮	⋮
5323	234	253	1827
5324	0. 801651		
5325	0. 802263		

续表 6-5

5326	0.801979		
5327	0.801905		
5328	0.801237		
⋮	⋮		
7152	0.81209		

第 1～1828 行记录的是 1828 个节点的坐标，其编号就是所在的行号；第 1829～5323 行中，每一行代表一个单元所属的三个顶点的编号（例如第 1829 行为第 1 行），据此可知单元数目为 5323－1829＋1＝3495；从 5324 行开始到最后，每一行都代表一个节点的电位，其中 5324 行和第 1 行相对应，其余类推到结束。

6.2.2 截线上的物理量计算

这里以垂直于 X 轴的截面（$x=x_0$）与船体相交为例，说明如何计算截线上的物理量。由于船体离散后，表面由大量的三角形单元组成，因此一个截面和船体表面的相交，就是与这些三角形单元的相交，平面和每个三角形相交都会得到一条直线，把所有单元相交的直线连起来就形成了一条折线，这条折线就近似代表截线。截面与单元相交的情况，按相互位置关系可分为若干类型，见表 6-6。根据不同的类型采用不同的方法求解相交的点的坐标和点的电位。

表 6-6　三角形单元与截面的位置关系分类

三角形单元与截面的位置关系		判　　据
情况 1	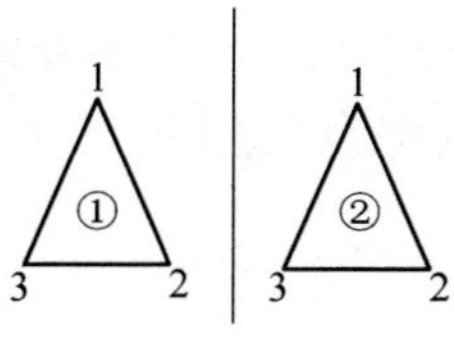 Cut plane(x=x_0)	①$(x_1-x_0)<0\cap(x_2-x_0)<0\cap(x_3-x_0)<0$ ②$(x_1-x_0)>0\cap(x_2-x_0)>0\cap(x_3-x_0)>0$
情况 2	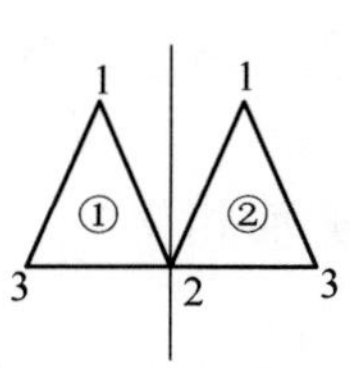 Cut plane(x=x_0)	①$(x_1-x_0)<0\cap(x_2-x_0)=0\cap(x_3-x_0)<0$ ②$(x_1-x_0)>0\cap(x_2-x_0)=0\cap(x_3-x_0)>0$

续表 6 - 6

三角形单元与截面的位置关系		判　　据
情况 3	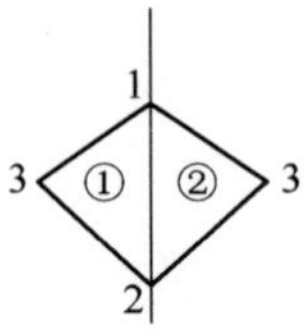 Cut plane(x=x_0)	①$(x_1 - x_0) = 0 \cap (x_2 - x_0) = 0 \cap (x_3 - x_0) < 0$ ②$(x_1 - x_0) = 0 \cap (x_2 - x_0) = 0 \cap (x_3 - x_0) > 0$
情况 4	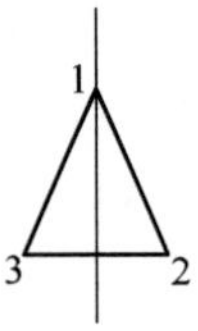 Cut plane(x=x_0)	$(x_1 - x_0) = 0 \cap (x_2 - x_0) > 0 \cap (x_3 - x_0) < 0$
情况 5	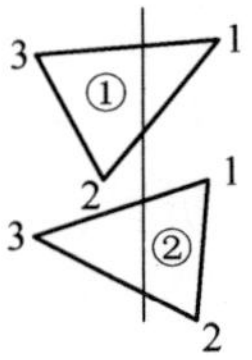 Cut plane(x=x_0)	①$(x_1 - x_0) > 0 \cap (x_2 - x_0) < 0 \cap (x_3 - x_0) < 0$ ②$(x_1 - x_0) > 0 \cap (x_2 - x_0) > 0 \cap (x_3 - x_0) < 0$

6.2.2.1　特殊情况

如表 6-6 所示，情况 1 因为单元与截面无交点，因此不予考虑；情况 2、3 中，单元顶点和截面重合，因此不用计算，直接把点的信息（坐标和电位等）存储到数据结构 Point_Section 中。以情况 2 为例：

```
count_point = count_point+1
Point_Section(count_point,1) = x2 = x0
Point_Section(count_point,2) = y2
Point_Section(count_point,3) = z2
Point_Section(count_point,4) = V_2
```

其中：Point_Section 为数据结构，存储了三角形与截面相交的点的信息；count_point 为结构当前存储的节点数目。

情况 4、5 的三角形的边都和截面有相交，必须通过一定的算法求得交点信息。

6.2.2.2 一般情况

如图 6-8 所示，以表 6-6 情况 5 中的三角形①为例，截面（$x=x_0$）与三角形 123 相交，在边$\overline{12}$和$\overline{13}$上分别截取交点 n、m。

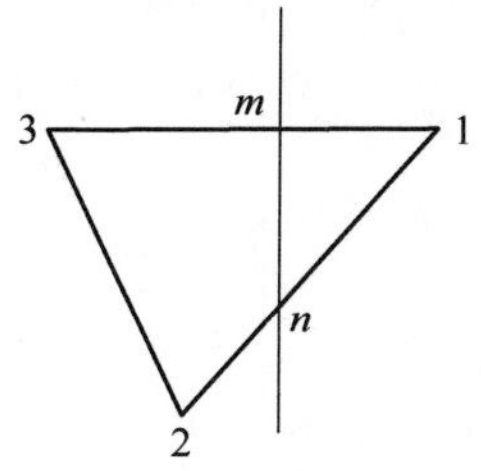

图 6-8 交点信息的求解

三角形 123 的边$\overline{12}$，用如下的三维直线参数方程描述：

$$\begin{cases} x = x_1 + (x_2 - x_1)t_1 \\ y = y_1 + (y_2 - y_1)t_1 \\ z = z_1 + (z_2 - z_1)t_1 \end{cases} \tag{6-7}$$

式中，t 为参数且 $t \in [0, 1]$。

由于 $x_n = x_0$，代入求得：

$$t_1 = (x_0 - x_1)/(x_2 - x_1)$$

代入式 6-7，就可确定 n 点坐标 y_n、z_n。同理可确定$\overline{13}$边的直线方程，并按类似方法确定 m 点坐标（x_m，y_m，z_m）。

因为用四面体单元离散了船体，因此表面为三角形单元，且为线性插值[15]，因此在$\overline{12}$和$\overline{13}$上电位梯度分别为：

$$\text{slope}_1 = (V_2 - V_1)/d_{12} \tag{6-8}$$

$$\text{slope}_2 = (V_3 - V_1)/d_{13} \tag{6-9}$$

式中，d_{12}、d_{13}分别为 1、2 与 1、3 两点间距离：

$$d_{12} = \sqrt{(x_1 - x_2)^2 + (y_1 - y_2)^2 + (z_1 - z_2)^2}$$

$$d_{13} = \sqrt{(x_1 - x_3)^2 + (y_1 - y_3)^2 + (z_1 - z_3)^2}$$

这样，边$\overline{12}$上任意一点 n 的电位、$\overline{13}$边上任意一点 m 的电位可分别按如下公式求解：

$$V_n = V_1 + d_{1n} \times \text{slope}_1 \tag{6-10}$$

$$V_m = V_1 + d_{1m} \times \text{slope}_2 \tag{6-11}$$

式中，d_{1n}、d_{1m}分别为点 1、n 和点 1、m 间距离，分别为：

$$d_{1n} = \sqrt{(x_1 - x_n)^2 + (y_1 - y_n)^2 + (z_1 - z_n)^2}$$

$$d_{1m} = \sqrt{(x_1 - x_m)^2 + (y_1 - y_m)^2 + (z_1 - z_m)^2}$$

这样，一个平面和三角形所交之点的坐标和电位就确定了。所有的三角形都这样处理，就得到一个平面和所有三角形交点的信息，把这些点连起来，就得到整条交线的坐标和电位，于是就可以把电位分布画出来，见图 6-7。

6.2.3 某一等值线所包围面积的计算

对于一个防腐设计者而言，除了关心被腐蚀构件的表面电位、电流分布外，还关心构件表面腐蚀或未腐蚀面积的大小，即某一等值线所包围的面积，而 COMSOL 的后处理模块却没有提供这样的功能。本研究对此进行了二次开发。首先把三角形单元顶点的电位（计算所得）和保护电位相比较，得到表 6-7 所示的几种关系。

表 6-7 三角形顶点电位和保护电位大小比较关系

情况 1	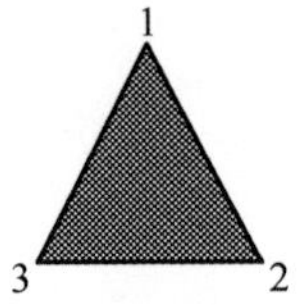	$V_1 > 0.8$，$V_2 > 0.8$，$V_3 > 0.8$ $S_{PROTECTED} = S_{\Delta 123}$
情况 2	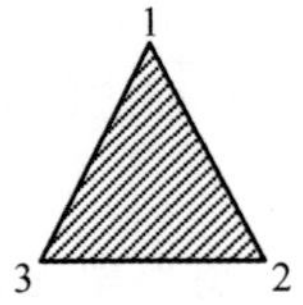	$V_1 < 0.8$，$V_2 < 0.8$，$V_3 < 0.8$ $S_{PROTECTED} = 0$
情况 3	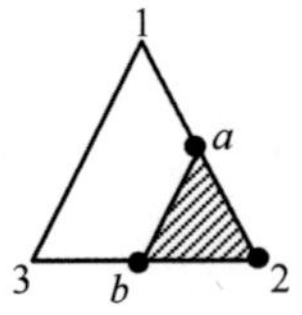	$V_1 > 0.8$，$V_2 < 0.8$，$V_3 > 0.8$ $S_{PROTECTED} = S_{\Delta 123} - S_{\Delta a2b}$
情况 4	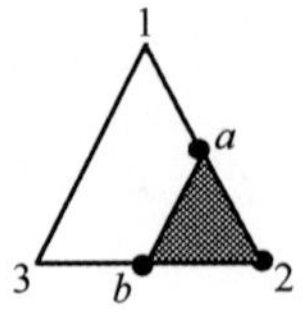	$V_1 < 0.8$，$V_2 > 0.8$，$V_3 < 0.8$ $S_{PROTECTED} = S_{\Delta a2b}$

6.2.3.1 特殊情形的处理

设保护电位 $V_{PROTECT}=0.8V$。在第一种情况下，由于三个顶点电位都大于 0.8V，因此，根据插值函数的性质，整个三角形内任意点的电位均大于 0.8V，所以整个单元均得到保护，保护面积就等于三角形面积，其大小可根据公式[16]求得；情况 2 的情形和情况 1 正相反，三个顶点的电位均小于 0.8V，同样根据插值函数的性质，三角形内任一点的电位均低于 0.8V，因此整个三角形都没有被保护，保护面积为零；剩下的情况 3 和 4 情形复杂些，需进一步讨论。

6.2.3.2 一般情形的处理

以情况 3 为例，如图 6-9 所示，由于 $V_1>0.8$ 且 $V_2<0.8$，因此在 1、2 点之间，一定存在一点 a，使得 $V_a=V_{PROTECT}=0.8V$；同理在边$\overline{23}$上同样存在 b，使$V_b=V_{PROTECT}=0.8V$。

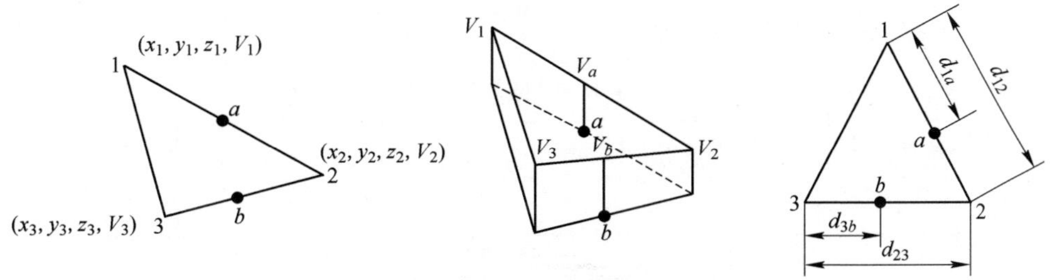

图 6-9 三角形单元

a—三角形单元顶点信息；b—电位插值计算；c—三角形边长

这样一来，根据插值函数的特点，三角形 Δ$a2b$ 内任意点的电位均低于 0.8V，因此三角形 Δ$a2b$ 未得到保护。将图 6-9 中的 a 点看做图 6-8 中的 n 点，则将 $V_a=0.8$ 代入式 6-10，就可以求得 d_{1a}。与此同时，d_{1a}还可以用直线参数方程表达出来：

$$d_{1a}=\sqrt{(x_1-x_a)^2+(y_1-y_a)^2+(z_1-z_a)^2}$$
$$=t_a\sqrt{(x_1-x_2)^2+(y_1-y_2)^2+(z_1-z_2)^2}$$

二者相等，就确定了 t_a，将 t_a 代入式 6-7，就求出了 a 点的坐标。同理，可求出$\overline{23}$上 b 点的坐标，这样三角形 $a2b$ 三个顶点的坐标已知，三角形的面积 $S_{\Delta a2b}$ 也就确定了，这样一来，三角形 123 中只有部分面积得到了保护，其大小为

$S_{PROTECTED} = S_{\Delta 123} - S_{\Delta a2b}$。

情况 4 与上面正好相反，但解法基本一样，在此不再赘述。每个单元都做如此处理，则船体某一电位（此处为保护电位 $V_{PROTECT} = 0.8V$）等值线所包围的面积就求出来了。

6.3 海水管路腐蚀分析仿真计算

舰船海水管系是舰船推进保障系统、发电机组保障系统和辅助系统的重要组成部分，在保证船舶主要设备正常运行、船舶平衡等方面起重要作用。管路里的海水，会对管路造成电化学腐蚀，而且研究表明，海水的流动会使壁面边界层变薄，因此会加速溶液中的氧向管壁的扩散速度，从而使腐蚀速度加快，本书拟通过模拟手段，预测在流体作用下管壁的腐蚀速度。

6.3.1 几何模型

工程实践表明，管道转弯处在流体冲刷下，往往因腐蚀而先行被破坏，因此特取这一典型部位进行模拟研究。图 6-10 对弯管几何特征进行了定义，具体尺寸数据见表 6-8。

表 6-8 管道几何尺寸 (m)

内径 D	弯部半径 R	直管部分 l_1	直管部分 l_2
0.1	$R=D$	1	1

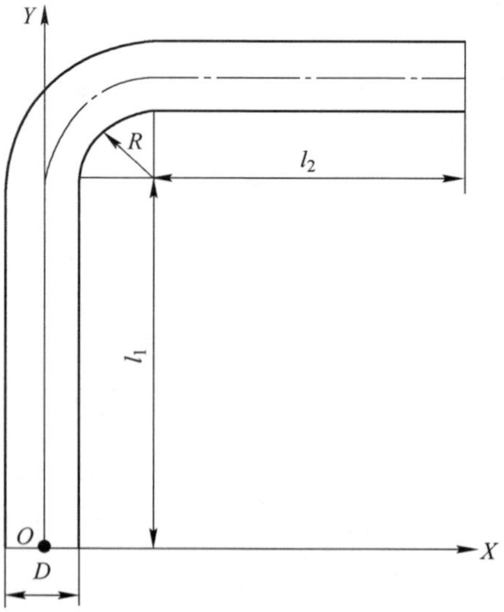

a

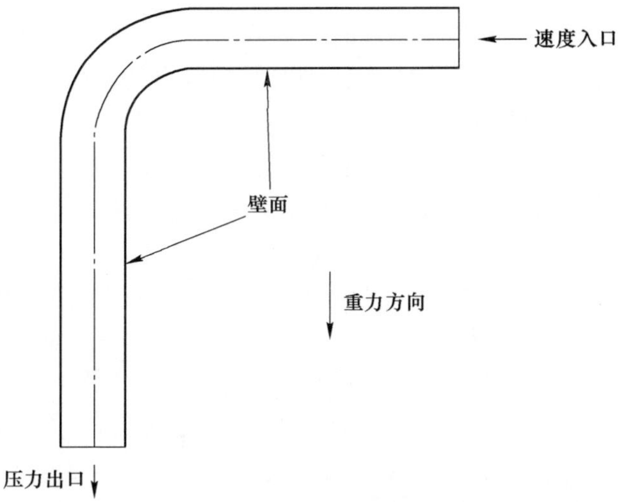

b

图 6-10 弯管几何参数（a）和边界条件（b）

管道内流体的流动对腐蚀有影响，因此应模拟管道内流体的流动情况，得到流场信息。为此需要将管道内流体作为研究对象，建立其几何模型，如图 6-11 所示。

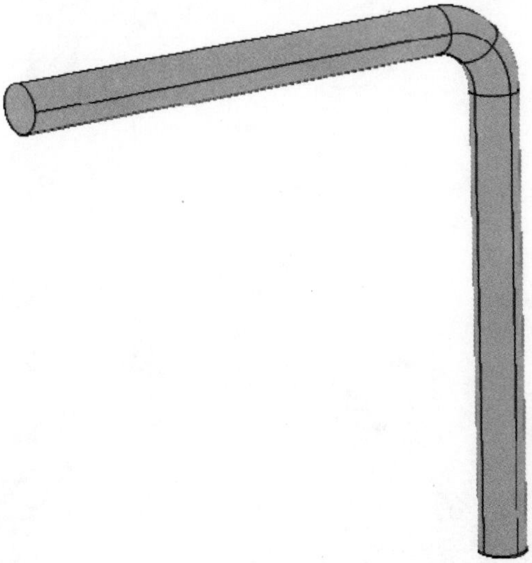

图 6-11 管道流体三维几何模型

6.3.2 有限元模型

几何模型尚不能进行计算，还必须转变为有限元模型。转变为有限元模型的第一步就是网格划分。本计算采用 Ansys 自带的网格划分工具 ICEM CFD 对弯管进行了网格划分，这需要几步才能完成。根据4.5节可知，流体在靠近管壁处存在一个边界层，由于在进行数值计算时，要运用壁面函数法，其要点是把与壁面相接触的控制体积的中心控制节点布置到对数律成立的区域（见4.5.2节），即节点距壁面的距离应满足 $11.63<y^+<150$（关于 y^+ 的定义见5.4节，本处取 $y^+=30$），因此可以推知，第一层网格高度至少是 y^+ 的2倍，所以划分网格的第一步就是确定 $y^+=30$ 处节点与壁面的实际距离。这一距离和流体速度、雷诺数和管口直径等因素有关。本书中管道直径为0.1m，入口平均速度为1m/s，雷诺数为99009.9，根据这些信息通过NASA网站确定了 $y^+=30$ 处控制节点的实际距离为0.0006137m，因此第一层网格高度应为 $0.0006137\times2=0.001274$m。第一层网格高度确定后，以后每层网格高度以上一层的1.1倍递增，总共分了20层，如图6-12b所示。边界层划分方案确定后，就可以对整体进行网格划分，如图6-12a所示。

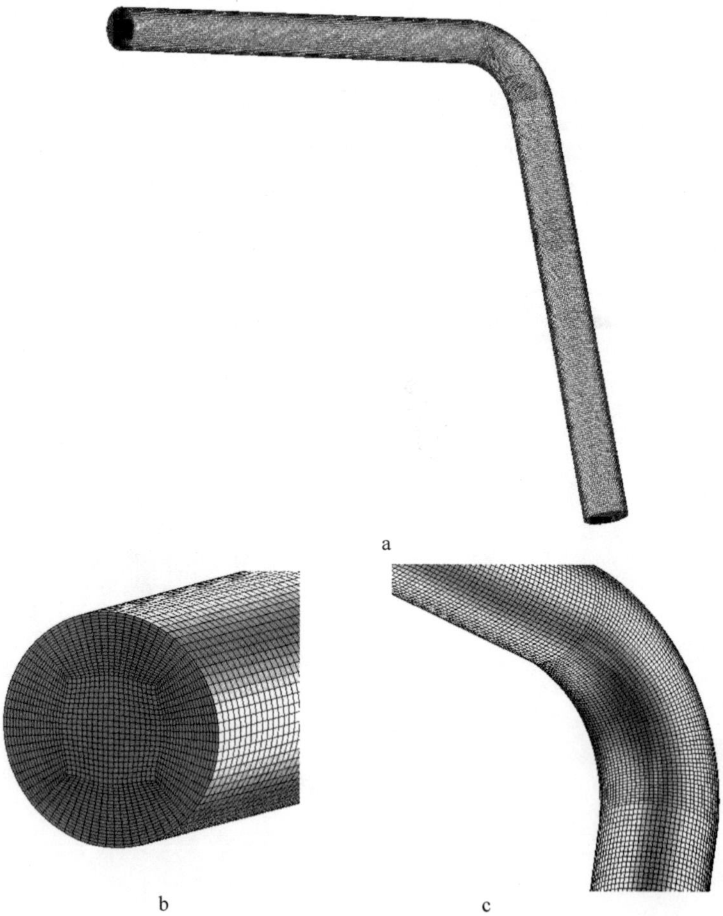

图6-12　管道内流体网格的划分

a—整体网格划分情况；b—入口处网格以及边界层；c—弯部网格细节

网格划分完毕后，接下来启动 Fluent 应用程序，如图 6-13a 所示，点击 OK 按钮后，进入主界面，如图 6-13b 所示。

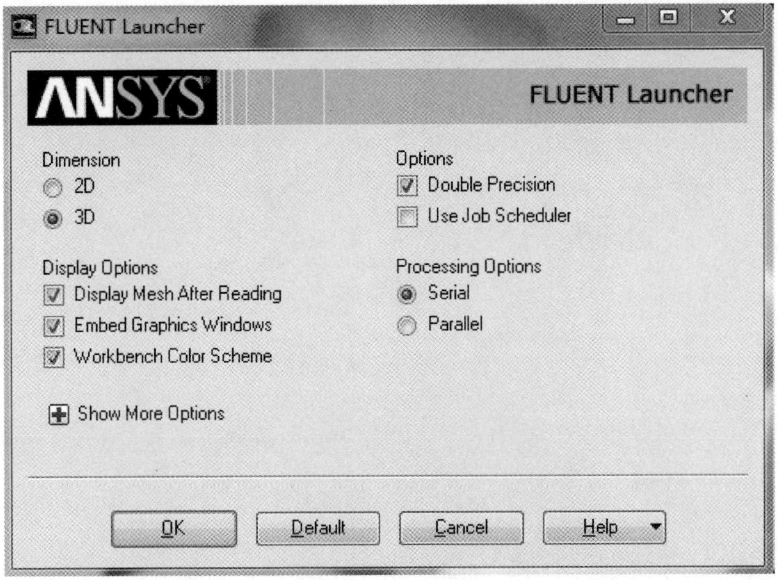

a

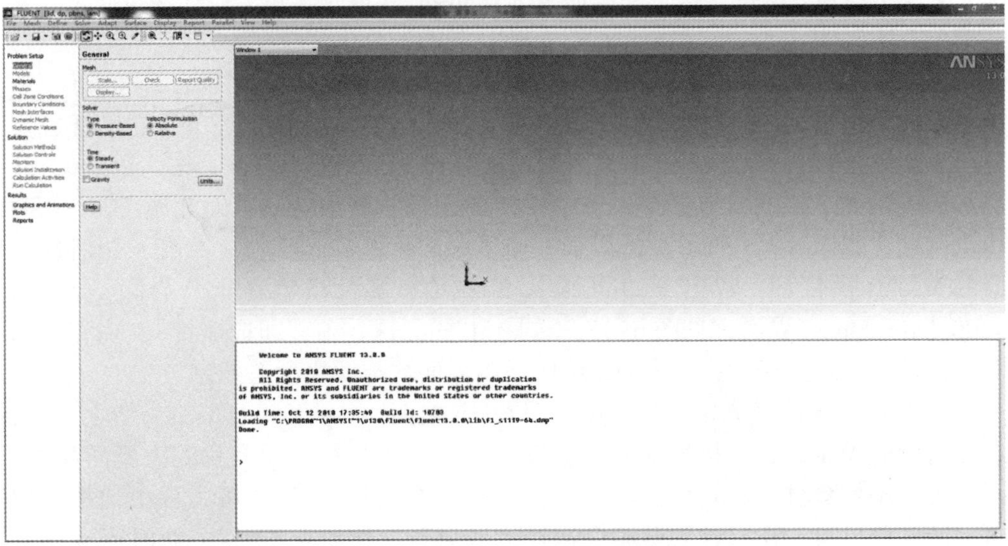

b

图 6-13 启动 Fluent 程序

把画好的网格导入 Fluent，命令为：File→Read→Mesh。导入后的结果见图 6-14。

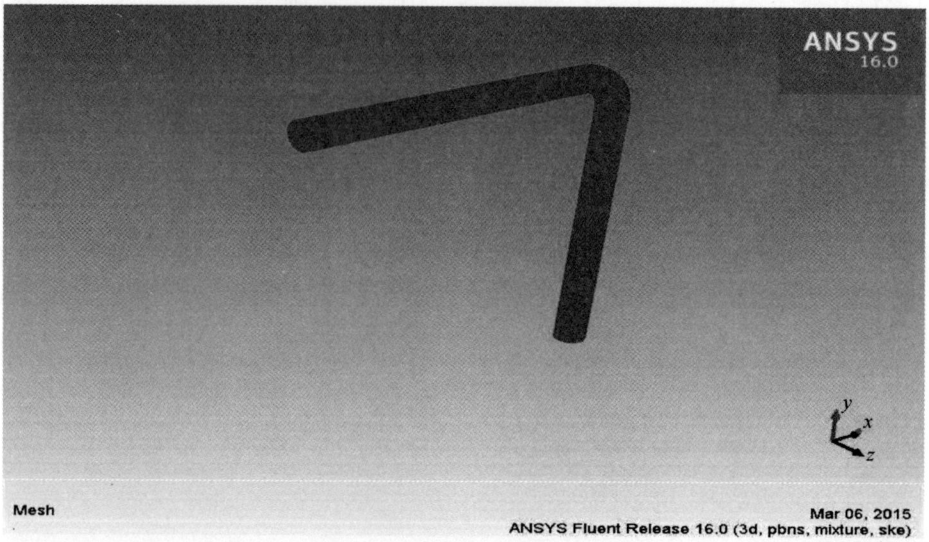

图 6-14 导入网格文件

导入完毕后，先不忙于计算，此时应对网格质量进行检查，检查的目的是发现是否存在负体积单元，以及单元尺寸是否有过大或过小的情况，如果存在这种情况，则应重新划分网格。这一菜单命令为：Mesh→Check。除了检查网格质量，有些情况下还要进行单位变换，比如将以毫米（mm）为单位转变为以米（m）为单位等，其命令为：Mesh→Scale。本书建模时采用的长度是米，因此可以省略这一步。

以上是模拟前的一些必要的工作，接下来就正式进入模拟环节，它同样也要分若干步骤进行：

（1）首先，选择计算模型。本书模拟的是含氧海水流动，因此属于液-气两相流问题。如图 6-15 所示点击界面左侧 Setup 下的 Models 使之高亮，然后在右面的 Models 栏目下，双击 Multiphase-off（off 表示此模型还未开启），会弹出 Multiphase-Model 界面，见图 6-15，选择 Mixture 这一项，即选择液-气多相流的混合模型。选择完毕后，点击 OK 按钮退出界面，至此模型选择完毕。

（2）接下来选择流体材料。点击图 6-16 左侧 Setup 下的 Materials 使之高亮，这时右侧的 Materials 面板里面只有空气和铝这两种材料，没有我们需要的材料，因此需要添加新材料：氧和水。Fluent 有自带的材料数据库，可以从中选择模拟所需的各种材料，在材料数据库中选择水和氧气，然后点击 OK，此时会发现界面多了 oxgen 和 water-liquid 这两种材料。

（3）选择完材料后，接下来确定基本相、次要相各是哪种材料。在多相流模拟时，往往有一相在体积上占多数，称为基本相，在这里就是 water-liquid；而相对比较少的相称为次要相，在这里就是 oxgen。设置过程如图 6-17 所示。

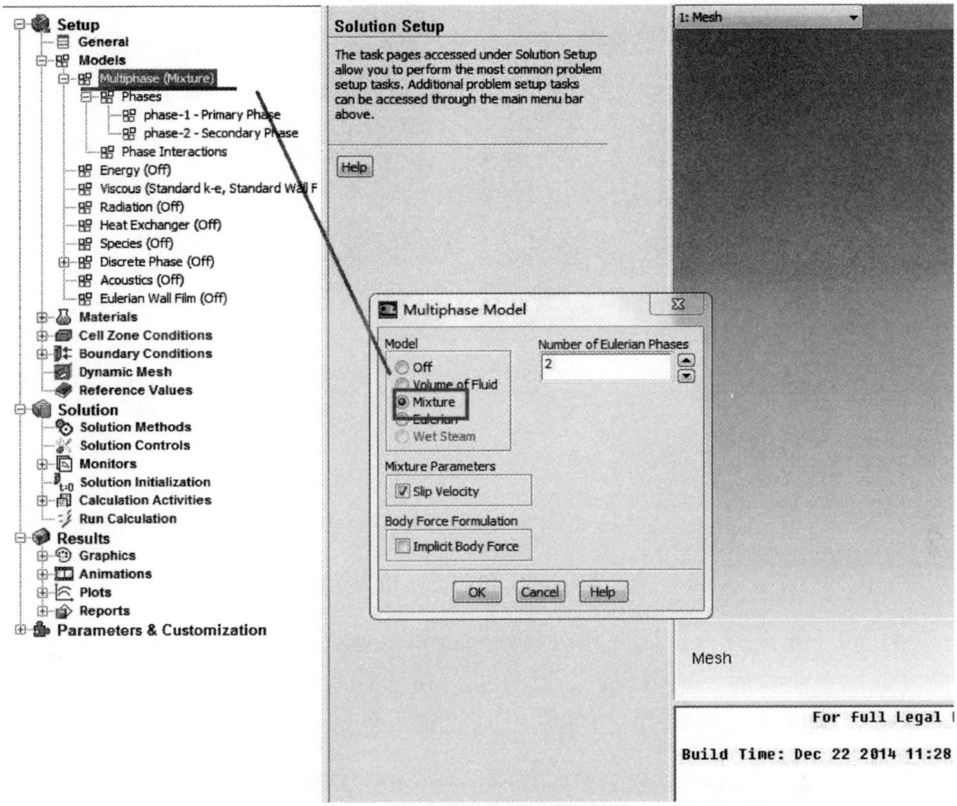

图 6-15 多相流模型的选择

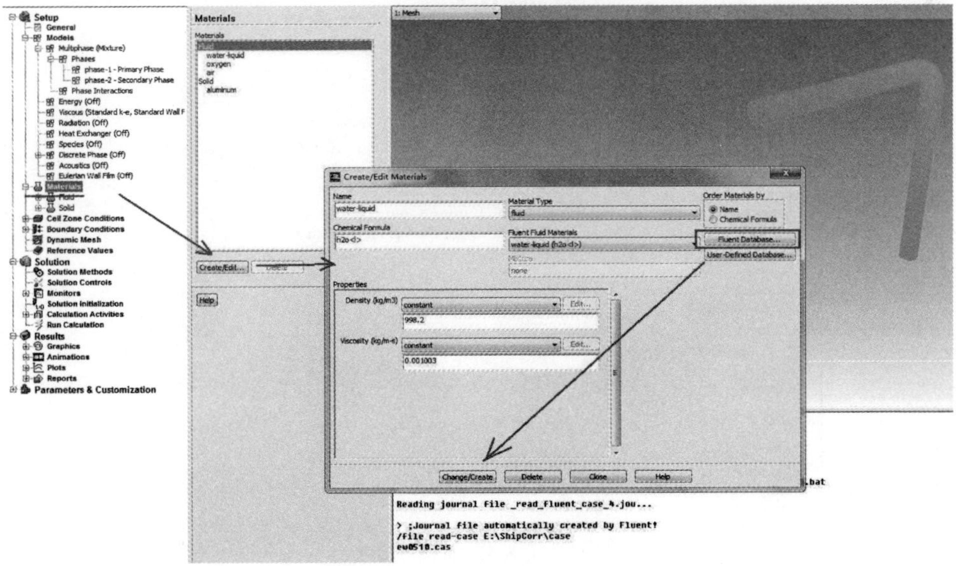

图 6-16 流体材料的选择

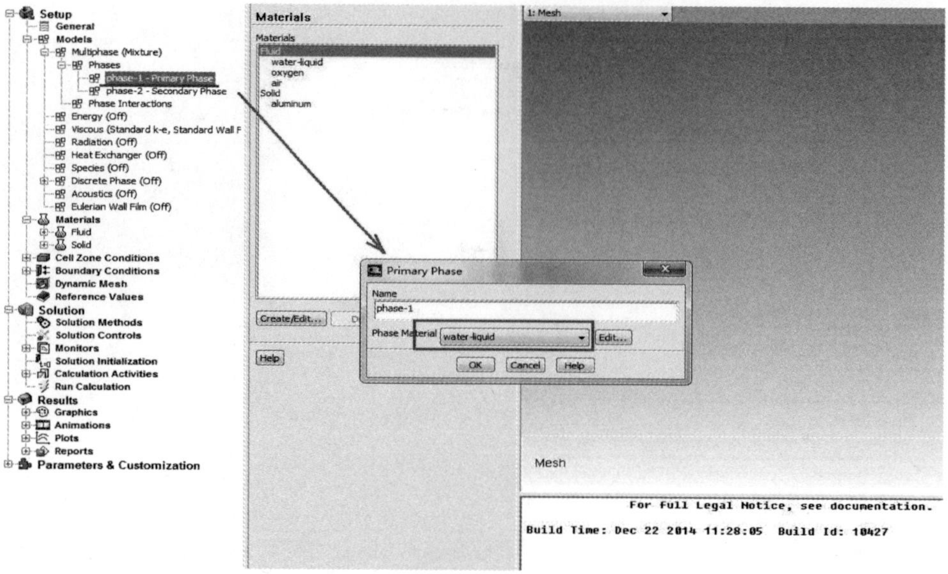

图 6-17　基本相和次要相的选择

（4）接下来设置入口速度和次要相所占体积分数（详见 6.4 节）。

完成以上步骤后，就可以进行计算了。在计算时启动求解器。Fluent 中有各种求解器，这里选择 SIMPLE 求解器，其设置如图 6-18 所示。选择完求解器后

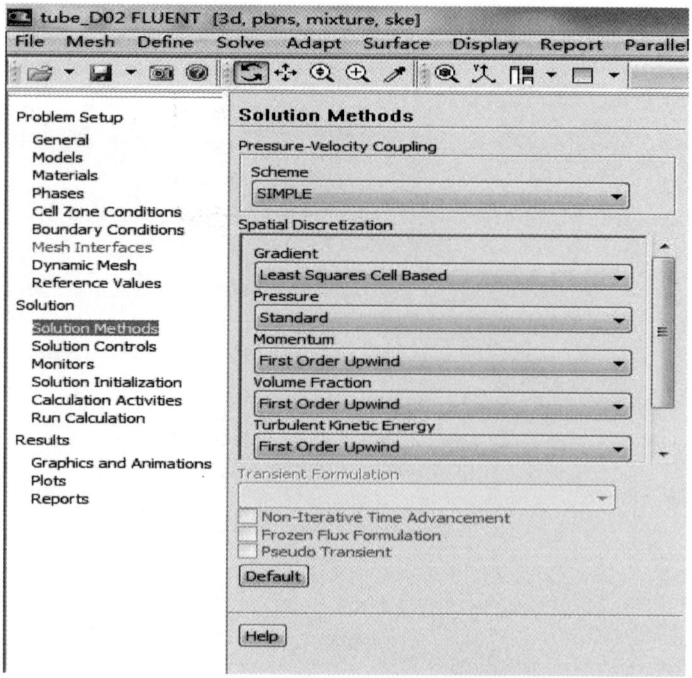

图 6-18　求解器的选择和设置

进行运算。运算时可以通过控制台监视运行情况，如图 6-19 所示。

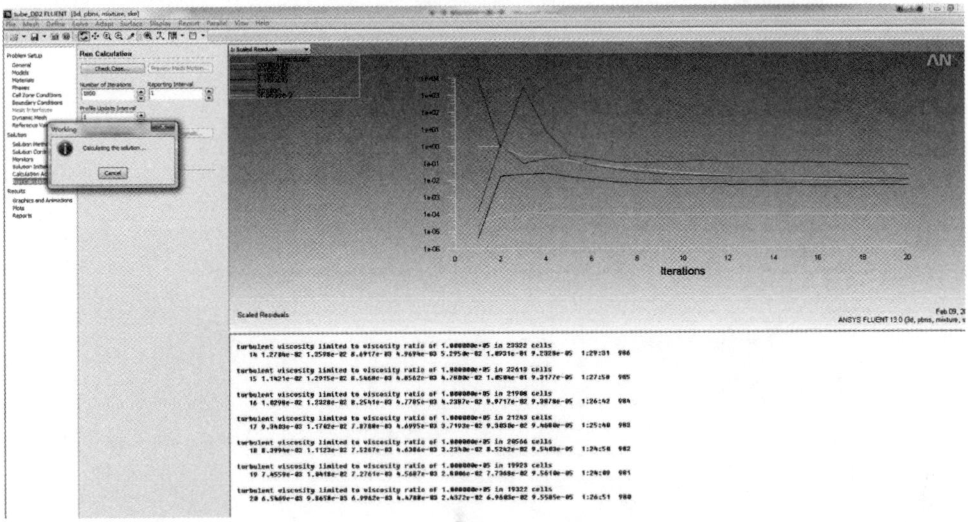

图 6-19　求解过程收敛趋势

6.3.3　管道腐蚀速度分析

6.3.3.1　流场的简单分析

图 6-20 为管道 X-Y 面流体速度分布情况。可以看到在管道弯部流速很高，并且内弯和外肘部速度相差很大。速度较大的地方，管道壁面将受到较大的剪切作用。

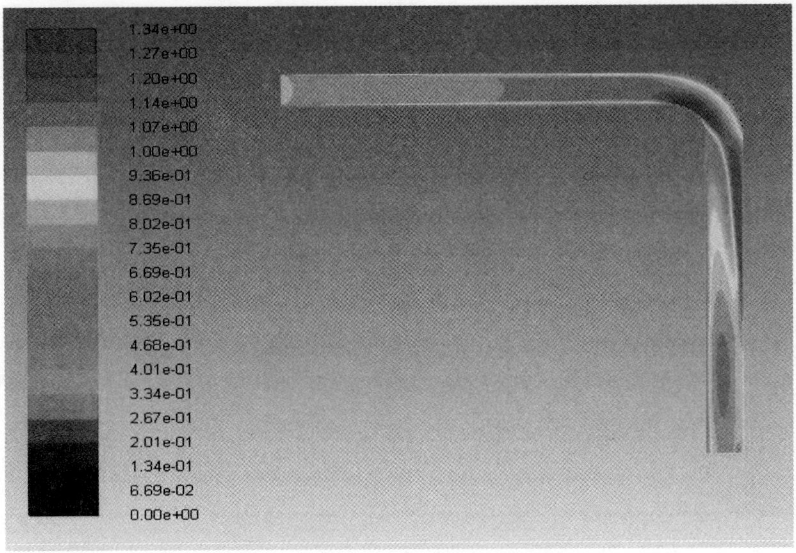

图 6-20　管道 X-Y 面流速分布

图 6-21 为管道 $X-Y$ 面和表面压力分布图。在入口处流体压力较大，随着远离入口，压力逐渐减小。在弯部，压力变化剧烈，管道内弯压力较低，而外肘部压力较大。

6.3.3.2 腐蚀情况分析

管道内流动的流体含有氧，而氧是一种强的氧化剂，因此在管道内部发生如

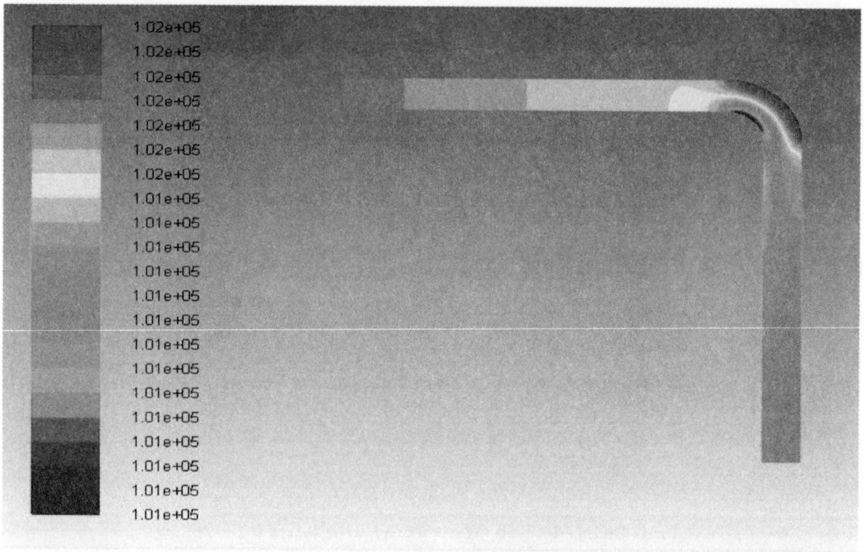

a

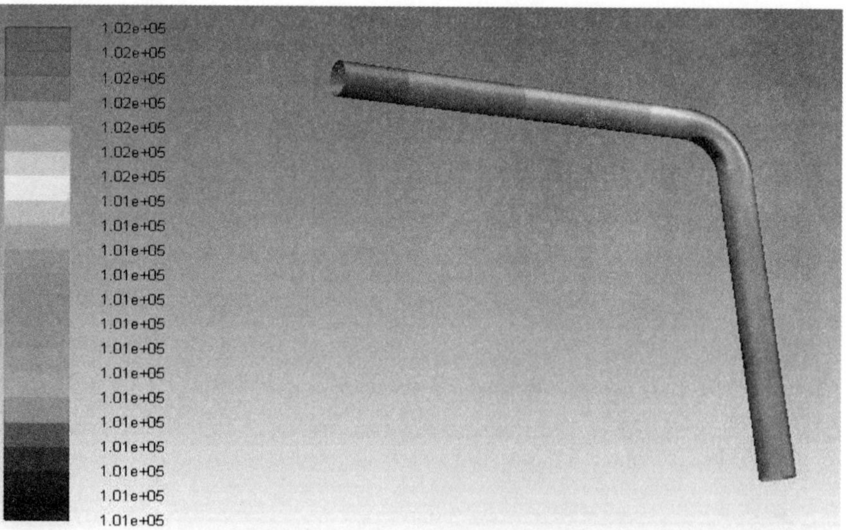

b

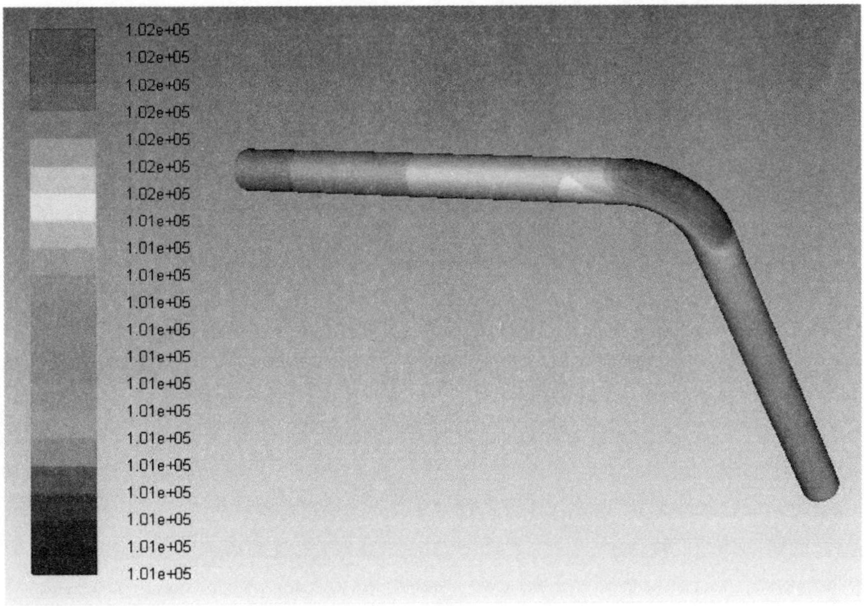

c

图 6-21　管道压力分布

a—管道 *X-Y* 面压力分布；b—壁面内弯压力分布；c—管道外肘压力分布

下电化学反应：

$$Fe \longrightarrow Fe^{2+} + 2e \tag{6-12}$$

$$O_2 + 2H_2O + 4e \longrightarrow 4OH^- \tag{6-13}$$

式 6-13 的控制步骤为氧的扩散传质，同时流体对管道壁面有剪切作用，根据文献［17］，这两者对腐蚀速度的影响为：

$$V_{corr} = MK(C_s - C_w) \tag{6-14}$$

式中　M——管壁材料的原子量，这里为铁的原子量；

K——氧的传质系数，按式 6-15 计算；

C_s——离管壁最近的控制节点的氧浓度；

C_w——管壁处氧的浓度。

$$K = \frac{\tau}{U\rho} Sc^{-2/3} \text{[18]} \tag{6-15}$$

式中　τ——管壁剪切力；

U——流体入口速度；

ρ——流体密度；

Sc——施密特准数，按式 6-16 定义：

$$Sc = \frac{\mu}{\rho D} \tag{6-16}$$

式中　μ——流体黏度；

D——氧在流体中的扩散系数。

当氧扩散为反应控制步骤时，壁面处的氧浓度被认为是 0，故式 6-14 变为：

$$V_{\mathrm{corr}} = MKC_{\mathrm{s}} \tag{6-17}$$

将式 6-15、式 6-16 代入式 6-17 可得最终腐蚀速度计算公式：

$$V_{\mathrm{corr}} = M\frac{\tau}{U\rho}Sc^{-2/3}C_{\mathrm{s}} \tag{6-18}$$

故根据式 6-18 可知，腐蚀速度与氧浓度和剪切力成正比。在二者数值较大的地方腐蚀速度应较大，而二者小的地方腐蚀速度较小。图 6-22、图 6-23 分别为壁

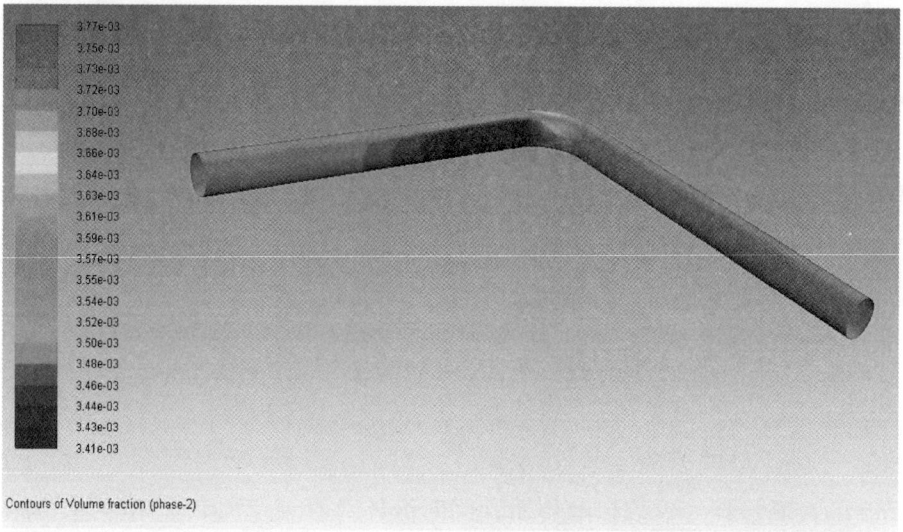

a

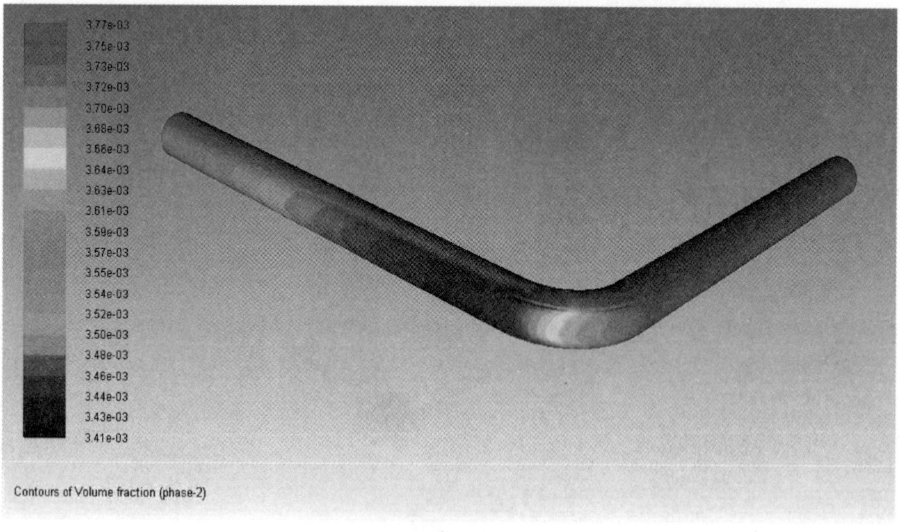

b

图 6-22　壁面氧浓度分布

a—管道内弯处氧浓度分布；b—管道外肘处氧浓度分布

面氧浓度分布和剪切力分布。将二者代入公式 6-18，最终得到管壁的腐蚀速度(见图 6-24，单位为 mm/a)。关于这一计算是通过 UDF 进行的，关于 UDF 的介绍详见附录 B。

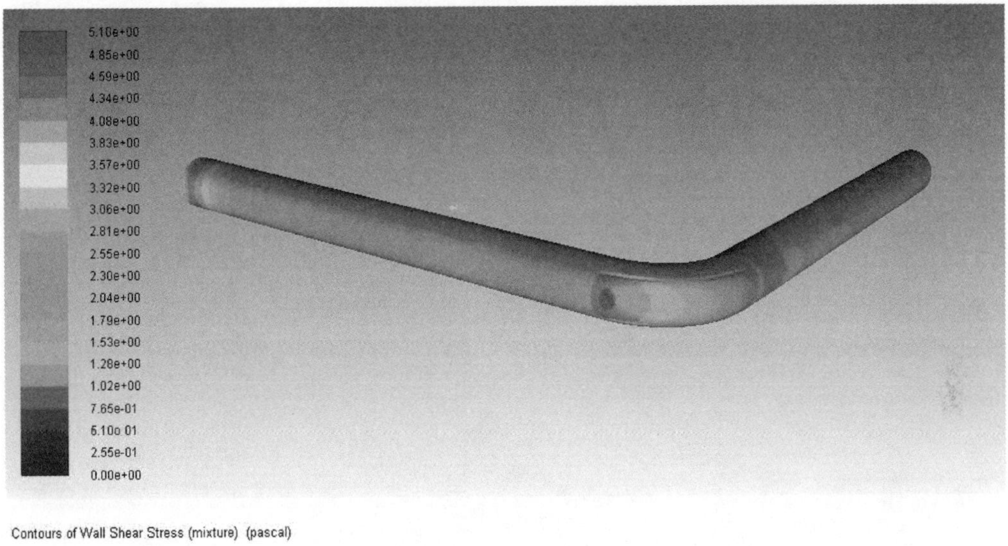

a

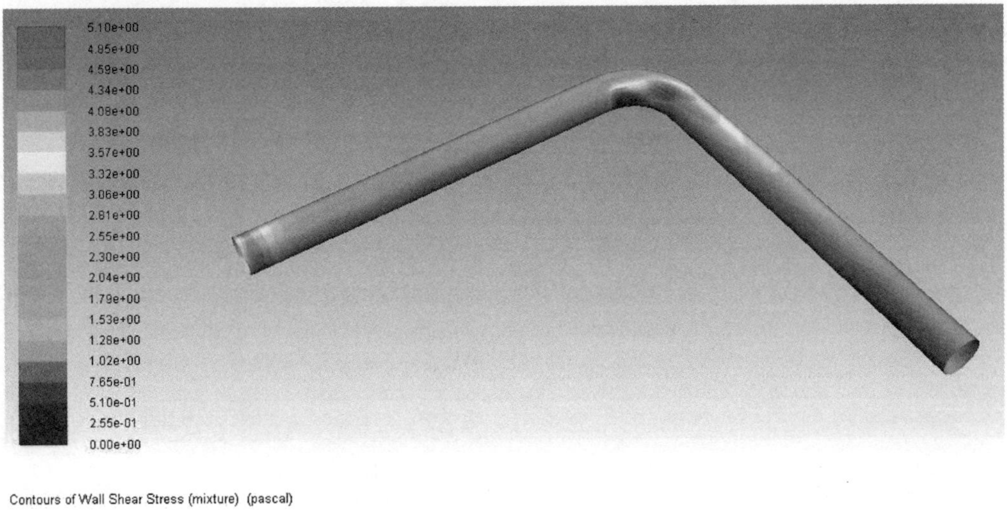

b

图 6-23 壁面剪切力分布

a—管道外肘处剪切力分布；b—管道内弯处剪切力分布

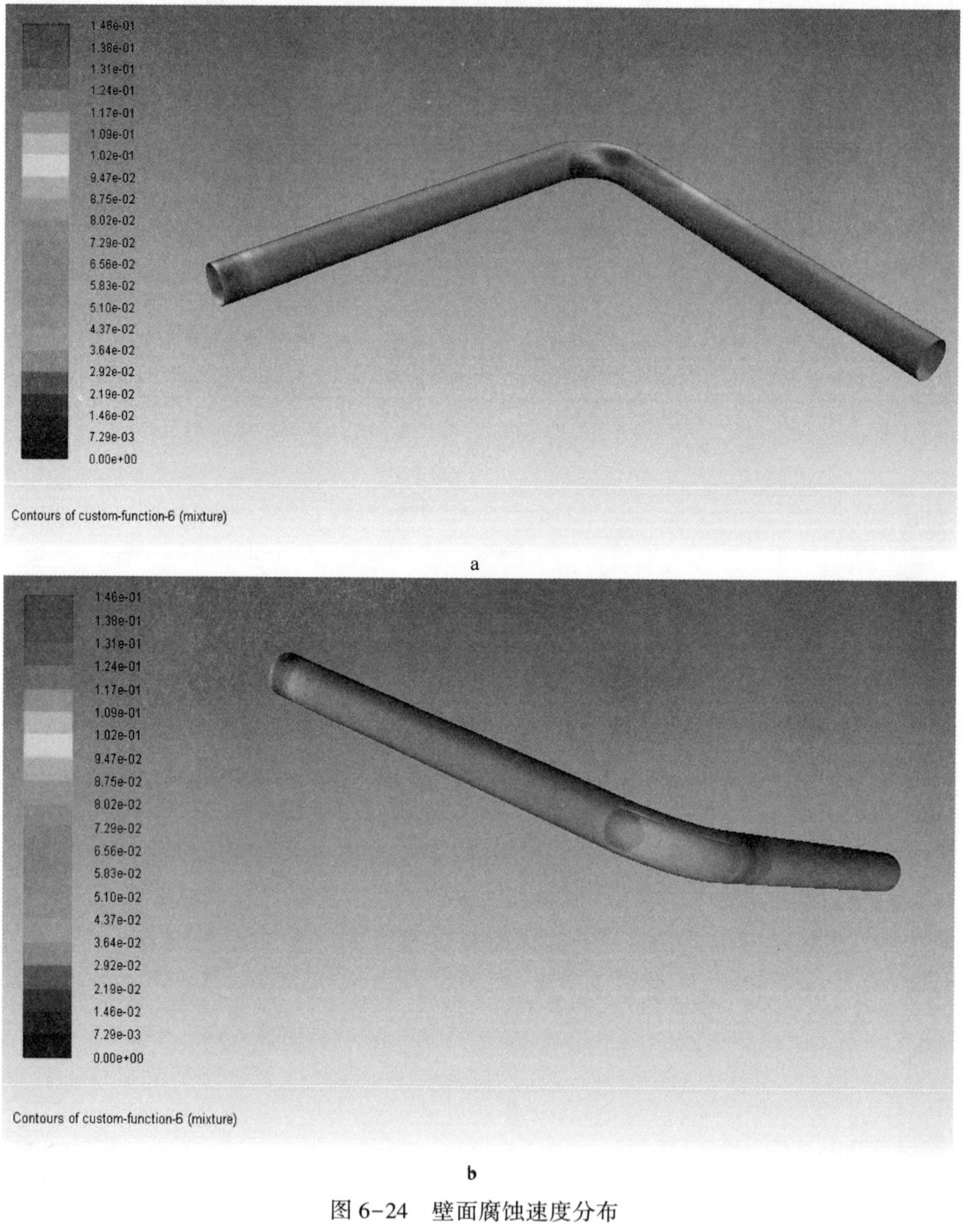

图 6-24 壁面腐蚀速度分布

a—管道内弯处腐蚀速度分布；b—管道外肘处腐蚀速度分布

6.4 速度边界条件的施加

图 6-25 为管道入口流速分布示意图。在管道入口，由于管道壁面的黏附作

用，管道入口壁面处流体速度为零，而在入口中心处流体速度最大，因而管道的实际入口速度分布应该是抛物线状，如图6-25a所示，速度分布可用式6-19描述，这是一个关于r的函数。但在FLUENT里，速度边界条件只能施加一个平均值$v_{average}$，而不能施加函数形式的速度边界条件。为了能做到这一点，必须采用UDF。由于下一章的内容也涉及使用UDF，因此在这里对UDF做一个简要的介绍，关于更详细的介绍见附录B。

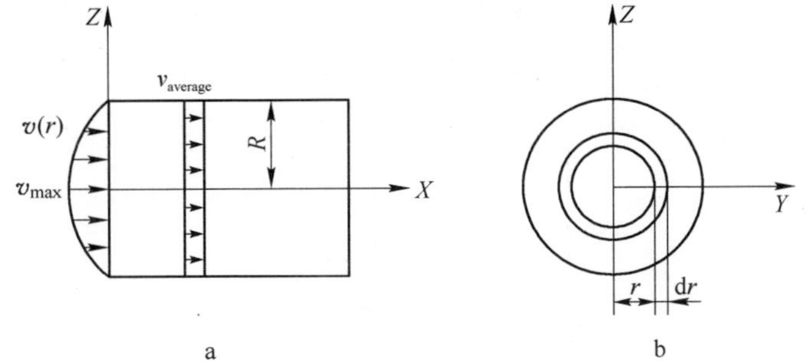

图6-25 管道入口速度分布
a—管道入口速度分布；b—管道横截面

6.4.1 UDF的概念

什么是UDF和为什么要使用UDF? UDF是用户自定义函数（user defined functions）的缩写，它可以被动态链接到Fluent求解器上来提高求程序的功能。一般说来，任何一种软件都不可能满足所有用户的各种要求，FLUENT也一样，其标准界面及功能有时并不能满足用户的一些特殊需要，比如上面所举的速度边界条件的例子。

UDF用C语言编写，使用时可以被当作解释函数或编译函数执行。解释函数在运行时读入并被解释，而编译函数则在编译时被嵌入到共享库中与Fluent连接。解释型函数用起来简单，但是有源代码和速度方面的限制与不足；而编译型UDF执行起来较快，也没有源代码的限制，但设置和使用较为麻烦，本书均采用编译型UDF。

6.4.2 UDF的基本定义

图6-26为离散后的二维和三维流场，流场中的各几何元素具有如下层次结构：节点（node）→边（edge）→面（face）→单元（cell），其中：

单元（cell）	被分割成的控制容积
单元中心（cell center）	FLUENT中场数据存储的地方
面（face）	单元（2D或3D）的边界

边（edge）	面（体）的边界
节点（node）	网格点

Fluent 将这些元素按照层次进行了划分和组合，并形成了一些基本概念。主要有：区域（A zone）。它是一群单元或单元面的集合，例如，管道入口处的单元面（face）集合组成了一个入口区；由壁面处单元面组成了流体壁面区；由出口处的单元面组成了出口区；而由所有单元和它们的面混合在一起则组成了整个流体区域，因此区域可以看成流场的物理划分。

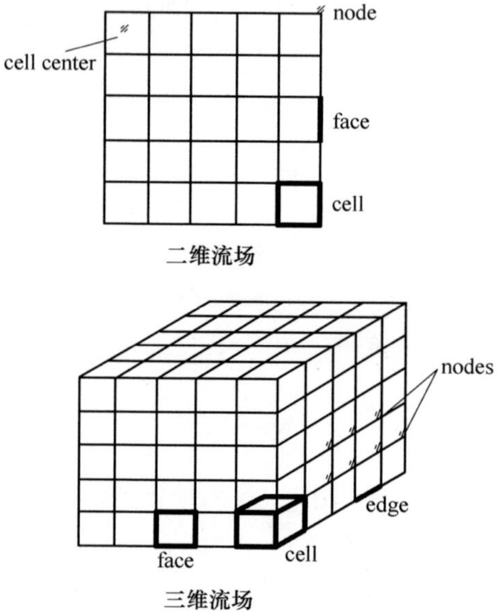

图 6-26 流体离散化

在逻辑层次上，FLUENT 根据这些几何元素的类型、层次也进行了划分，并用相应的数据结构进行存储，主要有：

单元线程（cell thread）	在其中分配了材料数据和源项的单元组
面线程（face thread）	在其中分配了边界数据的面组
节点线程（node thread）	节点组
区域（domain）	由网格定义的所有节点、面和单元线索的组合

其中，线（A thread）是 FLUENT 中一个重要的概念，它是 FLUENT 数据结构的内部名称，它是一个数据储存器，是数据的集合，里面的这些数据对于它所表示的单元和面来说是公用的（The Thread structure acts as a container for data that is common to the group of cells or faces that it represents）。如果说区（Zone）是单元或单元面的物理集合与划分的话，那么线（A thread）则是逻辑意义上单元与/或面的集合。例如，一个线面（face Thread）里包含了大量的单元面的数据，比如

面的 ID 号以及面的心部坐标等，而这些面包括入口面、出口面和壁面等；再比如单元线（Cell Thread）则包含了所有单元的基本信息，如单元 ID 号、单元顶点坐标以及物性参数等。

Domain 是比 Thread 更高一层的数据集合，一个 Domain 可以包含面线（face Thread）、单元线（Cell Thread）等。例如一个流场的 Domain 包含流场的所有面（集合成为面线）、单元（集合成为单元线）。

对于单相流来说，流场只有一个 Domain，而对于多相流来说，每一相都有一个 Domain，与此同时还包含两相相互作用的 Domain。

6.4.3 UDF 的基本数据类型

除了标准的 C 语言数据类型如 real、int 等可用于 UDF 中定义数据外，还有几个 FLUENT 指定的与求解器数据相关的数据类型。这些数据类型描述了 FLUENT 中定义的网格的计算单位。一些经常使用的 FLUENT 数据类型如下：cell_t、face_t、Thread、Domain、Node。

cell_t 是线索（thread）内单元标识符的数据类型。它是一个识别给定线索内单元的整数下标。

face_t 是线索内面标识符的数据类型。它是一个识别给定线索内面的整数下标。

Thread 数据类型是 FLUENT 中的数据结构。它充当了一个与它描述的单元或面的组合相关的数据容器。

Node 数据类型也是 FLUENT 中的数据结构。它充当了一个与单元或面的拐角相关的数据容器。

Domain 数据类型代表了 FLUENT 中最高水平的数据结构。它充当了一个与网格中所有节点、面和单元线索组合相关的数据容器。

6.4.4 UDF 的应用举例

以速度边界条件施加为例，全面说明其使用方法。

6.4.4.1 确定速度分布函数

具体实施时，首先设速度水平方向为 X 方向，则速度分布函数为（参考图 6-25）：

$$v_x = v_{\max}\left[1 - \left(\frac{r}{R}\right)^2\right] \tag{6-19}$$

式中 $v_{\max}$——按抛物线分布时的最大速度；

$r=\sqrt{y^2+z^2}$。

v_{max}为未知量，而$v_{average}$已知，因此可以根据流量确定v_{max}的大小。当入口速度为常量$v_{average}$时，流体的流量为：

$$Q_1 = v_{average}\pi R^2$$

而按抛物线分布时，流量为：

$$Q_2 = \int_0^r 2\pi r v(r)\,\mathrm{d}r$$

二者相等，$Q_1=Q_2$，同时将式 6-19 代入，从而得到：

$$v_{max} = 2v_{average} \tag{6-20}$$

6.4.4.2 程序编译与链接

速度分布函数确定后，将函数编制成 C 程序如下，具体解释见注释。

```
/ ***************************************************** * * ************** /
/ * udfexample. c                                                          * /
/ * UDF for specifying a steady-state velocity profile boundary condition * /
/ ***************************************************** * * ************** /
#include"udf. h"                      //必须包含 udf 头文件
double v_average=1;                   //入口平均速度
double v_inlet_max;                   //抛物线分布时的最大速度
double corr_face[ND_ND];              //速度入口单元面面心坐标,ND_ND 为问题的
                                      //维数,此时 ND_ND=3
double Radius=0. 1;                   //管道入口半径,相当于式 6-19 中的 R
double PI=3. 1415926;
double zc=0. 0;                       //管道中心坐标
double yc=0. 0;                       //管道中心坐标
double zc=0. 0;                       //管道中心坐标
double  r;                            //相当于式(6-19)中的 r
DEFINE_PROFILE(v_inlet,thread,index)
{
    face_t  f;
    v_inlet_max=2 * v_average;        //根据式 6-20 得到
    begin_f_loop(f,thread)            //速度入口面线循环
    {
        F_CENTROID(corr_face,f,thread);//计算每个面的中心坐标
        r=sqrt((corr_face[1]-yc) * (corr_face[1]-yc)+(corr_face[2]-zc) * (corr_face[2]-zc));
```

```
                                        //计算每个面的中心坐标对应的r
        F_PROFILE(f,thread,position,index)= v_inlet_max * (1-pow((r/R),2));
                                        //计算每个面的中心点的速度,并施加到面中心点
    }
    end_f_loop(f,thread)                //速度入口面线循环结束
}
```

在写 UDF 的时候，要明确以下几个基本的要求：必须用 C 语言编写 UDF；必须使用 FLUENT 提供的 DEFINE 宏来定义 UDF；UDF 必须含有包含于源代码开始指示的 udf. h 文件；它允许为 DEFINE macros 和包含在编译过程的其他 FLUENT 提供的函数定义。UDF 只使用预先确定的宏和函数从 FLUENT 求解器访问数据。通过 UDF 传递到求解器的任何值或从求解器返回到 UDF 的值，都指定为国际（SI）单位。选定方程定义 UDF 后，用户可用任意文本编辑器来书写 C 语言代码。

Fluent 提供了一套宏，你必须使用它来定义你的 UDF 函数，每个宏以 DEFINE_ 开头，它的通用格式为：

```
DEFINE_MACRONAME(udf_name,passed-in variables)
```

这里括号内第一个自变量是你的 UDF 的名称，名称自变量必须用小写字母指定。一旦函数被编译（和连接），你为 UDF 选择的名字在 FLUENT 下拉列表中将变成可见的和可选的。第二个输入到 DEFINE 宏的自变量是从 FLUENT 求解器传递到函数的变量。

以 DEFINE_PROFILE(v_inlet，thread，index) 为例：用两个从 FLUENT 传递到函数的变量 thread 和 index 定义了名字为 v_inlet 的速度分布函数，一旦 UDF 被编译，它的名字（例如 v_inlet）将在 FLUENT 适当的边界条件面板（例如 Velocity Inlet 面板）的下拉列表中变为可见的和可选的。

thread 变量是边界条件区域的 ID，即作为指向 thread 的指针，而 index 确定了被存储的变量索引号。

UDF 中，begin_f_loop 被用来形成对边界区域上所有单元面的循环（loop through all cell faces in the boundary zone）。对于每个面的质心（the face centroid）的坐标，可由 F_CENTROID 宏来获得，速度值通过 F_PROFILE 宏来返回给面。begin_f_loop 宏和 F_PROFILE 宏都是 FLUENT 提供的宏。

!! 注意，所有用于 DEFINE 宏的自变量必须放在你的源代码的同一行上。分割 DEFINE 的声明为几行可能导致编译错误。

函数编辑完成后，就可以进行编译和链接。函数编译时按照如下的命令操作：Define→User-Defined→Functions→Compiled，此时会弹出如图 6-27 所示的界面。

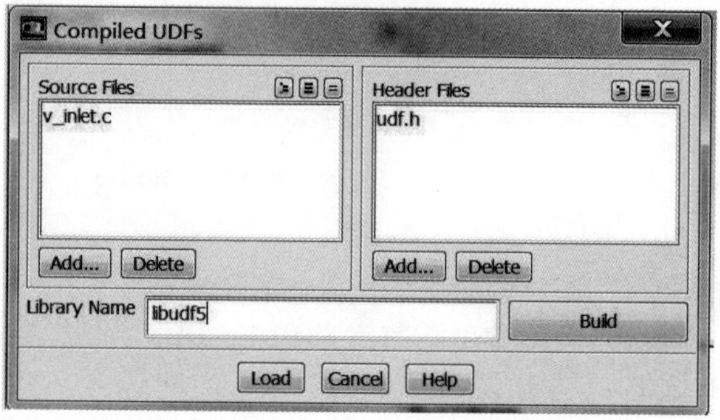

图 6-27　函数的编译和链接

在界面的左边选择刚才保存好的源文件，在右侧选择头文件 udf. h（注意：要确保这两个文件在你所运行的 CASE 所在的文件夹里）。在最下面的 Library Name 中为库文件起个名字。FLUENT 运行时，将动态链接到这个库。按上述选择确定后，点击“Build”按钮进行编译，如果没问题将显示如图 6-28 所示的提示。

```
Copied E:\ShipCorr\case/E:\ShipCorr\case\v_inlet.c to libudf101\src
Copied E:\ShipCorr\case/E:\ShipCorr\case\udf.h to libudf101\src
Creating user_nt.udf file for 3d ...
(system "copy "C:\PROGRA~1\ANSYSI~1\v160\fluent"\fluent16.0.0\src\udf\makefile_nt.udf "libudf101\win64\3d\makefile" ")
已复制         1 个文件。
(chdir "libudf101")(chdir "win64\3d")# Generating ud_io1.h
v_inlet.c
# Generating udf_names.c because of makefile v_inlet.obj
udf_names.c
# Linking libudf.dll because of makefile user_nt.udf udf_names.obj v_inlet.obj
Microsoft (R) Incremental Linker Version 11.00.50727.1
Copyright (C) Microsoft Corporation.  All rights reserved.

   正在创建库 libudf.lib 和对象 libudf.exp

Done.
```

图 6-28　点击“Build”后显示的提示

编译完毕后，再点击“Load”按钮装载库文件，如果没错误将显示如图 6-29所示的提示。

```
Opening library "E:\ShipCorr\case\libudf101"...
Library "E:\ShipCorr\case\libudf101\win64\3d\libudf.dll" opened
        inlet_velocity
Done.
```

图 6-29　点击“Load”后显示的提示

完成上述工作后，就可以施加速度边界条件了，如图 6-30 所示。在界面的速度边界条件一栏里，在下拉列表框里选择前面所定义函数所在的库文件即可。

在这一界面里，除了施加速度边界条件外，还要施加第二相的体积分数，如图 6-31 所示。

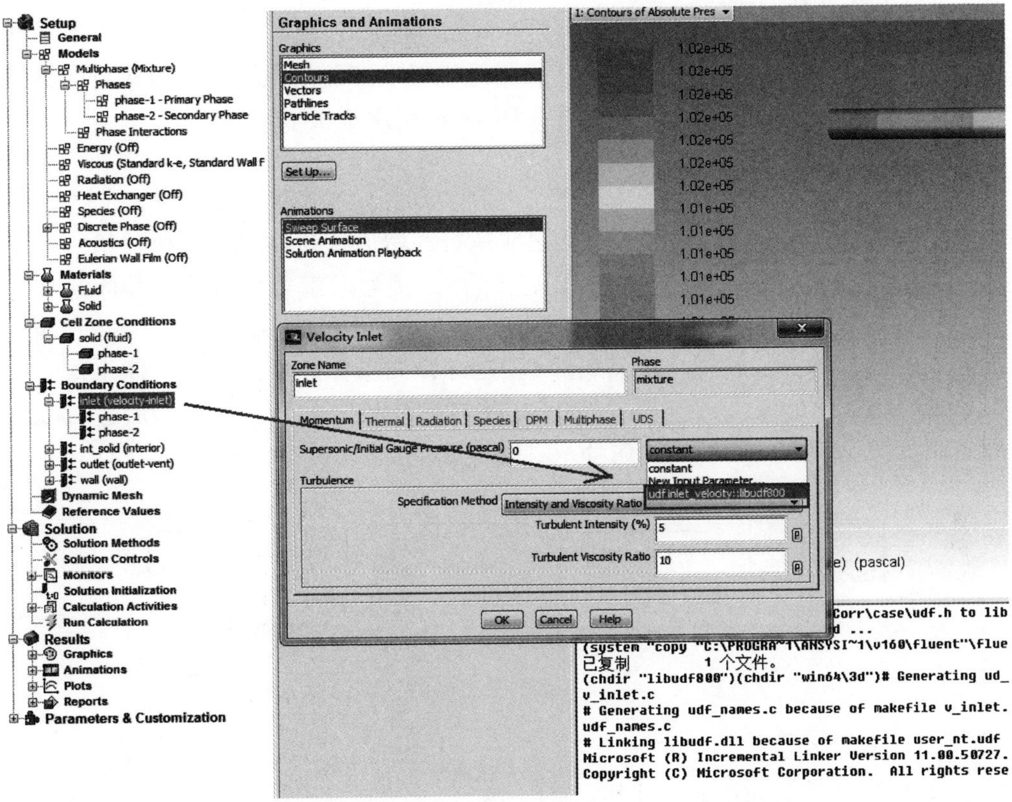

图 6-30 施加速度边界条件

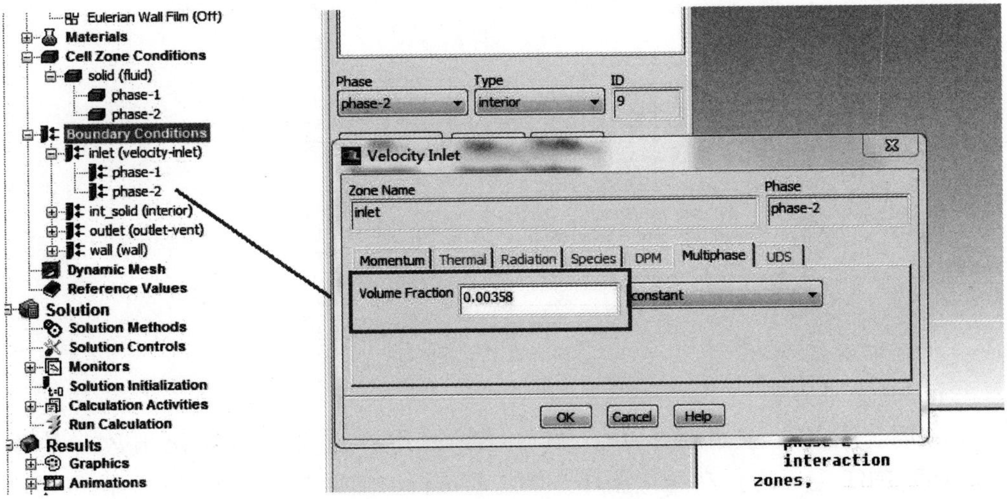

图 6-31 第二相体积分数的确定

6.4.4.3 函数的执行

函数编译和连接后就可以执行了，但是根据求解器的不同，函数执行的顺序有所不同。理解 FLUENT 求解过程中 UDF 如何调用是很重要的。

A 分离式求解器

在分离式求解器求解过程中（图 6-32），用户定义的初始化函数（使用 DEFINE_INIT 定义的）在迭代循环开始之前执行。然后迭代循环开始执行用户定义的调整函数（使用 DEFINE_ADJUST 定义的）。接着求解守恒方程，顺序是从动量方程和后来的压力修正方程到与特定计算相关的附加标量方程。守恒方程之后，属性被更新（包含用户定义属性）。这样，如果你的模型涉及气体定律，这时密度将随更新的温度（和压力和/或物质质量分数）而被更新，最后进行收敛或者附加要求的迭代的检查，循环或者继续或停止。

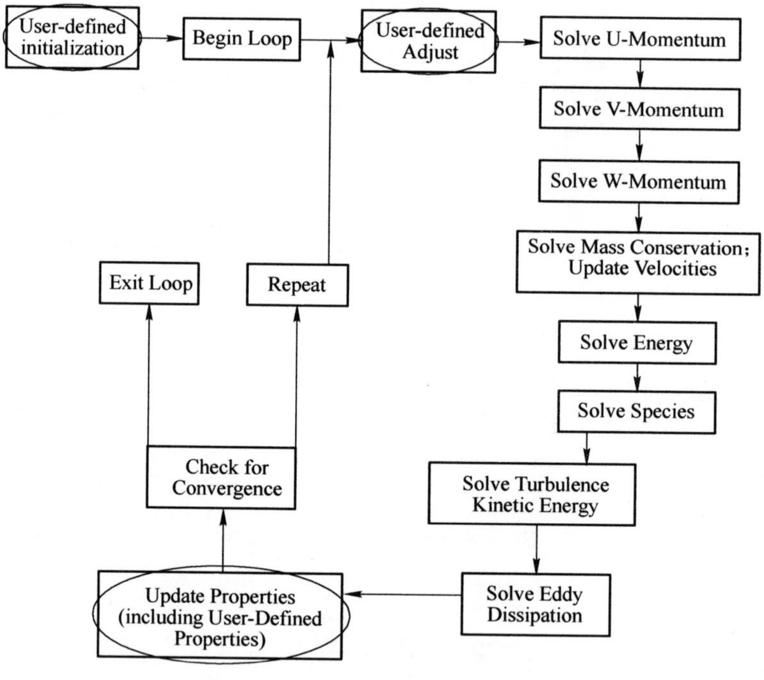

图 6-32 分离解算器的求解程序

B 耦合求解器

在耦合求解器求解过程中（图 6-33），用户定义的初始化函数（使用 DEFINE_INIT 定义的）在迭代循环开始之前执行。然后，迭代循环开始执行用户定义的调整函数（使用 DEFINE_ADJUST 定义的）。再接着，FLUENT 求解连续方程、动量和能量的控制方程以及物质输运方程，其余的求解步骤与分离式求解器相同。

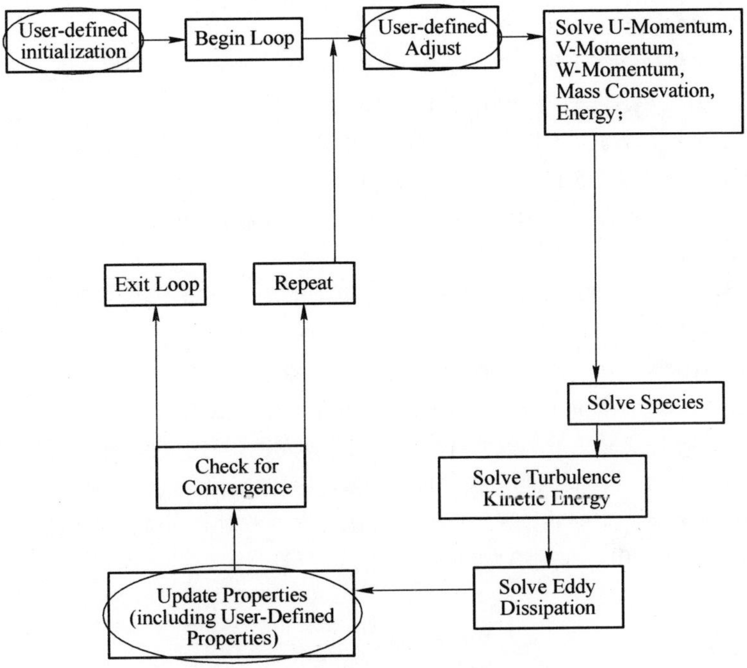

图 6-33　耦合求解器的求解程序

参考文献

[1] 吴萌顺，曹备．阴极保护和阳极保护：原理、技术及工程应用［M］．北京：中国石化出版社，2004.

[2] 方淑珍．外加电流阴极保护在船舶上的应用和设计［J］．船舶设计通讯，1994（4）：24~25.

[3] 张佩剑，秦以，尹克明．潜艇外加电流阴极保护的应用和研究概况［J］．武汉造船，1999（1）：12~13.

[4] 王永宁，平琦，龚涛．船舶电化学腐蚀的分析与控制［J］．船海工程，2007，36（3）：87~89.

[5] 胡士信．阴极保护工程手册［M］．北京：化学工业出版社，1999.

[6] 刘极莉．船体内舱阴极保护设计技术研究［D］．大连：大连理工大学，2005.

[7] 王巍．几种金属在海水中阴极保护数值计算及瞬态激励影响研究［D］．青岛：中国科学院海洋研究所，2011.

[8] 刘芊，曹江勇，罗勇，等．基于 COMSOL Multiphysics 的磁场仿真分析［J］．大学物理实验，2015，28（5）：106~108.

[9] 周静雷，王源 . COMSOL Multiphysics 在微型扬声器热效应分析中的应用 [J] . 电子测量技术，2016，39 (2)：29~32.

[10] 高霞，王志斌 . 基于 COMSOL Multiphysics 压电铌酸锂晶片仿真 [J] . 压电与声光，2015，37 (2)：291~293.

[11] 王海冰，王攀达，李文华，等 . 基于 COMSOL Multiphysics 液压节流阀内部流场数值模拟研究 [J] . 液压与气动，2015 (8)：26~29.

[12] 辛艳萍，梁月 . 基于 COMSOL Multiphysics 的金属储罐阴极保护方案的优化 [J] . 石油化工高等学校学报，2016，29 (4)：92~96.

[13] 王雷，董丽娜 . 基于 COMSOL Multiphysics 的杂散电流腐蚀仿真分析 [J] . 新技术新工艺，2014 (1)：22~24.

[14] 甘甜，仵杰，邢德键 . 基于 COMSOL 带腐蚀凹陷套管井的声场数值 [J]。电声技术，2017，41 (4/5)：111~114.

[15] 王勖成 . 有限单元法 [M] . 北京：清华大学出版社，2003.

[16] 王焕定，王伟 . 有限单元法教程 [M] . 哈尔滨：哈尔滨工业大学出版社，2003.

[17] 雍兴跃，刘景军，林玉珍 . 数值计算发法在流体腐蚀研究中的应用- (I) 层流条件下金属的腐蚀 [J] . 中国腐蚀与防护学报，1999，19 (1)：1~6.

[18] 雍兴跃，张雅琴，李栋梁，等 . 近壁处流体力学参数对流动腐蚀的影响 [J] . 腐蚀科学与防护技术，2011，23 (3)：245~250.

7 船体腐蚀速度预测

船体处于海水中，不可避免地遭受海水的腐蚀。海水中含有各种离子，腐蚀情况复杂。由于海水中氧的得电子能力最强，因此为简单起见，只考虑氧这种强去极化剂对船体的腐蚀。当海水静止时，海水中各物种的浓度分布可看成是均匀的，氧的分布也如此，因此船体此时所遭受的腐蚀属于均匀腐蚀，各处的腐蚀速度一样。而当海水流动时，或者说船体和海水之间存在相对速度时，在船体周围一定的区域内存在流场，流场中各处的海水速度不再一样，海水压力也不同，这导致了氧的分布不再均匀，所以船体各处的腐蚀速度不再一样，这种情况较静止的情况要复杂得多，本章将着重讨论这种腐蚀情况。

7.1 船体在静止海水中腐蚀速度预测

7.1.1 控制方程

由于只考虑氧的腐蚀，因此船体表面只存在以下电化学反应：

$$Fe \longrightarrow Fe^{2+}+2e \tag{7-1}$$

$$O_2+2H_2O+4e \longrightarrow 4OH^- \tag{7-2}$$

二者反应后会达到一个耦合的腐蚀电位 E_{corr}，此时阳极反应（式 7-1）的电流密度与电位的关系为[1]：

$$I_a = I_{0,a}\left[\exp\left(\frac{E_{corr}-E_{e,a}}{\vec{\beta}_a}\right)-\exp\left(-\frac{E_{corr}-E_{e,a}}{\overleftarrow{\beta}_a}\right)\right] \tag{7-3}$$

阴极反应电流密度为[2]：

$$|I_c| = -I_c = I_{0,c}\left[\exp\left(-\frac{E_{corr}-E_{e,c}}{\vec{\beta}_c}\right)+\exp\left(\frac{E_{corr}-E_{e,c}}{\overleftarrow{\beta}_c}\right)\right] \tag{7-4}$$

式中 $E_{e,a}$——反应 7-1 的平衡电位；

$I_{0,a}$——反应 7-1 的交换电流密度；

$E_{e,c}$——反应 7-2 的平衡电位；

$I_{0,c}$——反应 7-2 的交换电流密度。

一般来说，腐蚀电位与平衡电位相差较大，因此可以将反应 7-1 和反应 7-2 中的逆反应忽略，这样式 7-3、式 7-4 就变成如下形式：

$$I_a \approx I_{0,a}\exp\left(\frac{E_{corr}-E_{e,a}}{\vec{\beta}_a}\right) \tag{7-5}$$

$$|I_c| \approx I_{0,c}\exp\left(\frac{E_{corr}-E_{e,c}}{\overleftarrow{\beta}_c}\right) \tag{7-6}$$

式中　$\vec{\beta}_a$，$\overleftarrow{\beta}_c$——分别为阳极反应塔菲尔斜率、阴极反应塔菲尔斜率。

在稳态有 $I_a \approx \left|I_c\right|$，于是：

$$I_{0,a}\exp\left(\frac{E_{corr}-E_{e,a}}{\vec{\beta}_a}\right) = I_{0,c}\exp\left(-\frac{E_{corr}-E_{e,c}}{\overleftarrow{\beta}_c}\right)$$

从而解得腐蚀电位：

$$E_{corr} = \frac{(\vec{\beta}_a E_{e,c} + \overleftarrow{\beta}_c E_{e,a}) + \vec{\beta}_a\overleftarrow{\beta}_c \ln\left(\frac{I_{0,c}}{I_{0,a}}\right)}{(\vec{\beta}_a + \overleftarrow{\beta}_c)} \tag{7-7}$$

7.1.2　计算过程

这一模拟采用的是 COMSOL 软件，其中的电化学反应参数见表 7-1。

表 7-1　电化学反应参数[1]

阳极塔菲尔斜率/V · $decade^{-1}$	0.040
Fe 的平衡电位（vs SCE)/V	-0.684
Fe 交换电流密度/A · m^{-2}	2.7×10^{-11}
阴极塔菲尔斜率/V · $decade^{-1}$	0.145
O_2 平衡电位（vs SCE)/V	0.456
O_2 交换电流密度/A · m^{-2}	4×10^{-9}
O_2 的扩散系数/m^2 · s^{-1}	1.0×10^{-9}
体相氧浓度/mol · m^{-3}	0.16

围绕船体，在适当范围内划分出一片流体区域，然后通过布尔操作得到如图 7-1 所示的计算区域。这一区域含有船体和海水之间的接触面，即图中高亮部位。其余的表面均为海水和海水的接触面。对这一区域施加边界条件，如图 7-2 所示（可参考 6.1 节）。计算结果如图 7-3 所示。可见，在静水中腐蚀速度就比较慢。

7.2　船体在流动海水中腐蚀速度预测

在静止海水中，腐蚀速度计算比较简单，但是当海水流动时情况变得复杂。此时船体周围存在流场，速度和压力有一定的分布，氧的浓度也不再等于本体浓

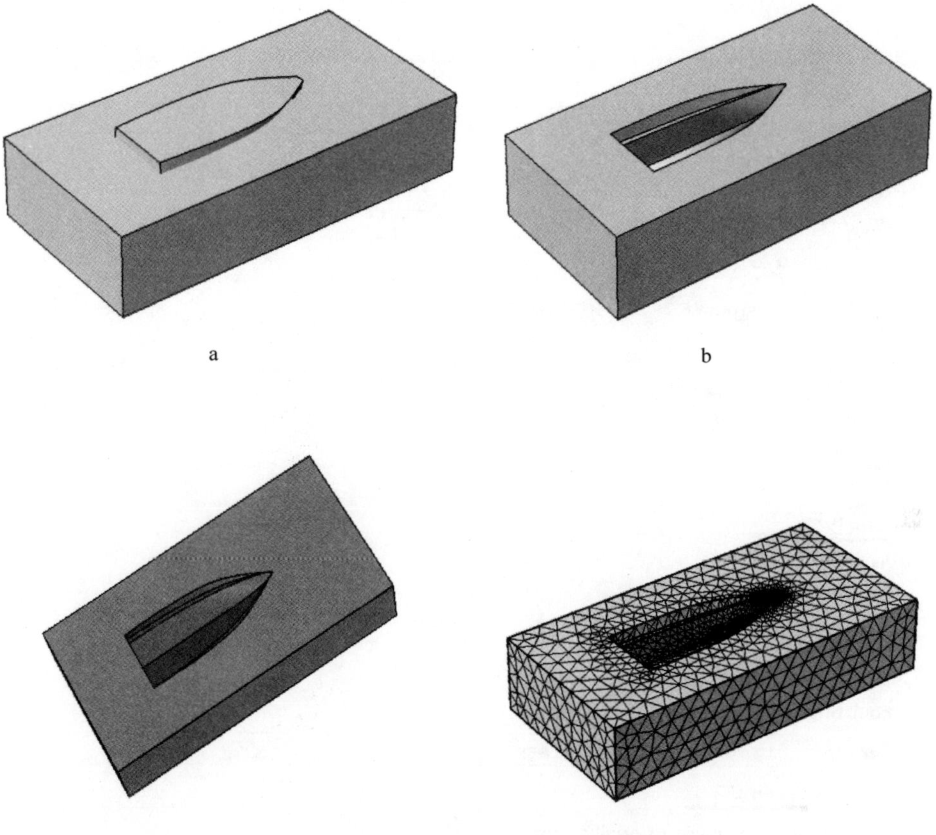

a b c d

图 7-1 有限元模型建立过程

a—包围船体的海水；b—求解域；c—施加边界条件的表面；d—有限元离散

度，在压力较小、速度较快的地方，氧的含量高些；而在压力较大、速度较慢的地方氧的浓度较低。与此同时，由于船体表面的黏附作用，在表面存在一个流体的层流边界层，层内属于层流，而在层以外流体处于湍流。由于湍流的掺混作用，这一区域氧的分布可看做是均匀的。船体表面的氧由于不断进行电化学反应而消耗掉，因此浓度要低一些，这样在层外和层内就存在一个浓度梯度，边界层以外的氧就是以浓度梯度为动力扩散到表面上，进行电化学反应。浓度梯度的大小取决于浓度差和边界层的厚度，一般来说，船体表面处的剪切力越大，边界层的厚度就越薄，反之就越厚。因此船体表面各处氧的输运情况是不一样的，这样船体的腐蚀情况也不一样，而这种情况下预测腐蚀速度难度大一些。解析的方法是无能为力的，只能采用数值模拟的方法。由于需考虑流体流动，拟采用 FLUENT 软件进行计算。另外，在计算腐蚀速度时，需要提取船体表面不同位置的氧的含量、壁面剪切力等，再利用这些数据计算腐蚀速度，而这些 FLUENT 并没有提供相应的模块，因此还要使用 UDF 方法。

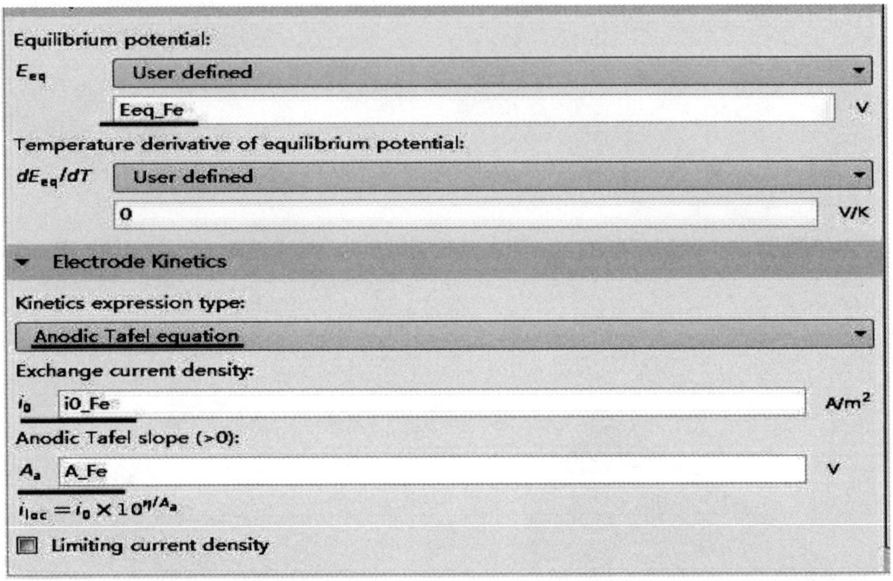

a

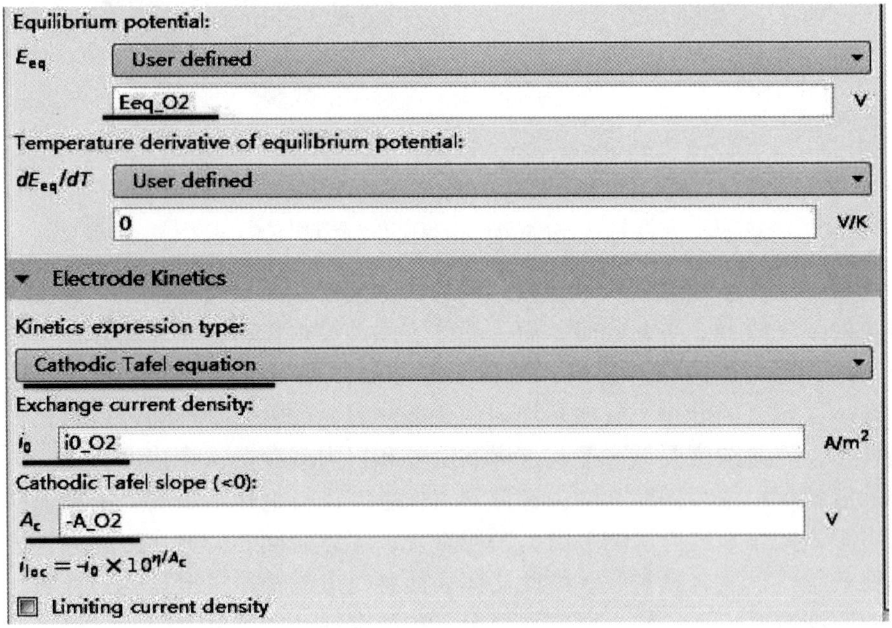

b

图 7-2 施加边界条件

a—施加阳极边界条件；b—施加阴极边界条件

图 7-3　计算结果

a—腐蚀电位分布；b—腐蚀速度（mm/a）

船体在流动的海水中，腐蚀速度与流场有很大关系，如果仅考虑氧的氧化并且电化学反应被扩散控制的话，则氧的分布对腐蚀有很大影响。而氧的分布与流场有很大的关系。图 7-4 为流场中截面速度分布，可以看到船体底面处的流体有较大的流速，而船尾流速较低。

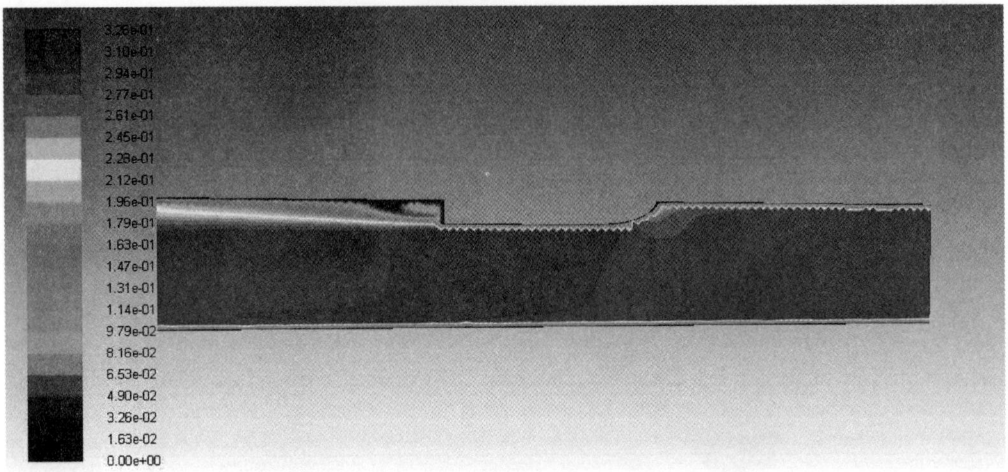

图 7-4 流场中截面速度分布

流场的复杂分布影响了氧的分布。图 7-5 为船体表面不同部位氧的分布情况，图 7-6 则为船体表面所受到的剪切力分布。采用 6.3 节中的公式 6-18 计算船体表面的腐蚀速度，利用 UDF 技术将公式编制成程序，经过编译、链接后执行得到的船体表面腐蚀速度如图 7-7 所示。可见低面中后部腐蚀速度较大，船头以及船尾相对小些。

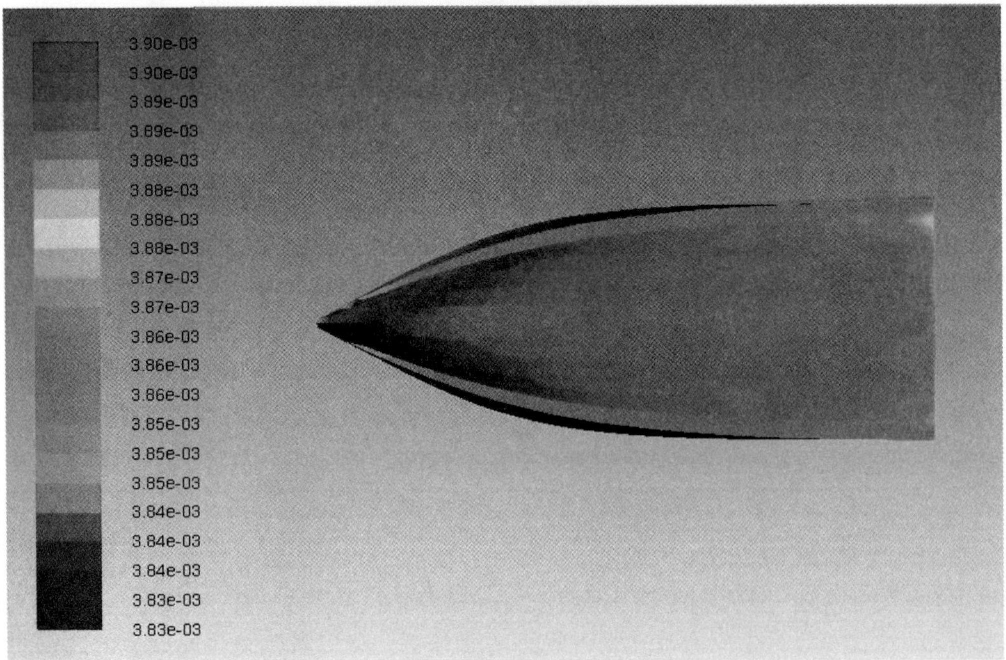

a

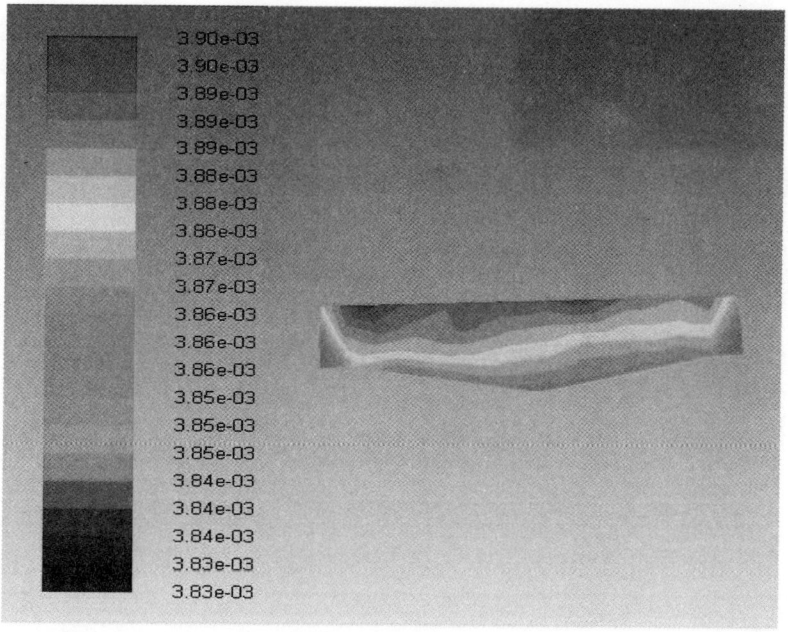

b

图 7-5 船体表面氧的分布

a—船体底面氧的分布；b—船体尾部氧的分布

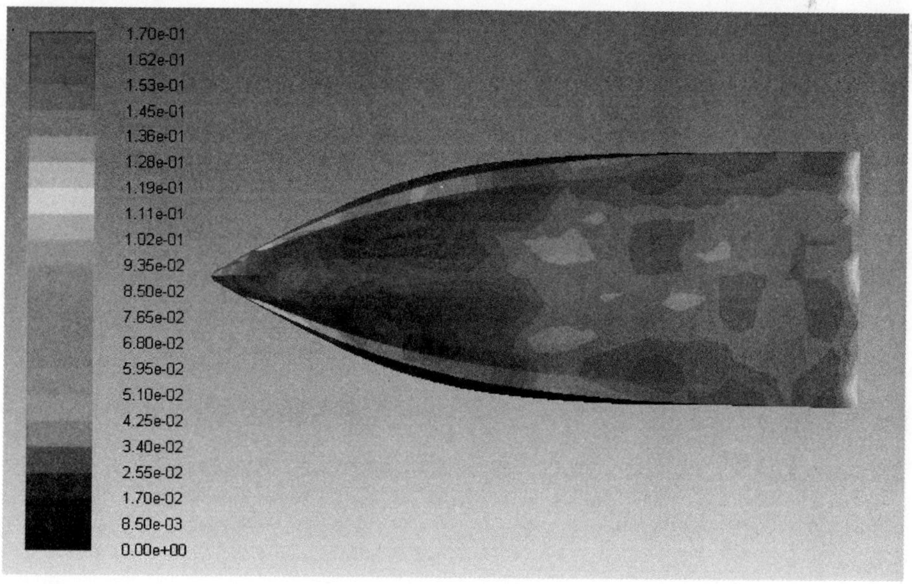

a

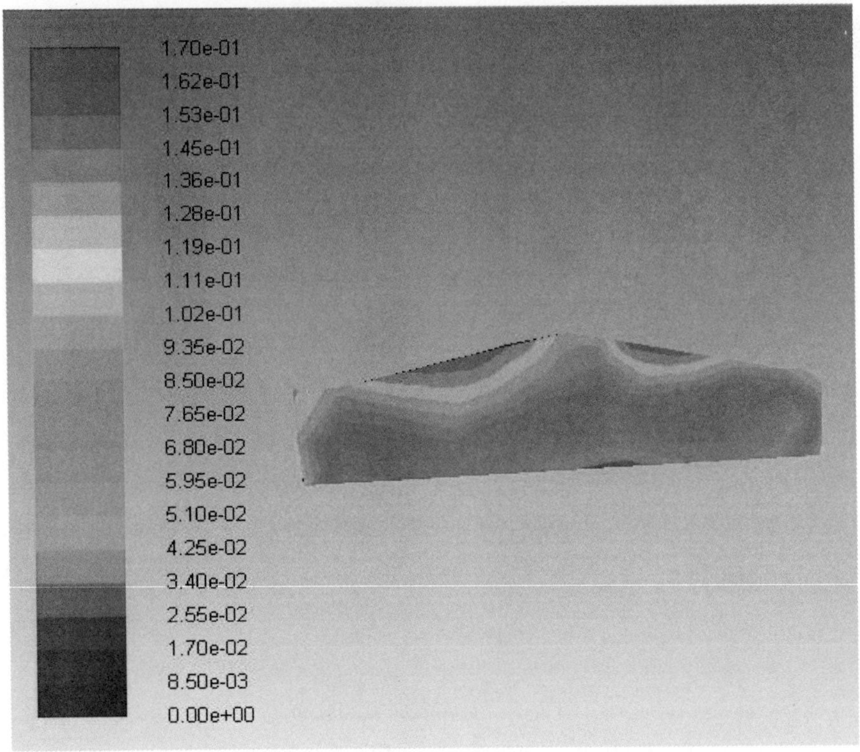
1.70e-01
1.62e-01
1.53e-01
1.45e-01
1.36e-01
1.28e-01
1.19e-01
1.11e-01
1.02e-01
9.35e-02
8.50e-02
7.65e-02
6.80e-02
5.95e-02
5.10e-02
4.25e-02
3.40e-02
2.55e-02
1.70e-02
8.50e-03
0.00e+00

b

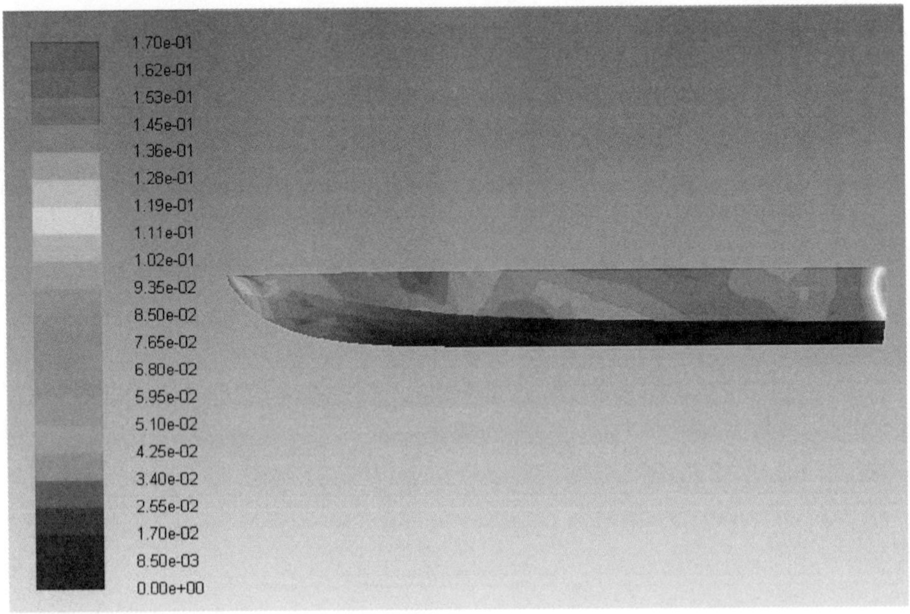
1.70e-01
1.62e-01
1.53e-01
1.45e-01
1.36e-01
1.28e-01
1.19e-01
1.11e-01
1.02e-01
9.35e-02
8.50e-02
7.65e-02
6.80e-02
5.95e-02
5.10e-02
4.25e-02
3.40e-02
2.55e-02
1.70e-02
8.50e-03
0.00e+00

c

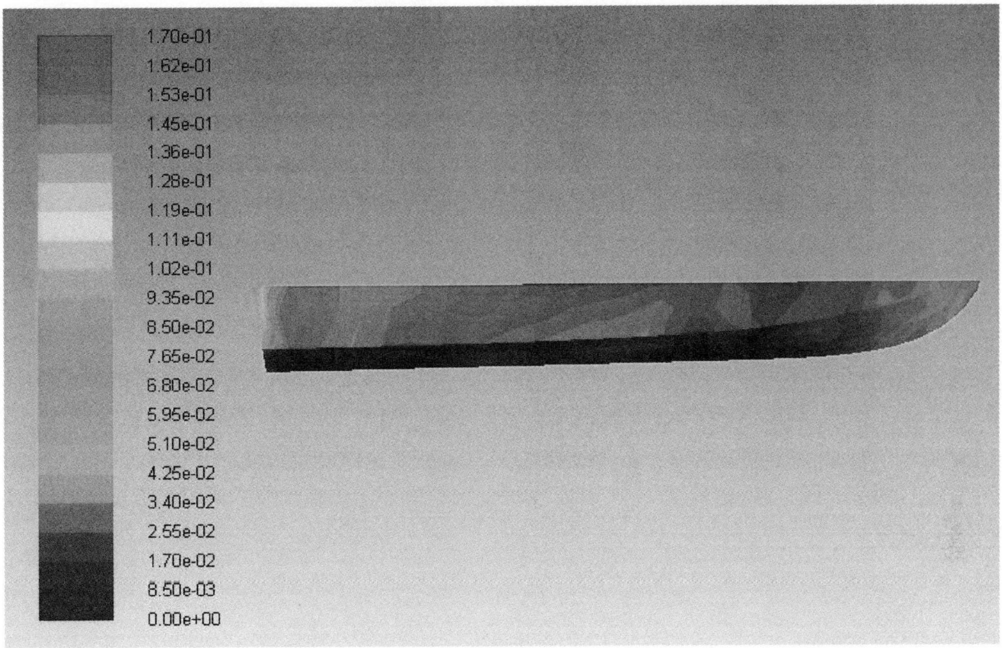

d

图 7-6 船体表面剪切力分布

a—底面剪切力分布；b—背面剪切力分布；c，d—侧面剪切力分布

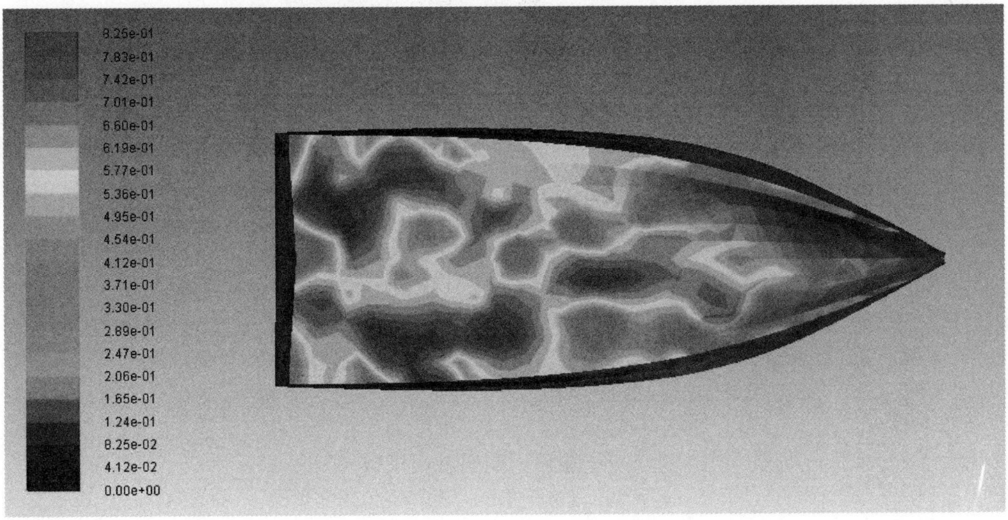

a

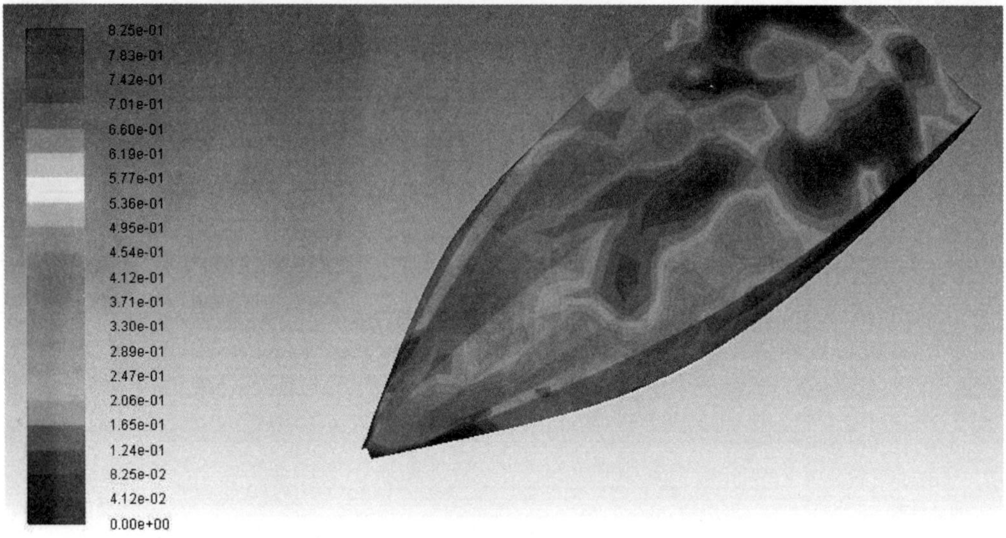

b

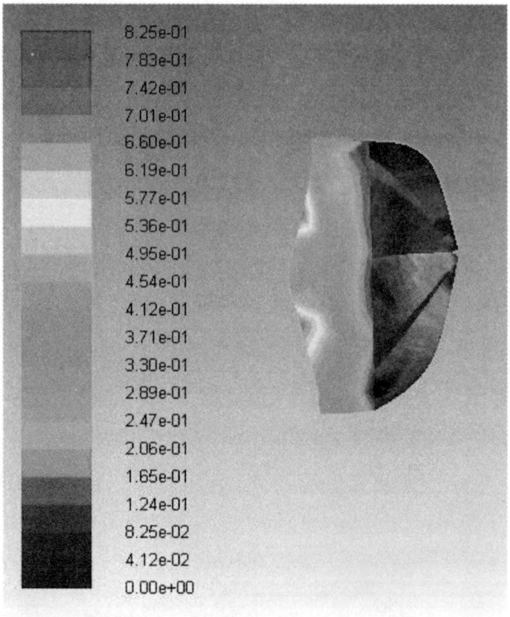

c

图 7-7 船体表面腐蚀速度分布

a，b—底面腐蚀速度分布；c—尾部腐蚀速度分布

参考文献

[1] 王巍．几种金属在海水中阴极保护数值计算及瞬态激励影响研究［D］．青岛：中国科学院海洋研究所，2011.

[2] 曹楚南．腐蚀电化学原理［M］．北京：化学工业出版社，2004.

[3] 茂圃．腐蚀电化学［M］．北京：冶金工业出版社，1991.

8 船体外加电流阴极保护最佳阳极布置方案研究

8.1 引言

外加电流阴极保护（Impressed Current Cathodic Protect，简称 ICCP），以其设计保护寿命长，电位、电流可调节性强等优点成为防腐的首选。通过外电源向船体表面注入电流，使表面产生阴极极化，当极化电位达到保护电位后（800mV 参比电极为 Ag/AgCl/Seawater），腐蚀就被抑制了。这种方法理论上很简单，但实施起来却并非易事。首先遇到的问题是：如何确定外加电流的大小？其次是如何合理地布置辅助阳极？一个好的保护方案应该取得如下效果：在尽可能小的外加电流条件下，船体表面的保护面积达到最大。传统的确定外加电流的方法是基于平均电流密度的理念，即被保护表面各处的电流密度均相同。根据这一假设，将电流密度乘以被保护的面积就等于所需的总电流，然后用总电流除以电极个数就得到每个辅助阳极上的输入电流大小。这种计算方法显得粗糙，因为船体表面为曲面，曲率分布也不均匀，因此表面各处的电流密度肯定不一样，因此根据上述方法确定的输入电流显得不够精确，需要进一步优化；另外，辅助阳极的位置对表面电位、电流的分布也有着重要影响，当外加电流一定时，不同的阳极位置对应着不同的电位分布，应存在一个最佳的阳极位置，使得此时船体的保护面积达到最大。如果外加电流有所变化，那么这个最佳的位置也必然有所改变，因此确定最佳阳极位置是一件很困难的事，通常的实验方法很难奏效，这是因为船体表面巨大，理论上的位置很多，实验量将十分巨大。

本书提出了一套算法，利用 MATLAB 中的脚本控制有限元软件的运行，采用遗传算法可以解决上面遇到的问题。

8.2 遗传算法介绍

遗传算法（Genetic Algorithm，简称 GA）起源于对生物系统所进行的计算机模拟研究。美国 Michigan 大学的 Holland 教授及其学生受到生物模拟技术的启发，创造出了基于生物遗传和进化机制的适合于复杂系统优化的自适应概率优化技术——遗传算法。1967 年，Holland 的学生 Bagley 在其博士论文中首次提出了“遗传算法”一词，他发展了复制、交叉、变异、显性、倒位等遗传算子，在个体编码上使用双倍体的编码方法。Holland 教授用遗传算法的思想对自然和人工自适应系统进行了研究，提出了遗传算法的基本定理——模式定理（Schema Theorem），并于 1975 年出版了第一本系统论述遗传算法和人工自适应系统的专著《Adaptation in Natural and Artificial Systems》。20 世纪 80 年代，Holland 教授实现了第一个基于遗传算法的机器学习系统，开创了遗传算法的机器学习的新概念。1975 年，De Jong 基于遗传算法的思想在计算机上进行了大量的纯数值函数优化计算实验，建立了遗传算法的工作框架，得到了一些重要且具有指导意义的结论。1989 年，Goldberg 出版了《Genetic Algorithm in Search，Optimization and Machine Learning》一书，系统地总结了遗传算法的主要研究成果，全面完整地论述了遗传算法的基本原理及其应用。1991 年，Davis 出版了《Handbook of Genetic Algorithms》一书，介绍了遗传算法在科学计算、工程技术和社会经济中的大量实例。1992 年，Koza 将遗传算法应用于计算机程序的优化设计及自动生成，提出了遗传编程（Genetic Programnming，简称 GP）的概念。在控制系统的离线设计方面遗传算法被众多的使用者证明是有效的策略。例如，Krishnakumar 和 Goldberg 以及 Bramlette 和 Cusin 已证明使用遗传优化方法在太空应用中导出优异的控制器结构比使用传统方法如 LQR 和 Powell 的增音机设计所用的时间要少。Porter 和 Mohamed 展示了使用本质结构分派任务的多变量飞行控制系统的遗传设计方案。与此同时，另外一些人证明了遗传算法如何在控制器结构的选择中使用。

从遗传算法的整个发展过程来看，20 世纪 70 年代是兴起阶段，20 世纪 80 年代是发展阶段，20 世纪 90 年代是高潮阶段。遗传算法作为一种实用、高效、鲁棒性强的优化技术，发展极为迅速，已引起国内外学者的高度重视。

8.2.1 遗传算法的概念

生物的进化（Evolution）过程主要是通过染色体之间的交叉和变异来完成的。基于对自然界中生物遗传与进化机理的模仿，针对不同的问题，很多学者设计了许多不同的编码方法来表示问题的可行解，开发出了许多种不同的编码方式来模仿不同环境下的生物遗传特性。这样，由不同的编码（Coding）方法和不同的遗传算子就构成了各种不同的遗传算法。

遗传算法是模仿自然界生物进化机制发展起来的随机全局搜索和优化方法，它借鉴了达尔文的进化论和孟德尔的遗传学说，其本质是一种高效、并行、全局搜索的方法，它能在搜索过程中自动获取和积累有关搜索空间的知识，并自适应地控制搜索过程以求得最优解。遗传算法操作使用适者生存的原则，在潜在的解决方案种群中逐次产生一个近似最优的方案。在遗传算法的每一代中，根据个体在问题域中的适应度值和从自然遗传学中借鉴来的再造方法进行个体选择，产生一个新的近似解。这个过程导致种群中个体的进化，得到的新个体比原个体更能适应环境，就像自然界中的改造一样。

个体或当前近似解被编码为由字母组成的串，即染色体（Chromosome），使基因（Gene，染色体值）能在（表现）域决策变量上被唯一地描述。尽管可以使用二进制、整数、实值等，但是在遗传算法表现型上最常用的仍是二进制字符串。例如，一个问题具有两个变量 X_1 和 X_2，它们的染色体结构能用图 8-1 所示的方法表示。

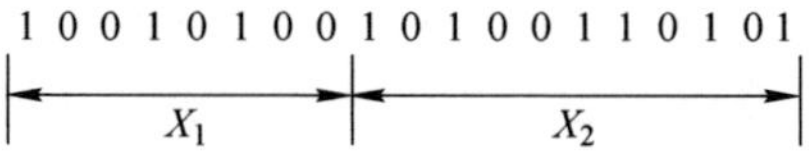

图 8-1　个体的染色体结构

图 8-1 中的 X_1 被编码为 8 位，X_2 被编码为 11 位（位数的多少能够反映精确度水平或个体决策变量的范围），是一个包含人们试图解决问题的信息的染色体串。这只是表现值的染色体编码，任何意义均可应用于表现型。无论如何就像下面的描述，搜索过程将在决策变量的编码中而不是它们自身中操作，当然除了在实值基因被使用的情况。

在决策变量域中的染色体表现型已被编码，可以估计种群的个体成员的特性或适应度。通过特征目标函数来估计个体在问题域中的特性。在自然世界中，这就是个体在现行环境中的生存能力。因此，目标函数建立的基础是在整个繁殖过程中选择成对的个体进行交配。

在再生（复制）期间，每个个体均被计算适应度值，它来自没有加工的原始特性度量，由目标函数给出。这个值用来在选择中偏向更加适合的个体。相对整个种群，适应度高的个体具有高的选中参加交配的概率，而适应度低的个体具有相对低的选中概率。

一旦个体计算了适应度值，个体能根据它们的相对适应度从种群中被选中并重组，产生下一代。遗传算子直接操作染色体的特征（基因），使用一般情况下个体的基因代码，产生更适合的个体。重组算子用在一对个体或一大组个体中交换基因信息。最简单的重组算子是单点交叉。

考虑两个二进制父代串：

$$A=10010110 \text{ 和 } B=10111000$$

如果一个整数 I 是随机地在 1 到串长 L 减 1 之间（即 $[1, L-1]$）选择的，在 I 点后，两个个体间的基因进行交换，随后两个子代串产生。例如，当交叉点 $I=5$ 时，两个子代串产生如下：

$$A'=10010000 \text{ 和 } B'=10111110$$

交叉算子并不是必须在种群的所有串中执行的。当一对个体被选中培育下一代时，代替的是应用一个概率 P_x。进一步的遗传算法称为变异，再次使用一个概率 P_m 应用到新染色体上。变异能根据一些概率准则引起个体基因表现型发生变化，在二进制表现型中，变异引起单个位的状态变化，即 0 变 1 或者 1 变 0。

例如，在 A'中变异第四位，1 变 0，产生新染色体为 10000000。

变异通常被认为是一后台算子，以确保研究问题空间的特殊子空间的概率永不为 0。变异具有阻止局部最优收敛的作用。

在重组和变异后，如果需要这些个体串随后被解码，进行目标函数评估，计算每个个体的适应度值，个体根据适应度被选择参加交配，并且这个过程继续直到产生子代。在这种方法中，种群中个体的平均性能希望得到提高，好的个体被保存并且相互产生下一代，而低适应度的个体则消失，当一些判定条件满足后，遗传算法则终止，例如，一定的遗传代数、种群的均差或遇到搜索空间的特殊点。

8.2.2 遗传算法的特点

遗传算法是一种借鉴生物界自然选择（Natural Selection）和自然退传机制的随机搜索算法（Random Scarching Algorithms）。它与传统的算法不同，大多数古典的优化算法是基于一个单一的度量函数（评估函数）的梯度或较高次统计，以产生一个确定性的试验解序列，遗传算法不依赖于梯度信息，而是通过模拟自然进化过程来搜索最优解（Optimal Solution），它利用某种编码技术，作用于称为染色体的数字串，模拟由这些串组成的群体的进化过程。遗传算法通过有组织的、随机的信息交换来重新组合那些适应性好的串，生成新的串的群体。

8.2.2.1 遗传算法的优点

遗传算法具有如下优点：

（1）对可行解表示的广泛性。遗传算法的处理对象不是参数本身，而是针对那些通过参数集进行编码得到的基因个体。此编码操作使得遗传算法可以直接对结构对象进行操作。所谓结构对象，泛指集合、序列、矩阵、树、图、链和表等各种一维或二维甚至多维结构形式的对象。此特点使得遗传算法具有广泛的应用领域，比如：

1）通过对连接矩阵的操作，遗传算法可用来对神经网络或自动机的结构或参数加以优化；

2）通过对集合的操作，遗传算法可实现对规则集合和知识库的精炼而达到高质量的机器学习目的；

3）通过对树结构的操作，用遗传算法可得到用于分类的最佳决策树；

4）通过对任务序列的操作，遗传算法可用于任务规划，而通过对操作序列的处理，可自动构造顺序控制系统。

（2）群体搜索特性。许多传统的搜索方法都是单点搜索，这种点对点的搜索方法，对于多峰分布的搜索空间常常会陷于局部的某个单峰的极值点。相反，遗传算法采用的是同时处理群体中多个个体的方法，即同时对搜索空间中的多个解进行评估。这一特点使得遗传算法具有较好的全局搜索性能，也使得遗传算法本身易于并行化。

（3）不需要辅助信息。遗传算法仅用适应度函数的数值来评估基因个体，并在此基础上进行遗传操作。更重要的是，遗传算法的适应度函数不仅不受连续可微的约束，而且其定义域可以任意设定。对适应度函数的唯一要求是，编码必须与可行解空间对应，不能有死码。由于限制条件的缩小，使得遗传算法的应用范围大大扩展。

（4）内在启发式随机搜索特性。遗传算法不是采用确定性规则，而是采用概率的变迁规则来指导它的搜索方向。概率仅仅是作为一种工具来引导其搜索过程朝着搜索空间的更优化的解区域移动的。虽然看起来它是一种“盲目”的搜索方法，实际上它有明确的搜索方向，具有内在的并行搜索机制。

（5）遗传算法在搜索过程中不容易陷入局部最优，即使在所定义的适应度函数是不连续的、非规则的或有噪声的情况下，也能以很大的概率找到全局最优解。

（6）遗传算法采用自然进化机制来表现复杂的现象，能够快速可靠地解决求解非常困难的问题。

（7）遗传算法具有固有的并行性和并行计算的能力。

（8）遗传算法具有可扩展性，易于同别的技术混合。

应重点注意的是，遗传算法对给定问题给出了大量可能的解答，并挑选最终的解答给用户。要是一个特定问题并没有单个的解，例如 Pareto 最优解系列中，就像多目标优化和日程安排的案例中，遗传算法将尽可能地用于识别可同时替换的解。

8.2.2.2 遗传算法的基本用语

由于遗传算法是自然遗传学和计算机科学相互结合渗透而成的新的计算方法，因此遗传算法中经常使用自然进化中有关的一些基本用语。了解这些用语对于讨论和应用遗传算法是十分必要的。

生物的遗传物质的主要载体是染色体，DNA 是其中最主要的遗传物质，而基因（Gene）又是控制生物性状的遗传物质的功能单位和结合单位。数个基因组成染色体，染色体中基因的位置称为基因座（Locus），而基因所取的值叫做等位基因（Allele）。基因和基因座决定了染色体的特征，也就决定了生物个体的性质状态。染色体有两种相应的表示模式，即基因型和表现型。所谓表现型，是指生物个体所表现出来的性质状态，而基因型是指与表现型密切相关的基因组成。同种基因型的生物个体在不同的环境条件下可以有不同的表现型，因此表现型是基因型与环境条件相互作用的结果。在遗传算法中，染色体对应的是数据或数组，在标准的遗传算法中，通常是由一维的串结构数据表现的。串上各个位置对应上述的基因座，而各位置上所取的值对应上述的等位基因。遗传算法处理的是染色体，或者叫基因型个体。一定数量的个体组成了样体，也叫集团。群体中个体的数目称为群体的大小，也叫群体规模。而各个体对环境的适应程度叫适应度。执行遗传算法时包含两个必要的数据转接操作，一个是表现型到基因型的转换，它把搜索空间中的参数或解转换成遗传空间中的染色体或个体，此过程称为编码操作；另一个是基因型到表现型的转换，它是前者的一个相反操作，称为译码操作。

8.3 遗传算法运算过程

遗传算法模拟了自然选择和遗传中发生的复制、交叉和变异等现象，从任一初始种群（Population）出发，通过随机选择、交叉和变异操作，产生一群更适应环境的个体，使群体进化到搜索空间中越来越好的区域，这样一代一代地不断繁衍进化，最后收敛到一群最适应环境的个体（Individual），求得问题的最优解。该算法的一些术语和生物界有一定的关联，为了以后叙述的方便，特将二者对应关系列于表 8-1。

表 8-1 遗传学和遗传算法中基本用语对照表

自然遗传算法	人工遗传算法
染色体（Chromosome）	解的编码（数据、数组、位串）
基因（Gene）	解中每一分量的特征（特性、个性，探测器、位）
等位基因（Allele）	特性值
基因座（Locus）	串中位置
基因型（Genetype）	结构
表现型（Phenotype）	参数集、解码结构，候选解
遗传隐匿（Genetic concealment）	非线性
个体（Individual）	解
适者生存	在算法停止时，最优目标值的解有最大的可能被留住
适应性（Fitness）	适应度函数值
群体（Population）	选定的一组解（其中解的个数为群体的规模）
复制（Reproduction）	根据适应函数值选取的一组解
交配（Crossover）	通过交配原则产生一组新解的过程
变异（Mutation）	编码的某一个基因座发生变化的过程

8.3.1 完整的遗传算法运算流程

遗传算法的一般步骤如图 8-2 所示。完整的遗传算法运算流程可以用图 8-3 描述。由图 8-2 可以看出，使用上述三种遗传算子（选择算子、交叉算子和变异算子）的遗传算法的主要运算过程如下：

（1）编码。解空间中的解数据 x，作为遗传算法的表现型形式。从表现型到基因型的映射称为编码。遗传算法在进行搜索之前先将解空间的解数据表示成遗传空间的基因型串结构数据，这些串结构数据的不同组合就构成了不同的点。

（2）初始群体的生成。随机产生 N 个初始串结构数据，每个串结构数据称为一个个体，N 个个体构成了一个群体。遗传算法以这 N 个串结构作为初始点开

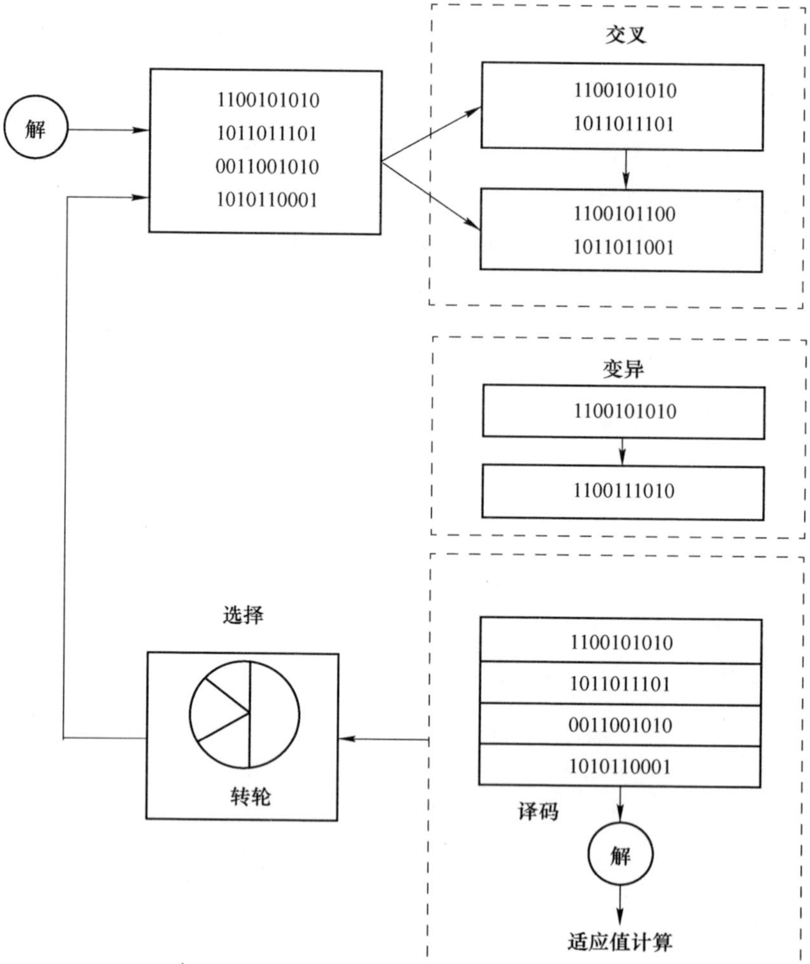

图 8-2 遗传算法的一般步骤

始迭代。设置进化代数计数器 $t\to 0$；设置最大进化代数 T；随机生成 M 个个体作为初始群体 $P(0)$。

（3）适应度值评价检测。适应度函数表明个体或解的优劣性。对于不同的问题，适应度函数的定义方式不同。根据具体问题，计算群体 $P(t)$ 中各个个体的适应度。

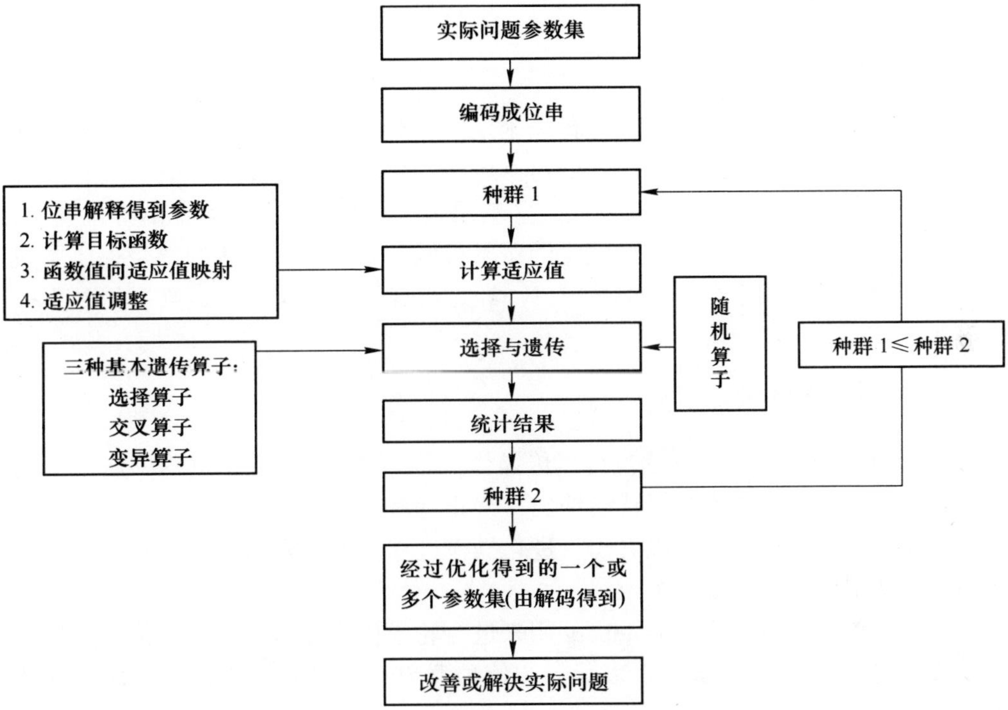

图 8-3 完整的遗传算法运算流程

8.3.2 遗传算法的基本操作

遗传算法有三个基本操作：选择（Selection）、交叉（Crossover）和变异（Mutation）。

8.3.2.1 选择

选择的目的是从当前群体中选出优良的个体，使它们有机会作为父代为下一代繁殖子孙。根据各个个体的适应度值，按照一定的规则或方法从上一代群体中选择出一些优良的个体遗传到下一代群体中。遗传算法的选择运算体现这一思想，进行选择的原则是适应性强的个体为下一代贡献一个或多个后代的概率大。这样就体现了达尔文的适者生存原则。

8.3.2.2 交叉

交叉操作是遗传算法中最主要的遗传操作。通过交叉操作可以得到新一代个体，新个体组合了父辈个体的特性。将群体内的各个个体随机搭配成对，对每一个个体以某个概率（称为交叉概率，Crossover Rate）交换它们之间的部分染色体。交叉体现了信息交换的思想。

8.3.2.3 变异

变异操作首先在群体中随机选择一个个体，对于选中的个体以一定的概率随机改变串结构数据中某个串的值，即对群体中的每一个个体以某一概率（称为变异概率，Mutation Rate）改变某个或某些基因座上的基因值，为其他的等位基因。同生物界一样，遗传算法中变异发生的概率很低。变异为新个体的产生提供了机会。将变异算子作用于群体。群体 $P(l)$ 经过选择、交叉、变异运算后得到下一代群体 $P(l+1)$。

8.3.2.4 终止条件判断

若 $t \leqslant T$，则 $t \to t+1$，继续执行遗传操作；若 $t>T$，则以进化过程中所得到的具有最大适应度的个体作为最优解输出，终止运算。

从遗传算法运算流程可以看出，进化操作过程简单，容易理解，它给其他各种遗传算法提供了一个基本框架。

一个简单的遗传算法被 Goldberg 用来进行轮廓描述并举例说明遗传算法的基本组成。t 代种群用变量 $P(t)$ 表示，初始种群 $P(0)$ 是随机设计的，简单遗传算法的伪代码描述如下：

```
procedure GA
begin
  t=0;
  initialize P(t);
  evaluate P(t);
    while not finished do
      begin
      t=t+1;
      select P(t)from P(t 1);
      reproduce pairs in P(1);
      evaluate P(t);
 end
end
```

8.4 基本遗传算法

基本遗传算法（也称标准遗传算法或简单遗传算法，Simple Genetic Algorithm，简称SGA）是一种群体型操作，该操作以群体中的所有个体为对象，只使用基本遗传算子（Genetic Operator）、选择算了（Selection Operator）、交叉算了（Crossover Operator）和变异算了（Mutation Operator），其遗传进化操作过程简单，容易理解，是其他遗传算法的基础，它不仅给各种遗传算法提供了一个基本框架，同时也具有一定的应用价值。选择、交叉和变异是遗传算法的三个主要操作，它们构成了所谓的遗传操作，使遗传算法具有了其他传统方法没有的特点。

8.4.1 基本遗传算法的数学模型

基本遗传算法可表示为：

$$SGA=(C, E, P, M, \Phi, \Gamma, \Psi, T)$$

式中 C——个体的编码方法；
E——个体适应度评价函数；
P—— 初始种群；
M——种群大小；
Φ——选择算子；
Γ——交叉算子；
Ψ——变异算子；
T——遗传达算终止条件。

基本遗传算法是最基础的算法，它是相对其他改进型遗传算法而言的，其流程最为简单，如图 8-4 所示。

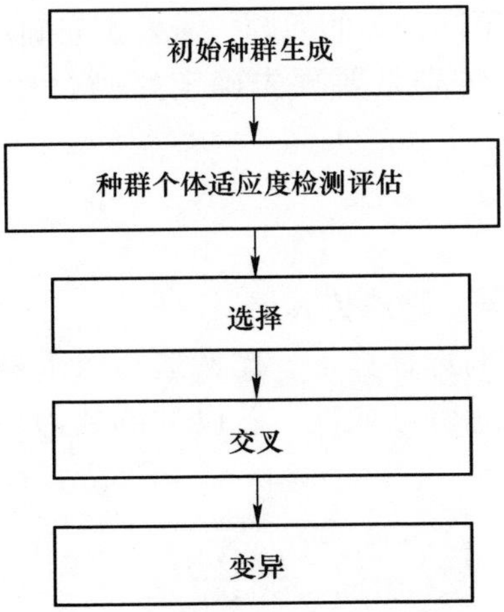

图 8-4 基本遗传算法的流程图

8.4.2 基本遗传算法的步骤

8.4.2.1 染色体编码（Chromosome Coding）与解码（Decode）

基本遗传算法使用固定长度的二进制符号串来表示群体中的个体，其等位基因由二值｛0，1｝所组成。初始群体中各个个体的基因可用均匀分布的随机数来生成。例如：$X=100110010001011010$ 就可表示一个个体，该个体的染色体长度是 $n=18$。

（1）编码：设某一参数的取值范围为［$-U_1$，U_2］，我们用长度为 k 的二进制编码符号来表示该参数，则它总共产生 2^k 种不同的编码，可使参数编码时的对应关系为：

$$000000\cdots0000=0\rightarrow U_1,$$
$$000000\cdots0001=1\rightarrow U_1+\delta$$
$$000000\cdots0010=2\rightarrow U_1+2\delta$$
$$111111\cdots1111=2^k-1\rightarrow U_2$$

其中，$\delta=(U_2-U_1)/(2^k-1)$。

（2）解码：假设某个体的编码为 $b_k b_{k-1} b\cdots b_2 b_1$，则对应的解码公式为：

$$X=U_1+\left(\sum_{i=1}^{k} b_i\cdot 2^{i-1}\right)\cdot\frac{U_2-U_1}{2^k-1}$$

8.4.2.2 个体适应度评估

基本遗传算法按与个体适应度成正比的概率来决定当前群体中各个个体遗传到下一代群体中的机会多少。为了正确估计这个概率，要求所有个体的适应度必须为非负数。所以，根据不同种类的问题，需要预先确定好由目标函数值到个体适应度之间的转换规律，特别是要预先确定好当目标函数值为负数时的处理方法。

8.4.2.3 遗传算子

基本遗传算法使用下列三种遗传算子：

（1）选择运算使用比例选择算子。比例选择因子是利用比例于各个个体适应度的概率决定其子孙的遗留可能性。若设种群数为 M，个体 i 的适应度为 f，则个体 i 被选取的概率为：

$$P_i=f_i/\sum_{k=1}^{M} f_i$$

当个体选择的概率给定后，产生［0，1］之间的均匀随机数来决定哪个个体参加交配。若个体的选择概率大，则能被多次选中，它的遗传基因就会在种群中扩大；若个体的选择概率小，则被淘汰。

（2）交叉运算使用单点交叉算子。只有一个交叉点位置，任意挑选经过选择操作后种群中两个个体作为交叉对象，随机产生一个交叉点位置，两个个体在交叉点位置互换部分基因码，形成两个子个体，如图 8-5 所示。

父个体 1	110|11	单点交叉	110|00
父个体 2	011|00	====>>	011|11

图 8-5　单点交叉示意图

（3）变异运算。使用基本位变异算子或均匀变异算子。为了避免问题过早收敛，对于二进制的基因码组成的个体种群，实现基因码的小概率翻转，即 0 变为 1，而 1 变为 0，如图 8-6 所示。

父个体 1	110 11	====>>	110 00

图 8-6　变异示意图

（4）基本遗传算法的运行参数。基本遗传算法有下列 4 个运行参数需要预先设定，即 M、T、P_c、P_m。M 为群体大小，即群体中所含个体的数量，一般取为 20~100；T 为遗传算法的终止进化代数，一般取为 10~500；P_c 为交叉概率，一般取为 0.4~0.99；P_m 为变异概率，一般取为 0.0001~0.1。

8.5　遗传算法工具箱函数

本节将详细介绍英国谢菲尔德大学开发的遗传算法工具箱函数。由于 MATLAB 高级语言的通用性，对问题用 M 文件编码，与此配对的是 MATLAB 先进的数据分析、可视化工具、特殊目的的应用领域工具箱和展现给使用者具有研究遗传算法可能性的一致环境。MATLAB 遗传算法工具箱为遗传算法从业者和初次实验遗传算法的人提供了广泛多样的有用函数。遗传算法工具箱使用 MATLAB 矩阵函数为实现广泛领域的遗传算法建立了一套通用工具，这个遗传算法工具是用 M 文件写成的命令行形式的函数，是完成遗传算法大部分重要功能的程序的集合。用户可通过这些命令行函数，根据实际分析的需要，编写出功能强大的 MATLAB 程序。

本节将给出 GA 工具箱的主要程序。表 8-2 为遗传算法工具箱中的函数分类表。

8.5.1　种群表示和初始化

种群表示和初始化函数有：crtbase、crtbp、crtrp。GA 工具箱支持二进制、整数和浮点数的基因表示。二进制和整数种群可以使用工具箱中的 crtbp 建立二进制种群。crtbase 是附加的功能，它提供向量描述整数表示。种群的实值可用

crtrp 进行初始化。在二进制代码和实值之间的变换可使用函数 bs2rv，它支持格雷码和对数编码。

表 8-2 遗传算法工具箱中的函数分类表

函数分类		功能
创建种群	crtbase	创建基向量
	crtbp	创建任意离散随机种群
	crtrp	创建实值初始种群
适应度计算	anking	常用的基于秩的适应度计算
	scaling	比率适应度计算
选择函数	reins	重插入
	rws	轮盘选择
	select	高级选择例程
	sus	随机遍历采样
变异算子	mut	离散变异
	mutate	高级变异函数
	mutbga	实值变异
交叉算子	recdis	离散重组
	recint	中间重组
	reclin	线性重组
	recmut	具有变异特征的线性重组
	recombin	高级重组算子
交叉算子	xovdp	两点交叉算子
	xovdprs	减少代理的两点交叉
	xovmp	通常多点交叉
	xovsh	洗牌交叉
	xovshrs	减少代理的洗牌交叉
	xovsp	单点交叉
	xovsprs	减少代理的单点交叉
子种群支持	migrate	在子种群间交换个体
实用函数	bs2rv	二进制串到实值的转化
	rep	矩阵复制

8.5.2 适应度计算

适应度函数有：ranking、scaling。适应度函数用于转换目标函数值，给每一个个体一个非负的价值数。这个工具箱支持、Goldberg 的偏移法（Off-setting）和比率法以及贝克的线性评估算法。另外，ranking 函数支持非线性评估。

8.5.3 选择函数

选择函数有：reins、rws、select、sus。这些函数根据个体的适应度大小，在已知种群中选择一定数量的个体，对它的索引返回一个列向量。现在最合适的是轮盘选择（即 rws 函数）和随机遍历采样（即 sus 函数）。高级入口函数 select 为选择程序，特别为多种群的使用提供了一个方便的接口界面，在这种情况下，代沟是必需的，即整个种群在每一代中没有被完全复制。reins 能使用均匀的随机数或基于适应度的重新插入。

8.5.4 交叉算子

交叉算子函数有：recdis、recint、reclin、recmut、recombin、xovdp、xovdprs、xovmp、xovsh、xovshrs、xovsp、xovsprs。交叉是通过给定的概率重组一对个体而产生后代的。单点交叉、两点交叉和洗牌交叉是由 xovsp、xovdp 和 xovsh 函数分别完成的。减少代理交叉函数分别是 xovdprs、xovshrs 和 xovsprs。通用的多点交叉函数是 xovmp，它提供均匀交换的支持。为支持染色体实值表示，离散重组、中间重组和线性重组分别由函数 recdis、recint、reclin 完成。函数 recmut 提供具有突变特征的线性重组。函数 recombin 是一高级入口函数，对所有交叉操作提供多子群支持入口。

8.5.5 变异算子

变异算子函数有：mut、mulate、mutbga。二进制和整数变异操作由 mut 完成。实值的变异使用育种机函数 mutbga 是有效的。mutate 对变异操作提供一个高级接口。

8.5.6 多子群支持

多子群支持函数：migrate。遗传算法工具箱通过高层遗传操作函数 migrate 对多子群提供支持，它的一个功能是在子群中交换个体。一个单一种群通过使用工具箱中的函数修改数据结构，使其分为许多子种群，这些子种群被保存在连续的数据单元块中。高层函数（如 select 和 reins）可独立地操作子种群，包含在一个数据结构中的每一子种群允许独自向前衍化。基于孤岛或回迁模式，migrate 允许个体在子种群中迁移。

8.5.7 遗传算法中的通用函数

8.5.7.1 函数 bs2rv

功能：二进制到实值的转换。

格式：Phen=bs2rv(Chrom,FicldD)。

详细说明：Phen=bs2rv(Chrom,FieldD)根据译码矩阵 FieldD 将二进制串矩阵 Chrom 转换为实值向量。返回矩阵 Phen 包含对应的种群表现型。使用格雷编码的二进制染色体表示被推荐作为量化间隔的规则海明距离，可使遗传搜索减少欺骗。设置量化点间刻度的可选方案是选择线性或对数编码从二进制变换到实值。

对数刻度用于决策变量的范围未知，作为大范围参数的边界时，搜索可用较少的位数，以减少 GA 的内存需求和计算量。

矩阵 FieldD 有如下结构：

$$\text{FieldD}=\begin{bmatrix}\text{len}\\\text{lb}\\\text{ub}\\\text{code}\\\text{scale}\\\text{lbin}\\\text{ubin}\end{bmatrix}$$

矩阵行的组成如下：

len 是包含在 Chrom 中的每个子串的长度，注意 sum(len) 等于 length(Chrom)。

lb 和 ub 是行向量，分别指明每个变量使用的下界和上界。

code 是二进制行向量，指明子串是怎样编码的。code(i)=1 为标准的二制编码，code(i)=0 为格雷编码。

scale 是二进制行向量，指明每个子串是否使用对数或算术刻度。scale(i)=0 为算术刻度，scale(i)=1 为对数刻度。

lbin 和 ubin 是二进制行向量，指明表示范围中是否包含每个边界。lbin=0 或 ubin=0 表示从范围中去掉边界；lbin=1 或 ubin=1 表示从范围中包括边界。

8.5.7.2 函数 crtbase

功能：创建基向量。

格式：BaseVec=crtbase(Lind,Base)。

详细说明：crtbase 产生向量的元素对应染色体结构的基因座，使用不同的基本字符表示建立种群时这个函数可与函数 crtbp 联合使用。

Base Vec=crtbase(Lind,Base)创建长度为 Lind 的向量，它的每个元素由基本字符决定，如果 Lind 也是向量，BaseVec 的长度是 Lind 的总长，如果 Base 也是一个长度为 Lind 的向量，则 BaseVec 是一组由 Lind 和基本字符 Base 的元素决定长度的基本字符组成。当描述染色体结构的基因位基本字符时，最后一选项是有用的。

8.5.7.3 函数 crtbp

功能：创建初始种群。

格式：

(1) [Chrom,Lind,BaseV]=crtbp(Nind,Lind);

(2) [Chrom,Lind,BaseV]=crtbp(Nind,BaseV);

(3) [Chrom,Lind,BaseV]=crtbp(Nind,Lind,Base)。

详细说明：遗传算法的第一步是创建由任意染色体组成的原始种群。crtbp 创建一个元素为随机数的矩阵 Chrom。

格式（1）创建一大小为 Nind×Lind 的随机二元矩阵，这里 Nind 指定种群中个体的数量，Lind 指定个体的长度。此格式习惯于指定染色体的尺寸（维度）。

格式（2）返回长度为 Lind 的染色体结构，染色体基因位的基本字符由向量 Base 决定。

格式（3）用于产生基本字符为 Base 的染色体矩阵。如果 Base 是向量，则 Base 的元素值指定了染色体的基因位的基本字符。在这种情况下，右边的第二个变元可省略，即为格式（2）。

8.5.7.4 函数 crtrp

功能：创建实值原始种群。遗传算法的第一步是创建由任意个体组成的原始种群。crtrp 创建元素为均匀分布随机数的矩阵。

格式：Chrom=crtrp(Nind,FieldDR)。

详细说明：Chro=crtrp(Nind,FieldDR)创建一大小为 Nind×Nvar 的随机实值矩阵，这里 Nind 指定了种群中个体的数量，Nvar 指定每个个体的变量个数，Nvar 来自 FieldDR,Nvar=size(FieldDR,2)。

FieldDR(Field Description Realvalue) 是大小为 2×Nvar 的矩阵，并包含每个个体变量的边界，第一行包含下界，第二行包含上界。

FieldDR 被用在另一些函数中（例如变异）。

8.5.7.5 函数 mut

功能：离散变异算子。

格式：

（1）NewChrom=mut(OldChrom,Pm)；

（2）NewChrom=mut(OldChrom,Pm,BaseV)。

详细说明：mut 的对象为当前种群，并用特定概率对每个元素进行变异。如果染色体和种群结构中允许不同的基本字符，则 mut 允许用一个附加的变量 BascV 来指定染色体中每一个元素的基本字符。

假定种群为二进制编码，NewChrom = mut(OldChrom,Prmn)，取当前种群 OldChrom，每一行对应一个体并用概率 Pm 变异每一个个体。如果省略，则假设 Pm=0.7/Lind，这里 Lind 是染色体结构的长度，这个值的选择将使染色体中的每一个元素的变异概率近似等于 0.5。

8.5.7.6 函数 ranking

功能：基于排序的适应度分配。

格式：

（1）FitnV=ranking(ObjV)；

（2）FitnV=ranking(ObjV,RF un)；

（3）FitnV=ranking(ObjV,RFun,SUBPOP)。

详细说明：ranking 按照个体的目标值 ObjV 由小到大的顺序对它们进行排序，并返回一包含对应个体适应度值 FitnV 的列向量。这个函数是从最小化方向对个体进行排序的。

RFun 是一任选向量，有 1、2 或 length(ObjV) 个参数。

如果 RFun 是一在［1，2］内的标量，则采用线性排序，这个标量指定选择的压差。如果 RFun 是一具有两个参数的向量，则

RFun(1)：对线性排序，标量指定的选择压差 RFun(1) 必须在［1，2］之间；对非线性排序，RFun(1) 必须在［1，length(ObjV)-2］之间。如果为 NaN，则 RFun(1) 假设为 2。

RFun(2)：指定排序方法。0 为线性排序，1 为非线性排序。

如果 RFun 是长为 length(ObjV) 的向量，则它包含对每一行的适应度值计算。

SUBPOP 是一任选参数，指明在 ObjV 中子种群的数量。如果省略 SUBPOP 或为 NaN，则假设 SUBPOP=1。在 ObjV 中的所有子种群大小必须相同。

如果 ranking 被调用于多子种群，则 ranking 独立地对每个子种群执行。

8.5.7.7 函数 recombin

功能：重组个体（高级函数）。

格式：

(1) NewChrom=recombin(REC_F,Chrom);

(2) NewChrom=recombin(REC_F,Chrom,RecOpt);

(3) NewChrom=recombin(REC_F,Chrom,RecOpt,SUBPOP)。

详细说明：recombin 完成种群 Chrom 中个体的重组，在新种群 NewChrom 中返回重组后的个体。Chrom 和 NewChrom 中的一行对应一个个体。

RECF 是一包含低级重组函数名的字符串，例如 recdis 或 xovsp。

RecOpt 是一指明交叉概率的任选参数，如省略 RecOpt 或为 NaN，将设为缺省值。

SUBPOP 是一决定 Chrom 中子种群个数的可选参数，如果省略 SUBPOP 或为 NaN，则假设 SUBPOP=1，Chrom 中的所有子种群必须有相同的大小。

8.5.7.8 函数 reins

功能：重插入子代到种群。

格式：

(1) Chrom=reins(Chrom,SelCh);

(2) Chrom=reins(Chrom,SelCh,SUBPOP);

(3) Chrom=reins(Chrom,SelCh,SUBPOP,InsOpt,ObjVCh);

(4) [Chrom, ObjVCh] = reins (Chron, SelCh, SUBPOP, InsOpt, ObjVCh, ObjVSel)。

详细说明：reins 完成插入子代到当前种群，用子代代替父代并返回结果种群。子代包含在矩阵 SelCh 中，父代在矩阵 Chrom 中，Chrom 和 Selch 中每一行对应一个个体。

SUBPOP 是一可选参数，指明 Chrom 和 SelCh 中子种群的个数。如果 SUBPOP 省略或为 NaN，则假设 SUBPOP=1。在 Chrom 和 SelCh 中每个子种群必须具有相同的大小。

InsOpt 是一最多有两个参数的任选向量。

InsOpt(1) 是一标量，指明用子代代替父代的选择方法。0 为均匀选择，子代代替父代使用均匀随机选择。1 为基于适应度的选择，子代代替最小适应的个体。如果省略 InsOpt(1) 或为 Nan，则假设 InsOpt(1)=0。

InsOpt 是一最多有两个参数的任选向量。

InsOpt(2) 是一在 [0, 1] 间的标量，表示每个子种群中重插入的子代个体在整个子种群中个体的比率。如果省略 InsOpt(2) 或为 NaN，则假设 InsOpt(2)=1.0。

如果 InsOpt 省略或为 NaN，则 InsOpt 为缺省值。

ObjVCh 是一可选的列向量，包含 Chrom 中个体的目标值。对基于适应度的重插入，ObjVCh 是必需的。

ObjVSel 是一可选的列向量，包含 Selch 中个体的目标值。如果子代的数量大于重插入种群中的子代数量，则 ObjVSel 是必需的。在这种情况下，子代将按它们的适应度选择插入。

如果 ObjVCh 是一输出参数，ObjVCh 和 ObjVSel 需要作为输入参数，随后目标被拷贝，按照重插入的子代，保存为整修种群重新计算的目标值。

8.5.7.9 函数 rep

功能：矩阵复制。

格式：MatOut=rep(MatIn,REPN)。

详细说明：rep 是一个低级的复制函数，通常不直接使用，它可被 GA 工具箱中许多函数调用。

rep 完成矩阵 MatIn 的复制，指明复制次数 REPN，返回复制后的矩阵 MatOut。REPN 包含每个方向的复制次数。REPN(1) 指明纵向复制次数，REPN(2) 指明水平方向复制次数。

8.5.7.10 函数 select

功能：从种群中选择个体（高级函数）。

格式：

(1) SelCh=select(SEL_F,Chrom,FitnV);

(2) SelCh=select(SEL_F,Chrom,FitnV,GGAP);

(3) SclCh=sclect(SEL_F,Chrom,FitnV,GGAP,SUBPOP)。

详细说明：利用函数 select 从种群 Chrom 中选择优良个体，并将选择的个体返回到新种群 SelCh 中，Chrom 和 SelCh 中每一行对应一个个体。

SEL_F 是一字符串，包含一低级选择函数名，如 rws 或 sus。

FitnV 是一列向量，包含种群 Chrom 中个体的适应度值。这个适应度值表明了每个个体被选择的预期概率。

GGAP 是一可选参数，指出了代沟，部分种群被复制。如果 GGAP 缺省或为 NaN，则 GGAP 假设为 1.0。GGAP 也可大于 1，允许子代数多于父代的数量，如 Chrom 超过一个子种群，GGAP 指明每个子种群被选择的个体数量是与子种群的大小有关的。

SUBPOP 是一可选参数，决定 Chrom 中子种群的数量。如果 SUBPOP 省略或为 NaN，则 SUBPOP=1。

Chrom 中所有子种群必须有同样的大小。

8.5.7.11 函数 xovsp

功能：单点交叉。

格式：NewChrom=xovsp(OldChrom,XOVR)。

详细说明：xovsp 完成当前种群 OldChrom 中一对个体按交叉概率 XOVR 进行单点交叉，返回交配后的新种群 NewChrom。OldChrom 和 NewChrom 的一行对应一个个体，它可用于任何染色体表示。

XOVR 是一可选参数，说明交叉概率，如果省略、为空或为 NaN，则假设 XOVR=0.7。交配的对是有序的，即奇数行与它下一个偶数行配对。如果矩阵 OldChrom 行数是奇数行，则最后一行不参加交配，因此，种群将按交配要求组织成连续的对。这可使用函数 ranking 计算每个染色体的适应度，并由选择函数（select、sus 或 rws）在种群中用与适应度相关的概率选择个体来完成。

xovsp 是一低级交叉函数，通常被函数 recombin 调用。

8.6 计算过程

8.6.1 计算前的几何处理

船体上的阳极位置如图 8-7 所示。由于船体关于 zx 面对称，因此四个阳极位置坐标仅用 x_1、y_1、x_2、y_2 表示即可。

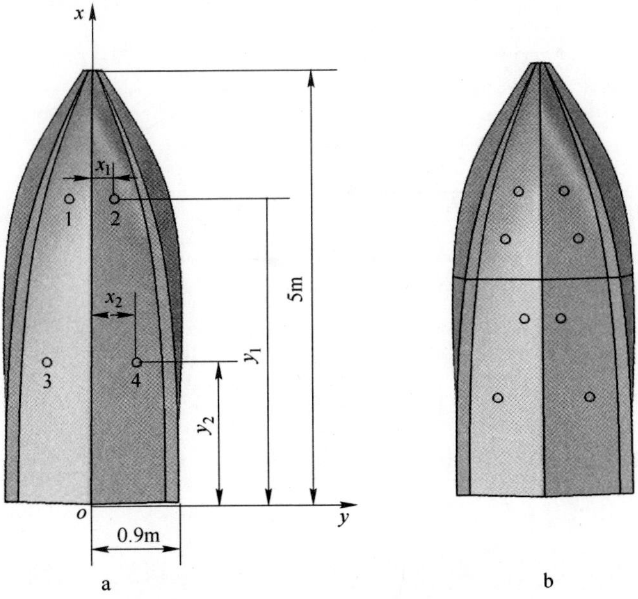

图 8-7 船体底面投影图

a—辅助阳极分布；b—辅助阳极不合理分布

由于要用遗传算法寻找最优的阳极布置，因此要把阳极的位置坐标进行基因编码。图 8-8 为染色体结构示意图。

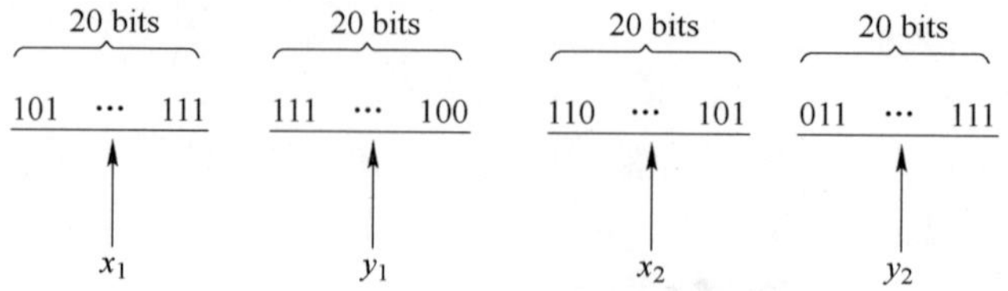

图 8-8 染色体结构示意图

遗传算法的开始要产生初始种群，可通过计算机随机生成。种群里的每个物种是一个 80 位的二进制串，将二进制串进行反向解码，就得到十进制的阳极位置坐标。由于种群是随机生成，因此阳极的位置也具有随机性。由于船体大小有尺寸限制，因此，阳极位置不能越过船体边界。为此要对阳极的位置做出限制。如图 8-9 所示，沿船体边界内侧一定距离（图中的 Margin），做一条形状和船体边界接近的封闭轮廓线，实际上是一条折线，封闭折线包围形成一个区域，将电位极的坐标（x_1，y_1）、（x_2，y_2）限制在这一区域内。另外，在船体中间部位画一条中线，根据常识可知，船体的四个电极不可能全部集中在中线的一侧，如图 8-7b 所示，因此电极 1 的 x 方向坐标的范围应该是：

$$\text{Limt\_}x_2 < x_1 < \text{Limt\_}x_1 + \text{Limt\_}x_2$$

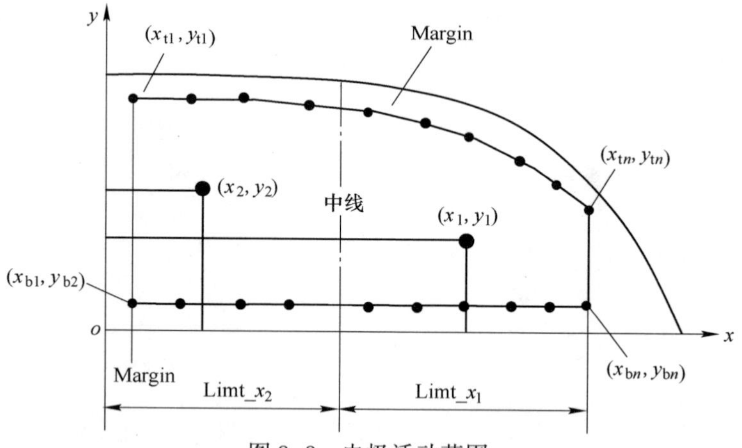

图 8-9 电极活动范围

与此类似，电极 2 的 x 方向坐标的范围应该是：

$$\text{Margin} < x_1 < \text{Limt\_}x_2$$

对电极的 x 方向坐标进行限制的同时，对 y 方向也应该进行限制，以使之不能越界。为此首先建立折线的插值方程，然后再利用下式进行判断。

以（x_1，y_1）为例，假设 x_1 处于坐标区间 $[x_{ti}, x_{ti+1}]$（$1 \leqslant i \leqslant n-1$）内，则

这一段直线的插值函数为：

$$y = (x - x_{ti}) \times \frac{(y_{ti+1} - y_{ti})}{(x_{ti+1} - x_{ti})} + y_{ti}$$

将 x_1 代入方程：

$$y_1^* = (x_1 - x_{ti}) \times \frac{(y_{ti+1} - y_{ti})}{(x_{ti+1} - x_{ti})} + y_{ti}$$

如果 $y_1>y_1^*$，则令 $y_1=y_1^*$；如果 $y_1<y_{b1}$，则令 $y_1=y_{b1}$；其中 $y_{b1}=y_{b2}=\cdots=y_{bn}=\text{Margin}$。这样就保证了在计算过程中，电极在有效的范围内，也保证解的合理性。

8.6.2 MATLAB 与 COMSOL 联机计算模式

由于遗传的算法要处理大量的种群，对它们进行选择、交叉、变异处理，而处理的依据就是每个个体的适应度。这个适应度是根据某一函数值确定的。这个函数在此就是船体保护面积的大小。如果某一个体计算得到的船体保护面积较大，则该个体的适应度也较大，反之则较小。适应度大的个体有较大几率保存下来进入下一代，而适应度较小的个体则被淘汰。

关于保护面积的定义如下，即船体表面保护电位达到或超过 0.8V 的部位就认为达到了保护，从而是保护面积的一部分。关于如何计算某一等值线所包围的面积请参见 6.1 节。

由于种群中每个个体都要计算相应的保护面积，而这就需要频繁启动 COMSOL 程序，然后进行一系列有限元的建模操作，最后完成计算。但这样一来，程序就要中断。为了使程序能够流畅地进行，本研究采用 MATLAB 与 COMSOL 联机计算模式，即用 MATLAB 中的脚本操纵 COMSOL 软件，完成从建模到计算的全部过程，这样就实现了自动控制，不需要人为中断。

8.6.3 优化策略

我们寻找最优解的目的是得到最佳外加电流阴极保护的设计方案，而最佳方案就是：船体保护面积达到最大，而与此同时所需的电流最低。当然如果一味增大电流，则保护面积会增大，但这是不符合我们的设计原则的。

由于遗传算法是对图 8-8 所示染色体进行交叉、变异等操作，如果把电流也作为染色体的一部分加进去，则算法会把电流大的个体作为最优解保存下来，这显然是错误的，因此电流没有作为染色体的一部分加进去。但是电流还必须要考虑，因此本书在传统的遗传算法基础上提出一种新的算法，就是首先把电流固定，然后在电流不变的情况下，采用遗传算法寻找最优解，找到后把最优解保存下来，然后将电流按一定的幅度下调，得到新的电流，再用遗传算法寻找该电流下的最优解。这样我们就得到一系列电流下的最优解，然后从中选择电流最低的那个最优解作为全局最优解。这一流程如图 8-10 所示。

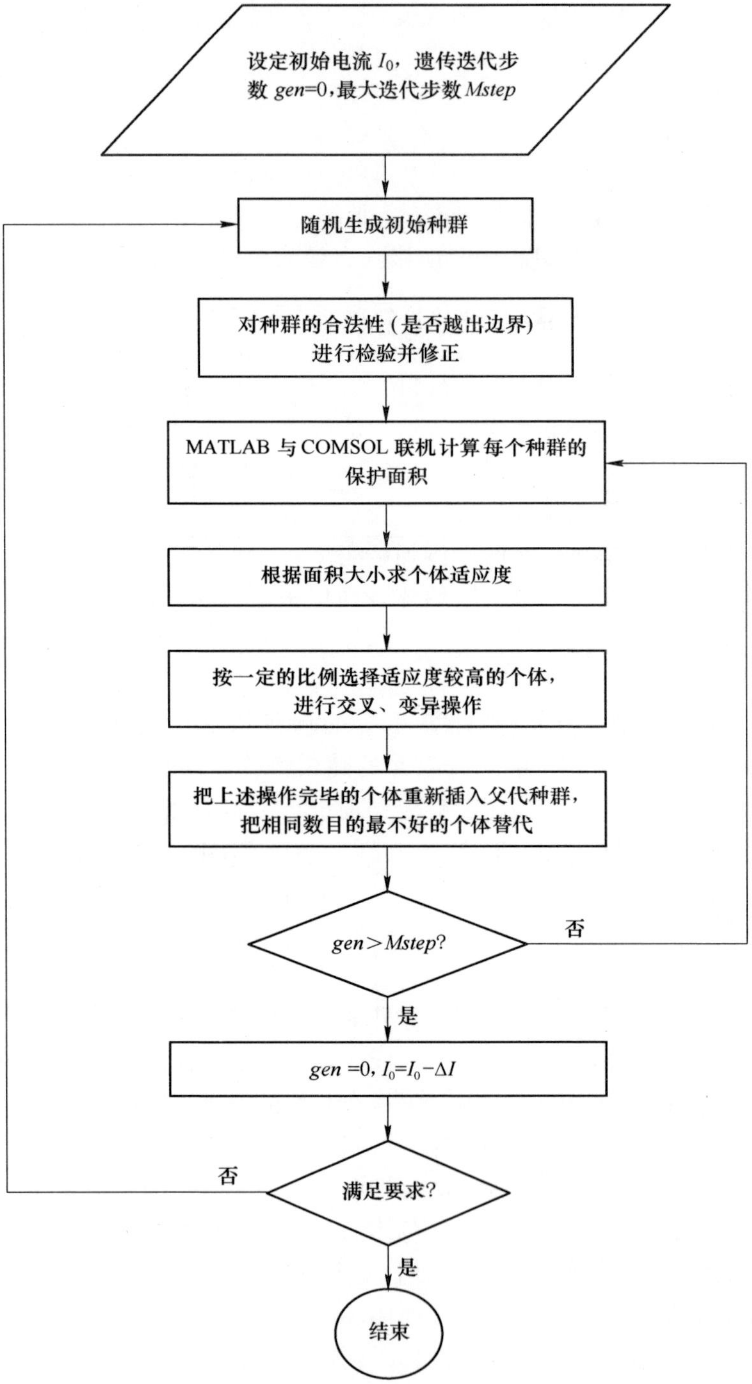

图 8-10 遗传算法的流程图

8.6.4 MATLAB 与 COMSOL 联机计算

COMSOL 具有一种强大的功能，就是能与 MATLAB 联机运行，通过 MATLAB 中的脚本可以实现对程序的控制，这大大提高了软件解决复杂问题的能力。

一般来说，采用 COMSOL 进行有限元计算，要经过以下几个关键步骤：建立几何模型→施加边界条件→划分网格→开始计算。

有时候需要考察某一参数（例如几何尺寸）不断变化时的模拟结果，这样一来就需要对每个参数重新建模，重复上面的过程，这给研究工作带来麻烦。而采用 COMSOL 与 MATLAB 的联机，就可以将上述过程用脚本文件进行控制，通过程序不断改变参数，进而建模、计算等。大大方便了模拟工作，使软件的效能得到极大发挥。

为了能实现 COMSOL 与 MATLAB 的联机，首先必须先安装 MATLAB，然后再安装 COMSOL（顺序不能颠倒）。在安装 COMSOL 时，如果 MATLAB 已安装，则会在图 8-11 的方框处有所显示，安装者不用干预，继续安装。安装完毕后，在桌面上会出现图 8-12 所示图标，表示联机安装成功。

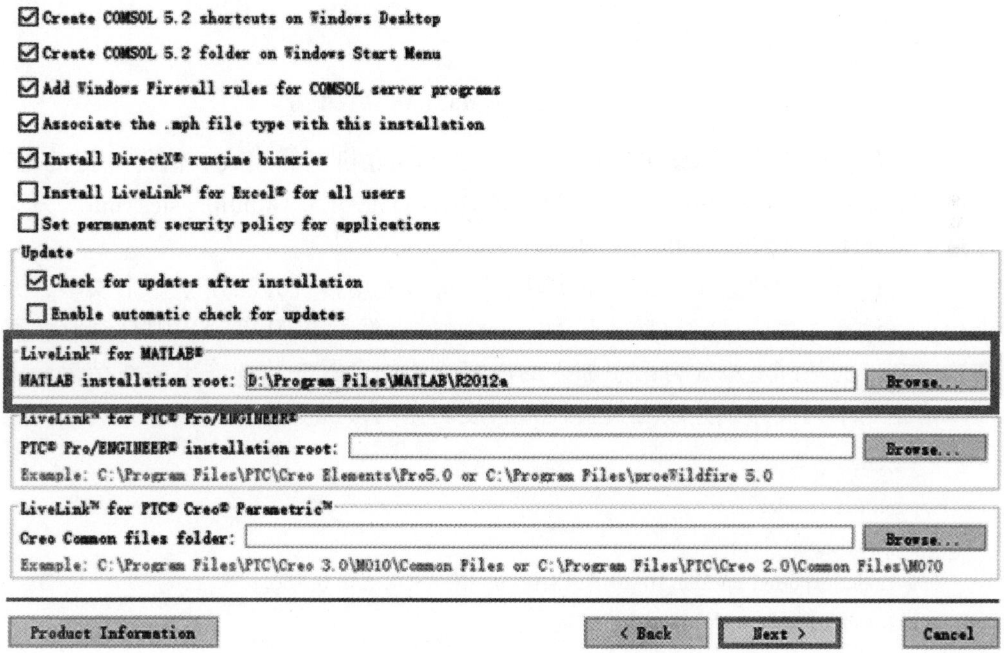

图 8-11　COMSOL 与 MATLAB 联机安装

安装完毕后，双击这个图标，会弹出图 8-13 所示界面，要求输入用户名和密码。

图 8-12 图标

图 8-13 COMSOL 与 MATLAB 联机配置

确认后，就正式进入了 COMSOL 与 MATLAB 联机运算模式。值得一提的是，须将目录设定为：C:\Program Files\COMSOL\COMSOL52\Multiphysics\mli。只有在这个目录下，才能进行联机运算。

有一种方便的建立脚本文件的方法，就是首先用传统方法建立一个模型，并进行求解计算，完毕后将模型另存为 *.m 文件。然后在 MATLAB 中打开它，并在这个文件的基础上添加自己想加入的内容，比如设置参数、输出某些结果。下面以建立一个圆柱体，并改变其直径重新绘制为例，说明如何用脚本实现。

```
……………………
function out=model
%% bottomcomtry1. m
%% Model exported on Mar 10 2015,13:00 by COMSOL 5. 2. 0. 166.
import com. comsol. model. *
import com. comsol. model. util. *
model=ModelUtil. create('Model');%%%%%%%%%在 COMSOL 中建立一个 Model,
                                   %%%%%%%%%%%%%它在 MATLAB 中的名字为 model
model. comments(['Cyliner\n\n']);%%%%%%%%%这个 Model 在 COMSOLS 中的标题为
                                          %%%%%%%%%%%%名字为 Cylinder
```

```
    model. modelNode. create('comp1');%%%在模型中建立一个 comp1 节点
    model. geom. create('geom1',3);%%%在模型中建立一个 geom1 节点
    model. mesh. create('mesh1','geom1');%%%在模型中建立一个'mesh1 节点
    model. physics. create('siec','SecondaryCurrentDistribution','geom1');
    model. study. create('std1');
    model. study('std1'). create('stat','Stationary');
    model. study('std1'). feature('stat'). activate('siec',true);
    model. param. set('x1','-2');%%%%%%%%%%%%%设置圆柱体底面圆心的坐标
    model. param. set('y1,'-1');%%%%%%%%%%%%%设置圆柱体底面圆心的坐标
    model. param. set('z1','0. 4');%%%%%%%%%%%%%设置圆柱体底面圆心的坐标
    model. param. set('D','0. 1');%%%%%%%%%%%%%设置圆柱体直径
    model. param. set('H','5');%%%%%%%%%%%%%%%设置圆柱体的高
    model. geom('geom1'). create('cyl1','Cylinder');%%%%%%创建圆柱体
    model. geom('geom1'). feature('cyl1'). set('r','D/2');%%%%设置圆柱体的半径 r=D/2,
    model. geom('geom1'). feature('cyl1'). set('h','H');%%%设置圆柱体的半高 h=H
    model. geom('geom1'). feature('cyl1'). set('pos',{'x1" y1" z1'});%%%底面的坐标
    model. geom('geom1'). run('cyl1');%%%%%%%%绘制圆柱体
    out=model;
………………………………
```

以上是画一个圆柱的脚本文件。现在由于某种需要,要把圆柱半径进行改变,然后再画出来。此时这个脚本不再适用,因需要改造:

```
……………………
Dr=0. 1;%%%%%%%%%%%%半径改变量
n=5;%%%%%%%%%%%%%%要画圆柱个数
for i=1:n%%%%%%%%%%%%%循环绘制不同直径的圆柱体
    D1=D+i * Dr;%%%%%%%%%%直径增大
    model. param. set('D',D1);%%%%%%%%%%%将直径赋值给 D
    model. geom('geom1'). create('cyl1','Cylinder');      %%%%%%创建圆柱体
    model. geom('geom1'). feature('cyl1'). set('r','D/2');%%%%设置圆柱体的半径 r=D/2,
    model. geom('geom1'). feature('cyl1'). set('h','H');%%%设置圆柱体的半高 h=H
    model. geom('geom1'). feature('cyl1'). set('pos',{'x1" y1" z1'});%%%设置圆柱体底面
坐标
    model. geom('geom1'). run('cyl1');                    %%%%%%%%绘制圆柱体
end
……………………
```

以上用一个极为简单的例子说明如何在 MATLAB 中控制 COMSOL 的运行,实际的计算要远比这复杂。

8.6.5 遗传算法计算过程

```
clear all;clc;tic;close all;
input_current=0.094;%%%%%%%%%%%%%%%%%%%输入电流
dlmwrite('C:\Program
  Files\COMSOL\COMSOL52\Multiphysics\mli\inout_current.txt',input_current);
                        %%%%%%%%%%%%%%将电流写到文件中
x1_low=-2.86;        %%%%%%%%%%%%%%%%%%%%%%电极1位置坐标范围
x1_up=-1.40;
z1_up=0.8163648;
z1_low=0.4020867;

x2_low=-5.002094;  %%%%%%%%%%%%%%%%%%%%%%电极2位置坐标范围
x2_up=-2.86;
z2_up=0.8163648;
z2_low=0.4020867;
%%%%%%%%%%%%%%%%%%%%%折线边界y坐标范围
boundary=[-5.002094,-4.700000,4.401364,-4.097470,-3.800000,-3.500252,-3.203333,
          -2.900000,-2.603000,-2.300000,-1.994895,-1.700000,-1.403473;
          0.8163648,0.8102825,0.8066179,0.7971822,0.7823417,0.7651285,0.7411649,
          0.7124898,0.6751375,0.6286674,0.5625975,0.4854710,0.4020867];
boundary_x=[x1_low,x1_up,x2_low,z2_up];%%%%%%%%%%%两个电极x坐标范围
%%%%%%%%%%%%%%%%%%%%%%%%遗传计算部分%%%%%%%%%%%%%%%%%
NVAR=4;            %%%%%%%%%%%%变量的个数
NIND=40;           %%%%%%%%%%%%%种群个体个数
MAXGEN=50;         %%%%%%%%最大遗传代数
PRECI=20;          %%%%%%%%%%变量二进制位数
trace=zeros(MAXGEN+1,2);%%%%%%记录输出误差变化情况%%%%%%
gen=0;             %%%%%%%%%%%%%迭代计数器
GGAP=0.98;         %%%%%%%%%%%%%%%%选择比例
Px=0.70;           %%%%%%%%%%%%%%%%交叉概率
Pm=0.001;          %%%%%%%%%%%%%%%%变异概率
FieldD=[rep(PRECI,[1,NVAR]);[x1_low,z1_low,x2_low,z2_low];[x1_up,z1_up,x2_up,z2_
    up];rep([1;0;1;1],[1,NVAR])];%%%%%%%%%%%%%% 译码矩阵
Chrom=crtbp(NIND,NVAR * PRECI);%%%%%%%%%%生成初始种群
WB=bs2rv(Chrom,FieldD);%%%%%%%%%%%%%%%%%转为十进制
WB=adjust(WB,boundary,boundary_x);  %%%%%%%检查是否在边界内
 [m,~]=size(WB);            %%%%%%%%%%%%%%%% m个体数目
[ObjV]=ObjCal(WB);          %%%%%%%%%%%%%%%%%%%%计算个体的保护面积
```

```
ObjFitness=zeros(m,1);        %%%%%%%%%初始化适应度值
%%%%%%%%%%%%%%%%%%%%%%遗传算法迭代开始%%%%%%%%%%%
while gen<MAXGEN
    FitnV=ranking(ObjV);                        %%%%%根据面积计算个体的适应度
    SelCh=select('sus',Chrom,FitnV,GGAP);       %%%%%%%%对种群进行选择
    SelCh=recombin('xovsp',SelCh,0.8);          %%%%%%%%%交叉
    SelCh=mut(SelCh);                           %%%%%%%%%变异形成新个体
    WB=bs2rv(SelCh,FieldD);                     %%%%%%%转为十进制
    WB=adjust(WB,boundary,boundary_x);          %%%%%%检查是否在边界内
    [ObjVSel]=ObjCal(WB);                       %%%%%%计算保护面积
    [Chrom,ObjV]=reins(Chrom,SelCh,1,1,ObjV,ObjVSel);%%%%%%新个体再插入形成
                                                %%%%新一代种群
    WB=bs2rv(Chrom,FieldD);                     %%%%%%新种群转为十进制
    WB=adjust(WB,boundary,boundary_x);          %%%%%%新种群进行辩解检查
    [ObjV]=ObjCal(WB);                          %%%%%%新种群计算面积
    gen=gen+1;
    trace(gen,1)=min(ObjV);
    trace(gen,2)=sum(ObjV)/length(ObjV);
end
disp('最优解寻找完毕,准备输出!');
%%%%%%%%%%%%%%%%%%%%%%%%%%%%%%%%%%输出最优解
[minObjV,minnum]=min(ObjV);
COM=[WB,ObjV];
disp('最优解为!');
WBOpt=WB(minnum,:)
minObjV1=1/minObjV
% WBOpt1=WBOpt
%%%%%%%%%%%%%%%%
figure('name','最优解对应的目标函数值随迭代此数变化的关系','numbertitle','off');
iterativenum=1:MAXGEN+1;
plot(iterativenum,trace(:,1),'linewidth',3);
grid on;
set(gca,'fontsize',14);
xlabel('迭代次数','fontsize',14);
ylabel('目标函数值','fontsize',14);
title('最优解对应的目标函数值','fontsize',14);
% % %
% % %
figure('name','种群的目标函数均值随迭代此数变化的关系','numbertitle','off');
```

```
plot(iterativenum,trace(:,2),'linewidth',3);
grid on;
set(gca,'fontsize',14);
xlabel('迭代次数','fontsize',14);
ylabel('目标函数值','fontsize',14);
title('种群均值所对应的目标函数值','fontsize',14);
```

8.7　结果分析

本书采用遗传算法寻找最优阳极布局的时候，初始电流取为每个阳极 0.1A。初始种群个数取为 40 个，种群进化代数为 50，其他参数的选取见上面的脚本文件。按照图 8-10 所示的流程计算了不同输入电流下的最佳阳极位置，结果见表 8-3。

表 8-3　计算结果

方案	X_1/m	Y_1/m	X_2/m	Y_2/m	外加电流/A	被保护面积/m^2	总面积/m^2	保护率/%
1	2.676427	0.07	0.226427	0.07	0.1	22.284	22.284	100.00
2	2.676427	0.59106	0.979727	0.71571	0.098	22.284	22.284	100.00
3	3.076427	0.52819	0.726427	0.72378	0.097	22.278	22.284	99.97
4	3.076427	0.52819	0.726427	0.72378	0.096	22.265	22.284	99.91
5	3.076427	0.52819	0.726427	0.72378	0.095	22.250	22.284	99.84
6	3.076427	0.52819	0.726427	0.72378	0.094	22.125	22.284	98.29
7	3.274327	0.07	0.979727	0.71571	0.093	21.459	22.284	96.29
8	3.476427	0.44437	1.726427	0.68186	0.092	19.789	22.284	88.8

表中每一行都是在一个固定输入电流下，通过遗传算法得到的最优化布局，即此时船体水下部分所能得到的最大保护面积。可以看到，第 1、2 方案下，当输入电流为 0.1A、0.098A 时，船体被保护面积达到 100%，虽然保护率很高，但显然输入电流还较大，因此必须下调电流；在第 3~5 方案中，电流逐渐下调（下调幅度要小，因为保护面积对电流很敏感），保护率却下降较小；在第 6~8 方案中，当电流下调到 0.094A 以下时，保护率明显下降。因此最佳（最低）输入电流应取 0.095A 比较合适，此时电流输入较低，且保护率也比较高。

图 8-14 为遗传算法进化过程中，目标函数值随迭代次数的变化情况。图8-15 为最佳方案（输入电流为 0.095A）时，最佳布局条件下表面保护电位分布。可见，船体表面均处于保护电位之上，同时由于输入电流较低，因此最大的电位为 0.84V 左右，过保护并不严重。

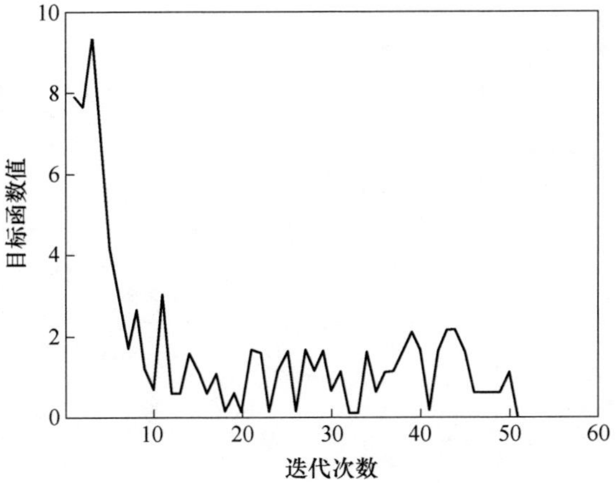

a

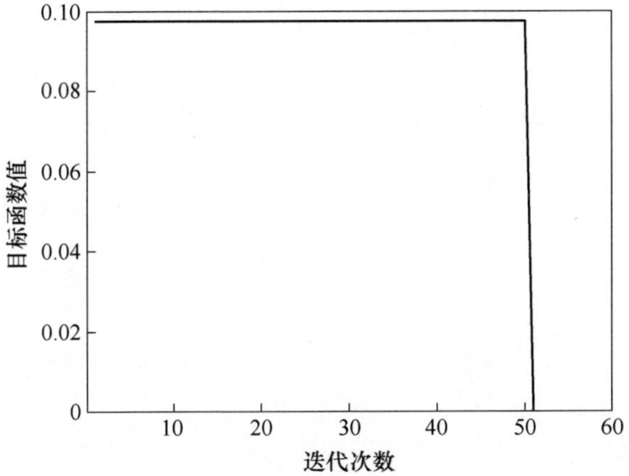

b

图 8-14 目标函数值随进化代数变化情况

a—种群平均目标函数值随进化代数变化情况；b—最优解目标函数值随进化代数变化情况

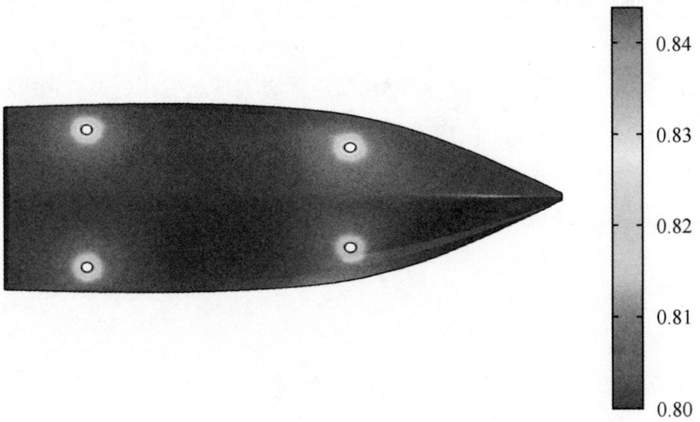

a

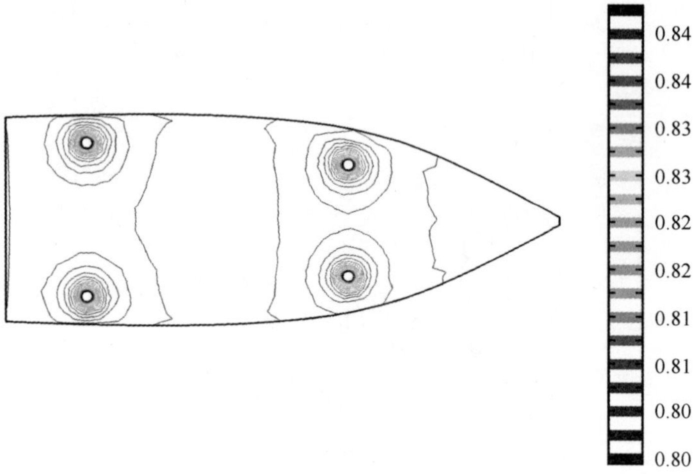

b

图 8-15 最佳阳极布局下表面电位分布

a—表面电位分布云图；b—表面电位分布等值线图

参考文献

[1] 周明，孙树栋．遗传算法原理及应用［M］．北京：国防工业出版社，1999.

[2] 韩瑞锋．遗传算法原理与应用实例［M］．北京：兵器工业出版社，2009.

[3] 金鸿章，王科俊，吉明．智能技术在船舶减摇鳍系统中的应用［M］．北京：国防工业出版社，2003.

[4] 张文修，梁怡．遗传算法的数学基础［M］．西安：西安交通大学出版社，2003.

[5] 熊信银，吴耀武．遗传算法及其在电力系统中的应用［M］．武汉：华中科技大学出版社，2002.

[6] 王小平，曹立明．遗传算法—理论、应用与软件实现［M］．西安：西安交通大学出版社，2002.

[7] 雷英杰，张善文，李续武，等．MATLAB 遗传算法工具及应用［M］．西安：西安电子科技大学出版社，2005.

附　录

附录 A　UDF 的 C 语言基础

A.1　引言

本附录介绍了 C 语言的一些基本信息，这些信息对处理 FLUENT 的 UDF 很有帮助，这是建立在读者对 C 语言一定了解的基础上，如果读者对 C 语言不熟悉可以参阅 C 语言的相关书籍。

A.2　数据类型

FLUENT 的 UDF 解释程序支持下面的 C 数据类型：

Int：整型；

Long：长整型；

Real：实数；

Float：浮点型；

Double：双精度；

Char：字符型。

注意：UDF 解释函数在单精度算法中定义 real 类型为 float 型，在双精度算法宏定义 real 为 double 型。因为解释函数自动做如此分配，所以使用在 UDF 中声明所有的 float 和 double 数据变量时使用 real 数据类型是很好的编程习惯。

A.3　常数

常数是表达式中所使用的绝对值，在 C 程序中用语句#define 来定义。最简单的常数是十进制整数（如：0，1，2），包含小数点或者包含字母 e 的十进制数被看成浮点常数。按惯例，常数的声明一般都使用大写字母。例如，你可以设定区域的 ID 或者定义 YMIN 和 YMAX 如下：

```
#define WALL_ID    5
#define YMIN       0.0
#define YMAX       0.4064
```

A.4 变量

变量或者对象保存在可以存储数值的内存中。每一个变量都有类型、名字和值。变量在使用之前必须在 C 程序中声明。这样，计算机才会提前知道应该如何分配给相应变量的存储类型。

A.4.1 声明变量

变量声明的结构如下：首先是数据类型，然后是具有相应类型的一个或多个变量的名字。变量声明时可以给定初值，最后用分号结尾。变量名的头字母必须是 C 所允许的合法字符，变量名字中可以有字母、数字和下划线。需要注意的是，在 C 程序中字母是区分大小写的。下面是变量声明的例子：

```
int n;                        /* 声明变量 n 为整型 */
int i1,i2;                    /* 声明变量 i1 和 i2 为整型 */
float tmax=0.;                /* tmax 为浮点型实数,初值为 0 */
real average_temp=0.0;        /* average_temp 为实数,赋初值为 0.1 */
```

A.4.2 局部变量

局部变量只用于单一的函数中。当函数调用时，就被创建了，函数返回之后，这个变量就不存在了，局部变量在函数内部（大括号内）声明。在下面的例子中，mu_ lam 和 temp 是局部变量。

```
DEFINE_PROPERTY(cell_viscosity,cell,thread)
{
  real mu_lam;
  real temp=C_T(cell,thread);
  if(temp > 288.)
      mu_lam=5.5e-3;
  else if(temp > 286.)
      mu_lam=143.2135-0.49725 * temp;
  else
   mu_lam=1.;
  return mu_lam;
}
```

A.4.3 全局变量

全局变量在 UDF 源文件中是对所有的函数都起作用的（调用一个 UDF 源文

件可能会包括一系列的连接函数)。它们是在单一函数的外部定义的。全局变量一般是在预处理程序之后的文件开始处声明。

A.4.4　外部变量

如果全局变量在某一源代码文件中声明，但是另一个源代码的某一文件需要用到它，那么你必须在另一个文件中声明它是外部变量。外部变量的声明很简单，你只需要在变量声明的最前面加上 extern 即可。如果有几个文件涉及该变量，最方便的处理方法就是在头文件（.h）中加上 extern 的定义，然后在所有的 .c 文件中引用该头文件即可。只有一个 .c 文件应该包括没有 extern 关键字的变量声明，如下所示。注意：extern 只用于编译过的 UDF。

例子：

```
/* filea.h    */
/* 包含外部定义的头文件 */
extern real volume;
/* filea.c    */
/* 调用头文件 filea.h 中声明的 volumn 的 C 函数 */
#include"udf.h"
#include"filea.h"
real volume;
DEFINE_ADJUST(compute_volume,domain)
{
    /* 计算某些区域 volumn 的代码 */
    volume=....
}
/* fileb.c */
/* 调用头文件 filea.h 中声明的 volumn 的另一个 C 函数 */
#include"udf.h"
#include"filea.h"
DEFINE_SOURCE(heat_source,c,t,ds,eqn)
{
    /* 用总数来计算每个单位体积的源项的代码 */
    /* fliea.c 的 compute_volum 计算出的 volume */
    real total_source=…;
    real source;
    source=total_source/volume;
    return source;
}
```

A.4.5 静态变量

static 声明对于全局变量和局部变量的影响是不一样的。静态局部变量在函数调用返回之后，该变量不会被破坏。静态全局变量则在定义该变量的 .c 源文件之外对任何函数保持不可见。静态声明也可以用于函数，使该函数只对定义它的 .c 源文件保持可见。下面是静态全局变量声明的例子。注意：extern 只用于编译过的 UDF。

例子：

```
#include"udf.h"
static real abs_coeff=1.0;  /*吸收系数*/
real source;
DEFINE_SOURCE(energy_source,c,t,dS,eqn)
{
  int P1=....;
  dS[eqn]=-16.*abs_coeff*SIGMA_SBC*pow(C_T(c,t),3.);
  source=-abs_coeff*(4.*SIGMA_SBC*pow(C_T(c,t),4.)-C_UDSI(c,t,P1));
   return source;
}
DEFINE_SOURCE(p1_source,c,t,dS,eqn)
{
  int P1=…;
  dS[eqn]=-abs_coeff;
  source=abs_coeff*(4.*SIGMA_SBC*pow(C_T(c,t),4.)-C_UDSI(c,t,P1));
  return source;
}
```

A.5 自定义数据类型

C 还允许用结构和 typedef 创建自定义数据类型。下面是一个结构列表的定义。注意：typedef 只用于编译过的 UDF。

例子：

```
typedef struct list
{
  int a;
  real b;
  int c;
}
mylist;                    /*mylist 为类型结构列表*/
```

```
mylist x,y,z;                /* x,y,z 为类型结构列表 */
```

A.6 强制转换

可以通过强制转换将某一数据类型转换为另一种。强制由类型来表示，其中的类型包括 int、float 等，如下例所示：

```
int x=1;
real y=3.14159;
int z=x+((int)y);        /* z=4 */
```

A.7 函数

函数是用完成一定任务的一系列语句。在定义该函数的同一源代码中，这些任务可能对其他的函数有用，也可能会被用于完成源文件以外的函数中。每个函数都包括一个函数名以及函数名之后的零行或多行语句，其中有大括号括起来的函数主体可以完成所需要的任务。函数可以返回特定类型的数值。C 函数通过数值来传递数据。

函数有很多数据类型，如 real、void 等，其相应的返回值就是该数据类型，如果函数的类型是 void 就没有任何返回值。要确定定义 UDF 时所使用的 DEFINE 宏的数据类型可以参阅 udf. h 文件中关于宏的#define 声明一节。

注意：C 函数不能改变它们的声明，但是可以改变这些声明所指向的变量。

A.8 数组

数组的定义格式为：名字［数组元素个数］，C 数组的下标是从零开始的。变量的数组可以具有不同的数据类型。

例子：

```
int a[10],b[10][10];
real radii[5];
a[0]=1;                      /* 变量 a 为一个一维数组 */
radii[4]=3.14159265;         /* 变量 radii 为一个一维数组 */
b[10][10]=4;                 /* 变量 b 为一个二维数组 */
```

A.9 指针

指针变量的数值是其他变量存储于内存中的地址值。C 程序中指针变量的声明必须以 * 开头。指针广泛用于提取结构中存储的数据，以及在多个函数中通过数据的地址传送数据。例如：int * ip；本语句声明了一个指向整型变量的指针变量 ip。此时可以为指针变量分配一个地址值了。现在假定要将某一地址分配给指针 ip，可以用取地址符 & 来实现。例如：ip=&a；就分配给指针 ip 变量 a 的地址值了。

要得到指针变量所指向的单元的值，可以使用：*ip；还可以为指针 ip 所指向的变量赋值，例如：*ip=4；将 4 赋给指针 ip 所指向的变量。下面是使用指针的例子：

```
int a=1;
int *ip;
ip=&a;                          /*&a 返回了变量 a 的地址值*/
printf("content of address pointed to by ip=%d\n",*ip);
*ip=4;                          /*a=4*/
printf("now a=%d\n",a);
```

在上面的语句中，整型变量赋初值为 1。然后为整型变量声明一个指针。然后整型变量 a 的地址值分配给指针 ip。然后用 *ip 来输出指针 ip 所指向的值（该值为 1）。然后用 *ip 间接地给变量 a 赋值为 4。然后输出 a 的新值。指针还可以指向数组的起始地址，在 C 中指针和数组具有紧密的联系。

作为函数自变量的指针：C 函数可以通过指针进入和修改它们的自变量。在 FLUENT 中，线程和域指针是 UDF 常用的自变量。当在 UDF 中指定这些自变量时，FLUENT 解算器会自动将指针所指向的数据传送给 UDF，从而使函数可以存取解算器的数据（不必声明作为自变量从解算器传送给 UDF 的指针）。例如，某一传送给指定（由 DEFINE_PROFILE 宏来定义的）自定义轮廓 UDF 的自变量是一个指向应用于边界条件的线程的指针。DEFINE_PROFILE 函数会存取线程指针所指向的数据。

A.10 控制语句

可以使用控制语句，如 if、if-else 和循环来控制 C 程序中语句的执行顺序。控制语句决定了程序序列中下一步该执行的内容。

A.10.1 if 语句

if 语句是条件控制语句的一种。格式为：

```
if(逻辑表达式)
   {语句}
```

其中逻辑表达式是判断条件，语句是条件满足时所要执行的代码行。
例子：

```
if(q ! =1)
    {a=0;b=1;}
```

A. 10. 2　if-else 语句

if-else 语句是另一种条件控制语句。格式为：

```
if(逻辑表达式)
  {语句}
else
  {语句}
```

如果逻辑表达式条件满足，则执行第一个语句，否则执行下面的语句。

例子：

```
if(x < 0.)
  y=x/50.;
else
  {
  x=-x;
  y=x/25.;
  }
```

下面是等价的 FORTRAN 代码，大家可以比较一下：

```
      IF(X. LT. 0. )THEN
        Y=X/50.
      ELSE
        X=-X
        Y=X/25.
      ENDIF
```

A. 10. 3　for 循环

for 循环是 C 程序最为基本的循环控制语句。它和 FORTRAN 中的 do 循环很类似。格式为：

```
for(起点;终点;增量)
    {语句}
```

其中起点是在循环开始时执行的表达式；终点是判断循环是否结束的逻辑表达式；增量是循环迭代一次之后执行的表达式（通常是增量计数器）。

例子：

```
/ * 输出整数 1~10 及它们的平方 * /
int i,j,n=10;
for(i=1;i <=n;i++)
    {
        j=i * i;
        printf("%d %d\n",i,j);
    }
```

下面是等价的 FORTRAN 代码，大家可以做一比较：

```
INTEGER I,J
N=10
DO I=1,10
J=I * I
WRITE( * , * )I,J
ENDDO
```

A.11 常用的 C 运算符

运算符是内部的 C 函数，当它们对具体数值运算时会得到一个结果。常用的 C 运算符是算术运算符和逻辑运算符。

A.11.1 算术运算符

下面是一些常用的算术运算符：=赋值；+加；-减；*乘；/除;%取模；++自增量；--自减量。

注意：乘、除和取模运算的优先级要高于加、减运算。除法只取结果的整数部分。取模只取结果的余数部分。++运算符是增量操作的速记符。

A.11.2 逻辑运算符

下面是一些逻辑运算符：<小于；<=小于或等于；>大于；>=大于或等于；==等于;!=不等于。

A.12 C 库函数

当书写 UDF 代码时，可以使用 C 编译器中包括的标准数学库和 I/O 函数库。下面各节介绍了标准 C 库函数。标准 C 库函数可以在各种头文件中找到（如 global.h)。这些文件都被包含在 udf.h 文件中。

A.12.1 三角函数

下面的三角函数都是计算变量 x（只有一个还计算 y）的三角函数值。函数和变量都是双精度实数变量。具体的意义大家应该都很清楚，就不具体介绍了。

double acos(double x);	返回 x 的反余弦函数
double asin(double x);	返回 x 的反正弦函数
double atan(double x);	返回 x 的反正切函数
double atan2(double x,double y);	返回 x/y 的反正切函数
double cos(double x);	返回 x 的余弦函数
double sin(double x);	返回 x 的正弦函数
double tan(double x);	返回 x 的正切函数
double cosh(double x);	返回 x 的双曲余弦函数
double sinh(double x);	返回 x 的双曲正弦函数
double tanh(double x);	返回 x 的双曲正切函数

A. 12. 2　各种数学函数

下面列表中，左边是 C 函数，右边是对应数学函数：

double sqrt(double x);	$\sqrt{x}$
double pow(double x,double y);	x^y
double exp(double x);	e^x
double log(double x);	$\ln(x)$
double log10(double x);	$\log_{10}(x)$
double fabs(double x);	$\|x\|$
double ceil(double x);	不小于 x 的最小整数
double floor(double x);	不大于 x 的最大整数

A. 12. 3　标准 I/O 函数

C 中有大量的标准输入输出（I/O）函数。在很多情况下，这些函数在指定的文件中工作。下面是一些例子。

FILE * fopen(char * filename, char * type);	打开一个文件
int fclose(FILE * fd);	关闭一个文件
int fprintf(FILE * fd, char * format, …);	格式化输出到一个文件
int printf(char * format, …);	输出到屏幕
int fscanf(FILE * fd, char * format, …);	格式化读入一个文件

函数 fopen 和 fclose 分别打开和关闭一个文件。函数 fprintf 以指定的格式写入文件，函数 fscanf 以相同的方式从某一文件中将数据读入。函数 printf 是一般的输出函数。fd 是一个文件指针，它所指向的是包含所要打开文件的信息的 C 结构。除了 fopen 之外所有的函数都声明为整数，这是因为该函数所返回的整数会告诉我们这个文件操作命令是否成功执行。

在下面的例子中，需要打开的数据文件的名字用双引号括起来。fopen 中的选项 r 表明该文件是以可读形式打开的。fscan 函数从 fd 所指向的文件中读入两个浮点数并将它们存储为 f1 和 f2。关于 C 的标准输入输出函数其他更多的信息，可以查阅相关手册（如［2］）。

例子：

```
FILE * fd;
  fd=fopen("data.txt","r");  /*  opens a file named data.txt  */
  fscanf(fd,"%f,%f",&f1,&f2);
  fclose(fd);
```

A.13　用#define 实现宏置换

UDF 解释程序支持宏置换的 C 预处理程序命令。当使用#define 宏置换命令时，C 预处理程序（如 cpp）执行了一个简单的置换，并用替换文本替换宏中定义的每一个自变量。

```
#define macro replacement-text
```

如下面的宏置换命令：

```
#define RAD 1.2345
```

预处理程序会在 UDF 中所有的变量 RAD 出现的地方将 RAD 替换为 1.2345。在函数中可能会有很多涉及变量 RAD 的地方，但是只需要在宏命令中定义一次，预处理程序会在所有的代码中执行替换操作。

在下面这个例子中：

```
#define AREA_RECTANGLE(X,Y)((X)*(Y))
```

UDF 中所有的 AREA_RECTANGLE(X,Y) 都会被替换为（X）和（Y）的乘积。

A.14　用#include 实现文件包含

UDF 解释程序还支持文件包含的 C 前处理命令。当使用#include 包含一个文件时，C 前处理程序会将#include filename 行替换为文件名对应的文件内容。

```
#include" filename"
```

文件名对应的文件必须在当前目录中。只有 udf. h 文件例外，这是因为 FLUENT 解算器会自动将它读入，如下面的文件包含命令：

```
#include" udf. h"
```

会将文件 udf. h 包含进源代码中。

A. 15 关于注释

熟悉 C 语言的人都知道，注释在编写程序和调试程序等处理中是很重要的。注释的每一行以“/ * ”开始，后面的是注释的文本行，然后是“ * /”结尾，如：/ * This is how I put a comment in my C program * /。也可能是这种形式以“//”开头即可，如：//This is how I put a comment in my C program。

附录 B　FLUENT 中常用宏介绍

Fluent 软件提供了很多宏，这些宏有各自的功能，可以按功能大致分成如下几类：第一类为预定义宏，以 DEFINE 开头，这类宏能够定义函数，通过函数可以对变量或边界条件进行修改或设置，以完成使用者的某种意图；第二类宏可以存取 FLUENT 解算器中的变量；第三类为工具宏，为使用者提供操纵数据的工具，下面详细介绍。

B.1　预定义宏

这类宏又分为四类：通用解算器 DEFINE 宏、模型指定 DEFINE 宏、多相 DEFINE 宏和离散相模型 DEFINE 宏。

B.1.1　通用解算器 DEFINE 宏

表 B.1　通用解算器 DEFINE 宏

功能	DEFINE 宏名称	激活该宏的面板
处理变量	DEFINE_ADJUST	User-Defined Function Hooks
初始化变量	DEFINE_INIT	User-Defined Function Hooks
异步执行	DEFINE_ON_DEMAND	Execute On Demand
读写变量到……	DEFINE_RW_FILE	User-Defined Function Hooks

B.1.2　模型指定 DEFINE 宏

模型指定宏用于对 Fluent 中某一模型（model）设置参数，它又分如下若干种：

（1）DEFINE_DELTAT；
（2）DEFINE_DIFFUSIVITY；
（3）DEFINE_HEAT_FLUX；
（4）DEFINE_NOX_RATE；
（5）DEFINE_PROFILE；
（6）DEFINE_PROPERTY；
（7）DEFINE_SCAT_PHASE_FUNC；
（8）DEFINE_SOURCE；
（9）DEFINE_SR_RATE；

(10) DEFINE_TURB_PREMIX_SOURCE;
(11) DEFINE_TURBULENT_VISCOSITY;
(12) DEFINE_UDS_FLUX;
(13) DEFINE_UDS_UNSTEADY;
(14) DEFINE_VR_RATE。

表 B.2　模型指定 DEFINE 宏

Variable	DEFINE Macro	Panel Activated In
species mass fraction	DEFINE_PROFILE	boundary condition
velocity at a boundary	DEFINE_PROFILE	boundary condition
pressure at a boundary	DEFINE_PROFILE	boundary condition
boundary temperature	DEFINE_PROFILE	boundary condition
turbulent kinetic energy	DEFINE_PROFILE	boundary condition
turbulent dissipation rate	DEFINE_PROFILE	boundary condition
mass source	DEFINE_SOURCE	boundary condition
momentum source	DEFINE_SOURCE	boundary condition
energy source	DEFINE_SOURCE	boundary condition
turbulent k. e. source	DEFINE_SOURCE	boundary condition
turb. dissipation rate source	DEFINE_SOURCE	boundary condition
UDS or species mass diffusivity	DEFINE_DIFFUSIVITY	Materials
turbulent viscosity	DEFINE_TURBULENT_VISCOSITY	Viscous Model
heat flux	DEFINE_HEAT_FLUX	boundary condition
density	DEFINE_PROPERTY	Materials
viscosity	DEFINE_PROPERTY	Materials
mass diffusivity	DEFINE_PROPERTY	Materials
thermal conductivity	DEFINE_PROPERTY	Materials
absorption coefficient	DEFINE_PROPERTY	Materials
scattering coefficient	DEFINE_PROPERTY	Materials
laminar flow speed	DEFINE_PROPERTY	Materials
rate of strain	DEFINE_PROPERTY	Materials
scattering phase function	DEFINE_SCAT_PHASE_FUNC	Materials
surface reaction rate	DEFINE_SR_RATE	User-Defined Function Hooks

续表 B. 2

Variable	DEFINE Macro	Panel Activated In
volume reaction rate	DEFINE_VR_RATE	User-Defined Function Hooks
turbulent premixed source	DEFINE_TURB_PREMIX_SOURCE	User-Defined Function Hooks
scalar flux function	DEFINE_UDS_FLUX	User-Defined Scalars
scalar unsteady function	DEFINE_UDS_UNSTEADY	User-Defined Scalars
center of gravity motion	DEFINE_CG_MOTION	Dynamic Zones
grid motion	DEFINE_GRID_MOTION	Dynamic Zones
geometry deformation	DEFINE_GEOM	Dynamic Zones
NOx formation rate	DEFINE_NOX_RATE	NOx Model
time step(for time dependent solutions)	DEFINE_DELTAT	Iterate

B. 1. 3　多相流 DEFINE 宏

这类宏仅用于多相流模型。

（1）DEFINE_CAVITATION_RATE；

（2）DEFINE_EXCHANGE_PROPERTY；

（3）DEFINE_VECTOR_EXCHANGE_PROPERTY。

表 B. 3　多相流 DEFINE 宏

Function	DEFINE Macro	Panel Activated In
cavitation rate	DEFINE_CAVITATION_RATE	User-Defined Function Hooks
drag coefficient	DEFINE_EXCHANGE_PROPERTY	Phase Interaction
lift coefficient	DEFINE_EXCHANGE_PROPERTY	Phase Interaction
slip velocity	DEFINE_VECTOR_EXCHANGE_PROPERTY	Phase Interaction

B. 1. 4　离散相模型 DEFINE 宏

这类宏用于离散相模型。应用这类宏的时候，需要包括头文件 dpm. h。不过由于 dpm. h 又被包含在 udf. h f 中，因此使用时包含 udf. h f 即可。

（1）DEFINE_DPM_BODY_FORCE；

（2）DEFINE_DPM_DRAG；

（3）DEFINE_DPM_EROSION；

（4）DEFINE_DPM_INJECTION_INIT；

(5) DEFINE_DPM_LAW;
(6) DEFINE_DPM_OUTPUT;
(7) DEFINE_DPM_PROPERTY;
(8) DEFINE_DPM_SCALAR_UPDATE;
(9) DEFINE_DPM_SOURCE;
(10) DEFINE_DPM_SWITCH。

表 B.4 离散相模型 DEFINE 宏

Variable	DEFINE Macro	Panel Activated In
body forces on particles	DEFINE_DPM_BODY_FORCE	Discrete Phase Model
drag coefficients between	DEFINE_DPM_DRAG	Discrete Phase Model
particles and fluid		
erosion and accretion rates	DEFINE_DPM_EROSION	Discrete Phase Model
initializing injections	DEFINE_DPM_INJECTION_INIT	Set Injection Properties
custom laws for particles	DEFINE_DPM_LAW	Custom Laws
modifies what is written to the	DEFINE_DPM_OUTPUT	Sample Trajectories
sampling plane output		
material properties	DEFINE_DPM_PROPERTY	Materials
updates scalar every time a particle position is updated	DEFINE_DPM_SCALAR_UPDATE	Discrete Phase Model
particle source terms	DEFINE_DPM_SOURCE	Discrete Phase Model
changing the criteria for switching between laws	DEFINE_DPM_SWITCH	Custom Laws

B.2 解算器读取宏

这类宏提供了读取解算器中变量的功能，它又分为如下若干类。

B.2.1 单元格宏

这类所列出的宏是由求解器返回的实数变量，并且这些变量都是定义在一个单元格中的。这些单元格变量在单独的或是联合的求解器中都能得到。这些单元格宏的定义在相关的扩展名为 .h 的文件中可以得到，如 mem.h 等。

B.2.1.1 读写流体变量的宏

在 FLUENT 中可以用来读写流体变量的宏在表 B.5 中列出，注意加了_G、_RG、_M1 和_M2 这些下标的单元格温度的宏可以应用于表 B.5 中的所有求解器的变量中，但是除了单元格压力（C-P）。这些下标分别表示的是矢量梯度、改造的矢量梯度、前一次的步长和前两次的步长。而对于单元格压力，它的矢量梯度和相应的分量是使用 C_DP 宏得到而不是 C_P_G。每一个下标的描述和用法在下面介绍。

表 B.5 在 mem.h 文件中的流体变量宏

名称（参数）	参数类型	返回值
C_T(c,t)	cell t c,Thread * t	温度
C_T_G(c,t)	cell t c,Thread * t	温度梯度矢量
C_T_G(c,t)[i]	cell t c,Thread * t,int i	温度梯度矢量的分量
C_T_RG(c,t)	cell t c,Thread * t	改造后的温度梯度矢量
C_T_RG(c,t)[i]	cell t c,Thread * t,int i	改造后的温度梯度矢量的分量
C_T_M1(c,t)	cell t c,Thread * t	温度的前一次步长
C_T_M2(c,t)	cell t c,Thread * t	温度的前二次步长
C_P(c,t)	cell t c,Thread * t	压力
C_DP(c,t)	cell t c,Thread * t	压力梯度矢量
C_DP(c,t)[i]	cell t c,Thread * t,int i	压力梯度矢量的分量
C_U(c,t)	cell t c,Thread * t	u 方向的速度
C_V(c,t)	cell t c,Thread * t	v 方向的速度
C_W(c,t)	cell t c,Thread * t	w 方向的速度
C_H(c,t)	cell t c,Thread * t	焓
C_YI(c,t,i)	cell t c,Thread * t,int i	物质质量分数
C_K(c,t)	cell t c,Thread * t	湍流运动能
C_D(c,t)	cell t c,Thread * t	湍流运动能的分散速率
C_O(c,t)	cell t c,Thread * t	确定的分散速率

读写梯度矢量和其分量，你可以在你的宏中加入下标_G 来得到梯度矢量和它的分量，如 C_T_G(c,t)；注意只有当已经求解出包含这个变量的方程时才能得到梯度变量。例如如果你定义了一个关于能量的原程序，那么你的 UDF 可以读写单元格的温度梯度（使用 C_T_G），但是你却不能读写 X 方向的速度分量（使用 C_U_G）。而且，如果你建立了一个由使用者确定的方式转移方程，那么你就不能得到一部分的梯度了。这是因为求解器不断地移走它不需要的数据。你可以使用下面的方法来阻止存储器释放记忆：发出文本命令 save/set/expert，然后对计算机提出的“是否阻止暂时的求解器记忆释放”这一提问回答“是”。按

照这种做法就可以保留所有的梯度数据，但是这种计算需要更多的内存。

在调用梯度矢量时把某一分量作为参数，这样就可以得到梯度分量了（参数0代表X方向的分量，1代表Y方向的分量，2代表Z方向的分量），如C_T_G(c,t)[0]；注意在表B.5中虽然只列出了温度梯度和其分量求解的宏，但是却可以扩展到除了压力以外的所有变量中去，对于压力你只能按照表B.5中的方法使用C_DP来得到压力梯度和其分量。

读写改造过的梯度矢量和其分量：和梯度一样的方式，你可以通过加RG的下标在你的宏中来得到梯度向量和其分量。通过使用恰当的整数作为参数来获得想要的矢量分量（参数0代表X方向的分量，1代表Y方向的分量，2代表Z方向的分量）。当你完成你自己的插补计划时可以使用改造过的梯度。改造过的温度梯度和其分量在表B.5中列出了，但是可以推广到所有的变量。注意改造过的梯度矢量只有在梯度方程被求解出来时才可以得到。

读写前一次步长下的时间：在表B.5里的宏中加入下标_M1就可以得到前一次步长时间下（t-Δt）变量的值。得到的这些数据可以在不稳定的模拟中使用，如C_T_M1(c,t)，返回前一步时间下的单元格温度的值。若在表B.5中宏的后面加上下标M2就可以得到前两次步长下的时间（t-2Δt）。这些数据可用于不稳定的模拟计算中。在表B.5中仅列出了温度的前一次步长的求法，但是可以扩展到其他的变量中去。

B.2.1.2 读写导数的宏

在表B.6中列出来的宏可以用于读写速度导数。

表B.6 读写导数的宏

名称（参数）	参数类型	返回值
C DUDX(c,t)	cell t c,Thread * t	velocity derivative
C DUDY(c,t)	cell t c,Thread * t	velocity derivative
C DUDZ(c,t)	cell t c,Thread * t	velocity derivative
C DVDX(c,t)	cell t c,Thread * t	velocity derivative
C DVDY(c,t)	cell t c,Thread * t	velocity derivative
C DVDZ(c,t)	cell t c,Thread * t	velocity derivative
C DWDX(c,t)	cell t c,Thread * t	velocity derivative
C DWDY(c,t)	cell t c,Thread * t	velocity derivative
C DWDZ(c,t)	cell t c,Thread * t	velocity derivative

B.2.1.3　存取材料性质的宏

表 B.7　在 mem. h 中存取材料性质的宏

名称（参数）	参数类型	返回值
C_FMEAN(c,t)	cell t c,Thread * t	第一次混合分数的平均值
C_FMEAN2(c,t)	cell t c,Thread * t	第二次混合分数的平均值
C_FVAR(c,t)	cell t c,Thread * t	第一次混合分数变量
C_FVAR2(c,t)	cell t c,Thread * t	第二次混合分数变量
C_PREMIXC(c,t)	cell t c,Thread * t	反应过程变量
C_LAM FLAME SPEED(c,t)	cell t c,Thread * t	层流焰速度
C_CRITICAL STRAIN	cell t c,Thread * t	临界应变速度
RATE(c,t)		
C_POLLUT(c,t,i)	cell t c,Thread * t,int i	第 i 个污染物质的质量分数
C_R(c,t)	cell t c,Thread * t	密度
C_MU L(c,t)	cell t c,Thread * t	层流速度
C_MU T(c,t)	cell t c,Thread * t	湍流速度
C_MU EFF(c,t)	cell t c,Thread * t	有效黏度
C_K_L(c,t)	cell t c,Thread * t	热传导系数
C_K_T(c,t)	cell t c,Thread * t	湍流热传导系数
C_K_EFF(c,t)	cell t c,Thread * t	有效热传导系数
C_CP(c,t)	cell t c,Thread * t	确定的热量
C_RGAS(c,t)	cell t c,Thread * t	气体常数
C_DIFF EFF(c,t,i)	cell t c,Thread * t,int i	物质的有效扩散率
C_ABS COEFF(c,t)	cell t c,Thread * t	吸附系数
C_SCAT COEFF(c,t)	cell t c,Thread * t	扩散系数
C_NUT(c,t)	cell t c,Thread * t	湍流速度 for Spalart-Allmaras

B.2.1.4　用户定义的标量和存储器的宏的读写

在表 B.8 中列出的宏可以为单元格读写用户定义的标量和存储器。

表 B.8　在 mem. h 文件中的可以为单元格读写用户定义的标量和存储器的宏

名称（参数）	参数类型	返回值
C_UDSI(c,t,i)	cell t c,Thread * t,int i	用户定义的标量(单元格)
C_UDSI M(c,t,i)	cell t c,Thread * t,int i	前一次步长下用户定义的标量(单元格)
C_UDSI_DIFF(c,t,i)	cell t c,Thread * t,int i	用户定义的标量的分散率(单元格)
C_UDMI(c,t,i)	cell t c,Thread * t,int i	用户定义的存储器(单元格)

B. 2. 1. 5 雷诺兹压力模型宏

在表 B. 9 中列出了可以给雷诺兹压力模型读写变量的宏。

表 B. 9 在 metric. h 中的 RSM 宏

名称（参数）	参数类型	返回值
C RUU(c,t)	cell t c,Thread * t	*uu* 雷诺兹压力
C RVV(c,t)	cell t c,Thread * t	*vv* 雷诺兹压力
C RWW(c,t)	cell t c,Thread * t	*ww* 雷诺兹压力
C RUV(c,t)	cell t c,Thread * t	*uv* 雷诺兹压力
C RVW(c,t)	cell t c,Thread * t	*vw* 雷诺兹压力
C RUW(c,t)	cell t c,Thread * t	*uw* 雷诺兹压力

B. 2. 2 表面宏

在这节中列出的宏是在单元格的边界面上定义的并且从求解器中返回一个真值。表面宏仅可在偏析求解器中用。这些表面宏的定义可以在相关的 . h 文件中找到，如 mem. h 等。

B. 2. 2. 1 读写流体变量的宏

在表 B. 10 中列出的宏可以在边界面读写流体变量。注意如果表面在边界上，那么流体的方向是由 F_FLUX 决定的点指向外围空间的。

表 B. 10 在 mem. h 中的流体变量读写的宏

名称（参数）	参数类型	返回值
F_R(f,t)	face t f,Thread * t	密度
F_P(f,t)	face t f,Thread * t	压力
F_U(f,t)	face t f,Thread * t	*u* 方向的速度
F_V(f,t)	face t f,Thread * t	*v* 方向的速度
F_W(f,t)	face t f,Thread * t	*w* 方向的速度
F_T(f,t)	face t f,Thread * t	温度
F_H(f,t)	face t f,Thread * t	焓
F_K(f,t)	face t f,Thread * t	湍流运动能
F_D(f,t)	face t f,Thread * t	湍流运动能的分散速率
F_YI(f,t,i)	face t f,Thread * t,int i	物质的质量分数
F_FLUX(f,t)	face t f,Thread * t	通过边界表面的质量流速

B.2.2.2 读写用户定义的标量和存储器的宏

在表 B.11 中列出的宏可以用于给表面读写用户定义的标量和存储器的宏。

表 B.11 读写用户定义的标量和存储器的宏

名称（参数）	参数类型	返回值
F_UDSI(f,t,i)	face t f,Thread * t,int i	用户确定的标量(表面)
F_UDMI(f,t,i)	face t f,Thread * t,int i	用户定义的存储器(表面)

B.2.2.3 混合面变量宏

其余的表面变量宏在表 B.12 中列出。

表 B.12 混合面变量宏

名称（参数）	参数类型	返回值
F_C0(f,t)	face t f,Thread * t	
F_C0_THREAD(f,t)	face t f,Thread * t	
F_C1(f,t)	face t f,Thread * t	
F_C1_THREAD(f,t)	face t f,Thread * t	

B.2.3 几何宏

这节包含的宏是为了在 FLUENT 中重新得到几何变量。这些表面宏的定义可以在相关的 .h 文件中找到，如 mem.h 等。

B.2.3.1 节点和面的数量

在表 B.13 中列出的宏 C_NNODES 和 C_NFACES 返回相应的节点和面的整数值。对于一个给定的单元格，F_NNODES 返回与某个表面相关的节点的整数个数。

表 B.13 在 mem.h 中的节点和表面的宏

名称（参数）	参数类型	返回值
C_NNODES(c,t)	cell t c,Thread * t	一个单元格中的节点数
C_NFACES(c,t)	cell t c,Thread * t	一个单元格中的表面数
F_NNODES(f,t)	face t f,Thread * t	一个表面中节点数

B.2.3.2 单元格和表面的重心

表 B.14 中的宏用来获得一个单元格或是表面的真实的重心。C_CENTROID

找到单元格的重心的坐标，并把它的坐标存储在矩阵 X 中。F_CENTROID 找到表面的重心的坐标，并把它的坐标存储在矩阵 X 中。注意矩阵 X 可以是一维、二维或者是三维的。

表 B. 14　在 metric. h 中变量重心宏

名称（参数）	参数类型	返回值
C_CENTROID(x,c,t)	real x[ND ND],cell t c,Thread * t x	单元格重心
F_CENTROID(x,f,t)	real x[ND ND],face t f,Thread * t x	表面中心

B. 2. 3. 3　表面积

在表 B. 15 中列出的宏 F_AREA 可以被用于返回一个实数的面积向量。对于内部的表面，标准的面积向量的方向是从单元格 C0 指向单元格 C1。标准的方向总是从边界面向外指（范围之外）。

表 B. 15　在 metric. h 中的表面积宏

名称（参数）	参数类型	返回值
F_AREA(A,f,t)	A[ND ND],face t f,Thread * t	A 面积向量

B. 2. 3. 4　单元格体积

在表 B. 16 中列出的宏可以用于获得二维、三维和轴对称模型单元格的真实体积。

表 B. 16　在 mem. h 中的单元格体积宏

名称（参数）	参数类型	返回值
C VOLUME(c,t)	cell t c,Thread * t	二维或是三维的单元格体积 单元格体积/2π 是轴对称模型的体积

B. 2. 3. 5　单元格对单元格、单元格对表面重心宏

FLUENT 提供的宏使得连接单元格 c0 和 c1 重心的向量很容易定义（图 B. 1）。这些宏的返回信息对于估计那些不储存的表面的数量值是有帮助的，同时对于估计通过单元格边界的流体分散率的数值也有益。这些宏所包含的几何和梯度在下面的表 B. 17 中总结出来了。

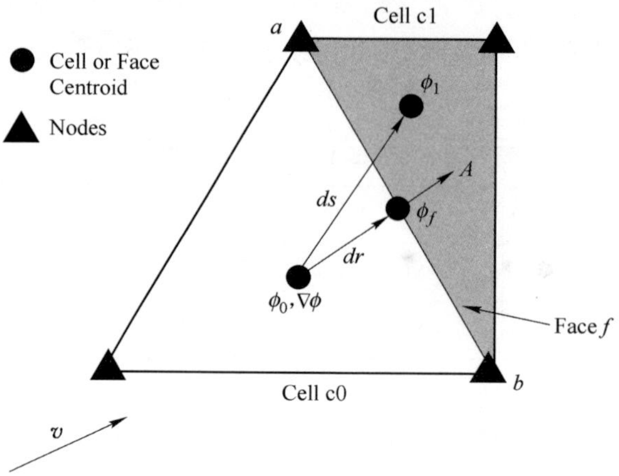

图 B. 1　用定义的梯度和向量连接单元格 c0 和 c1

表 B. 17　壁面单元面和非壁面单元面宏

Macro	Argument Types	Returns
F c0(f,t)	facet f, Thread * t	cell t c for cell c0
F c1(f,t)	face t f, Thread * t	cell t c for cell c1
THREAD T0(t)	Thread * t	cell thread pointer for cell c0
THREAD T1(t)	Thread * t	cell thread pointer for cell c1

为了更好地理解由这些宏所返回的参数，最好的方法是考虑一下上述计算是如何估计的。假定可以得到一个向量的梯度，那么向量的表面值 ϕ 可以用下式估计：

$$\phi_f = \phi_0 + \nabla\phi \cdot \bar{d}r \qquad (B-1)$$

在这里 $\bar{d}r$ 是连接单元格重心和表面重心的向量。在这个例子中是在存储 ϕ_0 处的单元格重心位置估计的。通过表面 f、向量 ϕ 的流体分散率 D_f 由下式给定：

$$D_f = \Gamma_f \nabla \phi \boldsymbol{A} \qquad (B-2)$$

这里的 Γ_f 是表面的分散系数。在 FLUENT 的未定结构求解器中，沿表面标准方向的梯度可以由在一个沿单元格重心方向梯度和一个限定在表面的平面里的梯度方向来估计。按照这种规定，D_f 可以按下式近似：

$$D_f = \Gamma_f \frac{\phi_1 - \phi_0}{ds}\frac{\boldsymbol{A}\cdot\boldsymbol{A}}{\boldsymbol{A}\cdot\boldsymbol{e}_s} + \Gamma_f\left(\nabla\phi\cdot\boldsymbol{A} - \nabla\phi\cdot\boldsymbol{e}_s\frac{\boldsymbol{A}\cdot\boldsymbol{A}}{\boldsymbol{A}\cdot\boldsymbol{e}_s}\right) \qquad (B-3)$$

在此右边的第一项代表沿着向量 $\boldsymbol{e}_s$ 方向的主梯度，第二项代表交叉分散率项。在这个方程中 A 是从单元格 c0 指向单元格 c1 的表面 f 的标准向量围成的面积，ds 是两个单元格重心间的距离，$\boldsymbol{e}_s$ 是这个方向的单元向量。

调用宏 INTERIOR_FACE_GEOMETRY 和 BOUNDARY_FACE_GEOMETRY 可

以返回一些可以估计方程 B-2 和 B-3 的一项：

A[ND_ND]　面积的单元向量
ds　单元格重心的距离
es[ND_ND]　从单元格 c0 到单元格 c1 方向的单元向量
A_by_es　$\frac{\boldsymbol{A} \cdot \boldsymbol{A}}{\boldsymbol{A} \cdot \boldsymbol{e}_s}$的值
dr0[ND_ND]　连接单元格 c0 重心和表面重心的单元向量
dr1[ND_ND]　连接单元格 c1 重心和表面重心的单元向量

注意：宏 INTERIOR_FACE_GEOMETRY 在文件 sg. h 中定义，因为 sg. h 没有包含在 udf. h 文件中，所以你就必须把它加到你的 UDF 中。

B. 2. 4　节点宏

表 B. 18 和表 B. 19 列出的宏返回单元格节点的实数直角坐标（在单元格的拐角）和相应的节点速度的分量。

表 B. 18　在 metric. h 中变量的节点坐标宏

名称（参数）	参数类型	返回值
NODE X(node)	Node * node	节点的 *X* 坐标
NODE Y(node)	Node * node	节点的 *Y* 坐标
NODE Z(node)	Node * node	节点的 *Z* 坐标

表 B. 19　在 metric. h 中的节点速度变量宏

名称（参数）	参数类型	返回值
NODE GX(node)	Node * node	节点速度的 *X* 分量
NODE GY(node)	Node * node	节点速度的 *Y* 分量
NODE GZ(node)	Node * node	节点速度的 *Z* 分量

B. 2. 5　多相宏

表 B. 20 中列出的宏返回一个与整体多相节点相连的实数变量。这些变量的定义在 sg_mphase. h 文件中可以找到，这些包含在 udf. h 文件中。

表 B. 20　在 sg_mphase. h 中的变量宏

名称（参数）	参数类型	返回值
C VOF(c,pt[0])	cell t c,Thread ** pt	主要相的体积分数
C VOF(c,pt[n])	cell t c,Thread ** pt	第 *n* 个辅助相的体积分数

B.2.6 DPM 宏

在表 B.21～表 B.23 中列出的宏是在 dpm.h 文件中定义的，这些都是包含在 udf.h 文件中的。变量 p 是 Tracked_Particle 结构的指示器（Tracked_Particle * p）。Tracked_Particle * p 给出物体在当前位置的值。

表 B.21　在 dpm.h 文件中质点在当前位置的宏

Name (Arguments)	Argument Types	Returns
P_DIAM(p)	Tracked particle * p	质点直径
P_VEL(p)[i]	Tracked particle * p	质点速度 $i=0,1,2$
P_T(p)	Tracked particle * p	质点温度
P_RHO(p)	Tracked particle * p	质点密度
P_MASS(p)	Tracked particle * p	质点质量
P_TIME(p)	Tracked particle * p	质点的当前时间
P_DT(p)	Tracked particle * p	质点时间步长
P_LF(p)	Tracked particle * p	质点液体分数(湿的组分燃烧的质点)
P_VFF(p)	Tracked particle * p	质点挥发性馏分(仅仅燃烧的质点)

表 B.22　Macros for Particle Material Properties in dpm.h

Name (Arguments)	Argument Types	Returns
P_MATERIAL(p)	Tracked particle * p	material pointer
DPM-SWELLING-COEFF(p)	Tracked particle * p	swelling coefficient for devolatilization
DPM-EMISSIVITY(p)	Tracked particle * p	emissivity for radiation model
DPM-SCATT-FACTOR(p)	Tracked particle * p	scattering factor for radiation model
DPM-EVAPORATION TEMPERATURE(p)	Tracked particle * p	evaporation temperature
DPM-BOILING-TEMPERATURE(p)	Tracked particle * p	boiling temperature
DPM-LATENT HEAT(p)	Tracked particle * p	latent heat
DPM-HEAT OF PYROLYSIS(p)	Tracked particle * p	heat of pyrolysis
DPM-HEAT OF REACTION(p)	Tracked particle * p	heat of reaction
DPM-VOLATILE FRACTION(p)	Tracked particle * p	volatile fraction
DPM-CHAR-FRACTION(p)	Tracked particle * p	char fraction
DPM-SPECIFIC-HEAT(p,t)	Tracked particle * p	specific heat at temperature t

表 B.23 在 dpm.h 中描述质点材料性质的宏

名称（参数）	参数类型	返回值
P_MATERIAL(p)	Tracked particle * p	材料的指示器
DPM-SWELLING-COEFF(p)	Tracked particle * p	液化作用的线膨胀系数
DPM-EMISSIVITY(p)	Tracked particle * p	辐射模型的分散系数
DPM-SCATT-FACTOR(p)	Tracked particle * p	辐射模型的分散因子
DPM-EVAPORATION TEMPERATURE(p)	Tracked particle * p	蒸发温度
DPM-BOILING-TEMPERATURE(p)	Tracked particle * p	沸点温度
DPM-LATENT-HEAT(p)	Tracked particle * p	潜热
DPM-HEAT OF PYROLYSIS(p)	Tracked particle * p	高温分解热
DPM-HEAT OF REACTION(p)	Tracked particle * p	反应热
DPM-VOLATILE FRACTION(p)	Tracked particle * p	挥发性馏分
DPM-CHAR-FRACTION(p)	Tracked particle * p	烧焦分数
DPM-SPECIFIC-HEAT(p,t)	Tracked particle * p	在温度 t 下的确定热

B.2.7 Nox 宏

在表 B.24 中列出的宏对于使用 DEFINE_NOX_RATE 来定义 Nox 的产生和减少是有用的。这些宏定义在 sg_nox.h 中，它包含在 udf.h 里。参数 Nox 是 Nox 结构的指示器。

表 B.24 在 sg_nox.h 中描述 Nox 速率的宏

名称（参数）	参数类型	返回值
NOX EQN(nox)	NOx * nox	Nox 污染物质方程 ID
NOX FRATE(nox)	NOx * nox	NOx 产生速率
NOX RRATE(nox)	NOx * nox	Nox 减少速率
ARRH(nox,k)	NOx * nox,Rate const k[3]	阿列纽斯速率系数
MOLECON(nox,i)	NOx * nox,int i	物质 I 的摩尔浓度

在参数 Rate_const k[3] 中，k=A，β，E，这里 A=指前因子；β=温度指数；E=活化能 β。

B.3 Utilities（工具）宏

Fluent Inc. 提供了针对 Fluent 变量操作的一系列工具。这些工具中大部分可以作为宏直接执行。许多宏可以用于单相和多相模型的 UDFs 中，但是有些是只针对多相流的。回想一下当你为多相流模型写 UDFs 时，你将记住 FLUENT 的结构的层次。从求解器中导入到你的 UDFs 中特殊的控制区和线性结构，依赖于你所使用的 DEFINE 宏和相关的控制区函数（通过图形用户界面和用户定义的源代码）。它或许也依赖于你所使用的多相流模型。将控制区的结构传递给 DEFINE_INIT 和 DEFINE_ADJUST 函数，但是它与多相流模型是相互独立的。这些函数始终被传递给与混合物有关的控制区结构。DEFINE_ON_DEMAND UDFs 没有被传递给任何控制区。如果你的 PDF 没有显式地传给你的函数所需要的线性的或者控制区的结构，那么你可以利用本章提供的宏工具修复。提供的许多宏使你的函数可以寻找到给定线和区的所有的网格点和面。

B.3.1　一般目的循环宏

下面这些循环的宏可以用于 FLUENT 单相和多相模型的 UDFs 中。这些宏的定义包含在 mem.h 头文件中。

B.3.1.1　查询控制区的单元线

当你想查询给定控制区的单元线时，你可以用 thread_loop_c。它包含单独的说明，后面是对控制区的单元线所做操作，正如下面显示的包含在 {} 中。注意：thread_loop_c 在执行上和 thread_loop_f 相似，可参考 B.3.1.2。

```
Domain * domain;
Thread * c_thread;
thread_loop_c(c_thread,domain)/ * loops over all cell threads in domain * /
{
  }
```

B.3.1.2　查询控制区的面

当你想要查询给定控制区的面时，你可以应用 thread_loop_f。它包含单独的说明，后面是对控制区的面单元所做操作，正如下面显示的包含在 {} 中。注意：thread_loop_f 在执行上和 thread_loop_c 相似，参考 B.3.1.1 部分。

```
Thread * f_thread;
Domain * domain;
thread_loop_f(f_thread,domain)/ * loops over all face threads in a domain * /
{
  }
```

B.3.1.3　查询单元线中的单元

当你想要查询给定单元线 c_thread 上所有的单元时，你可以应用begin_c_loop

和end_c_loop。它包含begin和end loop的说明，完成对单元线中单元所做的操作，定义包含在{}中。当你想查找控制区单元线的单元时，应用的loop全嵌套在thread_loop_c中。

```
cell_t c;
Thread * c_thread;
begin_c_loop(c,c_thread)      /* loops over cells in a cell thread */
{
}
end_c_loop(c,c_thread)
```

例子：

```
/* Loop over cells in a thread to get information stored in cells. */
  begin_c_loop(c,c_thread)
    {
    /* C_T gets cell temperature. The += will cause all of the cell
         temperatures to be added together. */
       temp += C_T(c,c_thread);
    }
  end_c_loop(c,c_thread)
}
```

B.3.1.4 查询面线中的面

当你想要查找给定面线f_thread的所有的面时，你可以用begin_f_loop和end_f_loop。它包含begin和end loop的说明，完成对面线中面单元所做的操作，定义包含在{}中。当你想查找控制区面线的所有面时，应用的loop全嵌套在thread_loop_f中。

```
face_t f;
Thread * f_thread;
begin_f_loop(f,f_thread)      /* loops over faces in a face thread */
  {
  }
end_f_loop(f,f_thread)
```

例子：

```
/* Loop over faces in a face thread to get the information stored on faces. */
  begin_f_loop(f,f_thread)
    {
```

```
    /* F_T gets face temperature. The += will cause all of the face
       temperatures to be added together. */
    temp += F_T(f,f_thread);
  }
end_f_loop(f,f_thread)
```

B.3.1.5 查询单元中的面

下面函数用以查询给定单元中所有的面。包含单独的查询说明，后面是所做的操作，包含在 {} 中。

```
face_t f;
Thread * tf;
int n;
c_face_loop(c,t,n)          /* loops over all faces on a cell */
  {
  ...
  f=C_FACE(c,t,n);
  tf=C_FACE_THREAD(c,t,n);
  }
```

这里，n 是当地面的索引号。当地面的索引号用在 C_FACE 宏中，以获得所有面的数量(e. g. ,f=C_FACE(c,t,n))。

另一个在 c_face_loop 中有用的宏是 C_FACE_THREAD。这个宏用于合并两个面线(e. g. ,tf=C_FACE_THREAD(c,t,n))。

B.3.1.6 查询单元节点（c_node_loop）

下面函数用以查询给定单元中所有的节点。包含单独的查询说明，后面是所做的操作，包含在 {} 中。

```
cell_t c;
Thread * t;
int n;
c_node_loop(c,t,n)
  {
  ...
    node=C_NODE(c,t,n);
  ...
  }
```

这里，n 是当地节点的索引号。当地面的索引号用在 C_NODE 宏中以获得所有面的数量(e. g. ,node=C_NODE(c,t,n))。

B. 3. 2　多相组分查询宏

下面这些宏用于多相模型的 UDFs。

B. 3. 2. 1　查询混合物中相的控制区（sub_domain_loop）

sub_domain_loop 宏用于查询混合物控制区的所有相的子区。这个宏查询并在混合物控制区给每个相区定义指针以及相关的 phase_domain_index。控制区需要指针，在每个相中都有权访问部分数据。注意：sub_domain_loop 宏在执行中和 sub_thread_loop 宏是相似的。

```
int phase_domain_index;    */index of subdomain pointers */
Domain * mixture_domain;
Domain * subdomain;
sub_domain_loop(subdomain,mixture_domain,phase_domain_index)
```

sub_domain_loop 的变量是 subdomain，mixture_domain 和 phase_domain_index。

Subdomain 是 phase-level domain 的指针，mixture_domain 是 mixture-level domain 的指针。当你想用 DEFINE 宏时，mixture_domain（包含控制区变量 e. g. , DEFINE_ADJUST）通过 FLUENT 求解器自动传递给你的 UDF，混合物就和你的 UDF 相关了。如果 mixture_domain 没有显式地传递给你的 UDF，你应用另外一个宏来恢复它（e. g. , Get_Domain(1) before calling sub_domain_loop)。phase_domain_index 是子区指针索引号，phase_domain_index 是初始相地索引号为 0，混合物中其他相依次加 1。注意：subdomain 和 phase_domain_index 是在 sub_domain_loop 宏定义中初始化的。

例子：下列被集成在 UDF 中的语句在求解过程中补充说明一个相的体积分数。它在求解过程的开始执行。这个函数建立一个中心在（0.5，0.5，0.5）、半径为 0.25 的球形体。第二个相的体积分数 1 被补充说明到球形体内的单元中，但是第二个相在其他单元中的体积分数为 0。

```
/ ****************************************************************** /
/ * UDF for initializing phase volume fraction * /
/ ****************************************************************** /
#include" udf. h"

/ * domain pointer that is passed by INIT function is mixture domain * /
DEFINE_INIT(my_init_function,mixture_domain)
{
  int phase_domain_index;
```

```
  cell_t cell;
  Thread * cell_thread;
  Domain * subdomain;
  real xc[ND_ND];

  /* loop over all subdomains(phases) in the superdomain(mixture) */
  sub_domain_loop(subdomain,mixture_domain,phase_domain_index)
  {
    /* loop if secondary phase */
    if(DOMAIN_ID(subdomain)= =2)

    /* loop over all cell threads in the secondary phase domain */
    thread_loop_c(cell_thread,subdomain)
    {

      /* loop over all cells in secondary phase cell threads */
      begin_c_loop_all(cell,cell_thread)
      {
        C_CENTROID(xc,cell,cell_thread);
        if(sqrt(ND_SUM (pow(xc[0]-0.5,2.),
                        pow(xc[1]-0.5,2.),
                        pow(xc[2]-0.5,2.)))< 0.25)
          /* set volume fraction to 1 for centroid */
          C_VOF(cell,cell_thread)= 1.;
          else
          /* otherwise initialize to zero */
          C_VOF(cell,cell_thread)= 0.;
      }
      end_c_loop_all(cell,cell_thread)
    }
  }
}
```

B. 3. 2. 2　查询混合物的相线（sub_thread_loop）

sub_thread_loop 宏查询所有与混合物等值线的相等值线。这个宏查找并返回每个子区和相关 phase_domain_index 的指针。如果 subthread 指针与进口区域相关，那么这个宏将提供给进口区域每个相面线指针。

```
int phase_domain_index;
```

```
Thread * subthread;
Thread * mixture_thread;
sub_thread_loop(subthread,mixture_thread,phase_domain_index)
```

sub_thread_loop 的自变量是 subthread、mixture_thread 和 phase_domain_index。subthread 是相线的指针，mixture_thread 是 mixture-level thread 的指针。当你用 DEFINE 宏（包含一个线自变量）时，通过 FLUENT 的求解器 mixture_thread 自动传递给你的 UDF，你的 UDF 就和混合物相关了。如果 mixture_thread 没有显式地传递给你的 UDF，你需要在调用 sub_thread_loop 之前，调用工具宏恢复它。phase_domain_index 是子区指针索引号，可以用宏 PHASE_DOMAIN_INDEX 恢复。初始相的索引号为 0，混合物中其他相依次加 1。注意：subthread 和 phase_domain_index 在 sub_thread_loop 宏定义中被初始化。

B. 3. 2. 3 查询混合物中所有单元的线（mp_thread_loop_c）

mp_thread_loop_c 宏查询混合物控制区所有单元的线，提供了与混合物等值线有关的相等值线的指针。当应用到混合物控制区时这几乎和 thread_loop_c 宏是等价的。区别是：除了查询每个单元线，它还返回一个指针数组（pt）等价与相等值线。单元线第 i 相的指针是 pt[i]，这里 i 是相控制区索引号 phase_domain_index。pt[i] 可以用做宏的自变量。需要相等值线的指针。相控制区索引号 phase_domain_index 可以用宏 PHASE_DOMAIN_INDEX 恢复。

```
Thread * * pt;
Thread * cell_threads;
Domain * mixture_domain;
mp_thread_loop_c(cell_threads,mixture_domain,pt)
```

mp_thread_loop_c 的自变量是 cell_threads、mixture_domain 和 . pt。cell_threads 是网格线的指针，mixture_domain 是 mixture-level 控制区的指针，pt 是含有 phase-level 线的指针数组。当你要用包含控制区变量（e. g. ，DEFINE_ADJUST）的宏 DEFINE 时，mixture_domain 通过 FLUENT 的求解器自动传递给你的 UDF 文件，你的 UDF 就和混合物相关了。若 mixture_domain 没有显式地传递给你 UDF 文件，你应用另外一个工具（e. g. ，Get_Domain(1)）来恢复。注意：pt 和 cell_threads 的值是由查询函数派生出来的。mp_thread_loop_c 是典型的用于 begin_c_loop 中。begin_c_loop 查询网格线内的所有网格。当 begin_c_loop 嵌套在 mp_thread_loop_c 中时，你就可以查询混合物中相单元线的所有网格了。

B. 3. 2. 4 查询混合物中所有的相面线（mp_thread_loop_f）

宏 mp_thread_loop_f 查询混合物控制区内所有混合物等值线的面线并且给每

个与混合物等值线有关的相等值线指针。在混合物控制区内这和宏 thread_loop_f 几乎是等价的。区别是：除了查找每一个面线，这个宏还返回一个指针数组 pt，它与相等值线相互关联。指向第 i 相的面线指针是 pt[i]，这里是 phase_domain_index。当需要相等值线指针时，pt[i] 可以作为宏的自变量。phase_domain_index 可以用宏 PHASE_DOMAIN_INDEX 恢复。

```
Thread * * pt;
Thread * face_threads;
Domain * mixture_domain;
mp_thread_loop_f(face_threads,mixture_domain,pt)
```

mp_thread_loop_f 的自变量是 face_threads、mixture_domain 和 pt。face_threads 是面线的指针，是混合物等值线控制区的指针。pt 是包含相等值线的指针数组。当你要用包含控制区变量（e. g. ，DEFINE_ADJUST）的宏 DEFINE 时，mixture_domain 通过 FLUENT 的求解器自动传递给你的 UDF 文件，你的 UDF 就和混合物相关了。若 mixture_domain 没有显式地传递给你 UDF 文件，你应用另外一个工具（e. g. ，Get_Domain(1)）来恢复。注意：pt 和 cell_threads 的值是由查询函数派生出来的。mp_thread_loop_f 是典型的用于 begin_f_loop 中。begin_f_loop 查询网格线内的所有网格。当 begin_f_loop 嵌套在 mp_thread_loop_f 中时，你就可以查询混合物中相单元线的所有网格了。

B. 3. 3　设置面变量（F_PROFILE）

当你要设置面变量的值时，应用 F_PROFILE 宏。当你要生成边界条件的外形或存储新的变量值时，自动调用这一函数。F_PROFILE 全部宏定义参考 mem. h 文件。

```
宏:F_PROFILE(f,t,n)
自变量:face_t f
Thread * t
int n
```

函数返回值：void。

F_PROFILE 的自变量是 f，面的索引号是 face_t；t，面上线的指针，还有一个整数 n。这些变量通过 FLUENT 的求解器自动传递给你的 UDF。你不必给它们赋值。整数 n 是要在边界上设定的变量标志符。例如：进口边界包含总压和总温，二者都在用户定义函数中定义。进口边界的变量在 FLUENT 赋予整数 0，其他赋予 1。当你在 FLUENT 的进口边界面板中定义边界条件时，这些整数值由求解器设定。

B. 3. 4 访问没有赋值的自变量

针对单相和多相的模型（比如定义源项、性质和外形），大多数标准的UDF，你的函数所需要的变量（e. g. ，domain or thread pointers）在求解过程中通过求解器自动作为自变量直接传递给你的 UDF。例如，如果你的 UDF 定义了特殊边界区域（使用 DEFINE_PROFILE）的外形，在 FLUENT 的边界条件面板中，你的 UDF 就与相和混合物相关联了，在执行时通过求解器、合适的相和混合物变量传递给你的函数。然而，并非所有的 UDF 都直接把函数所需要的自变量传递给求解器。回想一下，例如 DEFINE_ADJUST 和 DEFINE_INIT UDFs 传递给混合物控制区变量，这里 DEFINE_ON_DEMAND UDFs 是没有被传递的自变量。这部分提供了通过 DEFINE 函数访问没有被直接传递给 UDF 文件的工具。

B. 3. 4. 1 Get_Domain

若控制区指针没有显式地作为自变量传递给你的 UDF，你可以用 Get_Domain 宏恢复控制区指针。

```
Get_Domain(domain_id);
```

domain_id 是一个整数，混合物控制区其值为 1，在多相混合物模型中其值依次加 1。注意：Get_Domain(1) 来代替以前的 FLUENT 版本中外部变量 Domain * domain 表达式。

单相流 Single-Phase Flows：在单相流中，domain_id 为 1，Get_Domain(1) 将放回流体控制区指针。

```
DEFINE_ON_DEMAND(my_udf)
{
  Domain * domain;              /* domain is declared as a variable   */
  domain=Get_Domain(1);         /* returns fluid domain pointer       */
  ...
}
```

多相流 Multiphase Flows：在多相流中，Get_Domain 的返回值是混合物等值线、单相等值线、相等值线或相等值线控制区指针。domain_id 的值在混合物控制区始终是 1，你可以用 FLUENT 里的图形用户界面获得 domain_id。简单的说，在 FLUENT 的相面板中选择所需的相。domain_id 将被显示出来。你需要用硬件代码整数 ID 作为自变量传递给宏。

```
DEFINE_ON_DEMAND(my_udf)
{
  Domain * mixture_domain;
```

```
  mixture_domain = Get_Domain(1);/ * returns mixture domain pointer * /
                                  / * and assigns to variable       * /
  Domain * subdomain;
  subdomain = Get_Domain(2);/ * returns phase with ID = 2 domain pointer * /
                            / * and assigns to variable              * /
  ...
}
```

例子：下面是一个名为 get_coords 的 UDF 打印出了为两个指定的线 ID 面的线面的质心。这一函数执行在单相流中用的 Get_Domain 工具。在这个例子中，函数 Print_Thread_Face_Centroids 用了 Lookup_Thread 函数来决定线的指针，然后输出了具体文件中线的所有的面的质心。调用 Get_Domain(1) 函数返回控制区的指针（或在多相流中是混合物控制区）。这一变量没有被传递给 DEFINE_ON_DEMAND。

```
/ ************************************************************ /
/ * Example of UDF for single phase that uses Get_Domain utility * /
/ ************************************************************ /

#include"udf.h"

FILE * fout;

Print_Thread_Face_Centroids(Domain * domain,int id)
{
  real FC[2];
  face_t f;
  Thread * t = Lookup_Thread(domain,id);

  fprintf(fout,"thread id %d\n",id);
  begin_f_loop(f,t)
    {
    F_CENTROID(FC,f,t);
    fprintf(fout,"f%d %g %g %g\n",f,FC[0],FC[1],FC[2]);
    }
  end_f_loop(f,t)
  fprintf(fout,"\n");
}

DEFINE_ON_DEMAND(get_coords)
```

```
{
  Domain * domain;
  domain = Get_Domain(1);
  fout = fopen("faces.out","w");
  Print_Thread_Face_Centroids(domain,2);
  Print_Thread_Face_Centroids(domain,4);
  fclose(fout);
}
```

B.3.4.2　通过相控制区索引号使用相控制区指针

有两个方法可以获得混合物控制区具体相（或子区）的指针。你或者可以用宏 DOMAIN_SUB_DOMAIN（在下面描述）或 Get_Domain。DOMAIN_SUB_DOMAIN 有两个自变量：mixture_domain 和 phase_domain_index。这个函数返回给定 phase_domain_index 的相指针。注意：DOMAIN_SUB_DOMAIN 在执行上和 THREAD_SUB_THREAD 宏相似。

```
int phase_domain_index = 0;                /* primary phase index is 0 */
Domain * mixture_domain;
Domain * subdomain = DOMAIN_SUB_DOMAIN(mixture_domain,phase_domain_index);
```

mixture_domain 是 mixture-level domain 的指针。当你用包含控制区自变量 (e.g., DEFINE_ADJUST)and 的宏 DEFINE 时，自动通过 FLUENT 的求解器传递给你的 UDF 文件，你的 UDF 文件就和混合物相关联了。否则，如果 mixture_domain 没有显式地传递给你的 UDF，你需要在调用 sub_domain_loop 之前，用另外一个宏工具来恢复（e.g.，Get_Domain(1)）。

phase_domain_index 是子区指针的索引号。它是一个整数初始相值为 0，以后每相依次加 1。当你用包含相控制区变量（DEFINE_EXCHANGE_PROPERTY，DEFINE_VECTOR_EXCHANGE_PROPERTY）的 DEFINE 宏时，phase_domain_index 是自动通过 FLUENT 的求解器传递给你的 UDF，你的 UDF 就和互相作用的相相联系了。否则，你需要硬代码调用 DOMAIN_SUB_DOMAIN 宏给 phase_domain_index 指针赋值。如果你的多相流模型有两相，然后 phase_domain_index 初始相的值是 0，第二相的值为 1。然而，如果多相流模型中有更多的相，你需要用 PHASE_DOMAIN_INDEX 宏来恢复与给定控制区的 phase_domain_index。

B.3.4.3　通过相控制区索引号使用相等值线指针

THREAD_SUB_THREAD 宏可以用来恢复给定相控制区索引号的 phase-level thread(subthread) 指针。THREAD_SUB_THREAD 有两个自变量：mixture_thread

和 phase_domain_index。这一函数返回给定 phase_domain_index 的 phase-level 线指针。注意：THREAD_SUB_THREAD 在执行上与 DOMAIN_SUB_DOMAIN 宏相似。

```
int phase_domain_index=0;            /* primary phase index is 0 */
Thread * mixture_thread;             /* mixture-level thread pointer */
Thread * subthread=THREAD_SUB_THREAD(mixture_thread,phase_domain_index);
```

mixture_thread 是一 mixture-level 线的指针。当你用包含控制区自变量（e. g. , DEFINE_PROFILE）and 的宏 DEFINE 时，自动通过 FLUENT 的求解器传递给你的 UDF 文件，你的 UDF 文件就和混合物相关联了。否则，如果混合物控制线指针没有显式地传递给你的 UDF，你需要在调用 Lookup_Thread 宏之前，用另外一个宏工具来恢复（e. g. , Get_Domain(1)）。

phase_domain_index 子区指针的索引号，它是一个整数，初始相值为 0，以后每相依次加 1。当你要用包含相控制区索引号变量（DEFINE_EXCHANGE_PROPERTY, DEFINE_VECTOR_EXCHANGE_PROPERTY）的 DEFINE 宏时，phase_domain_index 通过 FLUENT 的求解器自动传递给你的 UDF，你的 UDF 就和具体的相互作用相相互关联了（参考 UDF 的例子）。否则，你需要用硬代码改变宏 THREAD_SUB_THREAD 的 phase_domain_index 值。如果你的多相流模型中只有两相，那么 phase_domain_index 对初始相是 0，第二个相为 1。然而，如果你有更多的相，你需要用 PHASE_DOMAIN_INDEX 宏来恢复与给定区域相关的 phase_domain_index。

B. 3. 4. 4　通过混合物等值线使用相线指针数组

THREAD_SUB_THREADS 宏可以用以恢复指针数组，pt，它的元素包含相等值线（子线）的指针。THREADS_SUB_THREADS 有一个变量 mixture_thread。

```
Thread * mixture_thread;
Thread * * pt;  /* initialize pt    */
pt=THREAD_SUB_THREADS(mixture_thread);
```

mixture_thread 是 mixture-level thread 代表网格线或面线的指针。当你用包含线变量（e. g. , DEFINE_PROFILE）的 DEFINE 宏时，通过 FLUENT 的求解器自动传递给你的 UDF，这个函数就和混合物有关了。否则，如果混合物线的指针没有显式地传递给你的 UDF，然后你需要用另一个方法来恢复。例如：你可以用 Lookup_Thread 宏。

pt[i] 数组的元素是与第 i 相的相等值线有关的值，这里 i 是 phase_domain_index。当你想恢复网格具体相的信息时，你可以用 pt[i] 作为一些网格变量宏的自变量。例如：C_R(c, pt[i]) 可以用来返回网格点 c 第 i 相的密度。指针 pt[i]

可以用 THREAD_SUB_THREAD 来恢复，用 i 作为自变量。phase_domain_index 可以用宏 PHASE_DOMAIN_INDEX 来恢复。

B. 3. 4. 5 通过相控制区指针调用混合物控制区指针

当你的 UDF 有权访问特殊的相等值线（子区）指针，你可以用宏 DOMAIN_SUPER_DOMAIN，恢复混合物等值线控制区指针。DOMAIN_SUPER_DOMAIN 含有一个变量 subdomain。注意：DOMAIN _ SUPER _ DOMAIN 在执行上和 THREAD_SUPER_THREAD 宏是非常相似的。

```
Domain * subdomain;
Domain * mixture_domain = DOMAIN_SUPER_DOMAIN( subdomain) ;
```

Subdomain 是多相流混合物控制区相等值线的指针。当你用包含控制区变量（e. g. , DEFINE_ADJUST）的 DEFINE 宏时，通过 FLUENT 的求解器，它可以自动传递给你的 UDF 文件，这个函数就会和混合物中的第一相和第二相相关了。注意：在当前的 FLUENT 版本中，DOMAIN_SUPER_DOMAIN 将返回与 Get_Domain(1)相同的指针。这样，如果你的 UDF 可以使用子区的指针，建议使用宏 DOMAIN_SUPER_DOMAIN 来代替 Get_Domain 宏，以避免将来的 FLUENT 版本造成的不兼容问题。

B. 3. 4. 6 通过相线指针使用混合物线指针

当你的 UDF 有权访问某一条相线（）子线指针你想恢复混合物的等值线指针时，你可以使用宏 THREAD_SUPER_THREAD。THREAD_SUPER_有一个自变量 subthread。

```
Thread * subthread;
Thread * mixture_thread = THREAD_SUPER_THREAD( subthread) ;
```

subthread 在多相流混合物中是一个特殊的相等值线指针。当你使用包含线变量（e. g. , DEFINE_PROFILE）的 DEFINE 宏时，通过 FLUENT 的求解器它自动传递给你的 UDF 文件，这个函数就和混合物中的两相相互关联了。注意：在执行上和 THREAD_SUPER_THREAD 宏是非常相似的。

B. 3. 4. 7 通过区的 ID 使用线指针

当你想要在 FLUENT 的边界条件面板中恢复与给定区域 ID 的线指针时，你可以使用宏 Lookup_Thread。例如，假设你的 UDF 需要对该区域的特殊线操作（并非查找所有的线），你可以用 DEFINE 宏定义你的 UDF 文件，而不用将线指针（e. g. , DEFINE_ADJUST）从 FLUENT 的求解器传递到你的 UDF 文件。你的

UDF 还可以使用 Lookup_Thread 来获得你想要的指针。这一过程分两步：首先，你应该从 FLUENT 的边界条件面板中区域的 ID；然后，你需要使用硬代码作为自变量调用宏 Lookup_Thread。Lookup_Thread 返回与给定区域 ID 相关的线的指针。你可以将线指针赋给 thread_name，在你的 UDF 中使用。

```
int zone_ID;
Thread * thread_name = Lookup_Thread(domain,zone_ID);
```

在多相流的上下文中，通过宏 Lookup_Thread 返回的线是与控制区自变量相关的相的等值线。

例子：下面是一个使用宏 Lookup_Thread 的 UDF 文件，在这个例子中，通过宏 Lookup_Thread 返回给定区域 ID 的线指针，将它赋给线。在 begin_f_loop 和 F_CENTROID 中使用这个线指针查找与这个线相关的所有的面，获得面的质心输出到文件。

```
/ ******************************************************************* /
/ *    Example of UDF that uses Lookup_Thread macro                 * /
/ *    Note If UDF is applied to a multiphase flow problem,the domain * /
/ *    passed will be the mixture domain so that the thread that is  * /
/ *    returned is the mixture-level thread                          * /
/ ******************************************************************* /

#include"udf.h"

/ * domain passed to Adjust function is mixture domain for multiphase * /

DEFINE_ADJUST(print_f_centroids,domain)
{
  real FC[2];
  face_t f;
  int ID=1;
      / * Zone ID for wall-1 zone from Boundary Conditions panel * /
  Thread * thread=Lookup_Thread(domain,ID);
  begin_f_loop(f,thread)
    {
      F_CENTROID(FC,f,thread);
      printf("x-coord=%f y-coord=%f",FC[0],FC[1]);
    }
  end_f_loop(f,thread)
}
```

B. 3. 4. 8　使用相的控制区指针

当你有权访问与给定相等值线控制区指针的 domain_id 时，你可以使用 DOMAIN_ID。DOMAIN_ID 有一个自变量 subdomain，它是相等值线控制区的指针。控制区（混合物）的最大的等值线的 domain_id 的默认值是 1。即：如果被传递给 DOMAIN_ID 的控制区指针是混合物控制区的等值线指针，那么，函数的返回值为 1。注意：当你在 FLUENT 的相面板中选择需要的相时，宏所返回的 domain_id 是和显示在图形用户界面中的整数值 ID 相同的。

```
Domain * subdomain;
int domain_id=DOMAIN_ID(subdomain);
```

B. 3. 4. 9　通过相控制区使用相控制区索引号

宏 PHASE_DOMAIN_INDEX 返回给定相等值线控制区（子区）指针的 phase_domain_index。PHASE_DOMAIN_INDEX 有一个自变量 subdomain，它是 phase-level domain 的指针。phase_domain_index 是子区指针的索引号。初始相的值为整数 0，以后每相依次加 1。

```
Domain * subdomain;
int phase_domain_index=PHASE_DOMAIN_INDEX(subdomain);
```

B. 3. 5　访问邻近网格和线的变量

你可以用 Fluent Inc. 提供的宏来确定邻近网格面。在复杂的 UDF 文件中，当你查询特定网格或线的面时，可能会用到这个信息。对给定的面 f 和它的线 tf，两个相邻的网格点为 c0 和 c1。若是控制区附面层上的面则只有 c0，c1 的值为 NULL。一般的，当把网格导入到 FLUENT 中时，按照右手定则定义面上节点的顺序，面 f 上的网格点 c0、c1 都存在。下面的宏返回网格点 c0 和 c1 的 ID 和所在的线。

```
cell_t c0=F_C0(f,tf);   /* returns ID for c0 */
tc0=THREAD_T0(tf);      /* returns the cell thread for c0 */
cell_t c1=F_C1(f,tf);   /* returns ID for c1 */
tc1=THREAD_T1(tf);      /* returns the cell thread for c1 */
```

回忆由 F_AREA 和 F_FLUX 返回的信息是直接相关的，这些值从网格 c0 到 c1 返回正值。

B. 3. 6　用户为网格定义内存

为了存储、恢复由 UDF 网格区域变量的值，你可以用 C_UDMI 函数分配 500

个单元。这些值可以用做后处理，例如通过其他的 UDFs。这个在用户定义内存中存储变量的方法是比用户定义标量（C_UDSI）更有效。

宏:C_UDMI(c,thread,index)

自变量类型:cell_t c
　Thread * thread
　int index
函数返回值:void

C_UDMI 有三个自变量：c、thread 和 index。c 是网格标志符号，thread 是网格线指针，index 是识别数据内存分配的。与索引号 0 相关的用户定义的内存区域为 0（或 udm-0）。在你用来在内存中存放变量之前，首先你需要在 FLUENT 的 User-Defined Memory 面板中分配内存。

Define→User-Defined→Memory…

!! 当在分配内存之前,如果你想用 C_UDMI,就会出现错误。

你在图形用户窗口分配的每一个用户定义的内存，都会创建一个新的变量。例如：你要指定两个内存分配区，那么两个变量 udm-0 和 udm-1 就会在数据储存器中产生。这些名字将会在后台处理面板中显示出来。下面是计算网格点的温度的例子，然后存放到用户定义的内存中。

例子：

```
/* Computes cell temperature and then stores the value in       */
/* user-defined memory location 0(corresponding to udm-0)       */

begin_c_loop(c,thread)
  {
    temp=C_T(c,thread);
    C_UDMI(c,thread,0)=(temp-tmin)/(tmax-tmin);
  }
end_c_loop(c,thread)
```

B.3.7　矢量工具

Fluent 提供了一些工具，你可以用来在 UDF 中计算有关矢量的量。这些工具在源程序中以宏的形式运行。例如，你可以用实函数 NV_MAG(V) 计算矢量 V 的大小（模）。另外你可以用函数 NV_MAG2(V) 获得矢量 V 模的平方。下面是在 UDF 中可以利用的矢量工具列表。在矢量工具宏中有个约定俗成的惯例，V 代表矢量，S 代表标量，D 代表一系列三维的矢量，最后一项在二维计算中被忽略。

在矢量函数中约定的计算顺序括号、指数、乘除、加减（PEMDAS）不再适用。相反下划线符号（_）用来表示一组操作数，因此对元素的操作先于形成一个矢量。

B.3.7.1 NV_MAG

NV_MAG 计算矢量的大小，即矢量平方和的平方根。

```
NV_MAG(x)
2D:sqrt(x[0] * x[0]+ x[1] * x[1]);
3D:sqrt(x[0] * x[0]+ x[1] * x[1]+ x[2] * x[2]);
```

B.3.7.2 NV_MAG2

NV_MAG2 计算矢量的平方和。

```
NV MAG2(x)
2D:(x[0] * x[0]+ x[1] * x[1]);
3D:(x[0] * x[0]+ x[1] * x[1]+ x[2] * x[2]);
```

B.3.7.3 ND_ND

在 RP_2D(FLUENT 2D）和 RP_3D(FLUENT 3D）中，常数 ND_ND 定义为 2。如果你想在 2D 中建立一个 2×2 矩阵，或在 3D 中建立一个 3×3 矩阵，可以用到它。当你用 ND_ND 时，你的 UDF 可以在 2D 和 3D cases 中使用，不用做任何改动。

```
real A[ND_ND][ND_ND]
for(i=0;i<ND_ND;++i)
  for(j=0;J<ND_ND;++j)
    A[i][j]=f(i,j);
```

B.3.7.4 ND_SUM

ND_SUM 计算 ND_ND 的和。

```
ND_SUM(x,y,z)
2D:x + y;
3D:x + y + z;
```

B.3.7.5 ND_SET

ND_SET 产生 ND_ND 任务说明。

```
ND_SET(u,v,w,C_U(c,t),C_V(c,t),C_W(c,t))
u=C_U(c,t);
v=C_V(c,t);
if 3D:
w=C_W(c,t);
```

B.3.7.6　NV_V

NV_V 完成对两个矢量的操作。

```
NV_V(a,=,x);
a[0]=x[0];a[1]=x[1];etc.
```

注意：如果你在上面的方程中用 +=代替=，将得到

```
a[0]+=x[0];
```

等。

B.3.7.7　NV_VV

NV_VV 完成对矢量的基本操作。在下面的宏调用中，这些操作用符号（-、/、*）代替+。

```
NV_VV(a,=,x,+,y)
2D:a[0]=x[0]+ y[0],a[1]=x[1]+ y[1];
```

B.3.7.8　NV_V_VS

NV_V_VS 用来把两个矢量相加（后一项都乘一常数）。

```
NV_V_VS(a,=,x,+,y,*,0.5);
2D:a[0]=x[0]+(y[0]*0.5),a[1]=x[1]+(y[1]*0.5);
```

注意：符号+ 可以换成-、* 或/，符号 * 可以替换成/。

B.3.7.9　NV_VS_VS

NV_VS_VS 用来把两个矢量相加（每一项都乘一常数）。

```
NV_VS_VS(a,=,x,*,2.0,+,y,*,0.5);
2D:a[0]=(x[0]*2.0)+(y[0]*0.5),a[1]=(x[1]*2.0)+(y[1]*0.5);
```

注意：符号+ 可以换成-、* 或/，符号 * 可以替换成/。

B.3.7.10　ND_DOT

下列的工具计算两个矢量的点积。

ND_DOT(x,y,z,u,v,w)
2D:(x * u + y * v);
3D:(x * u + y * v + z * w);
NV_DOT(x,u)
2D:(x[0] * u[0]+ x[1] * u[1]);
3D:(x[0] * u[0]+ x[1] * u[1]+ x[2] * u[2]);
NVD_DOT(x,u,v,w)
2D:(x[0] * u + x[1] * v);
3D:(x[0] * u + x[1] * v + x[2] * w);

B.3.8 与非定常数值模拟有关的宏

用 RP 变量宏有权访问 UDF 中非定常的变量。比如：你的 UDF 可以利用 RP _Get_Real 宏获得流动时间。

```
real current_time;
current_time=RP_Get_Real("flow-time");
```

下面是在每个时间步长处理时间信息的 RP 宏列表。

RP_Get_Real("flow-time")	返回当前的计算时间(秒)
RP_Get_Real("physical-time-step")	返回当前的计算时间　步长(秒)
RP_Get_Integer("time-step")	返回当前的计算时间　步长数(秒) that have been run

在函数中记下时间步长的数是有用的，可以用来自判断当前迭代次数是否是第一个时间步长。

下面的例子说明了这个问题。

```
/ ************************************************************************** /
/ * Example UDF that uses an RP Variable Macro                          * /
/ ************************************************************************** /

static int last_ts=-1;  /*   Global variable. Time step is never <0 */

DEFINE_ADJUST(first_iter_only,domain)
{
  int curr_ts;
  curr_ts=RP_Get_Integer("time-step");
  if(last_ts ! =curr_ts)
  {
```

```
    last_ts = curr_ts;

    /* things to be done only on first iteration of each time step */
    /* can be put here */
  }
}
```

B.3.9　其他各种工具宏

B.3.9.1　Data_Valid_P

在你用 Data_Valid_P 宏进行计算之前，你可以检查函数中出现的网格单元变量值。

```
boolean Data_Valid_P()
```

Data_Valid_P 定义在 id.h 头文件中，包含在 udf.h 中。数据有效返回 1(true)，否则返回 0(false)。

例子：

```
if(! Data_Valid_P())                    return;
```

比如：假设你要读进一个 cas 文件，要导入 UDF。如果你要用没有初始化的变量（比如内场单元的速度）来完成计算，将会出错。为避免这类错误，可以在你的源代码中加入 if else 条件。若满足 if 的条件，函数按照正常执行，若不满足则什么也不做。流场一初始化，就激活函数进行正确的计算。

B.3.9.2　FLUID_THREAD_P

你可以用 FLUID_THREAD_P 函数来检查一个线是否是流体中的线。如果你定义的线有效，这个函数返回 1(true)，否则返回 0(false)。

```
boolean FLUID_THREAD_P()
```

例子：

```
FLUID_THREAD_P(t0)
```

B.3.9.3　NULLP & NNULLP

你可以用 NULLP 和 NNULLP 函数来检查用户定义的量是否被分配了内存。如果没有分配内存的话，NULLP 返回 TRUE；如果分配内存的话，NNULLP 返回 TRUE。下面是这个用法的例子：

```
NULLP(T_STORAGE_R_NV(t0,SV_UDSI_G(p1)))

/* NULLP returns TRUE if storage is not allocated for   */
/* user-defined storage variable                         */
NNULLP(T_STORAGE_R_NV(t0,SV_UDSI_G(p1)))

/* NNULLP returns TRUE if storage is allocated for      */
/* user-defined storage variable                         */
```

B.3.9.4 BOUNDARY_FACE_THREAD_P(t)

如果 Thread * t 是边界面线，这个宏返回 TRUE。

B.3.9.5 C_FACE_THREAD(c, t, i)

这个宏返回面 face_t f(由 C_FACE 返回) 的 Thread * t。注意：索引号 i 可以被传递给 c face loop。

B.3.9.6 C_FACE(c, t, i)

这个宏返回给定单元 cell_t c 和 Thread * t 的面 face_t f。注意：索引号 i 可以被传递给 c_face_loop。

B.3.9.7 M_PI

M_PI 宏返回给定值 π。

B.3.9.8 UNIVERSAL_GAS_CONSTANT

UNIVERSAL_GAS_CONSTANT 宏返回气体常数的值（8314.34），单位为国际单位 J/kmol-K。

B.3.9.9 SQR(k) and SQRT(k)

SQR(k) 返回给定变量 k 的平方，k * k。

SQRT(k) 返回给定变量 k 的平方根$\sqrt{\ }$。

B.3.9.10 信息宏

当你想要把变量输出到控制窗口时，你可以用信息宏。在下面的例子中，紊流扩散的体积分将被显示在控制窗口中，变量的迭代值 sum_diss 将在所有的信息中被取代，比如用%g。建议你在编译 UDFs(UNIX only) 时，用 Message 代替 printf。

```
Message("Volume integral of turbulent dissipation:%g\n",sum_diss);
```

B.3.9.11　错误宏

当你想要停止 UDF 的执行或者把错误信息打印到控制窗口时，你可以用错误宏。

```
if(table_file==NULL)
  Error("error reading file");
```

!! 这个宏仅仅在编 UDF 文件时有效。

B.4　UDF 的激活与使用

B.4.1　激活通用求解器 UDF

B.4.1.1　已计算值的调整

一旦你已经使用 6.3.4.2 中的方法编译和链接了 UDF，按照 Define→User-Defined→Funtion Hooks 命令操作，这一 UDF 在 FLUENT 中将成为可见的和可选择的，你将在 User-Defined Function Hooks 面板的 Adjust Function 下拉菜单（图 B.2）中选择它。调整函数（以 DEFINE_ADJUST 宏定义）在速度、压力及其他数量求解开始之前的一次迭代开始的时候调用。例如，它可以用于在一个区域内积分一个标量值，并根据这一结果调整边界条件。

B.4.1.2　求解初始化

一旦你已经使用 6.3.4.2 中的方法编译和链接了求解初始化 UDF，按照 Define→User-Defined→Funtion Hooks 命令操作，这一 UDF 在 FLUENT 中将成为可见的和可选择的。你将需要在 User-Defined Function Hooks 面板的 Initialization Function 下拉菜单（图 B.2）中选择它。

B.4.1.3　用命令执行 UDF

一旦你已经使用 6.3.4.2 中的方法编译和链接了你的 UDF，按照以下命令 Define→User-Defined→Execute UDF On Demand 操作，将在面板中选择它（图 B.3），以在某个特定的时间执行这个 UDF，而不是让 FLUENT 在整个计算中执行它。点击 Execute 按钮让 FLUENT 立即执行它。

B.4.1.4　从 case 和 data 文件中读出及写入

一旦你已经使用 6.3.4.2 中的方法编译和链接了一个将定制片段从 case 和

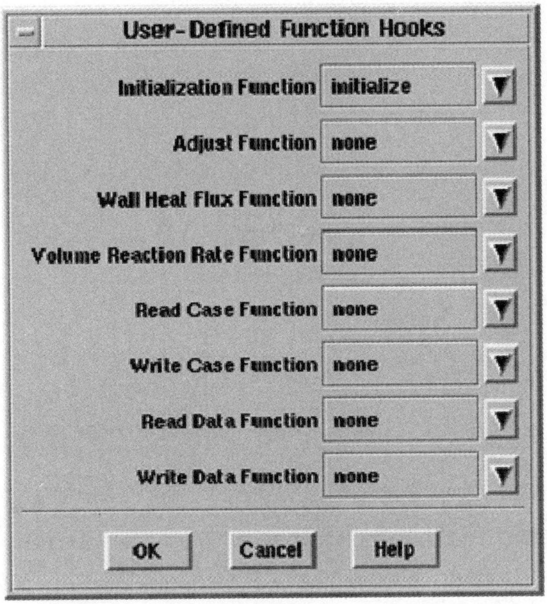

图 B. 2

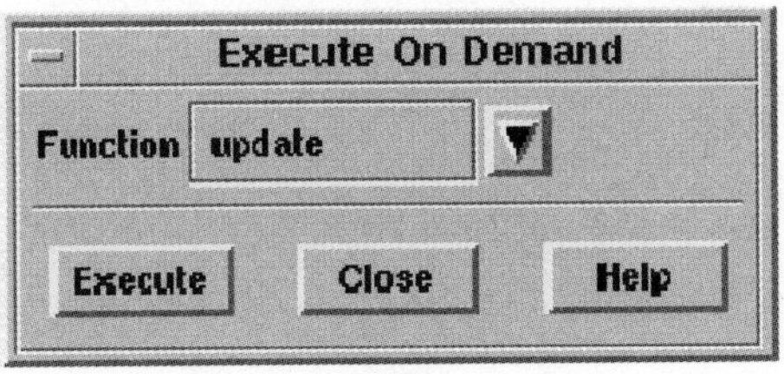

图 B. 3

data 文件中读出或写入的 UDF，按照以下命令 Define→User-Defined→Funtion Hooks 操作，这一 UDF 在 FLUENT 中将成为可见的和可选择的。你将需要在 User-Defined Function Hooks 面板（图 B. 2）中选择它。

读 Case 函数在你将一个 case 文件读入 FLUENT 时调用。它将指定从 case 文件读出的定制片段。

写 Case 函数在你从 FLUENT 写入一个 case 文件时调用。它将指定写入 case 文件的定制片段。

读 Data 函数在你将一个 data 文件读入 FLUENT 时调用。它将指定从 data 文件读出的定制片段。

写 Data 函数在你从 FLUENT 写入一个 data 文件时调用。它将指定写入 data 文件的定制片段。

B.4.1.5 用户定义内存

你可以使用你的 UDF 将计算出的值存入内存，以便你以后能重新得到它。为了能访问这些内存，你需要在用户定义内存（User-Defined Memory）面板中指定内存单元数量（Number of User_Defined Memory Locations），命令为 Define→User-Defined→Memory（图 B.4）。

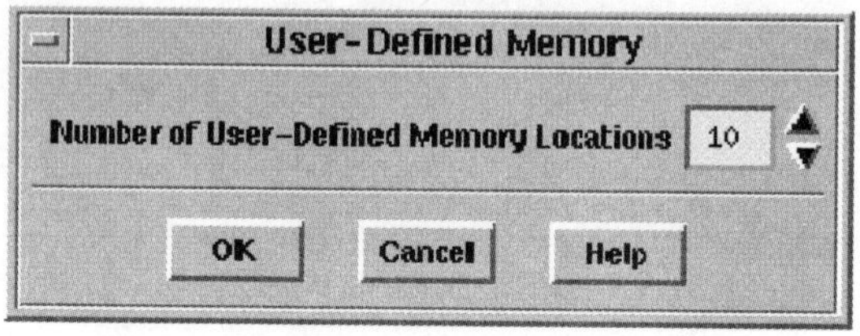

图 B.4

宏 C_UDMI 或 F_UDMI 可以分别用于在你的 UDF 中访问一个单元或面中的用户定义内存位置。已经存储在用户定义内存中的场值将在你下次写入一个时存入 data 文件。这些场同样也出现在 FLUENT 后处理面板中下拉列表的 User Defined Memory…中。它们将被命名为 udm-0、udm-1 等，基于内存位置索引。内存位置的整个数量限制在 500。

B.4.2 激活模型明确 UDF

本节包括激活使用 B.1.3 节中宏的 UDF 的方法。

B.4.2.1 边界条件

一旦你已经使用 6.3.4.2 中的方法编译和链接了你的求解边界条件的 UDF，这一 UDF 随之在 FLUENT 中将成为可见的和可选择的，你可以在适当的边界条件面板中选择它。例如，你的 UDF 定义了一个速度入口边界条件，然后你将在 Velocity Inlet 面板里适当的下拉列表中选择你的 UDF 名字，见图 B.5（在你的 C 函数中已经定义，如 inlet_x_velocity）。

如果你使用你的 UDF 指定一个单元区域中的一个固定值，你将需要打开 Fixed Values 选项，并在 Fluid 或 Solid 面板的适当下拉列表中选择你的 UDF 的名字。

B.4.2.2 热流量

一旦你已经使用 6.3.4.2 中的方法编译和链接了你的求解边界条件的 UDF，按照以下命令 Define→User-Defined→Funtion Hooks 操作，这一 UDF 随之在 FLUENT 中将成为可见的和可选择的，你将需要在 User-Defined Function Hooks 面板

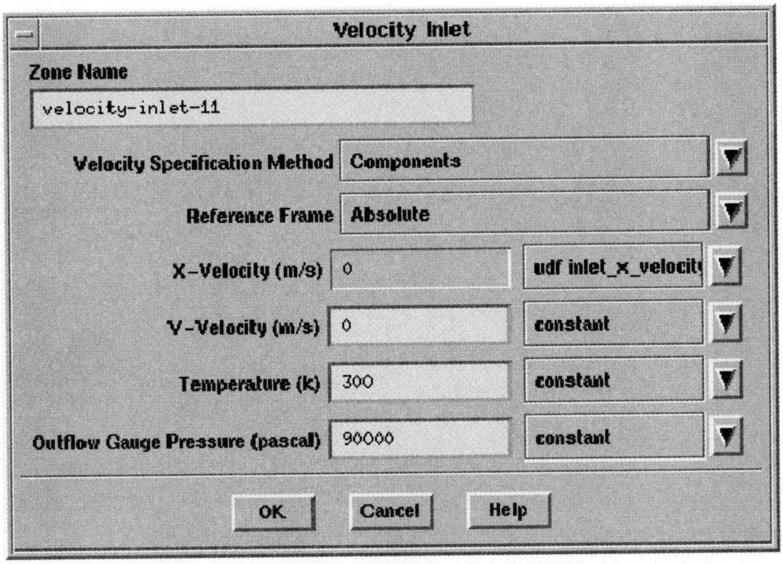

图 B. 5

的 Wall Heat Flux Function 下拉列表（图 B. 2）中选择它。

B. 4. 2. 3　Nox 产生速率

一旦你已经使用 6. 3. 4. 2 中的方法编译和链接了你的 Nox 产生速率的 UDF，按照以下命令 Define→Nodels-Pollutants→Nox…操作，这一 UDF 随之在 FLUENT 中将成为可见的和可选择的，你将需要在 NOx Model 面板中 User_Defined Functions 下的 NOx Rate 下拉列表中选择它，如图 B. 6 所示。

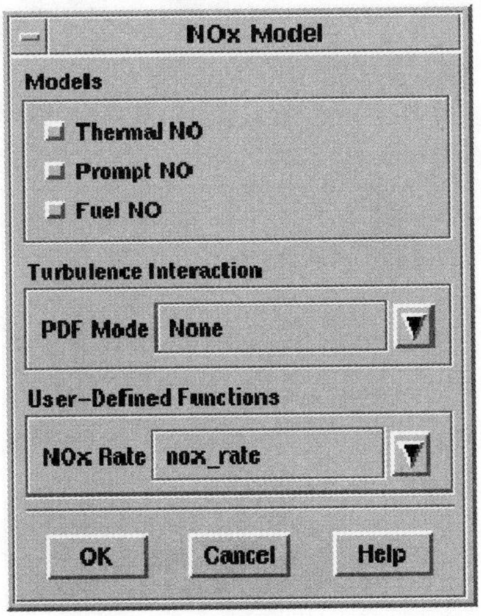

图 B. 6

B. 4. 2. 4　材料属性

属性定义 UDF，按照以下命令 Define→Materials 操作，这一 UDF 随之在 FLUENT 中将成为可见的和可选择的，你将首先在 Materials 面板中适当属性的下拉列表中选择 user-defined（图 B. 7）。然后你需要在 User-Defined Functions 面板中选择希望的 UDF，如 cell_viscosity（图 B. 8）。

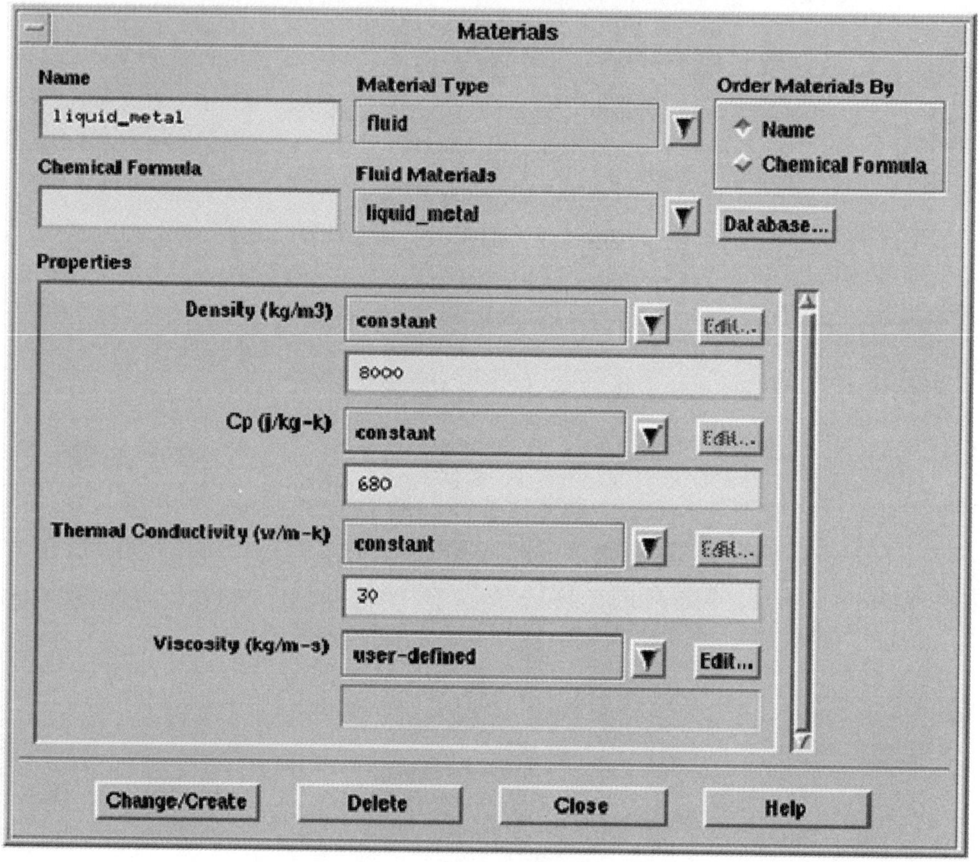

图 B. 7

！如果你计划使用一个 UDF 来定义密度，注意当密度变化增大时，求解收敛性将变得很差，指定一个可压缩定律（密度为压力的函数）或者多相行为（在空间变化的密度）可能会导致发散。建议你将 UDF 用于密度时限制在只有轻微密度变化的弱可压缩流动。

B. 4. 2. 5　预混燃烧源项

一旦你已经使用 6. 3. 4. 2 中的方法编译和链接了你的预混燃烧源项 UDF，按

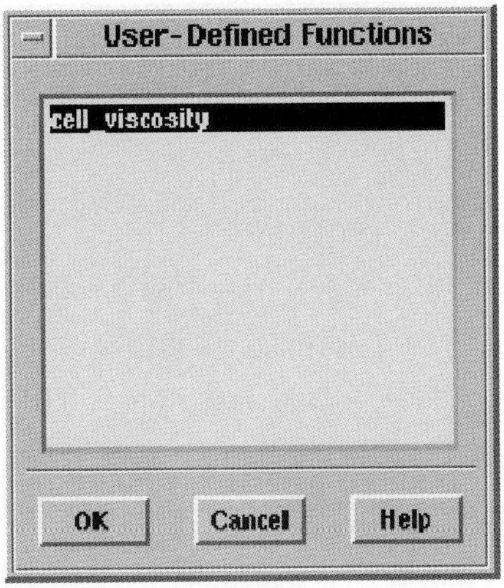

图 B. 8

照以下命令 Define→User-Defined→Funtion Hooks 操作，它将随之在 FLUENT 中是可见的和可选择的。你将需要在 User-Defined Function Hooks 面板中的 Turbulent Premixed Source Function 下拉列表中选择它（图 B. 9）。

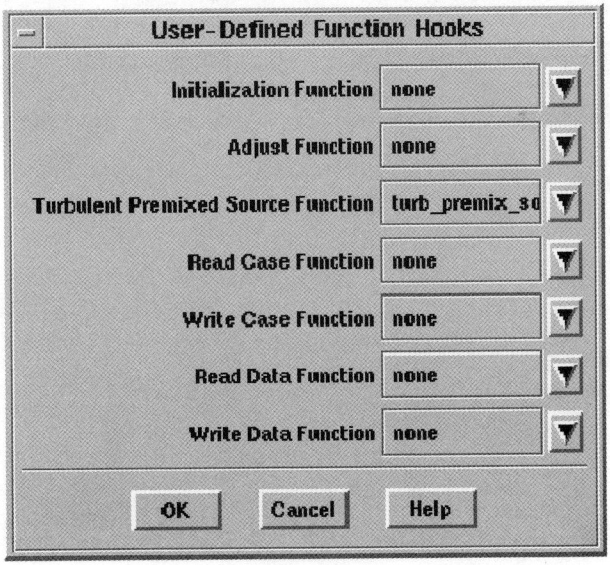

图 B. 9

B. 4. 2. 6　反应速率

一旦你已经使用 6. 3. 4. 2 中的方法编译和链接了你的反应速率 UDF，按照以下命令 Define→User-Defined→Funtion Hooks 操作，它将随之在 FLUENT 中是可见的和可选择的。你将需要在 User-Defined Function Hooks 面板中选择它（图 B. 2）。你可以在 Volume Reaction Rate Function 或 Surface Reaction Rate Function 下拉列表中选择适当的 UDF。

B. 4. 2. 7　源项

一旦你已经使用 6. 3. 4. 2 中的方法进行了编译和链接了你的源项 UDF，它将随之在 FLUENT 中是可见的和可选择的。你将需要在 Fluid 或 Solid 面板中打开 Source Terms 选项，并在适当的下拉列表里选择你的 UDF 的名字，如 cell_x_source（图 B. 10）。

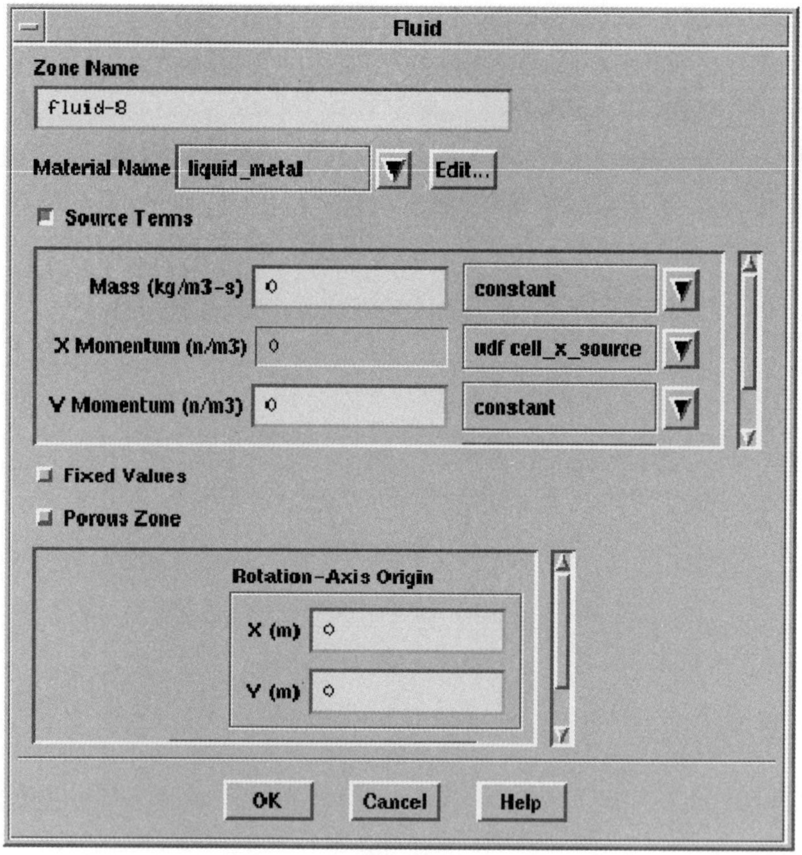

图 B. 10

B. 4. 2. 8　时间步进

一旦你已经使用 6. 3. 4. 2 中的方法编译和链接了你的用户时间步进 UDF，按照以下命令 Solve→Iterate… 操作，它将随之在 FLUENT 中是可见的和可选择的。你将首先需要在 Iterate 面板中选择时间步进方法 Time Stepping Method 为 Adaptive（图 B.11），接着在 Adaptive Time Stepping 下的 User_Defined Time Step 下拉列表中选择你的 UDF 的名字（如 mydeltat）。

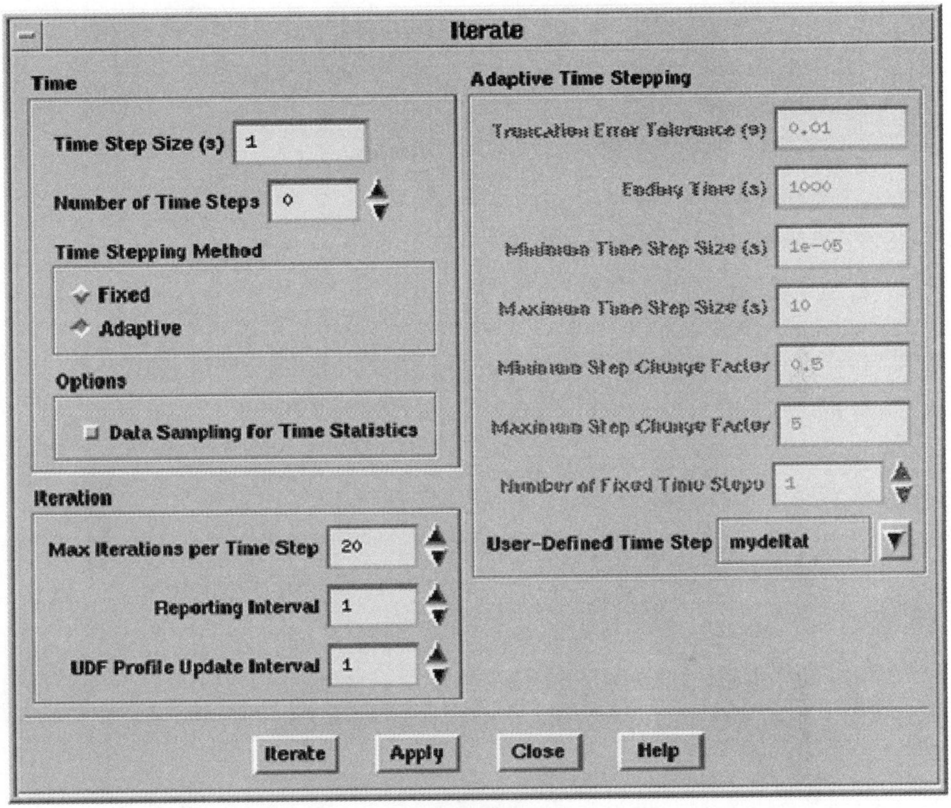

图 B.11

B.4.2.9 湍流黏性

一旦你已经使用 6.3.4.2 中的方法编译和链接了你的湍流黏性 UDF 用于 Spalart-Allmaras、k-e、k-w 或 LES 湍流模型，按照以下命令 Define→Models→Viscouse…操作，它将随之在 FLUENT 中是可见的和可选择的。你将需要在 Viscous Model 面板中 User-Defined Functions 下的 Turbulance Viscosity 下拉列表中激活它（图 B.12）。

B.4.2.10 用户定义标量的通量

一旦你已经使用 6.3.4.2 中的方法编译和链接了你的 UDS 通量 UDF，按照

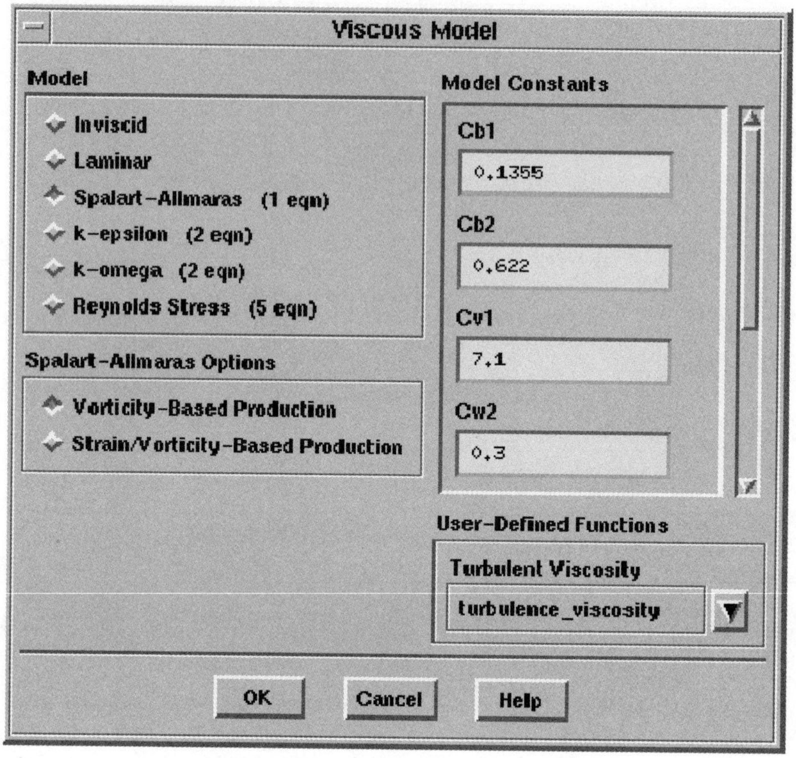

图 B. 12

以下命令 Define→User-Defined→Scalars 操作，它将随之在 FLUENT 中是可见的和可选择的。你将需要在 User-Defined Scalars 面板中激活它（图 B. 13）。

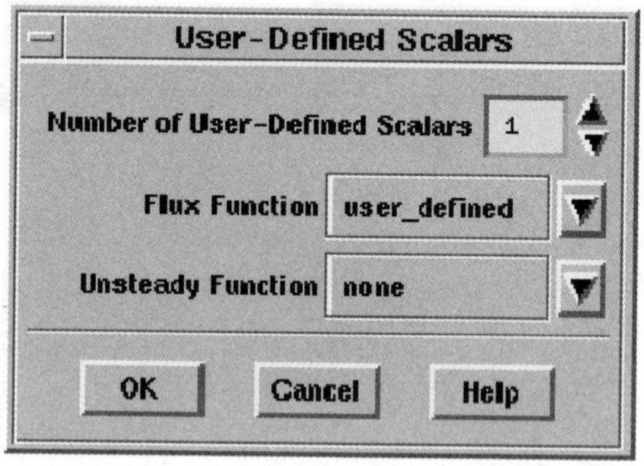

图 B. 13

首先在 User-Defined Scalars 面板中指定 Number of user-Defined Scales，并且在 Flux Functions 下拉列表中选择适当的 UDF。

B.4.2.11 用户定义非稳态标量项

一旦你已经使用6.3.4.2中的方法编译和链接了你的非稳态UDS项UDF，按照以下命令Define→User-Defined→Scalars操作，它将随之在FLUENT中是可见的和可选择的。你将需要在User-Defined Scalars面板中激活它（图B.13）。

首先指定Number of user-Defined Scales，然后在Unsteady Function下拉列表中选择适当的UDF。注意只有已经在Slover面板中指定了非稳态计算后，这一列表才会出现。

B.4.3 激活多相UDF

本节包括激活使用B.1.4节中宏的UDF的方法。

B.4.3.1 气化速率

一旦你已经使用6.3.4.2中的方法编译和链接了你的气化速率UDF，按照以下命令Define→User-Defined→Funtion Hooks操作，它将随之在FLUENT中成为可见的和可选择的。你将首先需要通过在Multiphase Model面板中选择Cavitation来使能相间质量输运。然后，在User-Defined Function Hooks面板中的Cavitation Mass Rate Function下拉列表中选择UDF的名字（图B.2）。

B.4.3.2 混合物模型的滑移速度

一旦你已经使用6.3.4.2中的方法编译和链接了你的自定义滑移速度UDF，用于多相混合物模型，按照以下命令Define→Phases操作，它将随之在FLUENT中成为可见的和可选择的。你将首先需要通过在Phase Interaction面板中Slip Velocity下的下拉列表里选择user-defined（图B.14）。

然后，在User-Defined Functions面板中选择希望的UDF，如slip_velocity（图B.15）。

B.4.3.3 混合物模型的微粒直径

一旦你已经使用6.3.4.2中的方法编译和链接了你的微粒或液滴直径UDF，用于多相混合物模型，按照以下命令Define→Phase操作，它将随之在FLUENT中成为可见的和可选择的。你将首先需要通过在Secondary Phase面板中Diameter下拉列表里选择user-defined（图B.16），然后在User-Defined Function Hooks面板中的Cavitation Mass Rate Function下拉列表中选择UDF的名字（图B.2）。

最后，在User-Defined Functions面板中选择希望的UDF，如diameter（图B.17）。

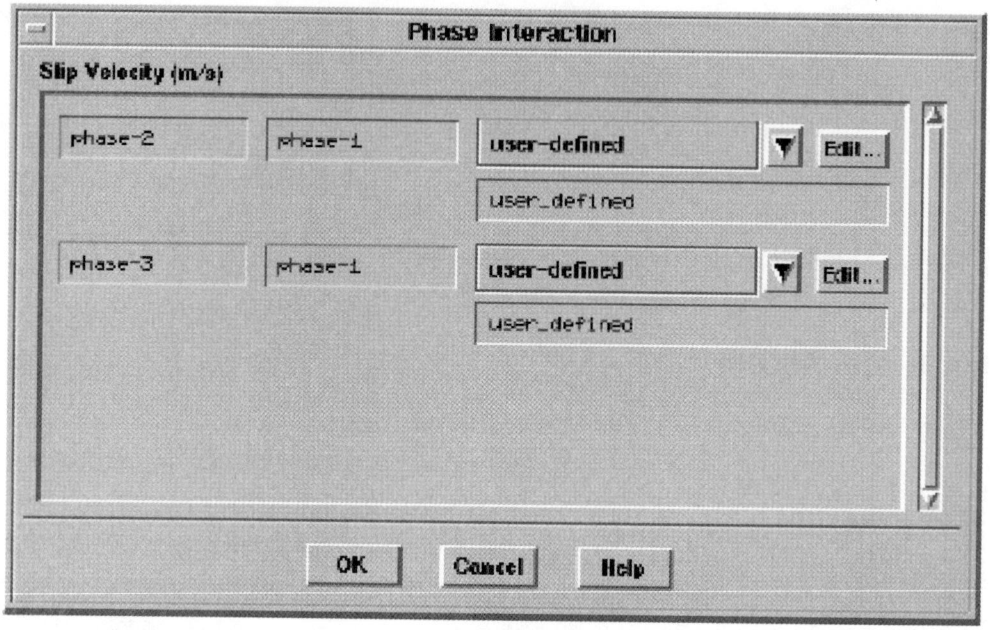

图 B. 14

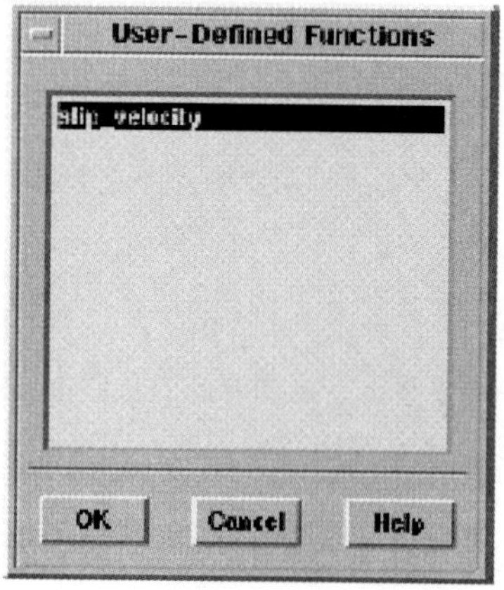

图 B. 15

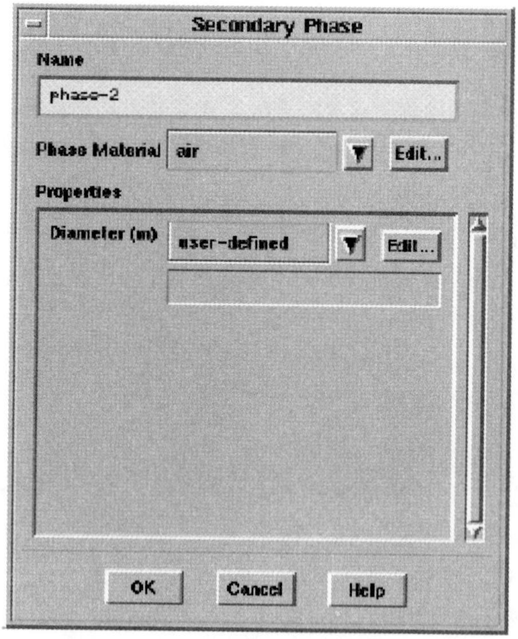

图 B. 16

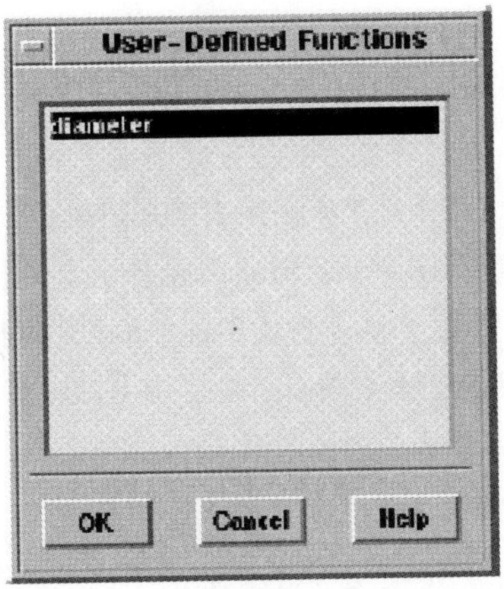

图B.17

B.4.3.4 欧拉模型的拖拉和提升系数

一旦你已经使用6.3.4.2中的方法编译和链接了你的拖拉和提升系数UDF，用于欧拉多相模型，按照以下命令Define→Phase操作，将随之在FLUENT中成为可见的和可选择的。你将首先需要通过在Phase Interaction面板中Drag or Lift区域里的Drag Coefficient或Lift Coefficient下拉列表中选择user-defined，然后，在User-Defined Functions面板中选择希望的UDF（图B.18）。

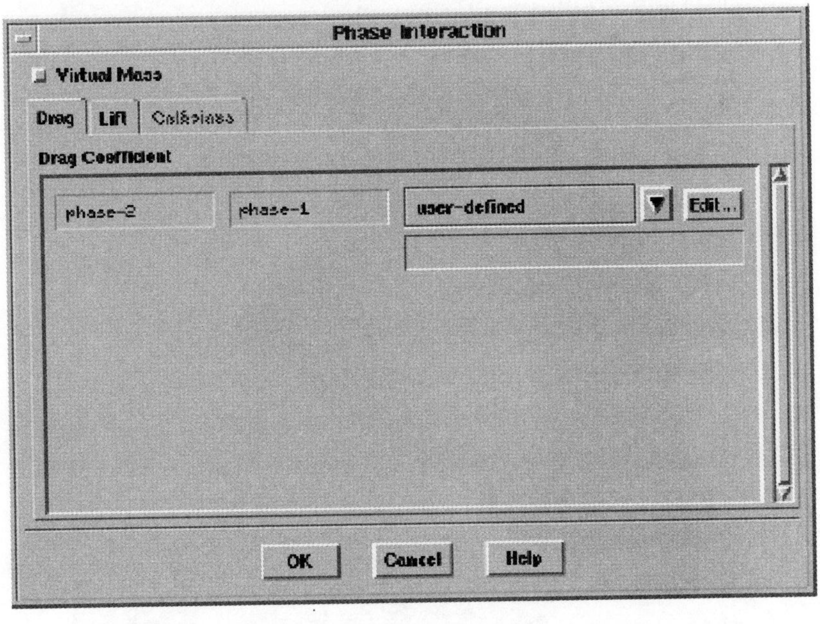

图B.18

B. 4. 4　激活 DPM UDF

B. 4. 4. 1　DPM 体积力

一旦你已经使用 6. 3. 4. 2 中的方法编译和链接了你的离散相体积力 UDF，按照以下命令 Define→Models→Discrete Phase 操作，它将随之在 FLUENT 中成为可见的和可选择的。你将需要在 Discrete Phase Model 面板中 User-Defined Function 下的 Body Force 下拉列表中选择 UDF 的名字（图 B. 19）。

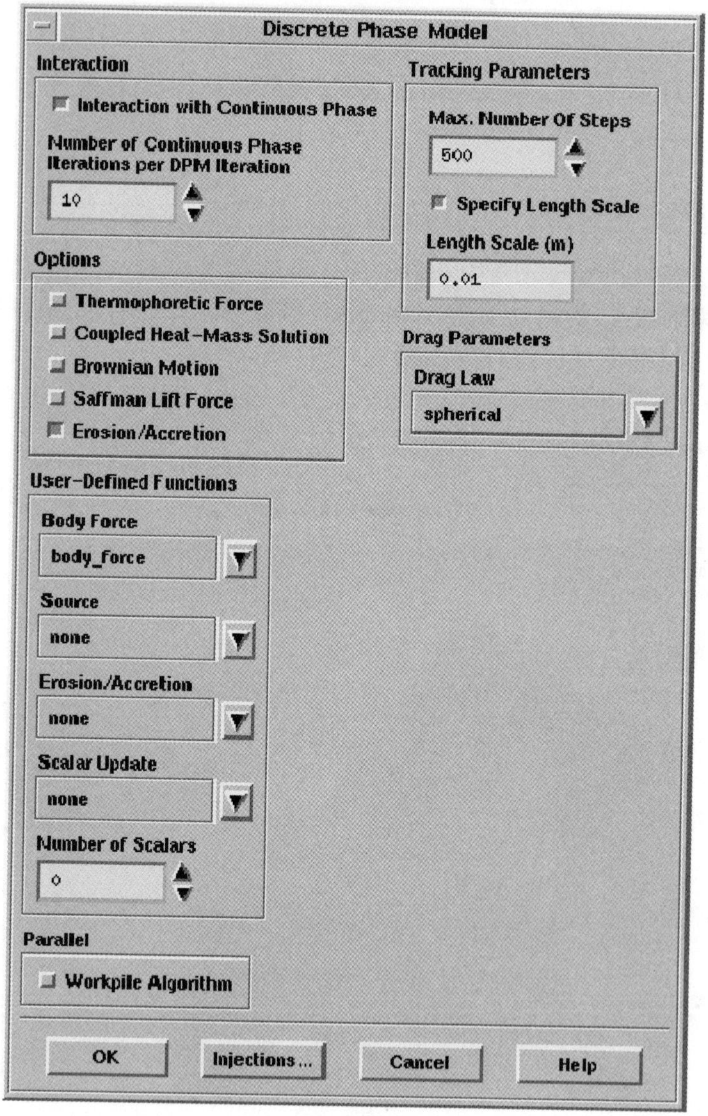

图 B. 19

B.4.4.2 DPM 的拖拉系数

一旦你已经使用 6.3.4.2 中的方法编译和链接了你的离散相拖拉系数 UDF，按照以下命令 Define→Models→Discrete Phase 操作，它将随之在 FLUENT 中成为可见的和可选择的。你将需要在 Discrete Phase Model 面板中 Drag Parameters 下的 Drag Law 下拉列表中选择 UDF 的名字（图 B.19）。

B.4.4.3 DPM 的腐蚀和增长速率

一旦你已经使用 6.3.4.2 中的方法编译和链接了你的离散相 DPM 的腐蚀和增长速率 UDF，按照以下命令 Define→Models→Discrete Phase 操作，它将随之在 FLUENT 中成为可见的和可选择的。你将需要在 Discrete Phase Model 面板中 User-Defined Function 下的 Erosion/Accretion 下拉列表中选择 UDF 的名字（图 B.19）。

B.4.4.4 DPM 初始化

一旦你已经使用 6.3.4.2 中的方法编译和链接了你的离散相初始化 UDF，按照以下命令 Define→Injections 操作，它将随之在 FLUENT 中成为可见的和可选择的。你将需要在 Set Injection Properties 面板中的 UDF 区域内，User-Defined Functions 下的 Initialization 下拉列表中选择 UDF 的名字（图 B.20）。

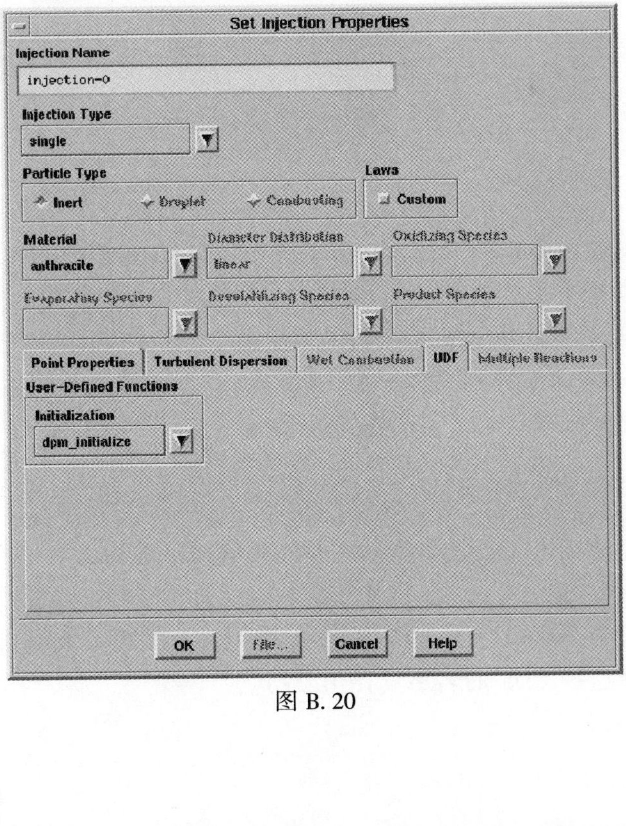

图 B.20

B.4.4.5　用户 DPM 定律

一旦你已经使用 6.3.4.2 中的方法编译和链接了你的离散相初始化 UDF、你的离散相用户定律或转换 UDF，按照以下命令 Define→Injections 操作，它将随之在 FLUENT 中成为可见的和可选择的。你将需要在 Custom Laws 面板中的适当下拉列表里选择 UDF 的名字（图 B.21）。为打开 Custom Laws 面板，需要使能 Set Injection Properties 面板中 Laws 下的 Custom 选项。

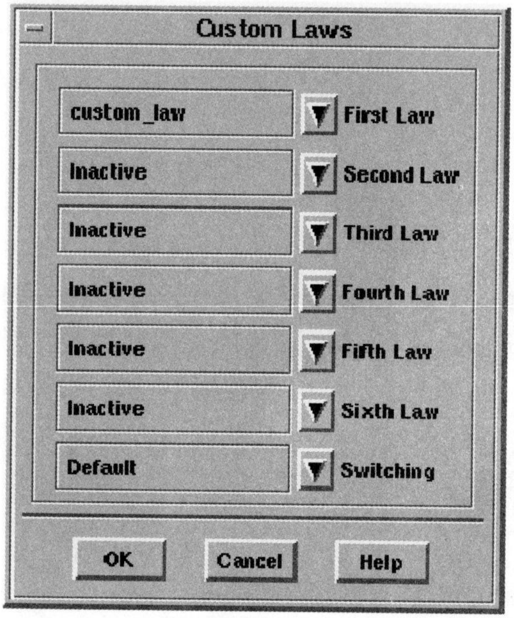

图 B.21

在六种微粒定律左边的下拉列表里，你都可以针对用户定律选择适当的微粒定律 UDF。第 7 个下拉列表标记为 Switching，能用于改变使用的用户定律。你可以通过在这一下拉列表中选择一个 UDF 来定制 FLUENT 在定律之间转换的方式。

DPM 的用户定律 UDF 用 DEFINE_DPM_LAW 宏定义。你可以使用 DEFINE_DPM_SWITCH 宏来修改定律之间转换的标准。

B.4.4.6　DPM 输出

一旦你已经使用 6.3.4.2 中的方法编译和链接了你的离散相输出 UDF，按照以下命令 Report→Discrete Phase 操作，它将随之在 FLUENT 中成为可见的和可选择的。你将需要在 Sample Trajectories 面板中 User-Defined Functions 下的 Output 下拉列表中选择这一 UDF 的名字（图 B.22）。

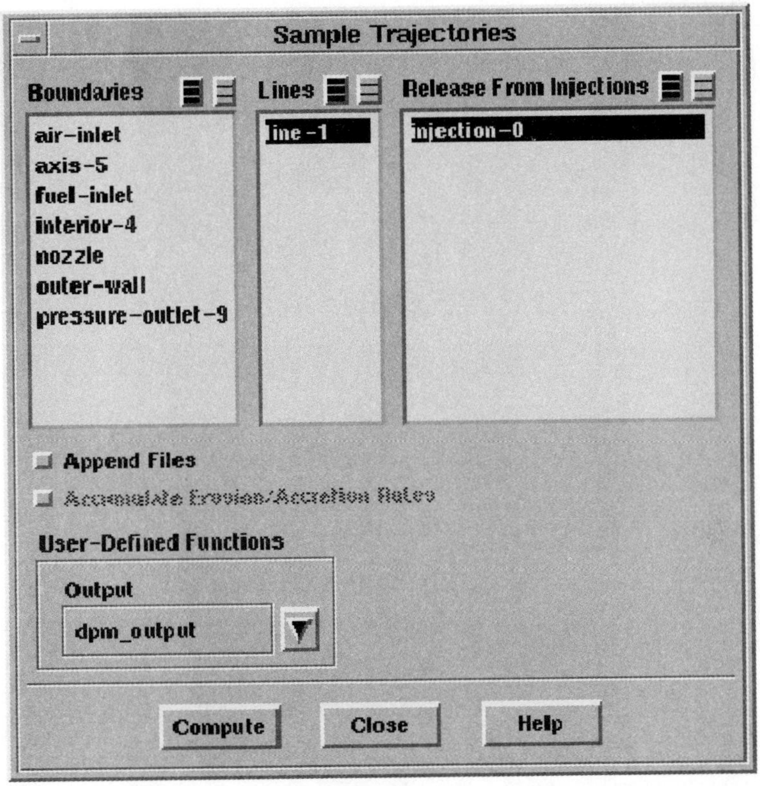

图 B.22

B.4.4.7 DPM 材料属性

一旦你已经使用 6.3.4.2 中的方法编译和链接了你的离散相属性 UDF，按照以下命令 Report→Materials 操作，它将随之在 FLUENT 中成为可见的和可选择的。你将需要在 Materials 面板中适当的属性的下拉列表中选择这一 UDF 的名字（图 B.7），然后在 User-Defined Functions 面板中选择希望的 UDF。

B.4.4.8 DPM 标量更新

一旦你已经使用 6.3.4.2 中的方法编译和链接了你的离散相标量更新 UDF，按照以下命令 Define→Models→Discrete Phase 操作，它将随之在 FLUENT 中成为可见的和可选择的。你将需要在 Discrete Phase Model 面板中 User-Defined Functions 下的 Scalar Update 下拉列表中选择这一 UDF 的名字(图 B.19)，你还需要指定 Number of Scalars。

B. 4. 4. 9　DPM 源项

一旦你已经使用 6. 3. 4. 2 中的方法编译和链接了你的离散相源项 UDF，它将随之在 FLUENT 中成为可见的和可选择的。你将需要在 Fluid 面板中打开 Source Terms 选项，并在适当的下拉列表中选择这一 UDF 的名字，如 cell_x_source（图 B. 10）。